凝聚隧道及地下工程领域的
先进理论方法、突破性科研成果、前沿关键技术，
记录中国隧道及地下工程修建技术的创新、进步和发展。

穿越——中国隧道及地下工程修建关键技术研究书系

港珠澳大桥拱北隧道施工关键技术

潘建立　张斌梁　等　编著

KEY CONSTRUCTION TECHNOLOGY OF
GONGBEI TUNNEL
OF HONG KONG-ZHUHAI-MACAO BRIDGE

人民交通出版社股份有限公司
北　京

内 容 提 要

本书基于港珠澳大桥珠海连接线拱北隧道建设实践，创新性地提出"长距离曲线管幕 + 水平控制性冻结"组合工法，系统介绍了其科研创新与技术攻关成果，主要包括长距离大直径曲线管幕施工关键技术、长距离大断面水平控制性冻结止水帷幕施工关键技术、大断面冻结法隧道暗挖施工关键技术、临海软土地层长大深基坑施工关键技术、人工筑岛施工关键技术等内容。

本书图文并茂、内容丰富、资料翔实、重点突出，可供从事城市高风险工程、重难点工程及相关工程的技术人员使用，也可作为高等院校隧道工程专业师生的参考用书。

图书在版编目（CIP）数据

港珠澳大桥拱北隧道施工关键技术 / 潘建立等编著
. — 北京：人民交通出版社股份有限公司，2023.5
ISBN 978-7-114-18721-6

Ⅰ.①港… Ⅱ.①潘… Ⅲ.①跨海峡桥—桥梁工程—公路隧道—隧道施工 Ⅳ.①U459.2

中国国家版本馆 CIP 数据核字（2023）第 061676 号

中国隧道及地下工程修建关键技术研究书系
Gang-Zhu-Ao Daqiao Gongbei Suidao Shigong Guanjian Jishu

书　　名：	港珠澳大桥拱北隧道施工关键技术
著 作 者：	潘建立　张斌梁　等
责任编辑：	李学会
责任校对：	赵媛媛　魏佳宁
责任印制：	张　凯
出版发行：	人民交通出版社股份有限公司
地　　址：	（100011）北京市朝阳区安定门外外馆斜街 3 号
网　　址：	http://www.ccpcl.com.cn
销售电话：	（010）59757973
总 经 销：	人民交通出版社股份有限公司发行部
经　　销：	各地新华书店
印　　刷：	北京印匠彩色印刷有限公司
开　　本：	787×1092　1/16
印　　张：	24.25
字　　数：	577 千
版　　次：	2023 年 5 月　第 1 版
印　　次：	2023 年 5 月　第 1 次印刷
书　　号：	ISBN 978-7-114-18721-6
定　　价：	158.00 元

（有印刷、装订质量问题的图书，由本公司负责调换）

组织委员会

主任委员： 闫广天　雷　军　张有飞

副主任委员： 于长彬　韩利民　惠武平　史鹏飞

委　　员：（按姓氏笔画，顺序不分先后）

王森昌　叶小兵　刘　兵　刘应亮　李庆斌　沈启炜
赵　涛　赵志艳　施春来　高海东　郭　斌　黄　欣
崔凌岳　潘宝垒

编写委员会

主　　编： 潘建立　张斌梁

副 主 编： 史鹏飞　刘应亮　叶小兵　高海东　郭志强

编　　委：（按姓氏笔画，顺序不分先后）

马会力　王卫教　王占江　王立川　王庆柱　邓志豪
石继勇　刘　斌　刘浩波　孙　炎　孙继平　李　刚
李　优　李　俊　李　宪　李小刚　杨彦晓　张京京
陈圆圆　周京全　孟　妍　赵　涛　赵静波　宫大辉
袁　帅　高　鹏　郭凤武　郭彦兵　甄孟芹　熊爱国
冀大禹

编写单位： 中铁十八局集团有限公司
　　　　　　中铁十八局集团第一工程有限公司

序

2018年10月24日，港珠澳大桥正式开通，一桥连三地，天堑变通途。港珠澳大桥跨越伶仃洋，东接香港特别行政区，西接广东省珠海市和澳门特别行政区，是"一国两制"框架下粤港澳三地首次合作共建的超大型跨海交通工程，大桥开通对推进粤港澳大湾区建设具有重大意义。

港珠澳大桥珠海连接线拱北隧道是全线关键工程之一，长度2741m，按照"先分离并行，再上下重叠，最后又分离并行"的形式设置，涉及海域人工岛明挖段、口岸暗挖段及陆域明挖段等不同结构形式，堪称"隧道施工技术博物馆"和"地质博物馆"。由于口岸特殊的地理位置和地质环境，口岸暗挖段采用"曲线管幕+水平控制冻结法"施工，是世界首座采用该工法施作的双层公路隧道，其曲线管幕长度和水平冻结规模均创造了业内新纪录。

历经五年建设，面对建设条件复杂、技术难度大、施工风险控制及环保景观要求高等困难，参建各方组成高水平、高素质的建设团队，始终坚持"百年工程""精品工程""交通运输部'五化'"的管理理念，以敢为人先、不畏艰险、勇于开拓的精神，攻克一个又一个行业难关，填补一项又一项技术空白，完成了一项高品质的世纪工程。

本书从工程实践出发，全面总结了港珠澳大桥拱北隧道建设过程中采用的诸多创新技术，理论知识与工程实践紧密结合，具有较强的实用性与适用性,相信本书能给国内外类似工程施工提供参考和借鉴。

拱北隧道的顺利建成标志着"曲线管幕+水平控制冻结"工法的技术创新突破,是我国隧道建设一项具有里程碑意义的重要成果。与此同时,拱北隧道高水平、高标准、高质量的建设开通,离不开广大建设者的辛勤付出,离不开社会各界的支持和帮助。借本书出版之机,谨代表中铁十八局集团有限公司对各位建设者和社会各界同仁表示衷心感谢!

2023 年 3 月

前言

港珠澳大桥珠海连接线项目作为港珠澳大桥五大独立建设主体之一,是港珠澳大桥海中桥隧主体与国家高速公路网连接的"唯一通道"。拱北隧道作为项目关键控制性工程,在国际上首创"曲线管幕+水平控制冻结"组合工法,穿越国内第一大陆路口岸——拱北口岸,隧址区位于珠海与澳门分界处,政治意义重大,地理位置特殊,地质条件复杂,施工难度极大,是极具挑战性的世界级地下工程。

拱北隧道全长2741m,分为海域明挖段、口岸暗挖段、陆域明挖段。海域明挖段长1232m,先在海中填筑人工岛造地,再开展长大深基坑明挖施工;陆域段长1229m,采用长大深基坑明挖顺作法施工。口岸暗挖段长255m,处在澳门关闸口岸与珠海拱北口岸之间30多米宽的狭长地带,拱顶埋深4~5m,隧道处于海相、海陆交互相沉积层,穿越的土层主要有人工填土、中砂、粉质黏土、砾砂、淤泥质粉质黏土、粉质黏土、粉土、砾质黏性土等。拱北隧道周边建筑密集,两侧建筑桩基和地下管线"星罗棋布"。要在确保口岸正常通关的同时,顺利完成建设任务,对技术风险、施工风险以及安全风险的控制均提出了极高的要求。口岸暗挖段先从口岸两端开挖工作井,然后通过工作井,水平顶入36根直径为1.62m的曲线顶管,形成高24m、宽22m的超前支护管幕群,再通过冷冻法将管幕周围的土体冻结形成冻土止水帷幕。在确保管幕四周土体中地下水完全封闭的情况下，采用五台阶十四部法，分层、分块开挖隧道，最后施作混凝土衬砌，完成主体结构施工。

中铁十八局集团有限公司在业内享有"敢打硬仗、善打大仗、能打胜仗"的赞誉，是一支穿山越岭、跨江过海、联通四方的基建铁军，在海底隧道、水下隧洞、长大隧道、特异型桥梁、TBM等领域具有独特优势。拱北隧道全线顺利贯通，标志着关键核心技术取得重大突破，取得了诸多技术成果，形成了一批具备推广价值的工艺工法，其中长距离大直径曲线管幕施工关键技术、长距离大断面水平控制性冻结止水帷幕施工关键技术均填补了我国建筑领域的空白，也为环境要求苛刻的地下空间开发利用提出新的思路和解决方案。

本书是基于上述工程实践经验以及相关成果的总结，由潘建立、张斌梁担任主编，组建了工程技术和管理人员50多人的编写团队，历时两年完成图书编写。全书共分7章：第1章工程概况，介绍了项目基本情况、设计概况、建设条件、工程特点及难点等内容；第2章长距离大直径曲线管幕施工关键技术，介绍了曲线管幕方案设计、顶管机选型及配置、管节生产与制作、工作井施工、顶管始发、顶进、接收、地表沉降控制技术、施工监控量测、风险及处置等内容；第3章长距离大断面水平控制性冻结止水帷幕施工关键技术，介绍了冻结止水帷幕方案设计、冻结系统规划与布置、冻结系统调试、管幕冻结自动化监测系统、解冻与融沉控制技术、冻结施工风险及应急处置方案等内容；第4章大断面冻结法隧道暗挖施工关键技术，介绍了大断面开挖方案及优化、开挖施工组织方案、管幕冻结封闭圈内超前注浆施工技术、开挖关键技术、混凝土衬砌施工技术、监控量测技术、沉降控制关键技术等内容；第5章临海软土地层长大深基坑施工关键技术，介绍了明挖段设计概况、施工组织、深基坑围护结构施工技术、开挖与支护技术、主体结构施工技术、超深超大基坑施工监测技术等内容；第6章人工筑岛施工关键技术，介绍了人工岛设计概况、施工组织方案、吹砂筑岛施工关键技术、坡面防护、软基处理等内容;第7章总结与展望。

在此,对参与项目规划、建设、设计、监理、施工、科研、咨询等工作的全体人员,以及关心、支持项目建设的社会各界人士表示诚挚的谢意!

限于作者水平,书中难免存在差错和不妥之处,恳请各位专家和读者批评指正。

2023 年 3 月于天津

目录

第1章 工程概况 ··· **001**
1.1 工程简介 ··· 003
1.2 工程设计 ··· 003
1.3 工程建设条件 ··· 007
1.4 工程特点及难点 ·· 012
1.5 主要技术对策 ··· 014

第2章 长距离大直径曲线管幕施工关键技术 ·············· **015**
2.1 管幕施工方案设计 ·· 017
2.2 顶管机选型及配置 ·· 020
2.3 管节生产与制作 ·· 030
2.4 鹰嘴橡胶密封圈 ·· 040
2.5 工作井施工 ·· 042
2.6 顶管施工工艺流程 ·· 048
2.7 管幕施工准备 ··· 048
2.8 顶管始发施工技术 ·· 053
2.9 顶管接收施工技术 ·· 059
2.10 顶管曲线顶进施工技术 ·· 063
2.11 地表沉降控制技术 ··· 082
2.12 顶管施工监控量测 ··· 085

  2.13 顶管试验管施工 ··· 091
  2.14 管幕施工主要风险及处置技术 ······························· 093
  2.15 土体改良注浆施工技术 ·· 105
  2.16 管幕内填充混凝土施工技术 ·································· 107

第3章 长距离大断面水平控制性冻结止水帷幕施工关键技术 ··· 113
  3.1 冻结帷幕设计方案 ·· 115
  3.2 冻结系统规划与布置 ··· 122
  3.3 冻结系统调试 ·· 142
  3.4 管幕冻结自动化监测系统 ····································· 144
  3.5 解冻与融沉控制技术 ··· 151
  3.6 冻结施工风险及应急处置方案 ······························· 154
  3.7 冻结工程实施效果 ·· 156

第4章 大断面冻结法隧道暗挖施工关键技术 ························· 163
  4.1 大断面开挖方案及优化 ·· 165
  4.2 开挖施工组织方案 ·· 167
  4.3 管幕冻结封闭圈内超前注浆施工技术 ····················· 173
  4.4 超大断面冻结法隧道开挖关键技术 ························ 181
  4.5 超大断面隧道混凝土衬砌施工技术 ························ 196
  4.6 超大断面隧道监控量测技术 ·································· 208
  4.7 暗挖段地表沉降控制关键技术 ······························· 215

第5章 临海软土地层长大深基坑施工关键技术 ······················ 221
  5.1 明挖段设计概况 ··· 223
  5.2 海域明挖段的施工组织 ·· 226

5.3 陆域明挖段的施工组织 ………………………………… 228
5.4 深基坑围护结构施工技术 ……………………………… 230
5.5 深基坑的开挖与支护技术 ……………………………… 253
5.6 明挖段主体结构施工技术 ……………………………… 272
5.7 超深超大基坑施工监测技术 …………………………… 290

第6章 人工筑岛施工关键技术 …………………………… 327
6.1 人工岛设计概况 ………………………………………… 329
6.2 人工筑岛施工组织方案 ………………………………… 330
6.3 吹砂筑岛施工关键技术 ………………………………… 333
6.4 坡面防护施工技术 ……………………………………… 338
6.5 人工岛软基处理技术 …………………………………… 346

第7章 总结与展望 …………………………………………… 351

附录 ……………………………………………………………… 355

参考文献 ………………………………………………………… 365

第 1 章
工 程 概 况

1.1 工程简介

港珠澳大桥珠海连接线是港珠澳大桥的重要组成部分,是大桥主体与内地高速公路网接驳的"咽喉工程"。港珠澳大桥拱北隧道工程是珠海连接线的控制性工程,也是整个港珠澳大桥工程的关键节点,全长2.74km,工程起于拱北湾海域,止于茂盛围边境特别管理区,下穿全国第一大陆路出入境口岸——拱北口岸,如图1.1-1所示。

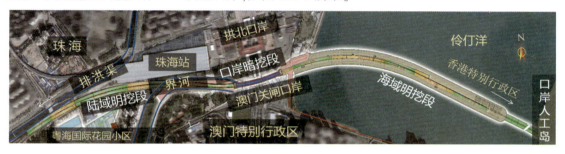

图 1.1-1　拱北隧道工程平面示意图

拱北隧道按照"先分离并行,再上下重叠,最后又分离并行"的形式设置,全线分为海域人工岛明挖段、口岸暗挖段及陆域明挖段,各段采用不同的结构形式和施工工法,具体划分见表1.1-1。其中,口岸暗挖段采用长度255m曲线管幕+水平控制冻结法施工,是世界首座采用该工法施作的双层公路隧道,其曲线管幕顶进长度、水平冻结规模及隧道开挖断面面积均创造了业内新纪录。

拱北隧道工程区段划分　　　　　　　表 1.1-1

序号	区段	起止桩号	长度(m)	主要构成	施工方法
1	海域明挖段	ZK1+150.000~ZK2+382.048	1232.048	55个节段	海上围堰筑岛明挖法
		YK1+515.000~YK2+374.900	859.900		
2	口岸暗挖段	ZK2+382.048~ZK2+664.302	282.254	暗挖段+东、西工作井	暗挖段采用管幕冻结暗挖法,工作井采用明挖法
		YK2+374.900~YK2+660.105	285.205		
3	陆域明挖段	ZK2+664.302~ZK3+891.063	1226.761	56个节段	明挖法
		YK2+660.105~YK3+890.000	1229.895		

1.2 工程设计

1.2.1 主要技术标准

(1)公路等级:高速公路。
(2)设计速度:80km/h。

(3)车道数:双向六车道。

(4)道路限界:行车道宽度为3×3.75m,行车道限界高度为5.1m。

(5)路面横坡:2.0%。

(6)设计使用年限:100年。

(7)荷载标准:设计荷载为公路-Ⅰ级,人群荷载为4.0kN/m²。

(8)主体结构耐火等级:一级。

1.2.2 隧道净空轮廓

隧道净空轮廓根据《公路工程技术标准》(JTG B01—2003)、《公路隧道设计规范》(JTG D70—2004)、《公路隧道设计细则》(JTG/T D70—2010)相关规定以及建筑界限以外的空间安装通风、照明、监控、通信等设施的要求拟定。全线隧道单洞主要由以下三种形式的净空断面组成。

(1)敞开段

隧道敞开段单洞净空断面如图1.2-1所示。

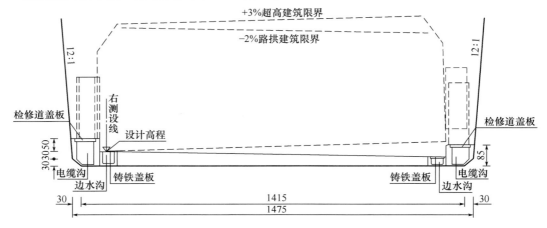

图1.2-1 隧道敞开段单洞净空断面示意图(尺寸单位:cm)

(2)明挖暗埋段

为满足交通工程专业提出的安设 $\phi 1120mm$ 风机的净空要求,隧道明挖暗埋段单洞宽14.75m、高7.8m,如图1.2-2所示。

(3)暗挖段

隧道暗挖段单洞净空断面在满足相关规范及设备安装要求的前提下,结合隧道暗挖工艺拟定,右线上洞净空断面面积105.02m²,净空断面周长40.26m,左线下洞净空断面面积123.57m²,净空断面周长42.95m,如图1.2-3所示。

1.2.3 平纵横设计

(1)平面线位

为完全避让口岸内附近建筑物地下桩基,拱北隧道平面线位采用缓和曲线+圆曲线的W形线位穿越口岸区域,平面线位要素分布见表1.2-1。

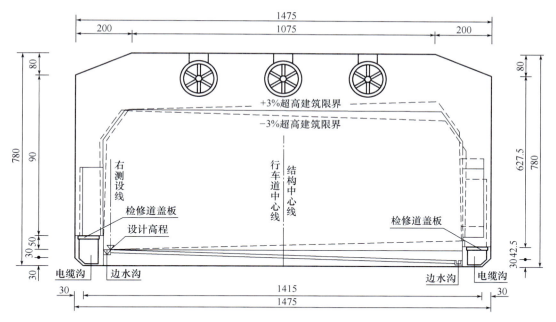

图 1.2-2 隧道明挖暗埋段单洞净空断面示意图(尺寸单位:cm)

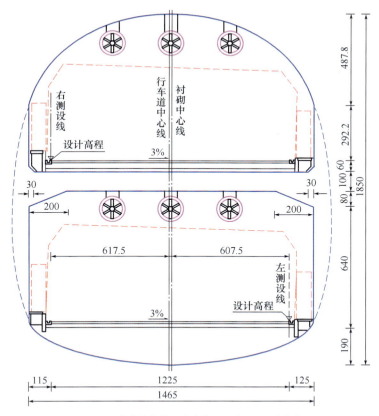

图 1.2-3 隧道暗挖段单洞净空断面示意图(尺寸单位:cm)

隧道平面线位要素分布 表1.2-1

区段	海域敞开段	海域明挖暗埋段	口岸段+工作井	陆域明挖暗埋段	陆域敞开段
里程	YK1+515.000~YK1+845.000	YK1+845.000~YK2+374.900	YK2+374.900~YK2+660.105	YK2+660.105~YK3+582.000	YK3+582.000~YK3+890.000
左线	直线	直线、A-400m缓和曲线、R-980m圆曲线上、A-340m缓和曲线	A-300m缓和曲线、R-890m圆曲线	R-890m圆曲线、A-370m缓和曲线、A-700m缓和曲线、R-2100m圆曲线、A-700m缓和曲线、R-1396.8m圆曲线	R-1396.8m圆曲线、A-626.419m缓和曲线
右线	A-450m缓和曲线、R-1200m圆曲线	R-1200m圆曲线、A-700m缓和曲线、R-967.75m圆曲线、A-336.838m缓和曲线、A-303.111m缓和曲线	A-303.111m缓和曲线、R-902.25m圆曲线	R-902.25m圆曲线、A-375m缓和曲线、A-525m缓和曲线、R-1400m圆曲线	R-1400m圆曲线、A-525m缓和曲线

注:隧道海域端左右线分开进洞,左线先进洞,右线后进洞。

(2)纵向线位

隧道纵向线位配合平面线位的变化,左线先进洞,右线后进洞,以右线在上、左线在下的叠层线位穿越拱北口岸,再逐渐过渡至左右线水平并行同时出洞。为了避让口岸段密集的地下管线和出入境风雨廊地梁筏式基础,隧道纵向线位保证隧道暗挖段管幕上缘距离地面4~5m。为了确保隧道建成后鸭涌河恢复原状景观,纵向线位保证隧道上表面距离鸭涌河河床至少0.5m。隧道纵向线位纵坡分布见表1.2-2。

隧道纵向线位纵坡分布 表1.2-2

区段	海域敞开段	海域明挖暗埋段	口岸段	陆域明挖暗埋段	陆域敞开段
纵坡	-0.446%、-2.412%	-2.412%、0.350%	0.350%	0.350%、2.995%	2.995%

(3)横断面布置

拱北隧道全线采用明挖和暗挖两种工法,线位由左右并行逐渐变至上下叠层,再逐渐过渡至左右并行。全线横断面结构变化形式如图1.2-4所示。

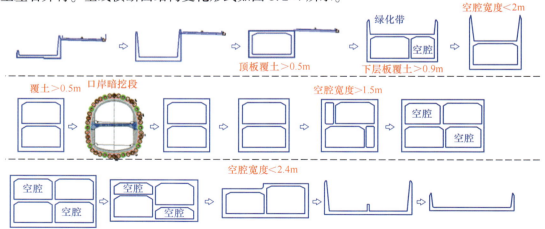

图1.2-4 拱北隧道全线横断面结构变化形式

1.3 工程建设条件

1.3.1 工程地质

拱北隧道穿越区域地质条件复杂,自上至下依次分布有杂填土、淤泥(淤泥质土)、粉质黏土、粉砂(细砂)、中砂、粗(砾)砂、砂(砾)质黏性土、残积土、卵(砾)石、砂(砾)质黏性土、残积土等土层。其中,表层海相、海陆交互沉积层厚度 28~35m,中层砂(砾)质黏性土层厚度 0.5~8.2m,下伏全~强风化黑云母斑状花岗岩层厚度超过 20m。典型地质分层见表 1.3-1、图 1.3-1 和图 1.3-2。

拱北隧道典型地质分层 表 1.3-1

层号	岩土名称	状态特征	岩土类型
①	杂填土	稍密	中软土
③$_1$	淤泥、淤泥质土、含砂淤泥质土	流塑状	软弱土
③$_2$	黏土~粉质黏土	软塑~可塑状	中软土
③$_3$	砾砂夹中、细砂透镜体	松散~稍密状	中软土
④$_3$	淤泥质土	软塑~可塑状	中软土
⑤$_2$	中、细砂	稍密~中密状	中软土
⑤$_2$	粗、砾砂	稍密~中密状	中硬土
⑤$_3$	游泥质土及含腐殖质土	软塑~可塑状	中软土
⑥$_1$	粉质黏土、黏土	可塑~硬塑状	中软土
⑥$_2$	粗、砾砂	中密状~密实状	中硬土
⑦$_1$	残积土	密实状	中软土
⑧$_1$	全风化黑云母斑状花岗岩	密实状	中硬土
⑧$_2$	强风化黑云母斑状花岗岩(砂砾状)	极密实状	中硬土
⑧$_3$	强风化黑云母斑状花岗岩(碎块状)	软质岩	软质岩石
⑧$_4$	中风化黑云母斑状花岗岩	硬质岩	岩石

1.3.2 工程水文地质

隧址所在区域气候湿润,雨量充沛,降水时间长,对区域地下水的形成和补给起到重要作用。地表水主要是海水,地下水主要赋存于软土层、砂层、粗(砾)砂、黏性土或黏性土夹砂及更新统残积层等土层和基岩裂隙中。其中砂类土,特别是相对松散的粗粒类砂土为强透水层,其次如淤泥或淤泥质土、一般性黏性土、残积土为相对弱透水层。场区周边潮汐变化最高高程 2.51m,最低 -1.28m,变幅仅 3.8m 左右,承压水与海水、河水互为补排关系。

为确保冻结、注浆或其他辅助措施顺利实施,对地下水流速开展现场观测与测算后,得到以下结论:

(1)地下水位易受潮汐影响。
(2)场地上层潜水的水位为天然地面下 1.90~3.50m。
(3)以砾砂平均渗透系数测算,地下水流速为 3.12×10^{-4} cm/s,即 0.27m/d。

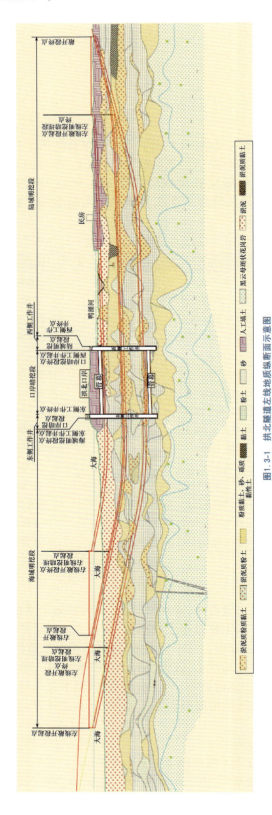

图 1.3-1 拱北隧道左线地质纵断面示意图

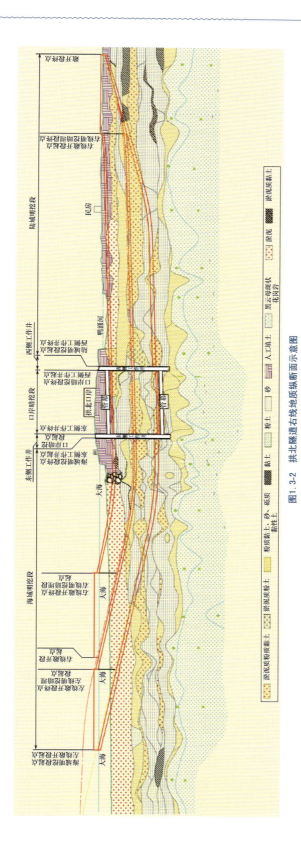

图1.3-2 拱北隧道右线地质纵断面示意图

水文情况:
(1)100年一遇高潮位:+3.47m。
(2)50年一遇高潮位:+3.26m。
(3)设计高水位:+1.65m,高潮累积频率10%。
(4)设计低水位:-0.78m,低潮累积频率90%。
(5)50年一遇低潮位:-1.44m。

1.3.3 地下水腐蚀性评价

工程场地位于湿润区,场地中的黏性土及软土层为湿、很湿的弱透水层,砂土为强透水层,场地环境类别为Ⅱ类。

地下水化学成分与海水相似,为氯钙镁型水($Cl^- $-$Ca^{2+} \cdot Mg^{2+}$)或氯镁钙型水($Cl^- $-$Mg^{2+} \cdot Ca^{2+}$)。海域地下水对混凝土结构具有微腐蚀性;在干湿交替环境下,对混凝土结构中的钢筋具有强腐蚀性;在长期浸水条件下,对混凝土结构中的钢筋具有弱腐蚀性。陆域地下水按环境类别和地层渗透性评价,对混凝土结构具有微腐蚀性。在长期浸水环境下,陆域地下水对混凝土结构中的钢筋具有弱腐蚀性;在干湿交替环境下,对混凝土结构中的钢筋具有强腐蚀性。主要腐蚀介质为SO_4^{2-}、Cl^-及侵蚀性CO_2。

1.3.4 土对混凝土结构的腐蚀性评价

根据详细勘察阶段地质报告中土壤易溶盐分析成果,按干湿交替及Ⅱ类场地环境考虑,土对建筑材料的腐蚀性评价如下:

海域:硫酸盐含盐量SO_4^{2-}最大值为331mg/kg,镁盐含盐量Mg^{2+}最大值为69mg/kg,Cl^-最大值为682mg/kg。

陆域:硫酸盐含盐量SO_4^{2-}最大值为595mg/kg,镁盐含盐量Mg^{2+}最大值为91mg/kg,Cl^-最大值为690mg/kg。

综合评价,场地土对混凝土结构具有微腐蚀性,对混凝土结构中的钢筋具有中等腐蚀性。

1.3.5 不良地质条件

(1)隧道区域局部基岩面起伏较大,同时具有花岗岩风化不均匀、部分隆起及风化深槽的现象。

(2)场区地表层分布有较厚的全新统海相沉积的淤泥和淤泥质土等软土,具有分布广,厚度大、压缩性高、灵敏度高等特点;均为欠固结土,稳定性极差,地基承载力低。场地海床表层部分分布的淤泥层存在震陷的可能。

(3)在表层淤泥层下,分布有厚度不等的软弱土层,主要为淤泥质土、粉土或粉细砂,有时呈透镜体状发育。

(4)场区砂层密实度变化较大。一般海床上部10m内以稍密~中密为主,部分呈松散~稍密状,偶有密实状;10m以下特别是15m以下一般均为中密~密实状,易造成该区结构基础的不均匀沉降。根据砂土液化判别,可液化砂层主要是上部10m以内松散~稍密状态的砂层。

(5)工程区域分布的花岗岩残积土和全、强风化层水理性较差,具有浸水崩解、失水干裂等特性。基础施工时该层如在水中长期浸泡,则会导致其强度降低,从而影响土体的工程地质条件。

1.3.6 工程周边环境

拱北隧道地理位置特殊,沿线走廊带狭窄,途经人工岛、拱北口岸、边界河等,地面建筑众多,地下管线繁杂,安全风险等级极高。涉及出入境边防检查总站、出入境检验检疫局、海关、公安边防部队、地方政府及职能部门等相关单位。加之与市政道路、城际轨道多次交叉,协调难度极大,其中以穿越拱北口岸段尤为突出。拱北口岸为国内第一大陆路口岸,每天出入境车辆超1万辆,出入境人流超40万人次。全年任何情况下均不得中断通关运行。拱北口岸限定区域建筑群分布及相对关系见图1.3-3和图1.3-4。

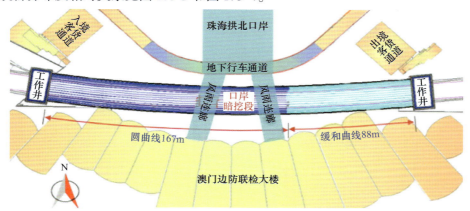

图1.3-3 拱北口岸限定区域建筑群分布示意图

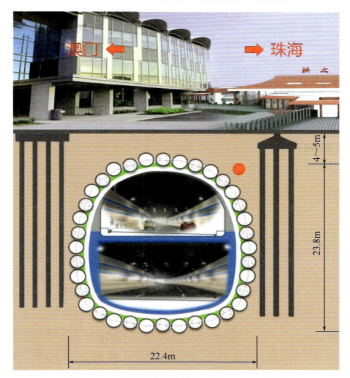

图1.3-4 隧道与周边建筑相对关系立面示意图

陆域段沿途穿过鸭涌河,靠近广珠城际轨道站、粤海国际花园小区等建筑物。拱北隧道与沿线重要建筑物位置关系见表1.3-2。

隧道与沿线重要建筑物位置关系　　　　　　表1.3-2

序号	区段	隧道结构部位	里程桩号	控制性建筑	最小距离(m)
1	海域明挖段	地下连续墙外侧	YK2+296	楼房	3.30
2	口岸段	管幕群外缘	YK2+422	澳门联检大楼东侧基桩	1.75
3			YK2+498	拱北口岸出入境长廊最南侧一排基桩	0.46
4			YK2+611	澳门联检大楼西侧基桩	1.5
5		东侧工作井地下连续墙外侧	—	澳门联检大楼边界	0.75
6			—	遣返审查所	4.22
7		西侧工作井地下连续墙外侧	—	澳门联检大楼边界	1.52
8			—	口岸单位食堂	9.72
9	陆域明挖段	地下连续墙外侧	YK2+735	澳门某公路	3.04
10		地下连续墙外侧	YK3+215	粤海国际花园小区	16
11		地下连续墙外侧	YK3+200	广珠城际轨道站红线	17

1.4 工程特点及难点

1.4.1 工程特点

拱北隧道长度虽短,但特点鲜明,具有社会关注度高、地质条件复杂、周边环境敏感、工程规模大、技术难度大、施工风险高、工程管理难度大等特点。

(1)社会关注度高

港珠澳大桥是具有较大国际影响的工程,珠海连接线作为其重要的组成部分,同样受到广泛关注。同时,拱北隧道还下穿珠海拱北口岸、澳门关闸口岸、军事管理区等地带,社会关注度高。

(2)工程水文地质条件复杂

拱北隧道大部分位于水位线以下,地下水与海水相连,对钢筋、混凝土具腐蚀性,水力场复杂。隧址区上部覆盖层发育,且岩性在纵向上具有海相、海陆交互相、陆相多层结构,岩性条件较为复杂,特别是海相、海陆交互相沉积层发育,厚度达28~35m,土质极软弱。软土层具有层多、厚度大、分布广泛、含水率高、压缩性高、易触变等特性,导致施工存在诸多不利因素。

(3)周边环境敏感

拱北隧道地理位置独特,沿线途经拱北湾海域、军事管理区、珠海拱北口岸和澳门闸口岸、边界河、城际轨道站等,涉及边检、边防、海关、检验检疫及地方政府等众多部门。地面建筑密集且安全风险较高,地下管线众多,桩基密布,隧道外缘最近处距离澳门联检大楼地下桩基1.50m,距离拱北口岸出入境长廊桩基最近距离仅0.46m。隧道管幕最小覆土不足5m,澳门关闸口岸出入境车辆每天接近 1 万辆次,每天出入境的人流总量约 23 万人次,高峰期约 40 万人次,加之与城市道路多次交叉,施工协调难度极大。

(4)工程规模大

拱北隧道全长 2.74km,暗挖段采用了"曲线管幕+水平控制冻结"的方案,曲线管幕长度 255m,由 36 根 φ1620mm 钢顶管组成,是当时世界上最长、规模最大的管幕工程,也是世界首座曲线管幕;冻结圈厚度 2~2.6m,冻结长度 255m,冻土体积达 1.7 万 m^3,冻结规模为国内最大;隧道开挖扰动断面面积达 413.1m^2,为当时世界上开挖断面最大的单洞暗挖公路隧道。

(5)技术难度大、施工风险高

拱北隧道口岸段软弱富水地质条件下超浅埋特大断面隧道暗挖施工技术、海域段先岛后隧施工技术、陆域段特殊地理环境和复杂地质条件下明挖隧道施工技术,技术含量高,极具创新性、挑战性。其中 255m 口岸暗挖段采用上下叠层的卵形结构,平面线形为缓和曲线+圆曲线,采用"长距离曲线管幕+水平控制冻结"施工技术,其组合形式为国际首创,长距离大直径曲线管幕顶进技术和临海盐水环境下长距离分段分区精准控制冻结技术在国内尚无先例,技术难度大,施工安全风险高。

(6)工程管理难度大

拱北隧道项目高科技含量、高质量要求、高工期风险,以及要在特殊地理位置、敏感周边环境和复杂地质条件下做好工程建设,决定了施工技术和科技管理、质量管理、安全风险管理、施工现场管理等方面的高难度。

1.4.2 工程难点

(1)复杂地层长距离大直径曲线管幕施工

①暗挖段地质复杂,地下水位高,水压大,杂填土层顶管施工时遇到障碍物概率大。

②管幕钢管直径 1620mm,曲线半径约 900m,管幕长度达 255m。

③管间间距约 35cm,轴线允许偏差±5cm,顶进精度要求高。

④高水压条件下始发和接收难度大。

⑤地层多次扰动,沉降控制难度大。

(2)临海盐水环境下长距离分段分区水平精准控制冻结

①暗挖段地质复杂,地下水位高,水力场复杂,冻结环境差,形成完整均匀的冻结壁难度大。

②冻结工程外界气温高、地下水流动性大,隧道开挖后冻结壁损失冷量大,对冻结壁"抗弱化"的要求较高。

③冻结圈厚度控制在 2~2.6m 内,精度要求高。

④冻胀、融沉对地层影响大,沉降控制难度大。

(3)超大断面浅埋隧道开挖和支护施工

①隧道开挖扰动断面面积达 413.1m^2,埋深仅 5m 左右。

②地质复杂,冻土开挖,在低温进行钢材焊接、喷射混凝土等工序施工。

③多台阶分部开挖,导洞多达 14 个,施工组织难度大。

(4)复杂环境条件下长深基坑开挖施工

①明挖基坑规模大。海域段基坑长1225.2m,最大宽度32.3m,最大深度24.7m,开挖量36.3万m^3;陆域段基坑长1229.9m,最大宽度30.5m,最大深度23.7m,开挖量57.49万m^3。

②地下水与海水相通,地质条件复杂。海域淤泥层厚,护岸段填石体积大、护岸结构长;陆域段鸭涌河肩负着拱北口岸排水功能,河道内淤泥厚。

③长深基坑周边重要建筑物较多、较近,施工中对基坑变形控制要求高。

1.5 主要技术对策

(1)成立专家组,组建技术攻关团队,使用经验丰富的专业队伍。

(2)在充分调研的基础上,通过理论分析、数值分析、模型试验、现场试验和技术开发等研究方法,优化施工方案,解决了诸多施工技术难题。

(3)选用适用的泥水平衡顶管机,研发高水压条件下顶管始发、接收装置,钢管节连接接头、止水橡胶圈等新设备装置。

(4)进行现场顶管、冻结、低温焊接等工艺试验,确定参数,进一步指导施工。

(5)加强施工监测,实施信息化施工。

(6)制订完善的专项应急预案,成立应急抢险队伍。

KEY CONSTRUCTION TECHNOLOGY OF
GONGBEI TUNNEL
OF HONG KONG-ZHUHAI-MACAO BRIDGE

港珠澳大桥拱北隧道施工关键技术

第 2 章
长距离大直径曲线管幕施工关键技术

拱北隧道因下穿拱北口岸限定区域,建设期间为了不影响正常通关,暗挖段首次采用了"曲线顶管管幕 + 水平控制冻结"的设计方案,线形为缓和曲线(曲率半径 $R = 885.852 \sim 906.298$ m)和圆曲线,纵坡 0.35%。隧道采用管幕进行超前预支护,顶部覆土厚度 4~5m,管幕由 36 根 ϕ1620mm 钢管组成;管幕之间止水采用分区分段冻结法,冻土帷幕设计最小厚度 2m,最大厚度不超过 2.6m;采用五台阶十四部开挖工法,开挖扰动断面面积 413.1m²。

2.1 管幕施工方案设计

2.1.1 管幕施工方案的原始构想

曲线管幕原方案由 10 根 ϕ1800mm + 30 根 ϕ1440mm 钢管组成,管间净距为 25cm 左右,见图 2.1-1。所有顶管均自东工作井始发,至西工作井接收。东工作井上、下半断面分别配备土压平衡和泥水平衡顶管机各 3 台,其中 ϕ1800mm 各 1 台,ϕ1440mm 各 2 台;顶管施工过程中,先施作 ϕ1800mm 钢管,再施作 ϕ1440mm 钢管。

采用上述管幕设计和施工方案的主要依据是:

①工期方面。根据顶管数量、顺序和预计顶管速度,采用 6 台顶管机能保证顶管工作在 13 个月内完成,从而确保工期。

②顶进方向及顺序方面。自东向西顶进,起始顶进点位于缓和曲线上,有利顶进精度控制;ϕ1800mm 钢管先顶进,可起到导向作用,有利于控制其余 ϕ1440mm 钢管的顶进精度;ϕ1800mm 钢管内部空间大,有利于处理障碍物。

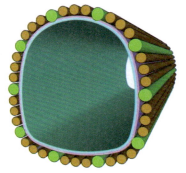

图 2.1-1 管幕原方案

③管幕稳定性方面。暗挖初期支护的型钢骨架可分段直接焊接在管幕的大直径钢管上,形成大刚度的整体受力体系,有利于施工过程的安全和控制地表沉降。

④工程造价方面。上下层分别采用土压平衡与泥水平衡顶管机,土压平衡顶管机的价格较泥水平衡顶管机低,上半断面的土层主要由颗粒较细的黏质和粉质土组成,土压平衡顶管机能适应该地层,下半断面的土层中含有较多的砂质土,泥水平衡顶管机更有利于控制地层损失,因此,上下层分别采用土压平衡与泥水平衡顶管机比全部采用泥水顶管机投入低。

2.1.2 管幕方案优化

(1) 管幕方案优化思路

拱北隧道项目使用技术设计文件进行招标,明确施工单位后,由施工单位配合设计单位完善和优化施工图设计方案。

工程设计是一个考虑工程造价、工期、风险和施工工艺等多种因素的综合优化过程。结合项目的特点,管幕设计主要考虑如下控制性因素:

①拱北隧道是我国重要的标志性工程之一,为实现与港珠澳大桥主桥同步通车的目标,顶管施工必须在 13 个月内完成,因此,工期要求极高。

②长达 255m 的曲线顶管在国内尚无先例,工艺要求高,顶管风险大,其风险主要为:一是顶管精度要求高,顶管精度控制不好可能引起管道接收困难、相邻管道之间的挤压,以及管道侵入开挖限界等问题;二是顶管过程中障碍物的处理是影响顶管工期的重要因素,如孤石、大块杂填物等。

③管幕和周围冻土必须要有足够的强度和刚度,从而保证施工安全性和有效地控制地面沉降。

④在工期、施工风险和安全性等可控的条件下,尽量减小工程造价,管幕工程的造价主要包括钢管材料和顶管设备的投入。

综上所述,设计单位采纳了施工单位提出的统一顶管管径、顶管机设备选型等方面的合理建议,将设计推荐的原技术方案 10 根 φ1800mm + 30 根 φ1440mm 组合方案,优化调整为 36 根 φ1620mm 统一管径的管幕,见图 2.1-2。

(2)管幕优化方案对比

曲线管幕组合设计方案对比见表 2.1-1。

图 2.1-2 管幕优化后方案

曲线管幕组合设计方案对比　　　　　　　　　　表 2.1-1

项目	原有管幕方案	优化管幕方案
施工组织设计	(1)管幕由 10 根 φ1800mm + 30 根 φ1440mm 钢管组成; (2)所有顶管均自东工作井始发,至西工作井接收; (3)工作井上断面配备土压平衡顶管机 3 台,下断面配备泥水平衡顶管机 3 台,其中,φ1800mm 钢管 2 台,φ1440mm 钢管 4 台; (4)顶管过程中,先施作 φ1800mm 钢管,再施作 φ1440mm 钢管	(1)统一采用 φ1620mm 钢管,共布置 36 根; (2)采用统一型号的泥水平衡顶管机进行顶管,上半断面左、右侧各布置 1 台顶管机,顶管从东井始发,至西井接收;下半断面左、右侧各布置 1 台顶管机,顶管从西井始发,至东井接收,共配置 4 台泥水平衡顶管机
施工平面图		

续上表

项目	原有管幕方案	优化管幕方案
施工优缺点分析	(1)6 台顶管机同时安排在东工作井内施工,工作井空间狭小,顶管机相互干扰大,顶管效率低; (2)工作井内上下两层同时施工,长期存在空间立体交叉作业,垂直运输困难,施工安全风险高; (3)需先施作 φ1800mm 定位钢管,再施作 φ1440mm 钢管,顶管工作需要按既定顺序进行,浪费时间和空间,严重制约施工进度,影响工期; (4)共需配置两种管径的土压平衡和泥水平衡顶管机 6 台,分 4 种机型,顶管设备套数多,利用率低,设备投入高	(1)采用统一直径的钢管组成的管幕,并采用统一型号的泥水平衡顶管机,任何一台顶管机可顶进任何一根钢管,增加了顶管过程和材料运输的灵活性。优化后顶管流程:上半断面从东井始发,至西井接收;下半断面从西井始发,至东井接收,顶进和接收作业有序,降低了不同顶管机顶管过程中的相互干扰,提高了施工安全性和施工效率,使工期由原来的 13 个月缩短到 9 个月; (2)将钢管数量由原来的 40 根减到 36 根,钢管总长度减少约 1020m,总重减少约 30t,工程造价有所降低;同时由于钢管数量减少,顶管总长度减少,也有利于缩短顶管工期; (3)管外壁间距由原设计的 24.5～24.8cm 加大至 35.5～35.7cm,有利于顶管始发及接收孔口套管和止水圈的安装,有利于顶管轨迹控制,减少相邻钢管顶进施工的相互影响,减小顶管风险; (4)统一采用泥水平衡顶进工艺,泥水平衡顶管机对控制顶进过程中由于地层损失和土层失水等造成的地表沉降效果较土压平衡顶管机要好,同时泥水平衡顶管机能够更容易地处理上半断面土层中可能出现的孤石等障碍物。虽然泥水平衡顶管机价格较土压平衡顶管机要高,同时需要增加泥水处理设施,但由于顶管机从 6 台减到 4 台,总体设备投入降低,工程造价有所降低

2.1.3 管幕施工顺序

管幕施工分为三个阶段:第一阶段为 0 号和 5 号管施工,进行现场试验以研究确定曲线管幕施工技术的可行性,并为后续顶管施工提供优化工艺参数;第二阶段为管幕与工作井结构交叉的中框架 4 根顶管的施工,顶管完成后再施工工作井中板;第三阶段为剩余顶管的施工。管幕施工阶段划分见图 2.1-3 和表 2.1-2。

由于前两个阶段管道顶进顺序是确定的,管幕顶进顺序优化主要集中于第三阶段。根据已有研究结果,各顶进区域可供选择的顶进顺序有从上到下依次顶进、从下到上依次顶进、从上到下间隔顶进和从下到上间隔顶进。鉴于区域内顶管数量较多,且高程不一,如果采用间隔顶进的方案,会导致施工频繁上下移动,增加作业量,因而宜采用依次顶进方案。

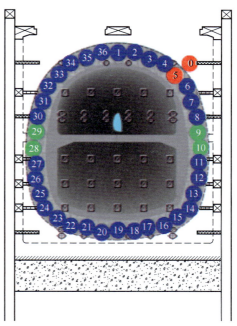

图 2.1-3 管幕施工阶段划分示意图

管幕施工阶段划分　　　　　　　表 2.1-2

序号	阶段	管幕编号	顶管机数量(台)
1	第一阶段(试验管 2 根)	0、5	1
2	第二阶段(中框架处 4 根)	9、10、28、29	2
3	第三阶段(剩余群管)	1~4、6~8、11~27、30~36	4

同时,为避免多个顶管机组同时顶进作业而相互干扰,以东工作井作业为例,Ⅰ区和Ⅱ区为顶管始发区,Ⅲ区和Ⅳ区为顶管接收区,如果Ⅱ区和Ⅲ区施工平台水平位置接近,则上部的Ⅱ区施工会影响下部Ⅲ区吊装作业,产生施工干扰,Ⅰ区和Ⅳ区也存在相同的问题。因而,工作井上下区域内的顶管施工应在水平位置错开。综合以上现场条件和施工条件限制,可供选择的顶进方案有 4 种,如图 2.1-4 所示。方案 1 为各区域均采用从下到上依次顶进的顺序;方案 2 为Ⅱ区和Ⅲ区从下到上依次顶进,Ⅰ区和Ⅳ区从上到下依次顶进;方案 3 为所有区域均从上到下依次顶进;方案 4 为Ⅱ区和Ⅲ区从上到下次依次顶进,Ⅰ区和Ⅳ区从下到上依次顶进。

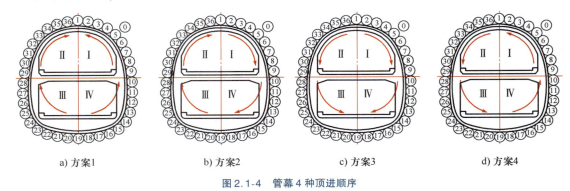

a) 方案1　　　　b) 方案2　　　　c) 方案3　　　　d) 方案4

图 2.1-4　管幕 4 种顶进顺序

2.2　顶管机选型及配置

拱北隧道通过口岸段受控因素众多,沿线地面建筑多为桩基基础;地层软弱松散、施工扰动易变形;沿线地理位置特殊、环保景观要求高;施工控制困难,如施工控制不到位,会引起邻近构筑物变形过大影响其正常使用,容易产生重大的社会影响。而顶管设备选择的适当与否将直接影响施工控制的难易与工程的进度。

顶管设备根据不同的工程地质条件其适用范围也不同,针对不同的地质特点以及施工方自身的需求,选择与之相适应的顶管设备类型,才能保证工程施工的顺利进行和设备利用的最大化。在施工时一旦选错了机型和工法,不仅影响施工进度,而且易发生开挖面坍塌、地层沉降和塌陷、涌水等事故。

2.2.1　复合地层顶管机设备选型

针对拱北隧道管幕工程曲线顶管的施工环境,可供选择的顶管机机型只有两种,即土压平衡顶管机和泥水平衡顶管机,其选型原则是考虑非固结土层的特点。土压平衡与泥水平衡顶管机关于切削面的稳定、地层的适应性、抵抗水压和施工对土体的扰动等方面的对比，见表 2.2-1。

土压平衡与泥水平衡顶管机适用性对比　　　　表 2.2-1

比较项目	土压平衡顶管机		泥水平衡顶管机	
	简要说明	评价	简要说明	评价
开挖面的稳定	通过保持土仓压力来稳定开挖面	良	泥浆在压力作用下向地层中渗透形成泥膜来稳定切削面	优
地层适应性	在砂性土等透水性地层中要采取特殊措施	良	泥膜能够有效地维持开挖面稳定	优
抵抗水压	依靠土仓压力及泥土的不透水性能抵抗水压	良	依靠泥水在开挖面形成的泥膜和泥水压力抵抗水压	优
土体扰动	保持土仓压力、控制推进速度、维持切削量与出土量相等	良	控制泥浆质量、压力及推进速度、保持进排泥量的动态平衡	优
渣土处理	直接外运	简单	进行泥水分离处理	复杂
施工场地	占用施工场地较小	良	要有较大的泥水处理场地	差
工程成本	减少了泥水处理设备及泥浆泵	低	增加了泥水分离设备，费用较高	高

（1）根据地层渗透性进行选择

地层的渗透性与顶管机选型的关系如图 2.2-1 所示。根据大量顶管数据研究分析，一般情况下，当地层的渗透系数大于 10^{-7} m/s 时，选用泥水平衡顶管机；当地层的渗透系数小于 10^{-7} m/s 时，选用土压平衡顶管机。根据这种关系，若地层以各种级配富水的砂层、砂砾层为主时，选用泥水平衡顶管机是适宜的；其他地层或地层组合采用土压平衡顶管机是适宜的。

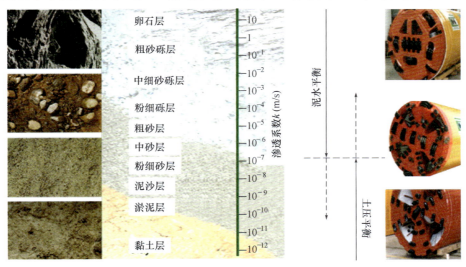

图 2.2-1　地层的渗透性与顶管机选型的关系

拱北隧道管幕施工主要穿越的地层有砂层、淤泥质黏土层、粉质黏土层等。根据土工试验，各类地层的渗透系数统计结果见表 2.2-2。

拱北隧道管幕施工主要穿越地层的渗透系数　　　　表2.2-2

地层代号	分层名称	渗透系数（m/s）
③$_3$	粉砂/中砂/粗砂/圆砾/砾砂	$8.74 \times 10^{-6} \sim 1.17 \times 10^{-3}$
④$_3$	淤泥质黏土/粉质黏土	$3.10 \times 10^{-10} \sim 1.20 \times 10^{-6}$
⑤$_1$	粉质黏土/粉土	1.89×10^{-7}
⑤$_2$	粉砂/中砂/粗砂/砾砂/圆砾	$6.72 \times 10^{-6} \sim 8.17 \times 10^{-4}$
⑤$_3$	粉质黏土/淤泥质粉质黏土	$2.17 \times 10^{-10} \sim 9.06 \times 10^{-8}$
⑥$_2$	粗砂/砾砂	$4.19 \times 10^{-4} \sim 6.32 \times 10^{-4}$

（2）根据岩土颗粒进行选择

一般情况下，当岩土中的粉粒和黏粒的总量达到40%以上时，通常会选用土压平衡顶管机；其他情况选择泥水平衡顶管机比较适宜。粉粒的绝对大小常以粒径0.075mm为界。

以拱北隧道某钻孔取样为例，其岩土颗粒粒径分布如图2.2-2所示。无论是在砂层还是黏土层，粒径小于0.075mm的岩土颗粒所占比例都很小。其中砂质黏性土所含粉粒最多，为20.9%；砾砂层中所含粉粒最少，为5.7%。

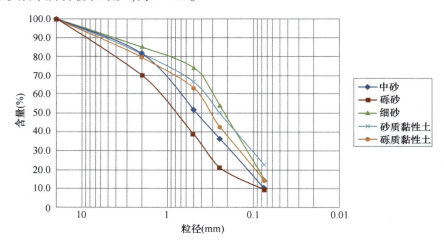

图2.2-2　钻孔取样岩土颗粒粒径分布曲线

（3）确定顶管机机型

①从地层的渗透性系数来看，黏土层的渗透性系数较小，砂层的渗透性系数较大，考虑到顶管机需具备在不同地层中顶进的能力，宜选用泥水平衡顶管机。

②从管幕施工穿越地层岩土颗粒粒径分布来看，涉及地层所含颗粒的粒径绝大部分在0.075mm以上，宜选用泥水平衡顶管机。

③考虑到拱北隧道管幕工程位于拱北口岸区域，地表建筑物及管线、设备对地表变形要求极高，泥水平衡顶管机较土压平衡顶管机对周围环境的扰动较小，宜选用泥水平衡顶管机。

综上所述，拱北隧道管幕施工选用了4台由海瑞克生产的AVN1200TC型泥水平衡顶管机，以及与其相适应的泥水分离站等全套辅助设备。

2.2.2 顶管机刀盘选型

泥水平衡顶管机主要由壳体、刀盘、刀盘驱动系统、纠偏装置、顶进系统和泥水循环系统等部分组成。其中,刀盘由前刀盘、刀盘支架和刀具组成。刀盘是顶管机中最关键的组成部分,它直接与岩土接触,用以切削工作面的土层及挤压破碎岩石,使管道顺利顶进,因此,决定了顶管工程能否顺利实施。

刀盘选择是一个十分复杂的过程,不但受复杂多变的地层性质的影响,还取决于切削刀盘的技术参数和管道直径大小等因素。

1) 刀盘选型影响因素

(1) 地层因素

掘进地层的强度对刀盘选择起决定作用。不同的地层将决定不同的刀盘形式和破碎工具的选择。根据规范,岩土工程可将地层分为无黏性松散地层、黏性软地层、硬岩层及介于破碎地层和较硬地层之间的复杂地层等。不同地层的刀盘形式和破碎工具选择见表 2.2-3 和表 2.2-4。

不同类型的切削刀具的组合使用及碎石装置应用 表 2.2-3

地层类型	描述	合适的切削刀具
易破碎土层	无黏性到弱黏性的砂层和卵砾石层等	刮削齿
较难破碎土层	砂层、卵砾石层、淤泥层和黏土层的混合地层;弱到中塑性黏性土层	刮削齿、凿形齿和中心切削具
难破碎土层	含有粒径 >63mm 的颗粒组分并且含有体积为 0.01~0.1m³ 的孤石或漂石的易破碎或较难破碎土层	刮削齿、凿形齿、盘形滚刀和小型碎石装置
易破碎的岩石层或相当的土层	严重破碎、裂隙的软或风化性岩层;相当于岩层的坚硬或硬化的黏性或无黏性土层。	盘形滚刀或盘形牙轮、圆形切削具、清扫齿
难破碎岩层	结合强度很高的微裂隙和微风化岩层	盘形滚刀或盘形牙轮、圆形切削具

泥水平衡顶管机的应用范围 表 2.2-4

地层	地层类型(或性质)		说明	刀盘类型
一般地层	淤泥层	$N \leqslant 30$	当 $N<3$ 时,需要采取辅助措施以保证顶进方向的可控性	带凿形齿和刮削齿的挡板式刀盘(标准刀盘)
	黏土层	$N \leqslant 30$		
	砂层	$N \leqslant 50$		
稳定的硬地层	硬化淤泥层	$N > 30$	泥浆	带刮削齿的三翼辐条式刀盘(标准刀盘)
	硬化黏土层	$N > 30$	—	
	砂层	$N > 50$	风化的花岗岩	
砂层和卵砾石层	DN(ID) 250~500mm	最大的卵砾石粒径≤50mm,且粒径≥10mm 颗粒的含量≤20%	当渗透性系数 $k > 10^{-2}$ m/s 时,需要采用相应的辅助措施	带凿形齿和盘状滚刀的挡板式切削刀盘(标准刀盘)

续上表

地层	地层类型(或性质)		说明	刀盘类型
砂层和卵砾石层	DN(ID) 600~2400mm	最大的卵砾石粒径≤75mm,且粒径≥30mm 颗粒的含量≤30%	当渗透性系数 $k>10^{-2}$ m/s 时,需要采用相应的辅助措施	带凿形齿和盘状滚刀的挡板式切削刀盘(标准刀盘)
含有孤石、漂石的砂层和卵砾石层	DN(ID) 250~500mm	卵砾石直径≥50mm 的颗粒的含量≤30%	—	
	DN(ID) 600~2400mm	卵砾石直径≥10mm 的颗粒的含量≤30%		
岩层以及含有大块孤石、漂石的地层	漂石地层	颗粒大小和含量超出上述范围	—	带盘状滚刀的岩石切削刀盘(用来破碎地层中的孤石、漂石以及中硬岩层)
	岩石层	单轴抗压强度≤150MPa,且石英(SiO_2)的含量≤70%	盘状滚刀的寿命决定着施工长度	带刮削齿的四翼车轮式切削刀盘(用于软岩层)
				带盘状滚刀和牙轮滚刀的岩石切削刀盘(应用于硬岩层)

注:N 为标准贯入度值;DN 为管外径;ID 为管内径。

(2)刀盘形式

刀盘在顶管机的最前部,用于切削土体,有多个含进料槽的切削盘体。根据地层情况的不同,顶管机可以配备不同形状和结构形式的切削刀盘,某些结构的切削刀盘除了可以进行工作面的掘进之外,还具有平衡土压力的作用。刀盘主要分为车轮式切削刀盘、挡板式切削刀盘、岩石切削刀盘三种。

(3)刀盘开口率

刀盘开口率是刀盘面板开口部分所占面积与刀盘面板总面积的比值。在黏性土层条件下掘进,刀盘的开口选择很重要,在满足刀盘结构强度、刀具布置要求下,应尽可能增大刀盘开口率。辐条式刀盘开口率可达60%,切削下来的土渣可以顺利进入土仓,特别是开口尽量靠近刀盘中心部位,使土渣易于流动,防止结泥饼,提高了开挖效率。但在地下水位以下且水压较大的情况下,应尽量减小开口率,以保证工作面的稳定。

(4)刀具选择

为了破碎工作面上的岩石或泥土,必须根据地层条件,在切削刀盘上镶嵌合适的刀具,刀具的正确选择是取得良好技术和经济效果的关键。在设计刀盘时,为了确保后续的排渣工作顺利进行,必须对地层中可能存在的孤石、漂石和障碍物给予充分的考虑。在通常情况下,这些大块的石头或障碍物首先要经过进土口的分选,所有无法进入顶管机的粒径较大的石块,必须通过切削刀具的进一步破碎或者由刀盘将其挤入周围孔壁。这里的切削刀具能否独自完成碎岩工作,不仅取决于岩石所处的地层情况,还取决于切削刀具的类型、排布及其运行轨迹等。

在采用泥水平衡顶管机施工时,可以借助于碎石装置将石块按照输送系统所要求的大小进行破碎,因此这种顶管机的应用范围可以扩大到含有较大石块的非均质地层。

表2.2-3列出了不同类型的切削刀具的应用范围及其相互组合的可能性,同时还介绍了碎石装置对地层的适应性。对于泥水平衡顶管机,其破碎室中平衡压力的调节主要是通过泥

浆泵控制进出的平衡介质的量来实现的。

2）顶管刀盘选型分析

（1）刀盘形式的选择

鉴于拱北隧道工程位于地下水位以下，水压力较大。这种情况下，由于车轮式的切削刀盘前部的切削端面大部分处于敞开状态，对工作面不能构成机械平衡作用，故这种刀盘形式不适用。而岩石切削刀盘的设计主要是针对需要穿越岩石层的顶管工程，隧道穿越地层主要为淤泥、黏性土和砂砾土层，故岩石切削刀盘也不适用。因此主要考虑挡板式切削刀盘。

挡板式切削刀盘除了破碎作用以外，还可以实现对工作面的机械平衡作用，并且对土层具有筛分作用，对于粒径过大的石块，首先拒之于破碎室外的工作面上，在工作面上对其进行破碎，然后进入破碎室排出。

（2）破碎工具的选择

凿形齿一般适用于无黏性的松散地层，如砂层、卵砾石层、淤泥层以及介于这些地层之间的过渡型地层。黏性地层不宜采用这种凿形齿，因为在切削过程中黏土将被挤压成团。

刮削齿具有很多不同的形式。这种刮削齿的破碎原理是以刮削破碎为主，适用地层主要是黏性软地层，如黏土层、软的页岩层和黏土质淤泥层等，也可以应用于无黏性的松散地层。

滚刀可以用来破碎硬岩层或者位于软地层中的孤石和漂石等。当刀盘直径小于2500mm时，考虑到几何学的原因，在刀盘的周边要采用锥形的切削滚刀，目的是形成所需的超挖量。

综合考虑暗挖段各地层和地下连续墙结构等情况，刀盘形式见图2.2-3。

图2.2-3　现场适用复合型刀盘

2.2.3　顶管设备主要功能

1）刀盘的设计及二次破碎功能

（1）刀盘的设计

刀盘与顶管主机之间采用简便、可靠的连接方式，在后续的施工应用中，方便在工地现场更换为复合地层刀盘或硬岩地层刀盘。

刀盘的主要技术参数：

①钢结构。此参数影响主轴驱动扭矩和刀盘的整体长度。由于地层中存在一些不可见障碍物，刀盘采用整体面板式设计，较辐条式刀盘具有更高的整体强度。遇到地下不可预见的障碍物时，刀盘可承受较大的局部冲击，不至于变形失效。刀盘面板的钢板厚度为120mm，为重载容器合金钢，可承受较高的扭矩。

②刀盘超挖。刀盘的开挖直径通常大于顶管机机头壳体直径。刀盘侧面的焊接耐磨合金用于保持边缘滚刀的开挖直径，并保证开挖仓的渣土不进入顶管机机头的超挖空腔，防止顶进摩擦力增加。推荐设备的软土刀盘半径方向超挖量为28mm。

③开口率。顶管机所使用的混合刀盘的开口率约为23%。允许最大通过的颗粒直径约为300mm。此开口率兼顾了在软土地层中掘进的效率以及对遇到孤石等障碍物对刀具保护的要求。

④刀具。刀具种类和数量的选择取决于地质情况。刀具种类包括滚刀、齿刀、弧形刀等。软土齿形刮刀有高耐磨的钢刀体和高质量的刀刃,刀刃的切削面顶部嵌有耐磨合金。

⑤耐磨保护,包括对刀盘母材结构的保护。同时刀具磨损后的更换方式也是重要的技术手段。刀盘本体圆周有耐磨保护环,刀盘面焊有耐磨保护。所有刀具安装方式均采用背装式。

⑥二次破碎装置。刀盘的牛腿支撑和顶管机的锥形破碎仓形成二次破碎装置。

⑦主驱动。刀盘主驱动用于传递推力和扭矩至刀盘,使刀盘得以切削掌子面的土层。同时,主驱动还可以克服刀盘启动时的静态阻力。泥水平衡顶管机采用液压主驱动,可提供无级调速的刀盘驱动力。液压驱动具有功率大、机内易于布置、易于控制速度、易于排除故障、修理方便等特点。

(2)二次破碎功能

根据地质勘察报告,场地内存在大量的孤石。混合刀盘的滚刀可实现大块石头的破碎,这是一次破碎功能,即通过一次破碎将孤石破碎成能进入刀盘开挖仓的程度。随着刀盘旋转而进入破碎机锥筒的石块和障碍物被破碎成可以用输送机传送的颗粒。泥水平衡顶管机可通过锥形破碎器实现二次破碎,锥形破碎器不仅能有效地进行破碎,而且这些进入泥水仓内的小块孤石是由顶管机本体的内外圆锥进行破碎,因此在二次破碎的过程中不易引起机身的旋转,破碎时振动很小,对控制顶管姿态非常有利。

二次破碎功能的刀盘设计如图2.2-4所示。

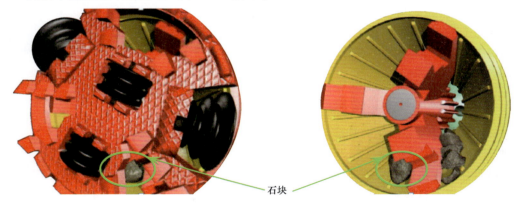

图2.2-4 带二次破碎功能的刀盘设计

2)紧急情况处理技术——带压作业

长距离掘进或者在掘进中出现不可预见障碍物时,需要进入刀盘开挖仓检查、更换刀具,甚至人工进入刀盘开挖仓破除障碍物。为阻止地下水和开挖土体进入开挖仓,必须采用流体静力反压力系统,它能释放气体、液体、膨润土悬浊液或者泥浆。需要时,工人可以通过气闸进入加压的机前区,进行诸如清除巨石之类的工作。气压仓的使用使得顶管机在掘进中的任一位置都可将顶管机的前部与地下水隔离开,以便进行刀盘的检查维修以及刀具的更换,故在岩石地层掘进隧道时,可以实现更长的掘进长度。另一方面,进入开挖仓可以破碎障碍物。

泥水平衡顶管机在主驱动中心处配置可进入刀盘开挖仓的仓门,刀盘仓门为铰链式快速开关设计,只需松紧仓门卡笋,便可快速开启或关闭仓门。确保在极端条件下,人员可快速撤离并迅速关闭仓门,如图 2.2-5 所示。

图 2.2-5 刀盘开挖仓

3)瀑布式泥浆循环方式

为保持破碎机锥筒清洁并避免黏结堵塞,泥水平衡顶管机配备了一系列喷射水流方案,以应对不同的地质条件要求。破碎机内集成了高压水枪,由其喷射水流进行系统清洁。高压喷枪将挖掘仓内的黏砂土或黏土剥离,从而避免黏结。中压喷枪使用标准泥水口,通过改变喷嘴大小,可以调整悬浮压力,优化渣土流动。

如图 2.2-6 所示,进浆管经过顶管主机上的旁通阀组后,分流成多条进浆支路。这些进浆支路通过压力仓壁后,分布于开挖仓的不同位置,并以不同的喷射角度安装。这种做法主要是分配各个进浆支路喷嘴的作用范围。喷嘴全开可覆盖刀盘整个半径,刀盘转动后,喷浆就可以喷射到整个刀盘背部。通过调节不同的喷嘴喷射,既可以控制喷射刀盘背部的区域,也可以根据地质情况调节瀑布式喷射的涌流效果。

图 2.2-6 瀑布式泥浆循环方式

这种瀑布式的冲刷方式方便在仓壁出浆口处采用不同尺寸的喷嘴。较小的喷嘴即可产生较大的喷射压力,在黏土地层中可防止刀盘某些部位产生结泥饼现象,无须额外配置高压清水泵来清理刀盘黏土。

4)自动注浆润滑系统

在长距离顶管施工中,确保顶进成功的一个重要因素是利用膨润土泥浆来降低管道外表面与周围土体之间的摩擦。触变泥浆主要有两个功能:一是保持孔壁的稳定性,防止孔壁坍塌;二是降低管壁与周围土体之间的摩擦系数。尽早、持续地注入合适体积的膨润土泥浆可以在管道外壁与土体之间形成一个连续的润滑带。泥浆的配方及注浆参数需要操作人员对管道直径、顶进距离、水文地质条件进行综合考虑来确定,而且这些情况将随时发生变化。

传统的注浆方法很难针对不同的地质条件,采取不同的注浆压力及注浆时间参数。采用智能化的软件可以使顶管沿线任何部位都具备灵活调节压力、流量的能力。采用膨润土泥浆的润滑站,一般间隔距离为9~15m,而对于高渗透性土,润滑站的间距要比低渗透性土的小。首节润滑站与机头的距离越小越好。注浆孔应沿着管周均布,其数量和位置可根据浆液在周围土体中的流动性来确定。通常每个润滑站上面沿管周布置3个注浆孔,如图2.2-7所示。在自动润滑注浆系统的实际应用中,采用膨润土泥浆润滑的顶管工程可以获得摩阻力小于或等于1kPa的润滑效果。

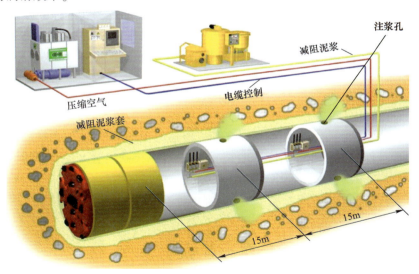

图2.2-7　自动注浆润滑系统

拱北隧道采用的泥水平衡顶管机提供自动注浆系统,其特点是可定量和定压力对各个注浆口注射膨润土泥浆。膨润土通过气动开关阀控制,每个气动阀出口配备有流量计和压力计,可精确检测和控制每个注浆口的状态。自动注浆系统的监控和控制信号传输均由可编程控制器(PLC)控制。

5)顶力中继站

在顶进长度超过200m以上的长距离掘进中,可采用顶力中继站来保证顶管刀盘对掌子面的正压力。中继站液压缸的动力,由顶管机头液压动力站或地面主顶液压动力站提供。顶力中继站见图2.2-8。

图 2.2-8 顶力中继站

液压中继站一般采用单作用液压缸。当某一中继站的液压缸伸长时,需要液压动力站供油。当其他中继站液压缸或主顶液压缸伸长时,此中继站液压缸受力回缩。液压缸中大腔的液压油沿原来的压力油管流回动力站油箱。

中继间的控制次序是从顶管机头开始,从前到后依次使中继间伸长。其控制原理就是自顶管主机后部的第一个中继站开始,依照次序控制各个中继站液压缸伸长。每个中继站分配了整个顶管的顶力。

泥水平衡顶管机控制系统具有中继间行程测量控制的套件。在采用中继间掘进时,顶管操作手可以在地面控制室读取中继间液压缸伸出距离以及伸出速度,保证机头掘进时仍然处于刀盘扭矩和顶力可控的状态。

6) 管道制动器

管道制动器,又称管刹,用于在始发井或相应地质中的斜坡延伸时,防止始发井中的管道被挤出。当已顶进的管道的表面摩擦力不足以支撑顶进管道时,需启用管道制动器。管道制动器的上方和下方夹紧块通过液压缸相连,如图 2.2-9 所示。通过液压缸的运动可以打开或者关闭管道制动器,整个管道制动器和进给轴采用螺栓拧紧在始发密封上。

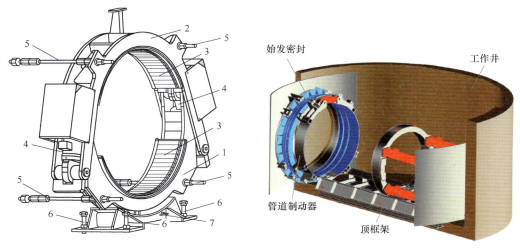

图 2.2-9 管道制动器结构示意图
1-下方夹紧块;2-上方夹紧块;3-木质垫片;4-液压缸;5-活塞杆;6-调节螺栓;7-固定底座

2.3 管节生产与制作

拱北隧道暗挖段曲线管幕采用 36 根 $\phi1620mm$ 大直径管幕,每节管长 4m,采用 F 形承插口连接,采用 A3Q235BZ 型钢板制作,其中壁厚 24mm 的管幕 19 根,壁厚 20mm 的管幕 18 根。管节加工质量将直接影响管幕顶进精度控制,为满足管幕工程对管节的性能要求,从有限元分析、试验验证、制作工艺、配套机械及质量控制等方面总结出一系列关键技术。管节结构及 F 形承插口接头结构如图 2.3-1 和图 2.3-2 所示。

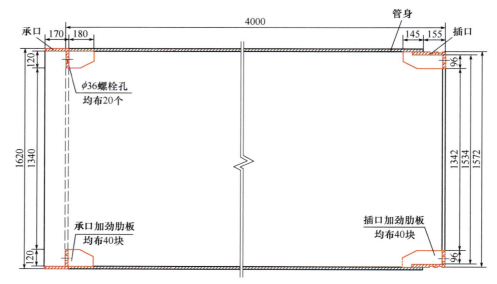

图 2.3-1 管节结构示意图(尺寸单位:mm)

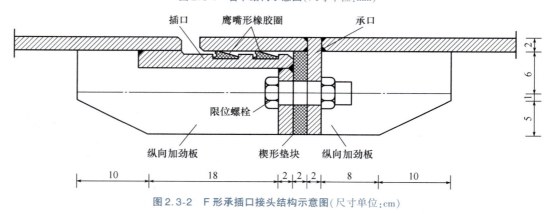

图 2.3-2 F 形承插口接头结构示意图(尺寸单位:cm)

2.3.1 管节加工场配置

管幕管节在全封闭式厂房加工制作,厂房根据标准化管理钢材集中加工的要求建设,无噪声污染,且美观、节能、环保。厂房长 115m、宽 35m、高 10.5m,设两道宽 6m、高 5m 的大门,两道宽4m、高5m的小门,满足机械、材料及人员进出。管节加工分区分班分工流水作业,场内按功能分为板材堆放区、板材放样下料区、承插口零部件数控下料区、板材卷制区、管身埋弧焊接区、承插口组装区、管节拼装区、成品管节堆放区与运输通道等,见图2.3-3和图2.3-4。加工场设总配电箱,机械设备做到"一机一箱一闸",电缆采用地下暗埋。同时做好各机械设备保养工作,确保正常运转。管节制作主要机械设备见表2.3-1。

图2.3-3 管节加工场

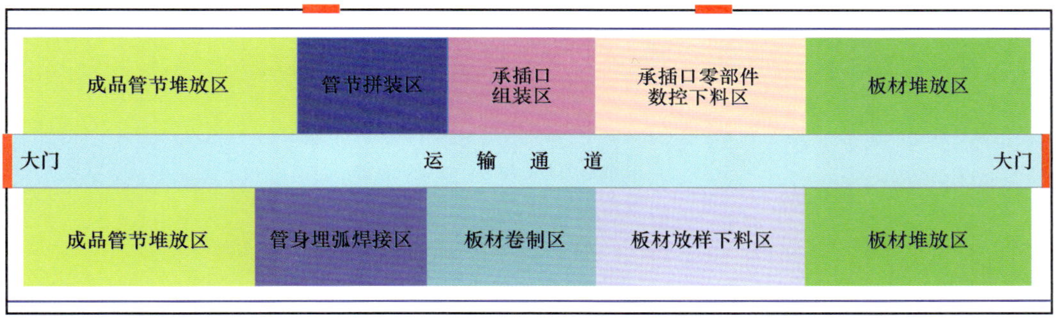

图2.3-4 管节加工场功能分区示意图

管节制作主要机械设备　　　　表2.3-1

序号	设备名称	型号	数量(台)	作用
1	小车式火焰切割机	CG1-30	4	钢材下料
2	数控火焰切割机床	HY-4080	1	法兰、肋板等零部件下料
3	上辊万能卷管机	W11S-40×2600	1	管身卷制及接头毛坯管卷制
4	自动式埋弧焊机	CZ-4×4	2	纵缝焊接与管身组对焊接
5	焊接滚轮架	ZT-5	2	承载管节滚动辅助埋弧焊机
6	焊接滚轮架	HGZ5	5	承载管节滚动辅助对接、焊接
7	CO_2气体保护焊机	NBC-500A	12	打底焊、固定焊及接头安装焊接
8	角向磨光机	TC322	10	各类接头零部件打磨处理
9	门式起重机	10t	1	吊运
10	门式起重机	5t	2	吊运
11	千斤顶	50t	2	管身端口校圆
12	千斤顶	30t	2	承口校圆

2.3.2 管节制作

1) 管节制作流程

管节制作工艺流程见图2.3-5。

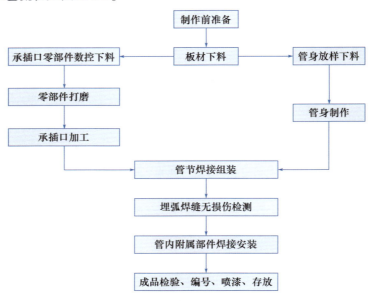

图 2.3-5　管节制作工艺流程图

2) 板材下料

为了确保板材下料的精度及工效,采用等离子数控钢板切割机进行下料。放样时,应注意火焰切割余量和焊接收缩余量,20mm、24mm 厚板其割缝为 1~1.5mm,单 V 对接焊缝横向收缩近似值为:

$$y = 1.01 \times e(0.0464 \times t) = 1.01 \times 2.718282(0.0464 \times 20) = 2.5(mm)$$

$$y = 1.01 \times e(0.0464 \times t) = 1.01 \times 2.718282(0.0464 \times 24) = 3.1(mm)$$

埋弧焊采用 V 形 30°坡口,考虑以上两种余量,管身板材单边放大 2mm。

放样允许偏差见表2.3-2。

放样允许偏差(单位:mm)　　表2.3-2

序号	项目	允许偏差
1	平行线距离和分段尺寸	±0.5
2	对角线差	1.0
3	宽度、长度	±0.5
4	孔距	±0.5

火焰切割前应将钢材表面距切割边缘 50mm 范围内的锈斑、油污、溶渣及飞溅物等清除干净,钢材切割下料后,在拼装前应对边缘质量进行核对和矫正,并将凹凸不平处打磨平整。切割的允许偏差见表2.3-3。

切割的允许偏差（单位：mm）　　　　　　　　表 2.3-3

序号	项目	允许偏差
1	零件宽度、长度	±3.0
2	边缘缺棱	1.0
3	型钢端部垂直度	2.0

(1) 管身放样下料

管身采用小车式火焰切割机下料，放样前必须对钢板尺寸进行检查并矫正。对毛边供应的钢板应剔除 20～50mm，以防轧制缺陷混入管节内。

①放样：根据制作工艺图纸进行放样。核对图纸外形尺寸、坡口角度，确定无误后方可进行放样。

②画线：板材长度按卷管的中径计算，采用角尺、直尺画线。

③切割：试运行小车式火焰切割机，调整行走速度后点火切割。

(2) 承插口零部件数控下料

承插口零部件采用数控火焰切割机床下料，将绘制完成的 CAD 零件下料图直接转换为"dwt"格式图样，数控软件将几种零部件大样图自动排版为最合理组合形式，并编排切割顺序。编制完成文件输入设备电脑，电脑全自动控制切割路径和各零部件加工数量，见图 2.3-6 和图 2.3-7。

图 2.3-6　小车式火焰切割机下料

图 2.3-7　数控火焰切割机床下料

(3) 零部件打磨

各种完成下料零部件上的毛刺、毛边采用研磨轮片进行打磨。

3) 管身制作

管身制作工艺见图 2.3-8。

图 2.3-8　管身制作工艺流程图

（1）管身制作准备

管身卷制前启动卷管机进行空载运转检查，各转动部分运转正常、润滑良好、开关灵敏等方可进行筒体卷制。

（2）钢板对中

被卷制钢板应放在轴辊长度方向的中间，板材边缘须与轴辊中心线平行。利用板边紧靠下侧辊对中：将板料抬起，使板边紧靠侧辊，然后再放平，见图2.3-9。

图2.3-9　钢板对中

管身卷制时板材应与卷管机对正，保证板材边线与轴辊中心线平行，否则会出现错边现象，见图2.3-10。

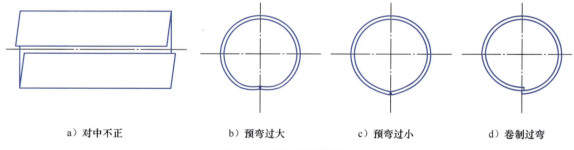

a）对中不正　　b）预弯过大　　c）预弯过小　　d）卷制过弯

图2.3-10　管身卷制质量缺陷

（3）预弯

卷制时，钢板两端须预弯，将钢板平放在卷管机的上下辊之间，端面应超过上下轴辊垂直中心线距离。上辊下移至管身半径处，使钢板端部一面弯曲，一面向前移动一段距离，使板端得到预弯，同理预弯钢板的另一端。

①预弯长度应大于三辊卷管机两个下辊中心距尺寸的二分之一，长度为30cm。在预弯长度内，预弯圆弧与检查样板间隙$h \leqslant 1mm$，样板半径宜比管半径小$0.5 \sim 1mm$。

②预弯段应随时用样板检查预弯半径，局部凸起或凹陷的地方，可用钢板条作为衬垫来校正。

③预弯不得过大或过小，否则会使管身组对后接头处错边量过大；卷制过程中上辊下降位移由大变小，防止过弯。管身板材预弯见图2.3-11。

图 2.3-11　管身板材预弯

(4) 管身卷制

卷制时应使钢板逐渐弯曲,卷制成形。三辊卷管机卷制时,逐次调整上辊下移,上辊每下移一次需开动卷管机,使工件在卷管机上往返卷一两次。

①在每次调整上辊下移后,卷弯时都要采用样板检查半径的大小,防止弯曲过量,直至筒节弯曲半径完全吻合为止。

②在卷制过程中,钢板两侧与轴辊中心线垂直,应经常进行检查预防跑偏,以免造成端面错边。

③管身卷制成形后,用倒链及专用工装夹具将纵缝对接平直、两端面对齐,间隙小于 5mm。

④将卷制完成的管节点焊加固,卸下辊床后进行椭圆度检查。

管身卷制和管身纵缝对接见图 2.3-12 和图 2.3-13。

图 2.3-12　管身卷制　　　　　　　　　图 2.3-13　管身纵缝对接

(5) 纵缝埋弧焊

焊缝形式:V 形坡口,先焊坡口里侧,再焊外侧,焊丝型号为 4.2(焊芯直径 4.2mm);焊接前先将焊缝及其周围的油、污、锈等清除干净,再施焊。焊接时不能在焊缝以外的母材上打火引弧。

管身纵缝间隙小于或等于 5mm,满足设计规范要求后,采用二氧化碳气体保护焊进行打底,焊缝两端配置引弧板和引出板,其材质和坡口形式与管身相同。引弧板和引出板长度大于 150mm,宽度不小于 80mm;焊缝引出长度需大于 80mm。焊接完毕后,必须用火焰切除焊件上的引弧、引出板,并打磨平整,严禁用锤击落。纵缝打底焊及埋弧焊见图 2.3-14 和图 2.3-15。

图 2.3-14 纵缝打底焊

图 2.3-15 纵缝埋弧焊

（6）校圆

纵缝埋弧焊完成后，对管身进行椭圆度检查，椭圆度不满足要求的必须进行二次校圆。校圆分加载、辊圆、卸载三个步骤，使工件在逐渐减少矫正荷载下进行多次辊卷。管身校圆见图2.3-16。

管身的校圆样板弧长为管身周长的1/3，样板与管内壁间隙应符合下列规定：

①对接纵缝不得大于壁厚的10%加2mm，且不得大于3mm。

图 2.3-16 管身校圆

②管端200mm内的对接纵缝处不得大于2mm。

③其他部位不得大于1mm。

（7）环缝埋弧焊

焊缝形式同纵缝埋弧焊，两管身对接采用倒链拉紧，对接间隙不得大于5mm；两管身之间的错台不大于2mm，错台大的位置采用千斤顶和钢柱体将管端撑平，并及时点焊固定。

环缝埋弧焊焊接前先在坡口处进行二氧化碳气体保护焊打底，埋弧焊引弧段打底较厚，一般应将坡口焊满，收弧段搭接长度不小于8cm。环缝打底焊及埋弧焊见图2.3-17和图2.3-18。

图 2.3-17 环缝打底焊

图 2.3-18 环缝埋弧焊

4）承插口加工

F形插口先由24mm厚钢板卷成外径为1578mm、宽235mm的毛坯管，毛坯管校圆满足椭圆度小于4mm后与法兰、肋板采用二氧化碳气体保护焊焊接拼装，焊接后承口直径控制在±7mm以内，最后整体上铣车床加工成型。插口温度冷却后采用游标卡尺进行结构尺寸检查。F形插口制作工艺见图2.3-19。

a）管件校圆

b）插口毛坯件

c）毛坯件铣车成槽

d）插口成品件

图2.3-19　F形插口制作工艺

5）管节焊接组装

承口采用门式起重机吊运，使用倒链与管身紧密靠在一起，且承口螺栓孔与管身吊耳在同一条直线上，千斤顶校圆管身，使承口与管身错台小于2mm后，电焊固定。F形插口拼装时在F形凹槽内安设4个定位卡具，以保证插入管身内同等的距离，采用倒链与管身紧密靠在一起，要求插口螺栓孔与管身吊耳在同一条直线上，并电焊固定。采用定位卡具将承口40块肋板均匀与管身焊接，并对承插口剩余所有焊缝进行满焊，最后检测手工焊外观质量。管节组装焊接见图2.3-20～图2.3-23。

图2.3-20　插口组装定位卡具

图2.3-21　承口组装肋板定位模具

图 2.3-22 管节承口组装

图 2.3-23 承插口满焊

采用二氧化碳气体保护焊焊接,焊接前将焊接防溅剂喷涂于飞溅物易散落区,使焊接产生的熔渣易于清理,减少了焊接后铲、磨等工序,有效改善了焊接件的外观质量。焊接时合理调整焊机电流和运丝速度,保证焊缝饱满、平顺,有焊接缺陷时及时整改。

采用角焊缝焊接的接头,焊缝焊脚尺寸 h_f:20mm 厚钢板 $h_f = 6 \sim 7.5$mm,24mm 厚钢板 $h_f = 8 \sim 11$mm。

6)埋弧焊缝无损伤检测

埋弧焊缝采用超声波焊缝检测仪进行检查,焊缝质量评定等级要求达到二级以上,达不到要求的焊缝段落进行切割重新埋弧焊接。

7)管内附属部件焊接安装

(1)管节润滑注浆管安装

顶管施工需对顶入的管节进行润滑减阻,每个注浆断面 4 个注浆孔,呈 45°环向布置。底部设置两根注浆总管(ϕ50mm 镀锌钢管),一根为送浆管,通过注浆泵进行同步注浆,另一根连接补充注浆总管。管幕润滑注浆管布置见图 2.3-24。

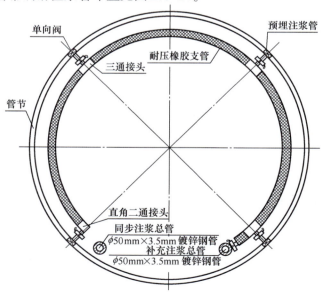

图 2.3-24 管幕润滑注浆管布置示意图

（2）土体改良注浆导向管安装

管节每排安装3个φ40mm注浆导向管，纵向间距100cm。导向管上预留注浆后拧紧用的丝扣段。土体改良注浆导向管布置如图2.3-25所示。

每个管幕土体改良管节注浆孔的位置都不同，在使用前根据管幕编号确定开孔位置，并焊接注浆管，焊接要密实，保证不渗不漏。

8）成品检验、编号、喷漆、存放

管节成品按照表2.3-4施工质量检验标准进行检查，并喷管节生产流水号，以便使用、管理。

图2.3-25 土体改良注浆导向管布置示意图

管节制作几何尺寸质量检验标准　　　表2.3-4

项次	检查项目	规定值或允许偏差（mm）	检查方法和频率
1	管身外径	1620，±20	钢尺，2个断面
2	长度	4000，+40	钢尺，2处
3	管身椭圆度	管端部位≤20	钢尺，2个断面
4	承插口椭圆度	≤4	钢尺，2个断面
5	对接错位	≤2	直尺、塞尺，3处
6	对接缝间隙	≤5	塞尺，3处
7	埋弧焊缝表面余高	≤3	焊缝量规，3处
8	焊缝咬边深度	≤0.5且长度≤100	焊缝量规，3处
9	螺栓孔孔径/间距	≤4/±15	游标卡尺，3处
10	F形凹槽深度/宽度	±2/±2	游标卡尺，3处

管节合理堆放，若堆在加工场外需要底部垫高度不低于20cm的方木，并做好防水、防晒工作，喷漆避免管节生锈。检查合格管节成品堆放见图2.3-26。

图2.3-26 检查合格管节成品堆放

2.4 鹰嘴橡胶密封圈

管节的密封结构主要为鹰嘴橡胶密封胶圈,其密封原理是管节安装过程中,对其产生一定的压缩变形,使橡胶圈与密封面紧密贴合产生接触压力,接触压力的大小直接反映密封圈的密封能力,并关系到橡胶圈设计是否合理。传统理论计算很难准确求得接触压力,因此研究利用有限元软件 ABAQUS 分析密封接触面压力来衡量管节连接结构是否合理。

2.4.1 鹰嘴橡胶圈密封计算模型

采用 ABAQUS 软件建立鹰嘴橡胶圈密封有限元受力分析模型,简化的平面应变模型如图 2.4-1 所示,管节承口和插口材料为 Q235 钢材,密封圈材料是邵氏硬度为 42 的氯丁橡胶。考虑到 Q235 钢材弹性模量比橡胶高很多,可以把承插口看作刚体,采用解析刚体来模拟。

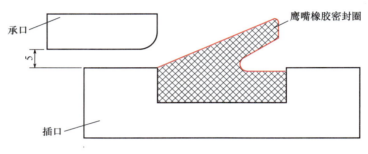

图 2.4-1 管节接头简化模型(尺寸单位:mm)

鹰嘴橡胶密封圈为不可压缩材料,在模拟过程中其材料特征设置为超弹性材料,利用 Mooney-Rivlin 应变能函数来表征,材料模型参数见表 2.4-1。模拟过程中,通过对插口水平向左移动 40mm 来实现模拟管节的安装,通过对橡胶圈施加压力得到不同水压作用下橡胶圈的受力变形情况以及橡胶圈与插口接触面上的接触压力,评价橡胶圈的密封性和结构。

鹰嘴橡胶密封圈参数   表 2.4-1

材料	硬度 (邵氏 A)	拉伸强度 (MPa)	伸长率 (%)	Mooney-Rivlin 模型参数		
				C01 (MPa)	C10 (MPa)	D1 (MPa^{-1})
氯丁橡胶	42	3.5	450	0.43	0.07	29.4

2.4.2 鹰嘴橡胶密封圈结构受力分析

鹰嘴橡胶密封圈在接头安装以及受地下水压力作用时,插口刚安装完成后橡胶圈应力最大,局部出现应力集中,达到 4.85MPa。随着作用在橡胶圈上的水压力增大,其应力随之减小,水压力作用可以改善橡胶圈受力。0.3MPa 水压力作用下最大接触压力为 0.36MPa,密封效果良好,见图 2.4-2。

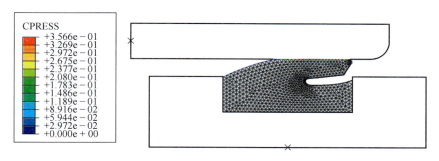

图 2.4-2　0.3MPa 压力下鹰嘴橡胶密封圈接触压力

2.4.3　承插口间隙对管节密封性的影响分析

设计图纸中管节接头承插口之间的间隙为 5mm，但是加工过程中难免存在误差。为了研究承插口加工误差对管节密封性能的影响，采用 ABAQUS 模拟分析不同的承插口间隙下橡胶圈与插口的接触压力。分析中间隙分别为 5mm、6mm、7mm、8mm、9mm 和 10mm，施加水压力为 0.4MPa，大于管节实际工作最大压力 0.3MPa，不同间隙橡胶圈接触压力计算结果如图 2.4-3 所示。随着间隙的增加，橡胶圈的最大接触压力随之增大，但相对增加量不大，橡胶圈与插口的接触长度随着间隙的增加而减小，而接触长度越长密封性越好，可见间隙越小密封性越好。5mm 间隙下接触长度约为 20mm，而 13mm 间隙下接触长度只有约 6mm，密封性能减弱。再增加间隙，接触长度急剧减小，计算无法收敛，所以建议承插口间隙不大于 10mm。考虑安全系数，承插口间隙单边不应大于 4mm，承插口外径允许偏差值为 10mm 以内。

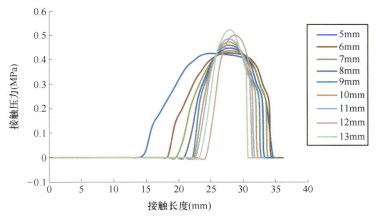

图 2.4-3　不同间隙橡胶圈接触压力对比

2.4.4　密封性试验

密封测试采用室内顶管密封试验系统，建立 1:1 的全尺寸模型试验，不仅可以测试管节接头的密封性，还可以同时测试顶管洞口止水装置的密封性以及验证顶管接收仓的可靠性。

室内顶管密封性测试系统如图 2.4-4 所示，结构主要由管道系统、加载与反力系统、注浆与加压系统以及数据采集系统组成。管道系统是试验测试的核心，由试验管、外套管、密封舱体、简化接收仓和顶管洞口密封装置组成，各部分都通过螺栓拼装而成。

图 2.4-4　室内顶管密封性测试系统

测试中采用的泥浆性能与实际施工现场触变泥浆基本相同,通过注浆泵向测试系统环空注入泥浆,泥浆加压采用空压机和加压容器实现,加压容器与测试系统环空通过管路连接,首先在加压容器中充满泥浆,然后利用空压机的压缩空气对容器中的泥浆加压,试验设计泥浆压力为 0.1MPa、0.2MPa、0.3MPa、0.4MPa,每一级压力保持时间均为 30min。

测试结果:管节张角在合理范围内时,泥浆压力在 0~0.4MPa 范围内,管节接头顶部短时间内有少量液体滴落的现象。同样随着泥浆压力的增加,如图 2.4-5 所示管节接头焊缝处也出现了少量的泄漏。考虑结构的密封效果,对橡胶圈的材质进行了优化,选用遇水膨胀橡胶止水材料。在试验开始阶段,随着压力的增加,管节接头存在少量渗水,随着时间的增加,橡胶圈不断膨胀,达到完全止水效果,设计方案及实施效果能够满足现场施工要求。

图 2.4-5　管节接头密封情况

2.5　工作井施工

工作井是口岸暗挖段的一部分,施工阶段满足曲线顶管、土层冻结、暗挖施工的需要;运营阶段分为四层,即地下一层、上层车道、下层车道、地下四层,预留了一定的空间安设风机,铺设管线及逃生救援楼梯。

2.5.1 工作井结构设计

(1)工作井主体结构设计

工作井结构参数见表2.5-1,工作井示意见图2.5-1。

工作井结构参数 表2.5-1

工作井		东工作井	西工作井
围护结构	开挖尺寸	27.9m(长)×15.1m(宽)	28.3m(长)×15.1m(宽)
	开挖深度	31.46m	30.38m
	地下连续墙	C35混凝土,抗渗等级P10,厚1.2m,深52.4m	C35混凝土,抗渗等级P10,厚1.2m,深44.85m
	支护支撑	第一道顶框架C50混凝土,第三、五~七道支撑C30混凝土,第二道φ609mm钢支撑,壁厚16mm,第四、八道φ609mm钢支撑(并撑)	第一道顶框架C50混凝土,第三~七道支撑C30混凝土,第二、八道φ609mm钢支撑,壁厚16mm
	框梁和围檩	永久结构C45混凝土,抗渗等级P10,临时结构C30混凝土	永久结构C45混凝土,抗渗等级P10,临时结构C30混凝土
	基底加固	高压旋喷桩,28d无侧限抗压强度$q_u \geq 1.2$MPa,高压喷射浆液为42.5普通硅酸盐水泥浆,水泥最低掺量25%,扩散半径0.5m,孔距0.9m,梅花形布置,切割搭接固结体宽度不小于150mm,高压水压力>20MPa	
主体结构	净空尺寸	23.5m(长)×10.7m(宽)	23.9m(长)×10.7m
	深度	29.76m	29.76m
	墙体	内衬墙厚1.0m,顶、中板厚1.0m,底板厚1.8m,C45混凝土,抗渗等级P10	内衬墙厚1.0m,顶、中板厚1.0m,底板厚1.8m,C45混凝土,抗渗等级P10

图2.5-1 工作井示意图

(2)始发、接收端围护结构设计

管幕施工时,为防止始发与接收阶段的渗漏水,工作井始发、接收端采取了必要的止水加固措施。针对拱北口岸的特殊地质条件,在工作井围护墙外设置厚1200mm的素混凝土地下连续墙(简称"素墙")。根据东西工作井不同的水文地质条件,东侧工作井素墙外辅以1200mm@900mm 的三重管高压旋喷桩进行加固止水,厚度不小于4300mm,西侧工作井素墙外以 850mm@550mm 的三轴搅拌桩进行加固,厚度不小于4500mm,见图 2.5-2。通过现场地下连续墙破除情况,发现地下连续墙与素墙之间局部存在夹层,出现渗水现象,为避免后续群管顶进地下连续墙破除过程中出现较大渗水现象,在工作井顶进、接收面地下连续墙外侧 10m 范围内增加了地面竖向注浆加固措施。

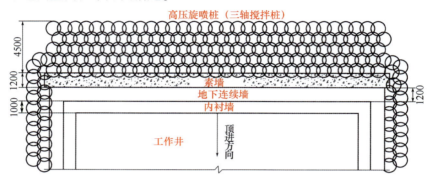

图 2.5-2　工作井止水围护结构(尺寸单位:mm)

工作井始发接收面内衬墙上埋置顶进辅助装置孔口管,起到连接顶进密封圈、始发导向和连接接收仓作用,在孔口管周边设置环框梁,结构采用 C45 防水混凝土,抗渗等级为 P10,厚度为 2.8m,起固定孔口管及顶进面墙体的作用,见图 2.5-3。

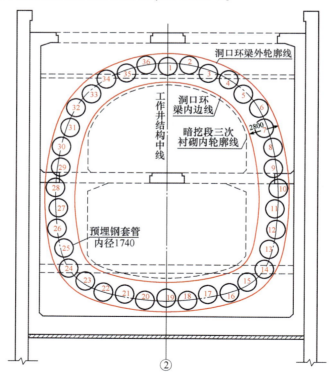

图 2.5-3　环框梁立面示意图(尺寸单位:mm)

2.5.2 工作井施工顺序

工作井采用明挖顺筑法施工,充分利用现场监控量测信息指导施工。

工作井地下连续墙围护结构完成后,再进行旋喷桩地层加固,然后在有效的基坑降水条件下进行工作井分层开挖和支护,先撑后挖,中间适时进行管幕工艺试验和9号、10号、28号、29号管顶进施工。主体结构自下而上施作模筑混凝土,其中顶板和地下一、二、三层隔板在暗挖隧道完成后施作。

施工顺序见图2.5-4。

图2.5-4 工作井施工顺序图

（1）地下连续墙和始发端面素墙采用液压成槽机成槽工艺，400t 履带起重机和 200t 履带起重机吊装钢筋笼，直升导管法灌注水下混凝土。

（2）采用三重管高压旋喷桩对工作井四周地层和基底进行加固。

（3）基坑采用疏干井降水，开挖前 20d 降至开挖面以下 1m。

（4）工作井开挖：工作井口 4m 以内（即第一层支撑以上）采用小松 PC220 挖掘机开挖，直接装车运输至弃渣场；其余部分土方采用两台沃尔沃 E55B 型挖掘机开挖装渣，井口并排设两台 20t 门式起重机配吊斗出渣，弃至井口临时存渣处，再采用装载机装渣、运输车运至临时弃渣场，然后由专用车辆运至指定弃渣场。

（5）支撑安装：钢板、钢管、钢筋笼等各种钢构件半成品在钢材加工厂制作，运至施工现场安装。

（6）内衬墙施工：工作井内衬墙顶进面和后背面采用竹胶膜板，侧面墙采用钢模板，安装采用门式起重机起吊运输，人工配合安装。模板支撑采用满堂碗扣式脚手架，支架钢管直径 36mm、壁厚 3.6mm。一般地段立杆的纵横距均采用 0.6m×0.9m，浇筑围檩混凝土处立杆的纵横距均采用 0.6m×0.6m，扫地杆距底板面 0.2m，其他纵距均采用 1.2m，支架纵横剪刀撑每 5 排立杆设一道。满堂支架搭设时，预压或预留沉降量，以确保模板净空和限界要求。永久围檩上预留浇筑孔，通过预留孔浇筑、振捣。顶框架和中框架下预留注浆管，对有可能出现的缝隙填注高强砂浆。

2.5.3 管幕孔口管结构设计与施工要点

（1）管幕孔口管结构设计

孔口管采用 16mm 厚钢板卷制而成，内径有 1780mm、1880mm 两种规格。其中 $\phi1780mm$ 为始发井孔口管，$\phi1880mm$ 为接收井孔口管，长度均为 1400mm。钢筒一侧边缘外焊 100mm 宽、16mm 厚的钢板法兰，孔口管加工误差应小于 3mm。

（2）地下连续墙破除施工要点

地下连续墙内存有大量的钢筋，顶管机不能自行破除，需要人工破除顶进断面内的地下连续墙。施工中采用人工周边钻孔取芯，控制轮廓线线形，中心采取人工风镐配合破碎锤破除混凝土。施工要点如下：

①地下连续墙钻孔取芯时，要控制好轮廓线的规则，便于孔口管的密封。

②测量定位要准确。

③中间部分采用机械破除可降低人工劳动强度，提高工效。

（3）孔口管安装施工要点

地下连续墙破除完成后，进行孔口管的定位安装，重点进行以下三个方面的控制：

①精度控制。轴线控制的关键是控制孔口管的轴线同试验管设计轴线一致，平面偏差不超过 1cm；高程控制的关键是控制孔口管轴心高程与设计高程偏差不超过 1cm，管道内辅助滑板的高程宜高于设计高程 2cm，防止机头下垂，有利于顶管机始发。

②制动控制。顶管机始发时，由于机头紧贴着孔口管内滑板，挤压滑板向前顶进，同时机头进入始发密封圈后要保持一定的压力，为防止孔口管沿轴线方向移动、垂直轴线方向旋转，

在孔口管内部布设两环 ϕ32mm 限位钢筋,每环 3 根,每根 0.5m。

③密封控制。孔口管固定完成后,周边采用锚固剂密封,然后进行回填注浆。首先在孔口管的顶部预留一个排气孔,排气孔采用 ϕ32mm 钢管,钢管顶部紧贴混凝土面;然后在孔口管的底部或者侧面预留一个注浆孔,注浆孔采用 ϕ32mm 钢管。

施工注意事项:

①直接在不规则的孔洞内定位孔口管不易控制,需在孔洞内安装 3 根定位钢管来加以限制,使孔口管外壁顺着定位钢管滑进孔洞内,此方法安装精度达 ±5mm。

②限位钢筋采用锚固剂锚固牢固,钢筋尾部焊接在孔口管管壁上,钢筋头打磨光滑,与孔口管同一平面。

③浆液采用 0.8:1 水泥浆液,当浆液从顶部排气孔流出时,关闭排浆孔,继续注浆,直至压力表显示注浆压力达到 0.5MPa 方可停止注浆。

孔口管安装径向钻孔、密封注浆等施工工艺见图 2.5-5~图 2.5-7。

图 2.5-5 径向钻孔

图 2.5-6 密封注浆

图 2.5-7 孔口管安装示意图

2.6 顶管施工工艺流程

顶管机通过建立泥水平衡，依靠推进液压缸的顶力，将机头和管节顶进地层中，并使其沿着设计轴线推进，在推进的同时通过泥水平衡泥浆不断出渣。

管幕顶进施工工艺流程分为施工前准备、顶管始发、顶管顶进、顶管接收四个部分，具体工艺流程如图2.6-1所示。

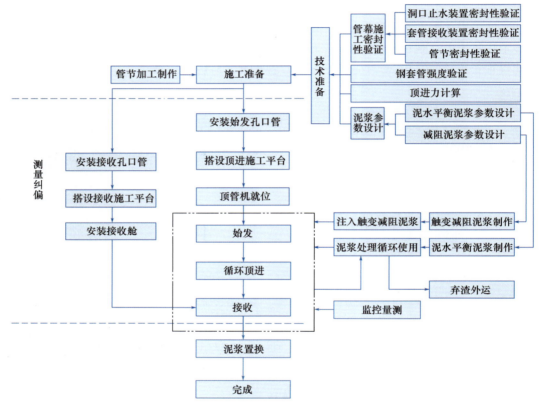

图2.6-1 顶管施工工艺流程图

2.7 管幕施工准备

2.7.1 井口场地布置及主要设施

东、西工作井井口布置两台20t门式起重机，用于垂直运输，外侧设工作棚。布置效果见图2.7-1，平面布置见图2.7-2，立面布置见图2.7-3。

图 2.7-1　工作井门式起重机布置效果图

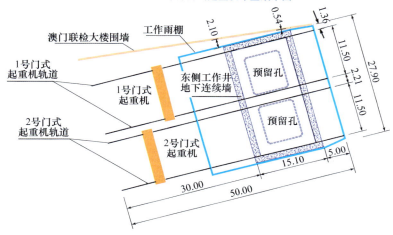

图 2.7-2　工作井门式起重机平面布置示意图(尺寸单位:m)

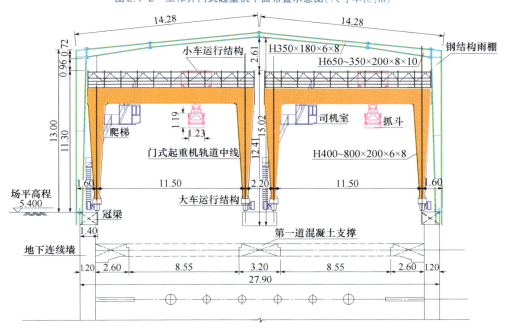

图 2.7-3　工作井门式起重机及棚架立面示意图(尺寸单位:m;高程单位:m)

根据现场条件,东工作井雨棚长36m、宽30m、高12.8m;西工作井雨棚长28m、宽30m、高12.8m,见图2.7-4和图2.7-5。雨棚可保证工作井在雨季正常施工,应做好雨棚的防台风措施。

图2.7-4 东工作井雨棚

图2.7-5 西工作井雨棚

工作井内顶管施工期间管路布置图见图2.7-6。

图2.7-6 工作井内顶管施工期间管路布置图

主要设备配备见表 2.7-1。

主要设备配备　　　　　　　　　　　表 2.7-1

序号	设备名称		规格型号	单位	数量
1	主要设备	顶管机	海瑞克 AVN1200TC	台	1
2		中继间	10×60t	个	1
3		接收仓	5.2m×1.9m	套	1
4		洞口止水装置	顶管机配套设备	套	1
5		管刹	顶管机配套设备	个	1
6		泥水分离器	45kW·h+55kW·h	套	1
7		离心机、絮凝机	泥水平衡顶管机配套	套	1
8		膨润土站	23.5kW·h	台	1
9		泥浆泵	55kW·h	台	4
10		泥浆搅拌站	自制	台	1
11	辅助设备	吊车	100t	台	1
12		门式起重机	20t	台	1
13		施工平台	5m×12.7m	个	2
14		装载机	柳工 CLG855N	辆	1
15		通风机	9-19A 型高压离心式 11kW	台	1
16		电焊机	BI-500	台	4
17		污水泵	7.5kW	台	1
18		注浆泵	SYB50-45	台	1
19		滤油机		台	1

2.7.2　浆泥处理场地及设备配置

机头顶进产生的泥浆通过泥浆泵输送至泥水分离器系统，通过泥水分离器、离心泵、絮凝系统对泥浆进行处理，然后进行循环利用。顶管施工浆泥处理设备见图 2.7-7。

图 2.7-7　浆泥处理设备

2.7.3 顶管作业平台的设计与安装

拱北隧道管幕结构尺寸大,横断面为椭圆形,断面尺寸为 22m×24m,断面面积较大,顶管数量多达 37 根,为了提高施工速度,以中板为横轴、中线为纵轴,把工作井内管幕施工区分为四个区域,每个区域安装一个施工平台,上面两个施工平台从东井始发、西井接收,下面两个施工平台从西井始发、东井接收,这样可保证四根管幕同时施工。顶管施工自动移动平台采用 A3 钢板加工,由立柱、支撑横梁、吊车梁、吊车、斜撑、底梁、平台、吊篮、液压缸、丝杠等组成。管幕顶管施工自动移动平台示意图见图 2.7-8,其构造见图 2.7-9。

图 2.7-8 管幕顶管施工自动移动平台示意图

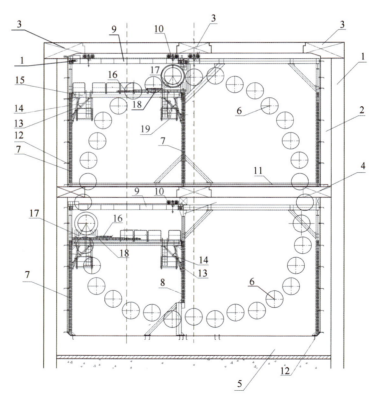

图 2.7-9 管幕顶管施工自动移动平台具体构造图

1-工作井地下连续墙;2-工作井内衬墙;3-工作井顶冠梁;4-工作井中板;5-工作井底板;6-管幕;7-框架立柱;8-自动行走滚轮及电机;9-吊车横梁;10-吊车横梁上方自动行走起吊小车;11-框架底部横梁;12-内衬砌墙锚固螺栓;13-斜撑液压缸;14-斜撑丝杠;15-平台骨架;16-水平移动液压缸;17-顶管机顶进导向架;18-顶管机施工平台;19-吊篮

管幕顶管施工自动移动平台组装流程如下：

框架底部横梁→框架立柱→内衬砌墙锚固螺栓与框架立柱相连→安装框架底部横梁与框架立柱之间的框架斜撑→安装短框架横梁→上部横梁与框架立柱之间的框架斜撑→吊车横梁→吊车横梁上方自动行走起吊小车→平台骨架→平台骨架连接横梁→支撑丝杠及支撑液压缸→安装顶管机施工平台。管幕顶管施工自动移动平台组装完成经验收合格后使用，随着施工进展平台逐步抬高再安装爬梯和吊篮。

此施工平台具有如下优点：

（1）管幕顶管施工自动移动平台所有零部件均采用螺栓连接，可在狭小的空间内轻易组装、拆卸；可重复利用率，能大幅降低施工成本。

（2）平台最大承重50t，并能保持长时间稳定。

（3）平台设有自动行走起吊小车，有效地解决了平台内重物起吊运输的难题，方便施工，减少了人工运输的工作量。

（4）平台升降、水平移动操作方便；适用范围广，特别适用于工作井这种狭小空间内的施工。

（5）立柱采用特殊截面构造能在较小的占地面积上大大提高立柱的刚度。

（6）立柱与平台骨架连接横梁特殊的咬合设计，有效地提高了整体结构的稳定性。

（7）平台上部中柱部位及下部中柱部位的特殊中柱+斜撑设计有效地解决了原中柱遮挡管幕施工问题，使所有管幕均可以在平台施工。

2.8 顶管始发施工技术

2.8.1 始发阶段概述

顶管始发从顶管机推进液压缸推动机头开始，直至启动纠偏液压缸。

受轨道、地下连续墙、加固土体的影响，考虑始发段曲线顶管操作方便，始发段采用曲线直顶，长度为12.8m，即前3节管幕、顶管机及顶管机过渡段之和，见图2.8-1。

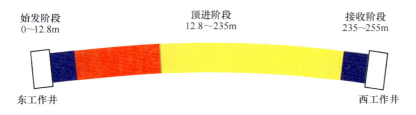

图2.8-1 三阶段示意图

2.8.2 顶管机配套设施

（1）后背、轨道

顶进后背及轨道与顶管机配套生产，见图2.8-2。

图2.8-2　顶进后背及轨道装置

后背、轨道装置截面尺寸见图2.8-3、图2.8-4。

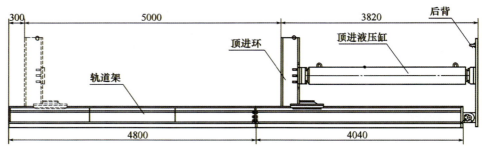

图2.8-3　后背、轨道装置截面尺寸图（尺寸单位：mm）

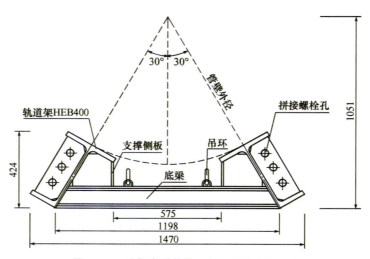

图2.8-4　后背、轨道装置尺寸图（尺寸单位：mm）

管幕顶进通过后背对顶进力定位、轨道对钢管的定位实现顶进力轴线与钢管轴线重合。项目采用一体化后背与轨道，通过全站仪测量轴线位置，调整后背及轨道中心轴线水平向位置，使投影与管幕中心轴线重合，通过全站仪测量轨道高程，调整后背及轨道垂直向位置，使后背千斤顶合力中心、管节在轨道时的中心与管幕设计中心轴线重合，安装偏差为±3mm。后背与轨道位置调整完成后，焊接固定于施工平台上，防止其在顶进过程中移位。后背钢板与地下连续墙之间预留约20cm空隙，待轨道定位完成后，采用C35混凝土填充后背钢板与地下连续墙之间的空隙，保证后背钢板与混凝土密贴。

（2）始发井密封圈及管刹装置

顶管机洞门采用始发密封装置，采用可拆卸式折页压板衬双层帘布橡胶止水密封，主要由折页式压板、帘布橡胶圈、扩大钢环、连接钢环组成。顶管施工前，通过螺栓将始发密封圈及管刹安装于洞口孔口管上，施工完毕后可拆卸再安装于下一处顶管施工位置，实现循环利用，洞门止水装置见图2.8-5。

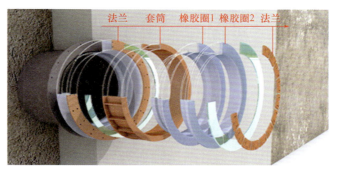

图2.8-5　洞门止水装置

在管节安装前，为防止顶管机及管节后退，安装管刹，见图2.8-6。

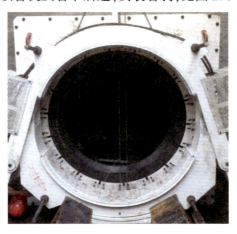

图2.8-6　始发井密封圈、管刹

2.8.3　顶管机调试

顶进后背及轨道固定完成后，吊装顶管机至轨道就位拼装。分别吊装顶管机主体、后方筒并放置于顶进轨道,检查或更换承插口处橡胶圈无破损后,用后背千斤顶推动后方筒插入顶管机主机。

顶管机主机、后方筒拼装完成后,顶进机头至洞门位置。连接顶管机驱动液压管、纠偏液压管和控制电缆,安装进排泥管路、通风管路等。试运转设备,确定刀盘转动正常、纠偏液压缸运转正常、进排泥控制阀及机头内其他控制正常。

2.8.4 线形控制

曲线管幕施工无论是自西向东顶进还是自东向西顶进,都存在曲线始发的问题。顶管的曲线始发对姿态的控制要求很高,施工操作过程中稍有失误都有可能导致超限,甚至顶管无法到达,此外曲线始发可能会使顶管机偏向始发密封圈一侧,导致始发密封圈失效。因此无论缓和曲线的始发还是圆曲线的始发对于曲线顶管施工都是一个风险点。

为此,顶管施工中始发阶段采取曲线直顶技术。始发段采用曲线直顶的方式,轨道、孔口管、设计轴线均须处在同一条轴线上。顶管机顶进前,纠偏液压缸全部归零,使顶管机刀盘、前盾、中盾与方向节轴线一致。顶管机的始发沿曲线的割线方向顶进,旋转刀盘低速顶进,防止顶管机由于素混凝土结合面不平整造成偏斜,待顶管机完全进入土体后再开启纠偏液压缸,逐步调整姿态,用比设计曲线更小半径的实际曲线来拟合设计曲线,使之进入正常掘进状态,如图2.8-7所示。

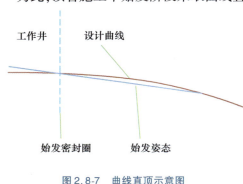

图2.8-7 曲线直顶示意图

2.8.5 泥浆循环

机头顶进时,利用泥水循环系统,将刀盘前方的泥渣通过泥水泵抽至地面进行泥水分离,然后利用泥水平衡顶管机的溢流管以及泥水平衡顶管机自带的泥水循环系统,将部分可利用的泥浆再一次注入泥水平衡顶管机的机头部位进行掘进,产生的泥水再一次排入地面的泥浆分离系统中,依次循环,完成整体的顶管施工泥浆循环。

2.8.6 始发施工注意事项

(1)泥水平衡泥浆黏度

根据不同地层进行适当的调整,泥浆黏度不小于40s,泥浆相对密度控制范围为1.03~1.27。

(2)触变泥浆参数

黏度控制为50s左右。

(3)始发段姿态控制

始发时为防止机头悬空下坠,在孔口管内铺设一滑板,以便机头平滑过渡到掌子面,见图2.8-8。

在破碎素墙的过程中,由于机头扭矩较大,为防止盾体产生较大的偏转,在顶进环后推支座处加设一防偏转装置,见图2.8-9。

图 2.8-8 滑板

图 2.8-9 防偏转装置

(4) 初始参数设置

初始参数设置分 ELS 激光标靶参数设置、HWL 高度传感器设置、GNS 激活陀螺仪三个部分。

通过 ELS 参数设置可以确定机器的状态,与设计理论值比较,如有偏差进行及时调整;HWL 高度传感器实时反映顶进过程中高程的变化,指导操作手及时调整操作参数;通过 GNS 系统输入管道曲线要素,确定管道走向,指导顶进操作。

(5) 顶进参数

始发段顶进参数记录见表 2.8-1。

始发段顶进参数记录　　　　　表 2.8-1

序号	累计进尺（m）	推进速度（mm/min）	自然水土压力（MPa）	开挖仓泥水压力（MPa）	刀盘的工作压力（MPa）	进浆量（m³/h）	排浆量（m³/h）	主顶力（kN）	地质条件
1	1.2	5~23	0.030	0.035	9~10	102	110	200~400	素墙
2	6.9	20~80	0.043	0.045	10~13	102	118	300~700	旋喷桩加固段
3	12.5	110~251	0.043	0.065	12~14	98	115	400~700	富水砂层

遵循泥水平衡原理,通过上表分析得出以下结论:
①推进速度与开挖仓泥水压力随着地质情况的变化需要进行不断地调整。
②顶进时泥水仓压力大于自然水土压力约 0.2MPa 为宜。

2.8.7　高水压条件下顶管机始发洞口止水密封装置

高水压条件下顶管机始发洞口止水密封装置由两层密封橡胶环、法兰、环板、九片可滑动顶板和连接螺栓组成,见图 2.8-10。顶管机顶进时,两层橡胶内翻,起到止水密封的作用,可移动顶板尽量接近顶管机身,防止橡胶环因地层压力过大而外翻。

高水压条件下顶管机始发洞口止水密封装置使用方法:

(1) 将孔口管埋置在始发井墙中。需凿开工作井始发部分地下连续墙墙体,将孔口管安装在地下连续墙内。孔口管安装的过程中,需对孔口管的位置进行测量,保证孔口管安装的精度,孔口管与墙体之间用锚杆定位,且孔口管与墙体之间的空隙应注浆填充。将法兰与孔口管、法兰与环板采用密封橡胶圈和螺栓进行连接。同时将可移动顶板装在环板上,调节好可移动环板的位置,使可移动环板内弧形成的圆半径尽量接近顶管半径,以减小顶管的移动,同时防止密封橡胶圈外翻,见图 2.8-11、图 2.8-12。

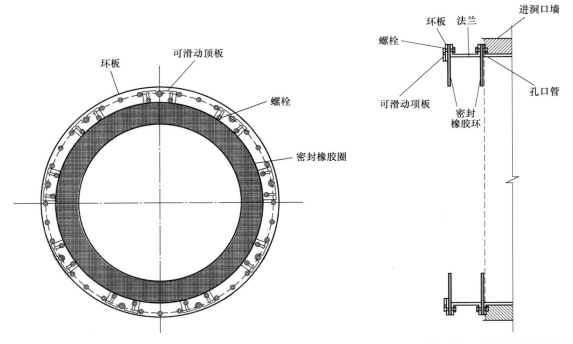

图 2.8-10　洞口止水密封装置

图 2.8-11　洞口止水密封装置横截面示意图

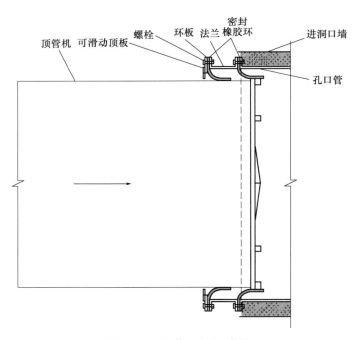

图 2.8-12　顶管机进洞示意图

（2）在顶管机靠近密封装置时在顶管上抹上润滑油，以减小摩擦。

（3）当顶进距离较长时，管材表面及钢套环、砂等会对密封橡胶圈造成不可避免的磨损，需经常更换橡胶止水圈。因此，设置两道橡胶止水圈，当需更换外部橡胶止水法兰时，内层的橡胶止水圈可防止地下水进入井内。

2.9 顶管接收施工技术

2.9.1 接收阶段概述

曲线顶管在机头离接收一定距离时，为了精确地进行接收，必须进行机头的姿态调整，从姿态调整开始至顶进终止属于接收阶段。

2.9.2 姿态调整

顶管推进至接收段时，对顶管机的位置进行精确地测量，明确顶管机中心轴线与隧道设计中心轴线的相对位置，同时对接收孔中心进行复核测量，确定顶管机的贯通姿态并制订掘进逐步纠偏计划。

2.9.3 顶管施工注意事项

（1）接收仓结构

接收仓内径为1880mm，总长5.3m，由稳压管、前仓、中仓、尾仓（密封仓）及附属闸阀（注浆阀、排浆阀、稳压管阀等）等几部分组成，见图2.9-1。

（2）仓内铺设滑板

为了控制机头的姿态，需在孔口管、密封仓、中仓、前仓内铺设滑板，机头进入孔口管后可以平滑地过渡至接收仓内，见图2.9-2。

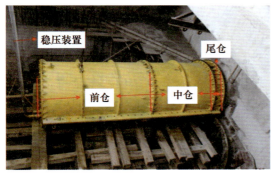

图2.9-1 接收仓

图2.9-2 接收仓内布设方式

（3）灌浆保压

在接收仓关闭后，通过注浆阀，把接收仓填满泥水平衡泥浆，然后关闭注浆阀，打开稳压管闸阀。

(4)三线控制法(DL、BL、SL)

为了控制素墙破碎的时机,减少素混凝土破碎时大块混凝土存在的概率;同时控制接收精度,控制机头按照预计方案进入接收仓,在始发段制订了三线控制法。三线控制法指减速线(DL)、破墙线(BL)、顶进终止线(SL),见图2.9-3。

图2.9-3 三线控制法图

减速线是指当机头刀盘顶进至素墙剩余50cm时,控制刀盘顶进速度,尽可能控制素墙破碎时的厚度,越薄越好,进而降低因大块混凝土影响机头顺利进入接收仓的概率。

破墙线是指机头顶破素墙线,影响破墙线的因素有素混凝土强度、顶推力大小、泥水压力等。顶管破墙线离素墙面30cm,现场试验证明,减速线的确定有效地控制了破墙线提前发生的概率。

顶进终止线是指机头完全进入前仓,过渡段通过孔口管法兰时,处于密封仓位置。顶进终止线的控制可有效地控制机头进入接收仓的长度,避免因机头进入接收仓过长引起接收仓门的破坏,另一方面可避免因机头不到位引起1号管节无法到达指定位置,从而给后续施工带来不必要的麻烦。

(5)接收密封

接收密封包括接收仓的密封和开仓前泥浆置换。

①接收前必须保证接收仓各连接件之间是密封状态。各部件之间采用橡胶密封圈进行密封连接。

②开仓前置换注浆。目的是防止因接收仓打开泄压,引起环空浆液的流失,进而避免地层内水土流失,防止土体分层沉降的发生。

2.9.4 泥浆置换

(1)泥浆置换施工方法

顶管顶进完成后,为防止触变泥浆失水造成地基沉降,应进行置换注浆,见图2.9-4。

(2)泥浆置换施工要点

①注浆参数及方法。浆液采用P.O42.5普通硅酸盐水泥浆液,水灰比1:1,注浆压力0.3~0.5MPa,由触变泥浆注浆孔注入。采取三进三出的注浆方式,每次置换长度为16m。

注浆效果:注浆过程中,观察到顶部出浆孔流出水泥浆液,即完成置换注浆。

②注浆过程中应特别注意防止置换浆液通过监测孔道及地层裂隙进入口岸内部,影响口岸内正常通行,需安排人员在口岸段现场进行观察,并提前做好应急预案。

③应对整个泥浆置换过程及完成后的土体分层沉降进行持续监测,通过监测数据,分析注浆前后土体分层沉降的变化规律,为注浆提供参考依据。

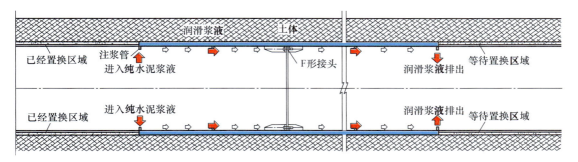

图2.9-4 泥浆置换示意图

2.9.5 高水压条件下泥水平衡顶管机接收装置

高水压条件下泥水平衡顶管机接收装置采用Q235钢板加工制作,板材厚20mm。接收装置管身采用卷管机将钢板卷成筒,再使用小跑车式火焰切割机将筒一分为二,形成两个半圆,接收装置接收仓基座部件、连接板及板上的螺栓孔、肋板等均采用数控火焰切割机下料完成,最后将所有部件按图纸焊接组装而成。钢板刷止水帘幕由若干个不锈钢高弹性钢板刷组成圆形止水帘幕,圆形止水帘幕边缘设与连接法兰相同的螺栓孔,钢板刷材料同一般盾构盾尾刷。橡胶止水帘幕为整张橡胶板圆环,圆环边缘设与连接法兰相同的螺栓孔。注浆管采用钢导丝管,设闸阀;排浆孔、泄压管为直径200mm的钢管,设闸阀,泄压管尾部安装200mm聚氯乙烯(PVC)塑钢丝软管连接泥浆池,见图2.9-5、图2.9-6。

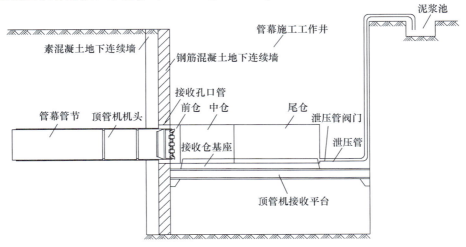

图2.9-5 高水压条件下泥水平衡顶管机接收装置作业示意图

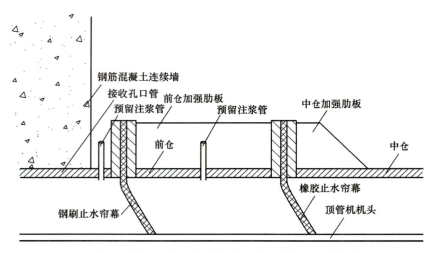

图 2.9-6　高水压条件下泥水平衡顶管机接收装置前仓止水帘幕构造示意图

高水压条件下泥水平衡顶管机接收装置采用钢刷作为有压接收仓的第一道止水帘幕,使其有足够的承压能力来承受管节外壁的水土压力,防止水土流失;第二道采用橡胶止水帘幕止水;然后在两道止水帘幕间注马丽散封闭接收仓与地层的水系连通,管节外壁与孔口管间注水泥浆封堵,然后从管内往地层注双液浆,完全阻断接收孔口管与地层中水的连通,从而达到开仓无漏水,顺利完成顶管机接收工作。

高水压条件下泥水平衡顶管机接收装置主要优势:

(1) 两道止水帘幕系统

高水压条件下泥水平衡顶管机接收装置(简称"接收装置")设有两道止水帘幕,分别在前仓两端。第一道为钢板刷止水帘幕,使其有足够的承压能力来承受管节外壁的水土压力,防止水土流失;第二道采用橡胶止水帘幕止水。双道止水帘幕能更加有效地止水,防止涌水、涌泥病害的发生。

(2) 一道马丽散止水圈

接收装置两道止水帘幕之间的前仓设有注浆管,顶管机到达接收位置停机后注马丽散止水,形成马丽散止水圈。在一定宽度的区域内注入马丽散能形成封闭的止水圈,解决了因注入范围大导致马丽散止水圈不密实而出现涌水、涌泥的问题,同时减少了注入马丽散不必要的浪费和后期处理量。

(3) 水泥浆浆液补充止水

接收孔口管预留注浆管,待注入马丽散形成止水圈后再在该注浆管注入纯水泥浆浆液。注入纯水泥浆浆液的方法起了进一步注浆止水作用,能有效地填充马丽散与开挖土体之间和土体本身的空隙,达到了增强补漏作用,进一步防止了涌水病害的发生。

(4) 四重止水,增强互补

高水条件下泥水平衡顶管机接收装置与传统接收装置最大的区别为:接收装置采用两道止水帘幕(即钢板刷止水帘幕、橡胶止水帘幕)与两种材料(即马丽散、水泥浆浆液)通过两次注浆止水相结合,四重止水,增强互补,使涌水概率达到最小,实施效果较好。传统接收装置止水方法单一,没有多重互补的止水措施,存在较大的安全风险。

高水压条件下泥水平衡顶管机接收装置及工艺的基本宗旨是弥补每道止水圈的不足之处。钢板刷止水帘幕的优点是硬度大、韧性好，能够挡住大多数管节与接收装置之间的泥砂；缺点是钢板刷之间缝隙较大，止水效果不好。橡胶止水帘幕的优点是整体性好，有帘幕的地方就不可能渗水；缺点是硬度小，顶管机与橡胶止水帘之间易出现土砂夹层，形成透水通道。两道止水帘幕能增强互补，钢板刷止水帘在前挡住了大量的泥砂，使橡胶止水帘充分发挥其止水效果。马丽散注浆止水的优点是填充速度快，凝固速度快，能够快速地进行止水；缺点是渗透性能差，特别是砂层区域马丽散注不进去，会形成渗水通道。水泥浆液注浆止水的优点是渗透性能好，能够填充接收装置各结构之间和土体本身的细小空隙；缺点是凝固速度慢，渗透距离远，不能在一定区域内有效地形成止水圈。两道注浆材料能增强互补，先使用马丽散在两道止水帘幕之间有限的区域内快速填充形成止水圈，再在接收孔口管处注入纯水泥浆浆液填充剩余细小空隙，达到了增强补漏的效果。

四重互补的止水措施，可完全防止涌水、涌泥等病害的发生，降低接收施工安全风险。

（5）优化接收装置后盖板

接收装置后盖板是平面的，设有加固作用的井字形肋板，还有接收辅助作用的排浆孔、泄压管。泄压管一直连接到工作井外的泥浆池，顶管机接收前打开泄压管，顶管机进入接收装置时，接收装置内部压力有可能增大，这样接收装置内多余的回注浆液会从泄压管排到工作井之外，能有效保护接收装置不变形损坏。接收装置平面后盖板易加工，泄压管能有效地保护接收装置，取消了其他接收装置的反力架结构，因此降低了施工成本。

2.10 顶管曲线顶进施工技术

2.10.1 管节连接与密封技术

（1）管节接头形式

管幕纵向接头采用 F 形承插口接头形式，通过管幕端头焊接 20mm 厚法兰和 40 块 20mm 纵向加劲板的形式形成管幕承口和插口，以适应管节之间偏转的需要，见图 2.10-1。

图 2.10-1　F 形承插口接头示意图

图 2.10-2　环向木垫块

为了提高受力的均匀性，同时为了保持管节之间的开口度，根据管节之间的张角，在承口与插口法兰之间设置木质垫块（图 2.10-2），垫块厚度为 2cm，再采用扎带绑扎固定在管节承口端。

F 形承插口接头的优点：

①F 形承插口接头可以使顶管中由于曲线转角、施工偏差等原因造成的应力、变形及时释放，为今后管幕的承载力提供了保障。

②F 形承插口接头承口端的坡口、插口端凹线及承插口之间 5mm 间隙可以满足不小于 0.26°转角，使最小间隙满足施工和管幕曲线要求，顶进时有利于管节间的稳定。

③由于管节属于薄壁结构，因此在管节接头两端承插口环向设置加劲板，每端 40 块，以提高接头处环向刚度，控制接头处的径向变形。

④两管节间设置 20mm 厚的临时木质垫片，以避免管节在不均匀顶力下的变形和失稳。

⑤插口上设两道凹槽，安装两道遇水可膨胀鹰嘴橡胶密封圈，防止接口结合面处产生渗漏，且橡胶圈压缩变形量应满足止水要求。

⑥承口端设置 45°坡口，便于管节安装。

F 形承插口接头的缺点：

①可能造成管节靠近接头位置的应力集中，增加了这些位置屈服破坏的可能。

②为了确保接头密封性，要求接头鹰嘴橡胶必须满足较高的密封要求，承插口加工尺寸也需要达到较高精度。

③承插口均存在多条焊缝，且为应力集中处，焊接质量要求高。因此，要实现曲线管幕施工安全必须以工厂化精加工管节为基础。

（2）鹰嘴橡胶止水圈

管幕为 F 形承接口接头形式，承口端设置成 2cm 坡口，插口端 2 个凹槽内安装完成鹰嘴橡胶密封圈后再涂抹黄油等密封润滑剂，保护鹰嘴橡胶密封圈在管节连接过程中不被磨损，保证密封效果。鹰嘴橡胶止水圈如图 2.10-3 所示。

（3）管节连接

一节管节顶进完成后，启用管节尾部管刹制动系统，防止管节在停止顶进时后退。管节拼装时在前方管节尾端先垫入松木板，后方管节插口处安装鹰嘴橡胶圈，旋转后方管节使法兰螺栓孔对应，用主顶把后方管节缓慢顶入前方管节，顶进到位后拧上限位螺栓，管节承插口法兰上设置 20 个螺栓孔，采用 M33 限位螺栓进行连接。顶进过程中，螺栓保持松弛状态，预留 7mm 空隙，从而保证了管节的开口度和管道的曲线轨迹符合设计要求，并在贯通后逐一拧紧，见图 2.10-4。

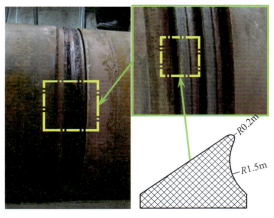

图 2.10-3　鹰嘴橡胶止水圈

图 2.10-4　螺栓连接孔布置

2.10.2　曲线顶管方向精确控制技术

管节顶进过程中的导向精度直接决定了管幕轨迹精度，因此，要高度重视测量控制。测量控制分为三个方面：一是始发端和接收端的联系测量，确保两端采用的坐标在同一坐标系内；二是顶管机自身的导向，采用定制泥水平衡顶管机配套 UNS 自动导向系统；三是定期人工复核，修正顶管机 UNS 系统的姿态控制参数，及时纠偏。

1）工作井内联系测量

顶进工作开始前，始发端与接收端所用导线要进行联测，结果符合要求后进行平差计算，以平差后的坐标作为计算依据，用来指导后续施工。

联系测量是通过工作井将地面的平面坐标系统及高程系统传递到井下，使地面与井下建立统一的坐标系统，为管幕工程的施工提供坐标基准，是保证管幕工程和隧道开挖正确贯通、地下设备正确安装的重要工序。联系测量工作分为平面联系测量和高程联系测量。

为给顶管始发指引方向，在施工平台后方的后背墙反力座的钢板上设强制对中器，在其上架立仪器传递三维坐标，优点是前 50m 可直接观测顶管机标靶，提高了工作效率。同时最大限度地延长了在管内的后视距离，减少了因多次搬站造成的误差积累。强制对中器见图 2.10-5。

平面联系测量在不同的深度采用全站仪后方交会法、全站仪导线定向法和全站仪一井定向法进行平面坐标的井下传递。高程联系测量采用三角高程法和水准仪长钢尺法。这些测量方法具有传递精度高、成果可靠、操作简单快捷等优点。

（1）井深 10m 范围内

此时通视条件良好，全站仪直接输入坐标观测，采用后方交会法。

首先在井口四周各布设一个控制点，并使

图 2.10-5　强制对中器

用近井加密导线点测得其三维坐标。在施工放样测量过程中,直接将全站仪置于工作井内,通过后视井口上的两个控制点进行后方交会,算出全站仪所在点位坐标以及高程。通过后视井口的另两个控制点的坐标进行复核。

(2)井深 10~20m 范围

在向井下投点时,利用井壁传递坐标和高程,此时顶管位置较深直接观测困难,且俯角过大,误差累计也大。为减少转站以及结构振动所带来的误差,预先将点埋设于井壁上(至少4个点,且尽量在一个水平面上),如图 2.10-6 所示。

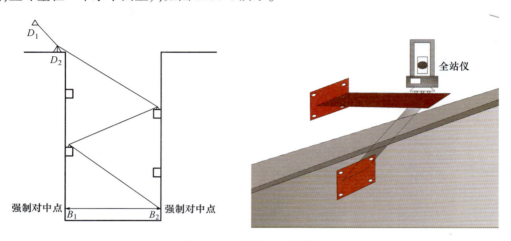

图 2.10-6 导线定向法示意图

测量方法适用于中浅顶管施工,具有精度高、操作简单不易受工作井内其他工序施工影响的特点。在后期的施工放样过程中,可以直接利用在井口上的已知点进行后方交会来设站、放样。

(3)井深大于 20m

此时工作井深度较深,无法直接通视,采用一井定向法进行平面联系测量。

其方法和基本原理是:在进行联系测量之前,首先按照城市一级导线测量精度,将工作井附近的地面控制点坐标引测到井口附近,埋设两个近井点 A、A',A、A' 沿隧道中线垂直方向,利用全站仪在已知地面控制点上测量得到 A、A' 的坐标。其次在竖井内悬吊两根吊锤线 O_1、O_2,吊锤线 O_1、O_2 的间距尽可能地大,且方向沿 A、A' 方向。然后,将全站仪分别架设在近井点 A、A' 上,采用双测站极坐标测量的方法,测量后视边到 O_1、O_2 的角度以及测站到 O_1、O_2 的距离,此时的距离测量全部为全站仪对反射片的直接测距。再利用双测站极坐标的测量原理,可计算出吊锤线 O_1、O_2 在地面坐标系统中的坐标值。当两组坐标值的差值小于两倍点位单位权中误差时,取其最或然值作为 O_1 和 O_2 的最终坐标。这样就将地面控制点的坐标和方位角传递到吊锤线 O_1、O_2 上。

吊锤线 O_1、O_2 是通过竖井框架悬挂并吊有重锤的高强钢丝,要求钢丝直径不大于0.5mm,重锤质量不小于10kg,在钢丝上地面位置和地下位置分别贴有徕卡反射膜片。将重锤浸入油桶中,钢丝在重力作用下稳定并保持铅垂线方向,如图 2.10-7 所示。

在获得吊锤线的地面坐标后,分别在井下布设的导线点 B、B' 上架设仪器,如图 2.10-8 所示,按地面上相同的测量方法和精度,测量测站到 O_1、O_2 的角度 θ 以及测站到 O_1、O_2 的距离 S_1、S_2。进而反算出 O_1、O_2 的平距 S_3。然后根据边角交会法求出 B、B' 两点在地面坐标系统中的坐标值,从而实现平面联系测量。

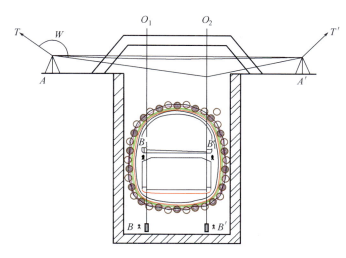

图 2.10-7 一井定向法坐标传递示意图

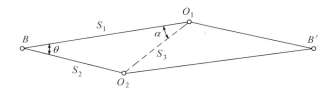

图 2.10-8 井下导线点与吊锤线的联系测量原理示意图

此方法需要两台全站仪进行井上井下同时观测,且不能受工作井内其他工序施工影响,投点所需时间长,测点容易受到破坏。故在完成投点工作后应及时将点引测到工作井上,且至少保证边墙上有 4 个点。在后期的施工放样过程中,可以直接使用位于工作井壁上的点进行后方交会。但是要经常检查点位,发现异常情况及时复测。

(4)工作井高程测量

当顶管深度小于 10m 时,采用三角高程法进行高程传递。为保证三角高程的可靠性,应对后视点进行复核。三角高程可以随同后方交会或者导线法测量一同进行,从而节省引点工作的时间。

当顶管深度大于 10m 时,采用水准仪长钢尺法,其方法是:通过悬吊经过检核的长钢尺,使用水准仪在地上、地下观测钢尺和水准尺,加以尺长、温度等各项改正,将高程传递到地下。

如图 2.10-9 所示,A 为设在地面井口附近高程已知的近井水准基点。B 为井下导入高程点,其高程待求。通过竖井下放长钢尺,在钢尺的底端挂上重锤,并将重锤浸入油桶中。钢尺在重力作用下稳定并保持铅垂线方向。然后井上、下测量人员分别安置整平水准仪,读取立于 A、B 两点水准尺的读数 a_1 与 b_2。然后转动水准仪照准长钢尺,井上、下同时读取读数 b_1 和

a_2。最后再对立于 A、B 点上的水准尺读数,以检查仪器高度在观测期间是否发生变动,避免粗差的产生。则井下 B 点的高程为:

$$H_B = H_A + a_1 - b_2 - (b_1 - a_2) + \sum \Delta L \tag{2.10-1}$$

式中:$\sum \Delta L$——钢尺的总改正数,包括尺长、拉力、温度和钢尺自重等改正。

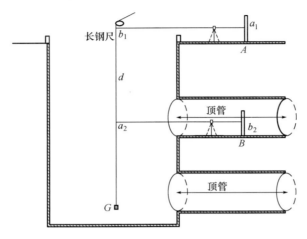

图 2.10-9 数字水准仪长钢尺法高程联系测量示意图

按照上述方法,再传递获得另一个井下的高程控制点 C,通过测量高差 h_{BC} 来检核和评定高程联系测量的精度。

至此完成了工作井内的平面位置与高程的传递工作,为管幕的各根顶管定向做好了准备。

2)顶管精度控制测量方法

(1)UNS 系统定位

UNS 导向系统为 AVN1200TC 顶管机配套导向系统,测量所得顶管机顶进的基本参数,包括设备中心相对设计轴线的偏差、设备方位角和俯仰角,输入 UNS 系统。顶管机配备 MK20 双向传感器陀螺仪指向精度可达到 1mrad,即每掘进 20m 测量系统可能出现的最大误差为 ±2cm。开始顶进前,把相应管幕对应的轨迹参数输入 UNS 系统内,作为初始顶进的参数,其机头尾部有靶心,经靶心把坐标传递至顶管机内,过程中纠偏也以靶心作为传递介质。

初始参数设置分激光标靶参数设置(ELS)、高度传感器设置(HWL)、激活陀螺仪(GNS)3 个部分。通过 ELS 参数设置可以确定机器的状态,与设计值比较,如有偏差及时进行调整;HWL 高度传感器实时反映顶进过程中的高程变化,指导操作人员动态调整操作参数;通过 GNS 系统输入管幕对应的曲线要素,确定管幕走向,指导顶进作业。

通过联系测量得到井下控制点的起算坐标后,在施工干扰小的井下地区埋设井下测量控制网,按照导线测量和水准测量的方法获得井下测量控制网的三维坐标,以进行顶管中线的定位、顶管姿态的调整和施工放样等工作。

(2)UNS 系统导向控制

UNS 系统导向控制顶管精度控制测量主要包括顶管机标靶测量及管节轨迹测量两个方面,相关技术指标见表 2.10-1。

监测项目及控制指标　　　　　　　　　　　表 2.10-1

序号	监测项目	监测内容	控制范围(mm)	报警值(mm)	监测仪器
1	顶管机标靶	坐标	±50	±30	全站仪
		高程	±50	±30	全站仪
2	管节轨迹	水平偏差	±50	±40	全站仪、水平尺
		高程偏差	±50	±40	全站仪、水平尺

(3) 顶管机标靶测量方法

顶管顶进精度控制是利用带有自动目标识别(ATR)功能的测量机器人(自动全站仪)实时跟踪测量顶管机标志点的掘进中线(图 2.10-10),从而观察 UNS 系统测量是否符合设计轨迹,并实现外部测量校验。

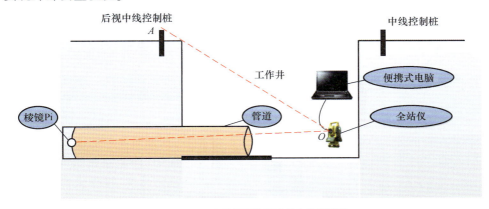

图 2.10-10　全站仪顶管顶进精度控制示意

管内控制测量采用支导线法,施工测量观测机头标靶(图 2.10-11)的三维坐标,对其水平偏差、垂直偏差及里程进尺三要素进行复核。观测的难度在于后视距离过短,管节空间小,作业场地拥挤,管内温度高,湿度大。为保证观测数据的可靠性,同时缩短观测所用时间,在竖井的地下连续墙上架设支架,制作为强制对中器,并布设两个起始控制点。随着顶管的推进,在管节的某些位置也安装强制对中点,见图 2.10-12。

图 2.10-11　机头标靶

图 2.10-12　强制对中点

(4)管幕曲线偏移测量方法

在管节法兰连接处,将水平尺两端卡在管节上并保持水准气泡居中,观测水平尺上反射片的十字丝得出三维坐标(a,b,c),通过坐标反算可得测点处的里程S,进而推算出此里程处的设计值(X,Y,Z),此里程的实际坐标为(x,y,z),其中:$x=a, y=b, z=c+L-R$,见图2.10-13,L为管顶距水平尺顶面的距离,R为管节内部半径。实际值和理论值比较得出偏差值$(\Delta X, \Delta Y, \Delta Z)$。

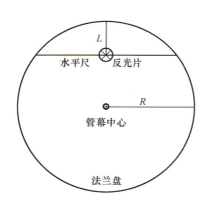
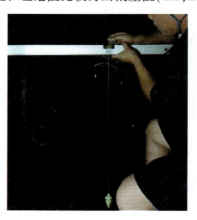

图2.10-13 管幕曲线偏移测量

图2.10-14 控制台显示屏

(5)动态纠偏与人工复核

顶管过程中,控制室显示屏上能够随时显示顶管机的偏移情况,操作人员要依据屏幕显示的数据及时调整各项参数(图2.10-14),并依据显示的机头偏差情况动态调整机头姿态,保证机头偏差控制在50mm以内。另外,机头形成轨迹空腔后,调整的可能性也很小,因此,确保机头轨迹在偏差允许范围内是轨迹控制的关键。

顶管机在UNS导向系统支持下持续向前推进,每顶进20m左右,人工校核1次。人工校核时将全站仪建在始发端工作平台之上,按建立的支导线向前延伸。测量采用索佳SET1X全站仪,测距精度为2mm+2ppm、测角精度为1″,高程采用S3水准仪测设,每次复测成果输入UNS系统修正姿态控制参数。

3)精度控制量测施工注意事项

(1)除常规检测外,根据地质和环境条件适时修订补充监测内容。如根据需要增加了6个深层测点,监测点破坏后涉及后续顶管使用的,应补充埋置。

(2)顶进过程中,人工测量数据与UNS系统显示数据存在偏差时,要换镜、换人进行复测。

(3)当机头穿越淤泥层时,为防止机头下垂,增大顶进速度,在顶进速度较快时,不宜调整纠偏液压缸,否则会造成偏差,需加强监测。

(4)在淤泥及富水砂层中顶进时,要注意提前调整纠偏液压缸伸缩量,来控制顶进轨迹。

4) 顶管顶进精度

(1) 贯通精度

以 0 号管和 5 号管贯通精度为例,0 号管贯通面里程为 YK2+642.825,贯通点坐标偏差见表 2.10-2。

0 号管贯通点坐标偏差　　　　　表 2.10-2

项目	X	Y	H	里程	偏距
东工作井	2457948.771	453328.829	-0.798	K2+642.823	0.009
西工作井	2457948.766	453328.827	-0.802	K2+642.825	0.004
偏差值(mm)	-5	2	4	-2	5

由此可见 0 号管最终横向贯通误差为 -5mm,纵向贯通误差为 2mm,高程方向贯通误差为 +4mm,可见精度在可控范围内。

5 号管贯通面里程为 YK2+388.532,贯通误差见表 2.10-3。

5 号管贯通点坐标偏差　　　　　表 2.10-3

项目	X	Y	H	里程	偏距
东工作井	2457978.608	453580.796	-3.114	K2+388.517	3
西工作井	2457978.574	453580.788	-3.105	K2+388.532	-29
偏差值(mm)	34	8	-9	-15	32

由表可见 5 号管最终横向贯通误差为 34mm,纵向贯通误差为 8mm,高程方向贯通误差为 -9mm,可见精度在可控范围内。

(2) 顶进轨迹精度

以 0 号管和 5 号管顶进精度为例,0 号管顶进完成后,通过测量复核其轨迹线如图 2.10-15 所示。由此可见,0 号管在顶进过程中水平曲线最大偏距为 77mm。高程最大偏距为 37mm,可见顶进过程整体精度控制较好。

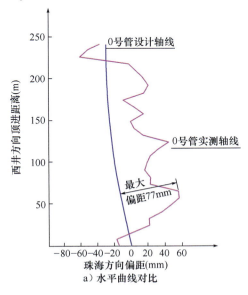

图 2.10-15

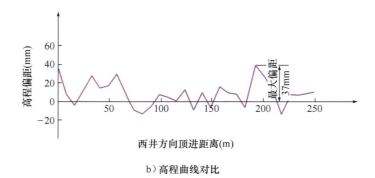

b）高程曲线对比

图 2.10-15　0 号试验管轨迹与设计轴线对比图

在顶进过程中实时对 5 号管顶进轨迹进行检测，在 5 号管顶进完成后，通过测量复核其轨迹线如图 2.10-16 所示。由图可得，5 号管在顶进过程中水平曲线最大偏距为 58mm。高程最大偏距为 32mm，可见顶进过程整体精度控制较好。

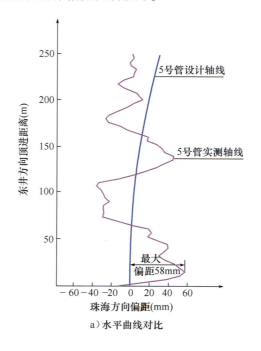

a）水平曲线对比

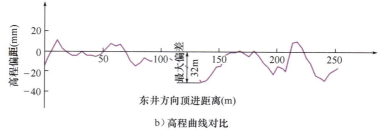

b）高程曲线对比

图 2.10-16　5 号试验管轨迹与设计轴线对比图

（3）管节轨迹偏差

管幕轴线偏差每顶进40~50m检核一次，通过历次数据比较发现管节轴线整体偏移趋势一致，没有出现已完成管节个别大幅偏移的现象，整个线路1/4、2/4、3/4、4/4处历次观测数据结果比较见表2.10-4。

管幕轴线偏差测量数据（5号） 表2.10-4

距离	管幕轴线偏差（mm）						
	1次	2次	3次	4次	5次	6次	7次
1/4（64m）	74	77	76	79	78	73	77
2/4（130m）			75	76	72	68	70
3/4（186m）						38	32
4/4（252m）							-5

此外，在对数据的处理过程中，我们还发现，顶管机头的轨迹并不能代表整个钢管的轨迹。例如2/4（130m）处顶管机头的水平偏差为-36mm，在顶管机头通过此处之后，此处钢管管节的偏差在第三次测量时为75mm，后续管节通过的轨迹并不与顶管机头的轨迹一致，而且后续管节的轨迹也在不断变化中。这是曲线顶管在软土地层中顶进的一个重要特征。

5）测量精度估算

所有单根顶管直径为1620mm，接收套管直径为1720mm，管间距357mm。由于孔口管半径比顶管半径大50mm，决定了接收精度必须控制在±50mm范围内，因此误差累积不能超过该值。

施工控制测量主要包括三个方面：一是平面控制测量；二是工作井联系测量；三是顶管顶进测量，因此顶管最终精度是由此三部分的误差累积而成。全站仪测角精度 $m_a = 1''$，测距精度为 $(2 + 2\text{ppm} \times D)$mm，$D$ 为全站仪实际测量的距离值（km），测距精度 $m_d = \pm 2$mm。估算如下：

（1）平面控制测量精度

采用城市一级导线测量，每边测距中误差≤±14mm，单位权中误差≤±5″，导线全长相对闭合差≤1/17000，最弱相邻点边长相对中误差≤1/2000。经平差计算，平面控制测量点位误差＜±0.0226m。

（2）工作井联系测量精度

采用全站仪边角后方交会自由设站测量的方法进行联系测量。其观测元素是边长和方向值，点位 P 精度为：

平面：

$$M_P = \pm\sqrt{2} \times \sqrt{\frac{(x_P - x')^2 + (y_P - y')^2}{2n - 4}} \quad (2.10\text{-}2)$$

高程：

$$H_P = \frac{1}{3}(H_A + H_B + H_C - D_A \tan\alpha_{PA} - D_B \tan\alpha_{PB} - D_C \tan\alpha_{PC} + V_A + V_B + V_C) - i \quad (2.10\text{-}3)$$

其中：$x' = D_i\cos\alpha_i$；$y' = D_i\sin\alpha_i$。

全站仪设站距离按照 50m 计算，估算得点位精度 $\leq \pm 5.7$mm。

当顶进底层顶管时，采用全站仪一井定向法进行平面坐标传递，竖井联系测量的定向误差即地下导线起始边方位角的误差。地下导线起算边 BB' 坐标方位角中误差为：

$$m_{\alpha_{BB'}}^2 = \left[\frac{\rho''\Delta x_{BB'}^0}{S_{BB'}^2}\right]^2 m_{xB}^2 + \left[\frac{\rho''\Delta y_{BB'}^0}{S_{BB'}^2}\right]^2 m_{yB}^2 + \left[\frac{\rho''\Delta x_{BB'}^0}{S_{BB'}^2}\right]^2 m_{xB'}^2 + \left[\frac{\rho''\Delta y_{BB'}^0}{S_{BB'}^2}\right]^2 m_{yB'}^2 \tag{2.10-4}$$

假设 B、B' 间距为 20m，可计算出 BB' 坐标方位角中误差为 $\pm 10.6''$。

采用水准仪 + 长钢尺法进行高程传递，井下高程测量中误差小于 ± 3mm。

（3）顶管顶进精度

地面控制和联系测量点位中误差及井下定向边的方位角中误差对进洞导线的横向贯通误差影响为：

$$m_{横} = \sqrt{m_0^2 + L^2\frac{m_{\alpha 0}^2}{\rho^2}} \tag{2.10-5}$$

式中：L——顶管中线长度距离（m）。

将顶管长度 255m、$m_0 = 22.6$mm、$m_{\alpha 0} = 10.6''$ 代入上式得到 $m_{横} = 24.8$mm。

结合顶管顶进误差和延伸导线测量控制精度，顶进贯通轴线精度为 ± 39.8mm < ± 50mm，完全符合接收精度要求。

2.10.3 泥水平衡泥浆生产与处理技术

泥水平衡泥浆主要有两大功能，一是维持泥水平衡，在顶进施工中，刀盘不断切削岩土体，打破地层的原有平衡，在泥水平衡顶管施工中，刀盘前端土体平衡是通过往刀盘前端注入合适的浆液来实现的。浆液在注入刀盘后，维持其一定的压力，在掌子面形成泥浆护套，维持泥水平衡，保证土体稳定。二是悬浮、携带土渣，泥浆作为松散土渣的介质，把顶进过程形成的泥渣通过泥浆携带至泥浆处理系统。

1）泥水平衡泥浆配方

泥水平衡泥浆性能指标主要取决于地层的渗透性，渗透性越大，要求泥浆的黏度越大。此外，由于该工程地下水为海水，对泥浆性能破坏较大，从利于泥浆回收、节约成本等方面考虑，要对浆液进行一定的抗盐处理。工程地质资料显示，试验管穿越地层为粗砂、砾砂地层，泥质含量少，地下水丰富，其主要难点在于：砂层渗透性太强，刀盘泥浆注入后迅速漏失，无法保持刀盘前端稳定的泥浆压力；粗砂、砾砂地层结构松散，地下水丰富，刀盘前端及管道周围在泥浆无法有效封堵砂层孔隙时，地下水在施工影响下为动态的，这将引起砂层的运动，形成流砂，在顶进过程中，易出现地面塌陷、机头方向失控等问题。

刀盘前端注入的泥浆混合切削下来的土屑后，容易遭受地下海水的破坏，使泥浆性能变坏，增加了现场泥浆维护的难度和成本。结合大量的工程实践总结及室内试验可知，不同地层泥浆性能指标及配方见表 2.10-5。

不同地层对应的泥水平衡泥浆性能要求及配方   表2.10-5

地层类型	工程特点描述	泥浆性能要求	泥浆黏度（s）	推荐的泥浆配方
粉细砂	地层空隙、孔隙大，地层胶结弱，掘进面稳定性差，在地下水丰富的情况下，地层在大泵量抽吸时容易产生土体损失	泥浆宜具有较好的抗漏失性能	30~35	$1m^3$水 + 40kg 膨润土 + 0.4kg CMC 羧甲基纤维素钠
中砂			35~45	$1m^3$水 + 50kg 膨润土 + 0.5kg CMC 羧甲基纤维素钠
粗砂			45~65	$1m^3$水 + 50kg 膨润土 + 0.75kg CMC 羧甲基纤维素钠
砾石			>65	$1m^3$水 + 50kg 膨润土 + 1.0kg CMC 羧甲基纤维素钠
黏土层	掘进面稳定性好，但黏土颗粒在吸水膨胀后黏性增大，容易造成切削刀盘泥包，引起掘进困难	注入的浆液以清水为主，可加入适量的絮凝剂，以防止黏土包裹顶管机刀盘	<30	清水 + HPAM（水解聚丙烯酰胺）
淤泥层	掘进面稳定性差，地层在大泵量抽吸时容易产生土体损失，且淤泥容易造成排渣管堵塞	注入的浆液以清水为主，可加入适量的絮凝剂，防止排浆泵压力过大	<30	清水 + HPAM（水解聚丙烯酰胺）

2）泥浆控制指标

泥浆性能主要的控制指标是黏度与相对密度。泥水平衡泥浆受顶进距离及地质条件变化的影响较大，需要对控制指标做相应的调整。

（1）黏度

顶管顶进过程中，泥浆的黏度在顶进前与顶进后会随着地质条件的不断变化出现不同的变化，见表2.10-6。

泥水平衡泥浆黏度统计   表2.10-6

序号	管节编号	泥浆黏度（s）		地质情况	泥浆黏度变化情况
		顶进开始	顶进结束		
1	1~10	65~50	35~45	富水砂层	降低
2	11~18	46~67	43~90	砂层含少量黏土	增大
3	19~28	37~53	37~56	砂层	基本不变
4	29~35	37~48	48~76	砂层含黏土	增大
5	36~40	52~90	53~135	粉质黏土层、淤泥层	增大
6	36~46	45~60	47~66	砂层	基本不变
7	47~52	35~58	46~108	粉质黏土层、淤泥层	增大

续上表

序号	管节编号	泥浆黏度(s) 顶进开始	泥浆黏度(s) 顶进结束	地质情况	泥浆黏度变化情况
8	43~59	38~47	38~45	砂层	基本不变
9	60~61	36~39	41~49	搅拌桩加固层	增大

（2）相对密度

随着顶进距离的增大，泥水平衡泥浆的相对密度不断增加，会降低泥浆的泥水平衡能力，特别是黏土层。如果泥浆相对密度过大，容易造成进、排泥浆失衡，从而导致顶进面压力过大，引起地表隆起。泥浆相对密度大小的适用性还取决于泥浆泵的功率大小，如果泥浆泵的功率够大，而携渣运距又不是很远，泥浆相对密度偏大，具有一定的经济性。

泥水平衡泥浆黏度根据不同地层进行适当的调整，泥浆黏度不小于40s，泥浆相对密度控制范围为1.03~1.3。

3）泥浆循环处理系统

顶管机泥水处理系统自带两个泥浆池，基本能够满足施工需求。在工作井附近设1个30m³泥浆池，作为顶管期间备用泥浆池。泥水分离机对顶管施工产生的泥浆进行分离，处理能力为300m³/h。

掘进面由泥浆泵抽出的泥浆通过泥浆处理系统，将泥浆中泥砂等物质从泥浆中分离出来，并将干塑状渣土汇集到收集槽内，外运弃置；而净化处理后的泥浆则进入循环池中，若其各项指标符合要求，则根据需要采用泥浆泵将循环池中的泥浆泵入顶管机内达到循环使用的目的，并根据需求不断补充清水；若净化处理后的泥浆其各项指标不符合要求，则采用泥浆泵将其泵入废浆池，集中外运弃置，见图2.10-17、图2.10-18。

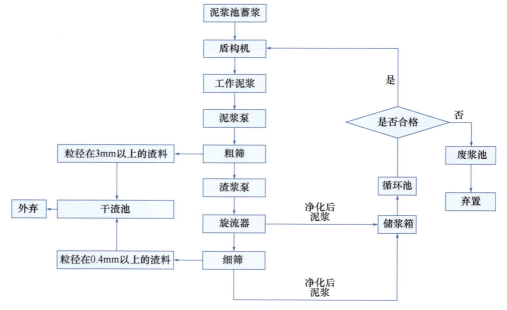

图2.10-17 泥浆处理流程图

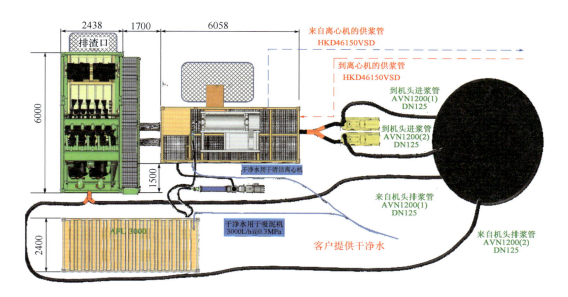

图 2.10-18　泥浆处理系统示意图(尺寸单位:mm)

2.10.4　触变泥浆制备技术

触变泥浆的功能是减阻润滑,要求具有优良的触变性能,即在流动过程中阻力小,利于泥浆迅速分布到环空各个部位;在注浆停止后,泥浆可以快速变为凝胶状,流动阻力瞬间提高,从而减少泥浆漏失,使环空能长时间充满泥浆,降低推进液压缸的推力,更好地控制掘进精度。

优质膨润土泥浆具有良好的触变性与润滑性,将其压到管外壁,包裹住压浆管,可大大减少管外壁与土壤间的摩阻力,同时保护管外壁不受磨损。若压浆技术得当,压浆管分布合理,膨润土质量好,摩阻力可大为降低。

(1)触变泥浆配方

减阻材料选用易于混合、高黏性、造浆率高的膨润土,由优质钠基膨润土制成,其中添加的多种聚合物有效提高了泥浆的悬浮性、护壁性及润滑性能,能够应用于各种地层情况。

在管道与隧洞之间的环空形成完整的泥浆环及泥浆套是保证有效减阻的前提。工程地质资料显示,试验管穿越地层主要为粗砂、砾砂地层,泥质含量少,地下水丰富,局部地区为黏土或淤泥。触变泥浆面临的挑战主要是砂砾层孔隙大、渗透性太强,泥浆极易发生漏失,注浆量大幅增加,且后续施工需进行频繁的补浆。

触变泥浆注入管道与隧洞的间隙后,由于无须循环流动,只需使其长时间保持在环空间隙内,就可以维持很好的润滑作用。因此,触变泥浆设计时,主要考虑以下三点:①足够的黏度,使泥浆在高渗透性砂层能保持长时间不漏失;②良好的触变性,使泥浆注入后能迅速变成凝胶状,有效堵塞砂层孔隙;③泥浆具有优良的抗盐水能力。

结合上述要求，在粗砂、砾砂层中，泥浆的马氏漏斗黏度应不低于60s，通过室内使用，确定的泥浆配方为：$1m^3$淡水＋50kg复合膨润土＋0.8～1kg聚阴离子纤维素（PAC-HV）。

上述触变泥浆方案，对于致密黏土、淤泥质土均可适用，若地层渗透性较砂层更强，则应考虑添加堵漏剂等材料。

（2）泥浆控制指标

泥浆性能主要的控制指标为黏度与相对密度。

触变泥浆为一次性消耗浆液，泥浆性能确定后，受顶进距离及地质条件的变化影响较小，其性能指标：黏度≥50s，相对密度1.03～1.05。

（3）施工注意事项

在制作过程中，搅拌要充分、均匀，经过充分搅拌发酵后，再通过液压注浆泵压入管内，膨润土泥浆搅拌时间必须大于30min。在膨润土泥浆压入以前，对储浆箱内经发酵的泥浆进行二次搅拌，以减少压浆管道的阻尼。触变泥浆采用液压注浆泵注浆，注浆压力设定在主动土压力加水压与被动土压力加水压之间，控制注浆压力≤0.1MPa，注浆管路采用DN32mm高压软管。

注浆控制采用泥浆分配器进行控制，膨润土分配器属于膨润土润滑设备的执行元件，用于施工过程中补充触变泥浆，润滑管壁，降低推进液压缸推力，作用原理见图2.10-19。每台顶管机配备16个泥浆分配器，每个分配器注浆范围为15m，可控制4节管节，膨润土分配器从第一节管开始，每四节管安装1个，3个注浆口呈120°均布。主管与每根支管连接处安装阀门，支管与管道上的注浆口连接处设置单向阀。

顶进过程中，第一个分配器随着进尺同步注浆。其余分配器，通过操作室内控制面板，根据推进液压缸推力变化，适时启用补充注浆，如图2.10-20。

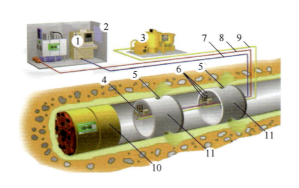

图2.10-19 膨润土站工作原理图

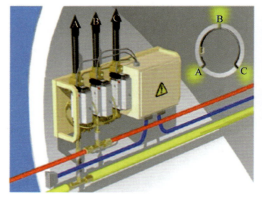

图2.10-20 膨润土分配器工作示意图

1-控制室；2-工作容器；3-膨润土设备；4-膨润土分配器；5-膨润土喷嘴；6-膨润土喷嘴的膨润土管路；7-控制导线；8-压缩空气供应管路；9-膨润土供应管路；10-掘进机；11-产品管道

（4）触变泥浆减阻效果分析

以0号试验管为例，根据0号试验管的施工工艺参数，可得到图2.10-21和图2.10-22。

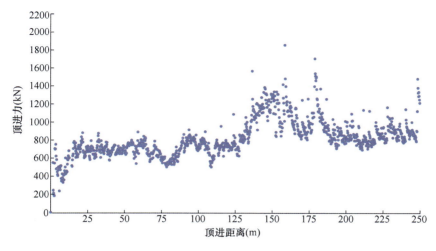

图2.10-21　0号管实测顶进力随顶进距离变化曲线图

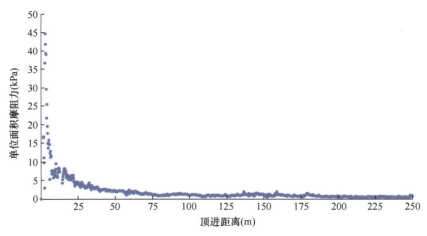

图2.10-22　0号管平均单位面积摩阻力曲线

由图可知，整个顶管过程中总顶进力都保持在1000kN左右，最大顶进力没有超过2000kN。

由图可知，当顶进距离为0~8m时，单位面积的摩阻力较大，最大值达到44.67kPa，该阶段没有使用触变泥浆，导致管道周围单位面积的摩阻力持续增大；当顶进距离超过8m后，0号试验管开始使用触变泥浆，随着顶进距离继续增加（8~20m），由于管道周围还未形成稳定的泥浆套，泥浆的润滑性能尚未完全发挥，泥浆的减阻效果并不是很明显；随着顶进距离的继续增加（20~40m），泥浆的润滑性能显著提高，管道周围单位面积的平均摩阻力急剧减小；当顶管施工稳定后（顶进距离超过40m），管道周围的单位面积摩阻力减小至2kPa，随着顶进距离的继续增大，泥浆的润滑性能继续得到较好的发挥，单位面积的平均摩阻力稳定在1kPa。

2.10.5　不同地层中顶管作业参数选择

不同地质条件下的控制要点见表2.10-7，顶进参数见表2.10-8。

不同地质条件下控制要点　　　　表2.10-7

序号	地质情况	特点	顶进时控制要点	建立泥水平衡难易程度	注意事项
1	素墙	强度高、稳定性好	顶进速度	容易	控制主顶液压缸推力，不易过大
2	搅拌桩加固区域	强度较高、稳定性好	顶进速度	容易	建立泥水平衡后正常顶进
3	砂层	强度低、稳定性差	泥水平衡	较容易	控制进排浆量、观察出渣量
4	富水砂层	强度低、稳定性差	泥水平衡	难	控制进排浆量、泥水平衡泥浆黏度变化
5	黏土层	强度低、稳定性较差	泥水平衡	较难	适时调整泥水平衡泥浆、防止机头被黏土包住

顶管顶进参数一览表　　　　表2.10-8

序号	管节编号	进尺（m）	刀盘的工作压力（MPa）	开挖仓泥水压（MPa）	推进速度（mm/min）	主顶推力（kN）	地质条件
1	0	0～2.438	0.13	0.03	90	250	孔口管
2	1～2	2.438～10.051	9～12	0.043	10～120	400～700	素混凝土、旋喷桩
3	3～14	10.051～60.355	10～13	0.065	147～366	520～740	富水砂层
4	15～36	60.355～153.275	12～16	0.065～0.08	33～190	560～1200	中细砂、回填土
5	37～42	153.275～178.996	9.9～12.8	0.065～0.075	310～350	900～1400	富水砂层
6	43～53	178.996～223.868	12～14.4	0.065～0.085	90～158	860～1540	砂层、粉质黏土、回填土
7	54～59	223.868～248.398	12～14	0.085～0.095	223～330	940～1140	淤泥质黏土、砂层
8	60～61	248.398～256.807	12.7～13.3	0.065～0.09	11～38	1700～2100	素混凝土、旋喷桩、粉质黏土
9	62	256.807～259.525	0	0.043	60～85	700～860	接收仓

分析可知,地质条件是试验管顶进的主要影响因素。

地层转换时需注意:

(1)砂层进入黏土层时,在砂层中正常推进时,发现刀盘工作压力、开挖仓推进压力持续升高,泥浆流量降低,大幅度地降低推进速度也不能解决,可以判断地层中出现了黏土,将泥水循环阀门转换为黏土阀门,冲刷刀盘,调节推进速度和泥浆泵转速维持工作压力稳定即可。

(2)黏土层进入砂层时,在泥土中推进发现刀盘工作压力一直下降,增加了推进速度还是下降,说明地层中黏土成分减少,过度冲刷掌子面,应立即关闭黏土阀门,调整推进速度,调节泥浆泵转速,维持工作压力稳定。

2.10.6 管幕同时顶进施工组织

工作井设有可移动式架空平台,平台可在工作井狭小的空间内形成四个独立施工区域,有效地解决了在工作井狭小空间内开展立体交叉施工的难题,实现了一个工作井内四个工作面多机组同步施工。施工自动移动平台所有零部件均采用螺栓连接,可在狭小的空间内轻易组装、拆卸,可重复利用。平台设有自动行走起吊小车,能有效地解决平台内重物起吊、运输等难题。

为避免多个顶管机组同时顶进作业相互干扰,以东工作井作业为例,Ⅰ区和Ⅱ区为顶管始发区,Ⅲ区和Ⅳ区为顶管接收区,工作井上下区域内的顶管施工应在水平位置错开。施工中按照逆时针顺序依次进行顶进施工,即1~8和30~36同时从东工作井始发顶进施工,西工作井进行接收;11~19和20~27同时从西工作井始发顶进施工,东工作井进行接收。管幕同时顶进施工组织见图2.10-23。

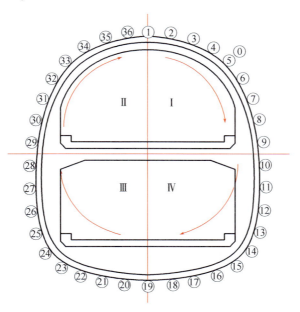

图2.10-23 管幕同时顶进施工组织示意图

2.11 地表沉降控制技术

2.11.1 顶管施工产生地层沉降的因素分析

(1)地层失水

饱和软土地层,力学强度低,具有高压缩性、高触变、高灵敏度、高含水率、大孔隙比、低强度等软土特征,工程地质条件极差。管幕顶进过程中,一旦造成地层失水,会产生固结沉降。固结沉降量与地层的渗透性、成孔速度、水源补给等因素有关,其根本原因是水位的变化。因此,顶进过程中,做好整个系统的密封性,密切关注水位变化,是防止地层失水的关键。

(2)地层反复扰动

管幕工程由36根直径1620mm的钢管组成,顶管机需多次穿越相关地层,对地层形成多次扰动,根据相关数据,管群顶层管施工引起的地表沉降较小,从第2层管开始,随着管群埋深和跨度的增加,对地表沉降的影响先增加后减小,地表最大沉降量增幅逐渐减小。

(3)水土压力不平衡

无论采用何种顶管机,管幕顶进时,遵循平衡原理是顶管施工的基本要求,包括工作压力应略大于自然水、土压力,排浆量略小于进浆量与开挖量之和,以及建立接收仓的保压系统等。根据已有的实践经验,一旦工作压力过大,会造成周围土体的隆起,而工作压力过小,又会造成周围土体的塌陷,引起上层覆土的过大沉降。

(4)曲线管幕顶进自动纠偏时地层的沉降

曲线管幕顶进时,需要顶管机具有较强的自我纠偏能力,这就必然造成管幕轨迹曲线内外侧的应力集中,对周围土体形成挤压或松动效应,引起土体的沉降。

(5)泥浆对沉降的影响

膨润土泥浆制备质量差,减摩性能不好,顶进摩阻力大。注浆工艺不合理,顶管密封性不好,不能形成完整的泥浆套,泥浆减阻作用不能有效发挥甚至产生"背土"现象。这些因素都会使管周土体扰动范围过大而引起较大沉降。

(6)综合因素的沉降累积效应

管幕顶进施工引起地层沉降而破坏环境的原因往往是综合性的,涉及施工的方方面面,这些方面又会互相影响,如控制措施不到位,会形成沉降的累积效应。

2.11.2 沉降控制施工关键技术

1)管幕进出洞的加固措施

管幕施工,为防止始发与接收阶段的渗漏水,工作井始发、接收端采取了必要的止水加固措施。针对拱北口岸的特殊地质条件,在工作井围护墙外设置1200mm厚素混凝土地下连续墙。根据东西工作井的不同水文地质条件,东侧工作井素墙外辅以1200mm@900mm的三重管高压旋喷桩进行加固止水,厚度不小于4300mm;西侧工作井素墙外以

850mm@550mm 的三轴搅拌桩进行加固,厚度不小于 4500mm。通过观察现场地下连续墙破除情况,发现地下连续墙与素墙之间局部存在夹层,出现渗水现象,为避免后续群管顶进地下连续墙破除过程中出现较大渗水现象,在工作井顶进、接收面地下连续墙外侧 10m 范围内增加地面竖向注浆加固措施,通过上述综合处理措施确保了管幕施工进出洞的止水效果。

2)顶管机选型及配套

考虑到拱北隧道管幕工程位于拱北口岸区域,地表建筑物及管线、设备对地表变形要求极高,离轴线距离越近,深层土体水平位移越大,相比土压平衡,泥水平衡顶管机对周围环境的扰动相对较小,宜选用泥水平衡顶管机。结合工程水文地质情况及沉降控制要求,最终选择定制先进的 4 台 AVN1200TC 泥水平衡式顶管设备,包括泥水分离站等全套的辅助设备。

3)主要密封性装置

针对曲线管幕、高水压、饱和软土地层特点,研发一些有效的密封性装置,防止地层水土流失,造成沉降。

始发端主要密封性装置有始发密封圈和管刹,接收端主要密封性装置有四重加强止水圈和有压钢套筒接收仓。中间段落主要是管节的精加工制作,F 形管节连接、两道密封圈等装置可实现 0.3MPa 高水压下顶管全过程滴水不漏。

4)施工工艺控制措施

(1)三阶段控制

顶管施工分三个阶段,即始发、顶进和接收阶段。

①始发阶段:采用曲线直顶工艺。为了保证密封效果,始发端与孔口管连接部位采用始发密封圈。同时,在管节安装时,为防止管节后退,安装管刹。

②顶进阶段:管节之间用密封性和偏转性良好的 F 形接头,接头间采用鹰嘴形橡胶密封圈。顶进时,根据不同的地层条件,调整顶进参数,建立泥水平衡。

③接收阶段:为防止顶管机破墙后地层失水沉降,接收时为仓体有压接收。在接收端密封圈外设置密闭的仓体,通过注浆阀,使仓内填满泥水平衡浆液,顶管机进入仓体时,打开稳压管闸阀。

(2)泥浆控制

顶管过程中,泥浆分为两种,即携渣泥浆和触变泥浆。

携渣泥浆既要能将切削的土体排出,也要在顶进面迅速渗透形成泥膜,泥膜反过来阻止泥水渗透,从而减少开挖面前方一定范围内土体的扰动流失,以达到控制地面沉降的目的。

触变泥浆的作用在于填充顶管机刀盘扩挖部分与管道之间的空隙,形成封闭的泥浆套,达到减摩和支承周围土体的作用。

配制性能良好的泥浆,对于保证顶管的顺利进行,控制土层的沉降,减少对周边土体的扰动,起到关键的作用。

(3)出土、出水量控制

泥水平衡式顶管采用水力切削泥土和水平输送弃土,利用泥水压力来平衡地下水压力和土压力,而采用水力切削容易使顶管机前方土体产生土体损失。因此,在保证泥水平衡基本原理的前提下,要实时地对出土量及泥浆池内泥浆的水位进行观测,根据管径的大小、地质的情况对出土量与泥浆池内泥浆水位做出基本的判断,如发现出土量或泥浆池内泥浆水位变化过大,要暂时停止顶进施工,分析原因,找出解决办法后再继续顶进。

(4)顶进速度的控制

泥水平衡式顶管,顶进过程中不仅要控制泥水仓的压力,同时为保证掌子面泥土的稳定性,还需要保证刀盘与掌子面充分接触,防止掌子面局部坍塌。这就要求在顶进过程中,在保证泥水仓压力的同时,还需要保持一定的顶进速度。顶进速度过大,可能引起掌子面隆起,速度过小则可能导致坍塌。结合拱北隧道暗挖段管幕工程试验管阶段顶进速度,根据不同里程段总结不同地层对顶管速度及其他顶进参数的影响,见表2.11-1。

不同地质条件对顶管顶进参数的影响 表2.11-1

序号	推进里程(m)	地质条件	顶进速度(mm/min)
1	8	素混凝土和旋喷桩	10~90
2	20	富水砂层	220~260
3	85	砂层含少量黏土	110~190
4	95	砂层	80~100
5	112	砂层含黏土	100~140
6	135	粉质黏土层,淤泥层	30~100
7	175	砂层	260~350
8	220	粉质黏土层,淤泥层	100~200
9	245	砂层	220~330
10	254.6	素墙	11~50
11	255.8	入孔口管和接收仓	90

(5)泥浆置换

顶管顶进完成后,为防止触变泥浆失水造成地基沉降,应进行置换注浆,减少地层沉降。

5)自动化监控量测

拱北隧道暗挖段施工不能对口岸的通关造成任何影响,为了能够准确掌握管幕顶进时地层的变化情况,在管幕施工区域采用自动化监控量测成为可行的手段。在口岸南北侧联检大楼上安置自动测量仪器,在地面及地上建筑物设置水平位移、竖向位移观测点及水位、水土压力测点,根据监测成果将顶进施工对土层的扰动和周边环境的影响控制在最小范围内。

通过对管幕施工进行监控量测,可以实时掌握管幕施工对周围环境的影响,进一步优化施工参数,这也是评价管幕顶进沉降控制技术的最终标准。在第一、第二阶段管幕施工过程中,对地表的位移进行了持续监测,部分监测结果如图2.11-1所示,可以看出,在第一、第二阶段顶管施工期间,地表变形基本稳定,最大沉降小于5mm,管幕顶进沉降较小。

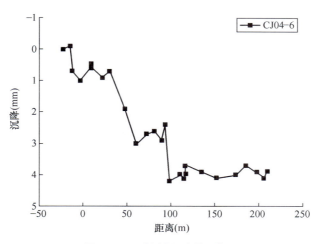

图 2.11-1 监测点沉降量示意图

2.12 顶管施工监控量测

2.12.1 地表沉降监测

顶管施工中不可避免地会引起地面和地下土体的扰动,影响邻近建筑物和附近地下管线的安全。管幕 36 根直径为 1620mm 的钢管,每根钢管长 255m,覆土厚度只有 4~5m,且土层情况复杂,有回填土、淤泥质土、中细砂、淤泥质粉土、粉质黏土、砾砂等,具有软弱、饱和含水、水量补给丰富、高压缩性、高渗透性、承载力低的特点。在 36 根管幕分批次顶进过程中,多次扰动这些土体,可能会产生振沉效应,导致地面下沉,加之管幕施工上方地面对应有重要建筑物。因此,为了使管幕施工较为顺利地进行,采取控制措施减少顶管管幕对土层的扰动,避免对周围重要构筑物的影响或破坏,十分有必要监测管幕施工区域的地面变形,进行影响因素分析并及时回馈信息,提出控制措施。

1)监测目的

通过对施工过程中的某些参数的跟踪监测,分析地基和结构物的安全稳定性,对可能发生危及基坑工程及周边结构物的安全隐患进行及时准确的预报,确保工程的安全和顺利实施。

根据监测数据,检验工程设计中采用的参数的准确性,及时调整设计参数,做到信息化施工,为工程建设的安全和合理提供实测依据。

2)监测内容与方法

暗挖段顶管管幕施工过程中的顶管、压浆等工序,都可能引起地面沉降或地面隆起;而隧道的上覆土层厚度只有 4~5m,暗挖施工的相关影响很快会反映到地面上,对地面结构物造成影响。因此,暗挖区的重点监测项目应为地面沉降。

(1)监测内容:顶管管幕施工过程中暗挖区域对应的地面沉降监测。

(2)监测方法:①水准测量的方法,从水准基点或工作基点起测,将各个监测点贯穿于整个水准线路中,最后回到工作基点或水准基点,形成附合或闭合水准线路。外业成果合格后,按水准线路平差方式,计算出各监测点的高程,再将监测点的高程与初始高程、上次测量高程进行比较,求得各监测点的累计垂直位移变化量和期内变化量。②依据三角高程测量原理,同时测出竖直角和距离,进而计算得到测点高程;不同时间的测点高程之差,即为该时段的竖向位移。

（3）监测仪器:自动全站仪和水准仪。暗挖区位于拱北口岸出入境区域,车流、人流密度非常大。为尽量避免施工监测工作与出入境车流、人流的相互干扰,采用自动全站仪自动监测地面位移测点,对于处于全站仪观测盲区的测点,采用人工方法使用水准仪监测。

（4）监测频率:按每天4次用自动全站仪观测;人工监测时,顶进深度小于或等于5m时,1次/2d;顶进深度为5~10m时,1次/1d;顶进深度大于10m时,2次/1d。

（5）监控精度要求:0.5mm。

（6）预警控制值:累计值30mm;位移速率2mm/d。

（7）监测点布置:地面沉降监测点的布置受较多因素的影响,除了技术因素外,人流、车流非常密集,且需钻孔打破地面结构层设置测点。综合考虑各种因素,按照下述方法设置沉降监测点:纵向每5~10m一个观测断面;每个观测断面,单向每侧3倍隧道跨度内布设测点,跨度内测点间距2m,跨度外间距2m、3m、5m、8m、10m;共389个监测点。具体布设情况如图2.12-1~图2.12-3所示。

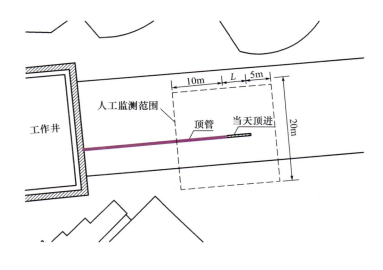

图 2.12-1　人工复测范围示意

L-当天顶进长度(m)

（8）仪器设置:暗挖区布置三台自动全站仪,两台设置在澳门联检大楼上,一台设置在珠海联检大楼上。

自动全站仪监测地面沉降测点的测量精度受较多因素影响。如入射角、俯视角、晴雨天气、大气湿度、大风或台风、雨水对测点的浸泡、尘土杂物对地面测点的污染和阻挡、汽车对测点的碾压等,均可能对测量结果的精度造成不确定性。因此,除了采用自动全站仪对地面测点进行实时监测以外,还将根据施工的进度范围,对地面测点进行人工复测。人工复测:在当天顶进的周围,按每天1次对地表竖向位移进行人工复测。

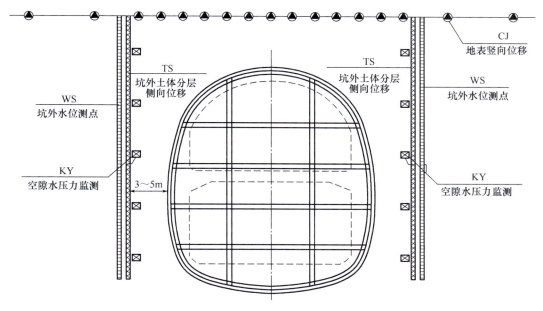

图 2.12-2　洞外监测断面示意图

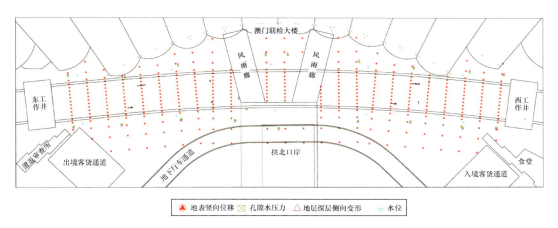

图 2.12-3　洞外监测设置平面图

3）地表变形监测结果分析

地表沉降是顶管顶进过程中的重要监测数据之一，反映了顶管施工对地表的影响。地表沉降监测配合顶管施工，可实时监测顶进过程中产生的变形。

考虑到地表沉降监测点的数据较多（24 个监测断面，每个监测断面上大约 15 个测点，且监测时间长、监测频率高）及监测数据的有效性，分析选取 CJ1 断面，监测时间段为 0 号管顶进开始到 5 号管顶进结束，监测结果如图 2.12-4 所示。选取编号为 CJ4 的地表沉降监测断面，该断面位于人工填土层，监测结果如图 2.12-5 所示。选取编号为 CJ10 的地表沉降监测断面，该断面位于砂层，监测结果如图 2.12-6 所示。选取编号为 CJ16 的地表沉降监测断面，该断面位于淤泥质层，监测结果如图 2.12-7 所示。

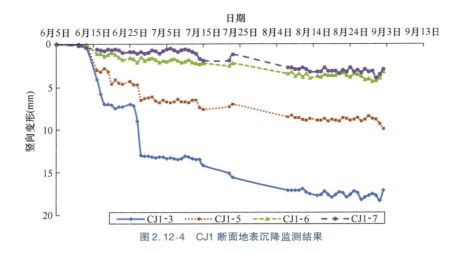

图 2.12-4　CJ1 断面地表沉降监测结果

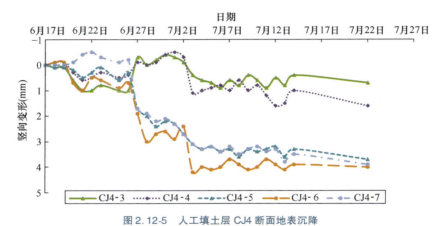

图 2.12-5　人工填土层 CJ4 断面地表沉降

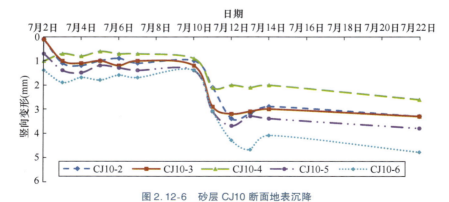

图 2.12-6　砂层 CJ10 断面地表沉降

4）地表沉降槽分析

顶管施工过程中最能反映顶管对土体扰动的曲线为沉降槽曲线，它表示顶管开挖过程中地表变形的形态。

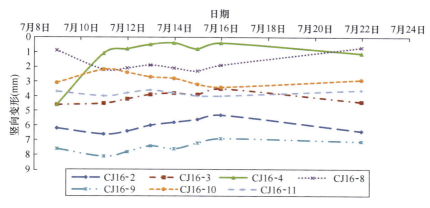

图 2.12-7 淤泥质层 CJ16 断面地表沉降

根据地表沉降数据,选取 2 个横断面分析顶管施工的沉降槽。图 2.12-8、图 2.12-9 分别为 CJ4 断面和 CJ10 断面的沉降槽曲线,可以得到以下结论:

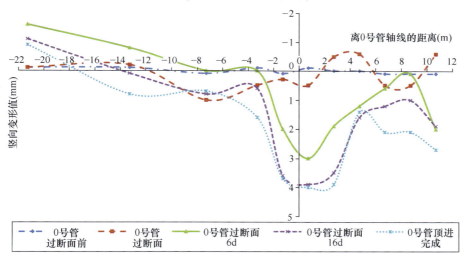

图 2.12-8 CJ4 断面沉降槽曲线

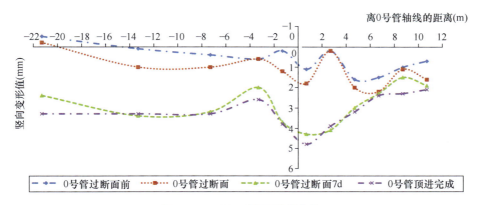

图 2.12-9 CJ10 断面沉降槽曲线

(1)当顶管机机头还未过断面时,断面上各点的沉降值几乎不变;当顶管机机头过断面时,断面上管道附近的监测点发生轻微的隆起现象,且隆起值与所处的地层条件有关;当顶管机机头经过断面后,断面上各点发生沉降,管道轴线正上方附近测点的地表沉降值较大,此时断面出现沉降槽。

(2)沉降槽曲线的最大值随着顶进时间不断增长而增大,反映出顶管通过断面后,土体沉降会继续发展,这个变化一直持续到顶管施工结束。

5)地表沉降累积效应分析

小间距顶管管幕施工过程中,土体会受到相邻管道先后顶进时的双重扰动产生累积效应。受监测数据和实际施工进度的限制,以 CJ1 所在断面的地表沉降监测结果,分析 0号管和 5 号管顶进过程中产生的土体变形累积效应。地表变形累积曲线如图 2.12-10 所示。

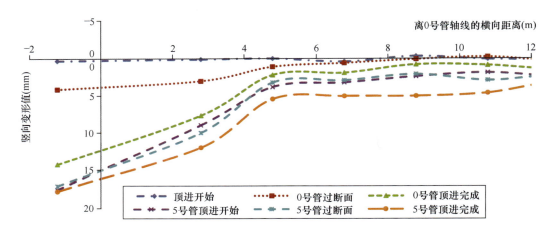

图 2.12-10　CJ1 断面地表变形曲线

由图 2.12-10 可得到以下结论:

(1)单管顶进时,土体以沉降为主。

(2)小间距平行顶管施工时,由于受到两根管的作用,土体变形会产生累积效应,从以上分析的监测数据结果来看,土体位移累积值在 4mm 左右,累积效应不是很明显。

2.12.2　顶力监测

顶管机后方主顶顶力可直接在顶力表读取。

顶管机机组配置的后方主顶最大顶力为 7000kN,试验管阶段最大顶力为 2200kN,为了施工安全及处理意外情况,仍需要设置 1 个中继间,中继间最大顶力 6000kN。

在顶进开始阶段,启用后方主顶,中继间不启用。

当后方主顶顶力达到 4500kN 时,启用中继间。

2.12.3 泥水平衡压力监测

掘进掌子面泥水压力监测：通过安装在顶管机泥水仓位置的土压表，可直接读取当前位置的泥水压力。

掘进时泥水控制压力应略大于顶管机位置的土压力与水压力。一般控制在比当前深度土压力大 0.02MPa 左右。

2.12.4 顶管机出土量监测

管幕每掘进 1m，按照原土计算出土量约为 $2.1m^3$，但是原土经过扰动，再由泥水分离设备提取后，体积会变大。

从试验管始发开始，按照特定米数统计出渣量，找出弃渣量与理论出土量之间的关系，以指导后续施工。

2.12.5 设备参数监测

（1）刀盘扭矩监测

按照设备性能及以往施工经验，顶管机正常顶进时，刀盘扭矩应控制在设计值的 60%～70%，掘进速度过慢容易造成掌子面土体塌方或者导致地表沉降过大。

刀盘扭矩突然发生变化，扭矩值不稳定时，很可能是遇到了障碍物。

（2）液压、电器部分监测

定期对顶管机的液压、电器部分进行维护，确保各仪表处于正常工作状态。

工作状态时仪表参数不得超过限定值，发现仪表显示异常立即停机排除。

2.13 顶管试验管施工

2.13.1 试验目的

试验管的施工主要是为了确定曲线顶管施工工艺及参数，主要施工工艺有曲线顶管的精度控制、双向顶进的差异性、钢套管接收、管节长度、管节接头及密封形式、纠偏控制、洞口止水等；主要施工参数有顶进速度、顶进力、泥水压力、刀盘扭矩、注浆参数等。

分析研究管幕施工对周围环境的影响，包括曲线顶管施工对周围土体的扰动、相邻管道顶进的相互影响、多管顶进土体位移累积效应等。

2.13.2 试验管布置

试验管 2 根，为 0 号管和 5 号管。采取双向顶进，先施作 0 号管，东工作井始发，西工作井接收；0 号管完成后再施作 5 号管，西工作井始发，东工作井接收，具体布置见图 2.13-1。

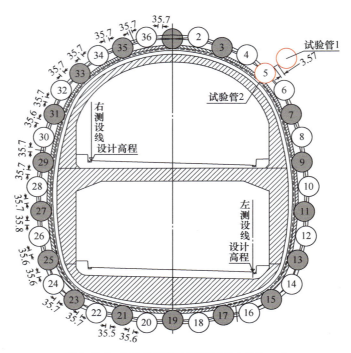

图 2.13-1 试验管横断面布置图(尺寸单位:cm)

2.13.3 中继间

顶管全长约 255m,中继站安装于机头后 50m 左右,在推进液压缸顶力超过 4500kN 时启用,起到传递推进力的作用;中继站有 10 个液压缸串联组成,可提供的最大推力为 6500kN,作为一个顶力储备,见图 2.13-2。

图 2.13-2 中继间

在试验管顶进过程中,0 号管推进液压缸最大推力为 2100kN,5 号管推进液压缸最大推力只有 2960kN,均为接收段破除素墙时的最大推力,正常推进过程中最大推力约 1600kN,顶进过程中均未启用中继间。

顶管施工属于暗挖工程,存在很大不确定性。特别是曲线顶管,地处杂填土层,遇到大块孤石等障碍物,如果主顶顶力不足,在没有安装中继间的情况下,会造成该条管道顶进失败。所以,虽然中继间的加工、安装拆除均费时、费工,但是为了保证顶管施工的顺利进行,作为一个顶力储备,中继间的安装是必要的。

2.13.4 不同地质、环境条件下的顶进参数

试验管阶段地质情况比较复杂,0号管施工过程中地质变化较频繁,主要通过素墙、旋喷桩加固区域、砂层、富水砂层、黏土层、淤泥层、淤泥质黏土层等复杂地层;5号管施工过程中地质情况较稳定,主要通过素墙、搅拌桩加固区域、淤泥、淤泥质黏土、砂层等地层。

通过试验管顶进实时数据分析,素墙掘进速度一般不超过2cm/min,土体加固层顶进速度一般为15~26cm/min,淤泥层、富水砂层顶进速度一般为26~35cm/min;黏土层顶进速度一般为10~17cm/min,顶力的大小随着距离的增大呈线性增加,处于黏土层时顶进压力较大。

2.13.5 双向顶进的差异性

通过试验管阶段0号、5号管始发、接收控制精度分析,缓和曲线段顶管的始发与接收精度均较容易控制,圆曲线段始发、接收精度控制均具有一定的难度。综合考虑始发与接收的精度控制,总体来说始发的精度控制较容易,接收精度控制较难。因此圆曲线始发、缓和曲线接收更有利于管幕工程整体精度控制。

圆曲线与缓和曲线段互为始发、接收差异性不大,曲线管幕可以进行双向顶进,东、西工作井可互为始发、接收井。

2.14 管幕施工主要风险及处置技术

2.14.1 管幕施工主要风险分析

管幕施工中主要在管幕顶进精度、管幕顶进阻力、地表沉降(隆起)、管幕损坏、管幕水密性、高水压下始发接收等方面存在风险,相应的预防措施及处理办法见表2.14-1。

管幕施工风险分析 表2.14-1

类别	风险项目	预防措施及处理办法
顶管顶进方向失控	进、出洞口土体没有加固	工作井进、出洞口端进行注浆加固
	顶管机纠偏系统出现故障	施工前,对顶管机进行全面检查;施工中,随时检测其状态
	测量数据错误	采取三级复核制度
	纠偏不及时、纠偏幅度过大	采取勤测、微纠的原则
	没有机头轨迹曲线指导施工	施工现场采用计算机绘制机头姿态曲线图,以指导顶进、纠偏
	顶管机开挖面土体失稳	采用泥水平衡顶管机施工,建立泥水平衡
	顶管机机头偏转	采用合理的施工方法,导向架上安装防偏转装置
	顶进偏差过大导致无法出洞	进入接收段时加强测量纠偏,接收孔口管直径适当增大

续上表

类别	风险项目	预防措施及处理办法
顶进力剧增	触变泥浆质量不良	施工前,通过试验对配方优化;施工现场充分搅拌,充分水化
	注浆孔布置不合理	管路布置进行科学合理的设计;根据土层的性质、浆液的流变特性、顶进速度确定注浆孔的位置
	注浆泵耐压低	采用液压注浆泵
	注浆量控制不良	注浆量和注浆压力严格按设计要求控制
	注浆压力不合理	施工前,根据土层的情况,计算土层压力,确定注浆压力
	管道周围泥浆套不完整	采用合适的压浆工艺并加强监测
	洞口止水装置失灵,导致漏浆	进出洞口止水装置采用双道橡胶法兰结构
地表沉降/隆起大	顶进速度太快	顶进速度按开挖面泥水平衡条件确定,调整泥水压力控制值,并采取相应的跟踪注浆措施
	开挖面不稳定	采用泥水平衡顶管机;减少正面出土量,提高正面土压力
管幕水密性不佳	高水压下始发接收端渗漏水	始发端采用始发密封装置及管刹,接收采用有压密封舱,双道橡胶法兰结构止水,使用"四重止水"接收止水方法,降低发生漏水的风险
	管节连接处渗漏水	采用F形接头形式,设2道密封圈,严格控制管节连接安装工艺
	管节注浆管渗漏水	严格控制注浆管焊接工艺,注浆管端头采用阀门控制
	顶管偏差超标,导致冻结壁形成困难	采用合理的顶进高精度控制技术及冻结模式
遇障碍物	遇到桩基	探明后绕避,无法绕避时提前拔除
	遇混凝土块、孤石等	选择可破碎块石的顶管机,由刀盘破碎后泥浆泵泵出
	遇特殊情况管周抱死,无法顶进	通过套管方案,根据距离选择不同的后背墙

2.14.2 障碍物的处置方案

1)障碍物形成机理和分布特点

障碍物主要由以下几种原因形成:

(1)口岸形成区有一层4~8m的杂填层,填筑年代久远,成分复杂,有抛石、钢筋混凝土块、建筑垃圾等障碍物;

(2)地表5m范围内有部分不明管线;

(3)口岸内建筑物的桩基、基础等;

(4)施工地下连续墙和加固区时人为形成的障碍,如钻杆、铁块、粗大的钢筋等;

(5)精度偏差使机头顶至孔口管上成为障碍物;

(6)管幕施工中的精度偏位可能使先行管成为后行管的障碍物;

(7)深层地层中的一些不明障碍物。

依据其形成原因不同,受人类活动影响不同,障碍物总体上有如下分布特点:①深度上浅层(≤6m)障碍物较多,深层较少;②纵向上看,靠近两端工作井的范围内较多,中间段落较少;③横向上看,两侧多,中部少。

2）探测方法

为保证顺利施工，设计和施工前将对障碍物进行详细分析和探测，并适时处理，主要采取如下方式分步进行探明并评估施工对其影响。

（1）调查核实珠海拱北口岸和澳门关闸口岸下穿区域及两侧各50m范围内建筑物基础情况，并标示于图纸之上，标明与管幕间的关系；

（2）调查核实工程区域内的管线情况，并分级标示，评估管幕施工对其影响程度，判断是否需要迁改；

（3）调查走访拱北口岸当年的施工和设计人员，对管幕区域尤其区域内原地形地貌情况进行分析，提供基础数据；

（4）采用钻探或物探（地质雷达）的方法对管幕区域内地质情况进行探测，以探明是否存在孤石、空洞、孔隙等；

（5）根据两侧地下连续墙、始发接收段地基加固等情况，了解施工区域地质情况，分析是否存在人为影响并评估其影响程度。

3）探测成果

根据综合探测的结果，障碍物的主要情况如下：

（1）地表以下4~6m内，尤其在风雨廊前后30m左右，建筑垃圾较多，主要是回填混凝土块、编织带等；

（2）靠近西侧鸭涌河侧有大块孤石，分布于地表以下5m以内，影响顶部35~3号管施工；

（3）澳门侧桩基离管幕最近约1.5m，珠海侧约0.46m，顶进中有可能遭遇桩基；

（4）东侧工作井土体加固段有一根旋喷桩钻杆遗落于地层中，影响18号管施工。

4）处理原则

障碍物处理是管幕施工的一大难点，其处理原则主要有：

（1）预处理原则，尽可能地提前处理；

（2）确保施工安全的原则，保证在处理障碍物时不产生次生灾害；

（3）环保的原则，尽量减少对环境的不利影响；

（4）减少干扰的原则，不要对后续管幕施工产生影响。

5）处理方案

处理方案分为三个方面：一是刀盘选择，兼顾破岩与施工效率，采用复合刀盘；二是接收端精度控制，不能人为制造障碍；三是遭遇各种工况时的处理方案。

（1）刀盘选择

工程选用定制先进的AVN1200TC泥水平衡顶管机，刀盘采用液压驱动，最大外径1676mm。施工过程中，难免会遇到一些小型障碍物，如直径20~30cm的钢筋混凝土块等，所用刀盘必须具有破除小型障碍物和强度较低障碍物的功能，因此，设备选型时采用复合刀盘，由6把滚刀、16把刮刀组成。滚刀先对其进行破碎，小块的石头随着刀盘旋转进入二次破碎仓，由锥形破碎器将其破碎成可以随泥浆排除的颗粒。二次破碎功能有效保护了刀具，35%的刀盘开口率既能够满足黏土、淤泥层地层的掘进效率需要，又能兼顾对障碍物处理的要求。施工中可能要处理的障碍物有：

①破除始发和接收段的素墙与土体加固段；

②破除顶进过程中的建筑垃圾(钢筋混凝土块、小型孤石)、杂填石块等;
③其他不明障碍物。

(2)接收段精度控制方案

管幕接收端设钢质孔口管,接收误差较大时,机头刀盘极有可能卡至孔口管上,为保证能够顺利接收,在施工时采取了如下措施:

①在接接收端孔口管采用内径 1870mm、长 1400mm、厚 10mm 的钢管,而刀盘直径为 1670mm,其半径相差为 +100mm,以保证在最大偏差不超过 100mm 的情况下能够顺利接收;
②严格按照接收段精度控制流程的相关要求执行,根据反馈情况适当加大复测频率,确保达到 ±50mm 的精度要求;
③安装接收仓前要复核孔口管靠近素墙侧的偏位情况,接收轨迹据此微调。

(3)障碍物处理方案

顶管过程中可能遇到多种障碍物,其处理方案也不尽相同,各种工况下的障碍物处理方案见表 2.14-2。

顶管中遭遇障碍物各工况处理方案　　　　　　　表 2.14-2

序号	遭遇障碍物工况	可能遭遇的管位	处理方案
1	管幕施工范围内有桩基	两侧靠近桩基的管	探明后绕避,无法绕避时提前拔除
2	遭遇直径≤400mm、强度≤30MPa 的混凝土块、孤石等	埋深 5m 内管	选择可破碎块石的顶管机,由刀盘破碎后泥浆泵泵出
3	遭遇直径 400~1000mm、强度≤30MPa 的混凝土块、孤石等	埋深 5m 内管	可挖除的挖除,无法挖除的通过侧管破碎成小块后取出
4	遭遇直径≥1000mm 或强度≥30MPa 的混凝土块、孤石等	顶部 6 根管,靠近鸭涌河侧	从地面挖除或从侧壁破除后取出
5	顶进过程中遇大量建筑垃圾,如混凝土块、废旧钢筋、编织袋等	埋深 5m 内管,主要在风雨廊两侧 30m 范围	放慢顶进速度,增加泥浆黏度,及时清理堵塞的管道
6	机头或孔口管偏位顶到孔口管壁上	所有管	控制精度,避免出现此情况,若有,则从接收仓正面打开,切除孔口管,焊接导向板后顶出
7	两端土体加固段有钻杆等障碍物	根据地基加固工况	加强施工管理,避免出现,若有从地面通过冲击钻机处理
8	遇特殊情况管周抱死,无法顶进	所有管	通过套管方案,根据距离选择不同的后背墙
9	其他不明障碍物	所有管	尽量通过刀盘磨掉,无法处理的,可从侧管加固地层后处理

6)障碍物处理实例

(1)22 号管机头偏位卡于孔口管左侧处理方案

22 号管接收时,由于多种原因,左侧刀盘卡至孔口管上 20~30mm,经多次反复试顶仍未脱困,为此,采取了如下方案处理:

①根据测量结果和顶管机定位系统反映情况,综合判断刀盘被卡的原因是左侧刀盘卡于

孔口管上；

②采用纠偏液压缸反复试顶的方式尝试使刀盘向右侧和后方轻微移动，尝试使其脱困；

③第二步失败后，自23号管内注浆，对22号管周加固；

④安装接收仓，打开端盖，破除22号管前方土体，使刀盘和孔口管被卡部位暴露；

⑤切掉被卡孔口管部位的钢管，凿除部分混凝土，并焊接导轨；

⑥盖上接收仓后盖，并使接收仓内充满泥浆，启动千斤顶，重复试顶，当顶力达4200kN时，启动成功，机头进入接收仓。

(2) 34号管遇巨型高强度孤石处理方案

34号管顶至246m处时，遇到较大阻力，根据出渣情况判断，机头处遇到巨型高强度块石，继续顶进至250m处时，顶力达8000kN，且机头偏位达70mm，初步判断，正常顶进将无法进行，为此，需探明情况后再做处理，具体措施有：

①自已顶进完成的33号管侧打开一小窗口（机头位于加固区，少水），探明机头所遇障碍物为一直径约3m、强度达120MPa的花岗岩块石，且位于机头正前方，离地面约3.5m，继续顶进将不可能。

②自地面开孔，挖出巨型石块，并焊接导轨，引导机头至设计轨迹。管幕处理见图2.14-1。

图2.14-1　34号管幕处理

③回填开挖孔洞，接收34号管。

(3) 18号管东井加固区丢弃钻杆处理方案

东侧工作井加固区三重管旋喷桩施工期间，有一根直径69mm的钢质钻杆，长约17m，丢弃于18号管中部位置，为避免顶进过程中的不良影响，需要提前预处理，采取的措施如下：

①依据旋喷桩施工阶段留下的坐标和高程，对钻杆的位置进行准确定位；

②安放护筒，钻杆位置位于护筒中心，采用冲击钻进行冲孔，冲击过程中注意观察钻渣情况，看是否有钢质渣样带出；

③冲孔至18号管底部后提钻，确认钻杆已被击碎或冲至管底后，可提钻回填钻孔。

(4) 5号管穿风雨廊遇大块混凝土处理方案

顶管5号管指第34节、第35节、第36节、第1节、第2节管，距地表较近，在顶进至风雨廊段时，遇到了多种障碍物，主要是建筑垃圾，包括钢筋混凝土块、编织带、片石等，从出渣情况看，有小段钢筋（图2.14-2）、碎石、编织袋等。对顶进造成的影响主要是顶进速度缓慢，时常会堵塞进出浆管路。针对此种情况，主要采取的措施有：

①根据顶力和刀盘旋转情况判断前方障碍物的类型，根据情况适时调整顶进参数；

②进入风雨廊段后，加大泥浆相对密度，提高携渣能力，以便能带出更多垃圾；

③根据排渣情况，安排专人及时检查管路是否堵塞，并及时清理，恢复顶进。

2.14.3 管节抱死解救方案

1）管节抱死情况说明

图 2.14-2 顶管施工中排出的废旧钢筋

拱北隧道曲线管幕施工阶段，由于始发端深基坑突发涌水、涌砂，造成顶管施工区域地层严重失水和管周触变泥浆流失，9号管顶进被困。

9号管位于隧道中板右侧，长254.545m，埋深约15m，管节长4m，壁厚20mm，管材为Q235BZ钢，管间连接采用F形承插口止水接头。该管自东侧工作井始发，西侧工作井为接收端，累计顶进247.945m（含顶管机和过渡管长4.4m，剩余长度6.6m）时，因始发端深基坑突发涌水涌砂，造成顶管施工区域地层严重失水和管节触变泥浆大量流失，同时为控制地表塌陷又进行了较大规模的地表深孔注浆，致使土体包裹管道，其中约30m范围内管周土体可能被水泥浆固结，管外壁摩阻力大大增加，管道被困，顶进受阻。此时，顶管机刀盘已穿过西侧工作井土体加固区，进入工作井外围素混凝土止水墙约200mm，9号管被困位置见图2.14-3。

2）脱困方案比选

根据相关案例经验，提出了增加后背顶力、中继套管顶进、逆向开挖拉拔、顶部开窗4种比选方案，按"不危及施工安全和避免发生次生灾害，可操作性强，处置费用低"的原则，首选增加后背顶力方案，若成功则9号管可续顶进；否则，采用中继套管顶进方案，续进管段则为小直径管节；若前两个方案均不可行，则采用逆向开挖拉拔或顶部开窗方案，以取出顶管机，后续管段则不再续顶。因9号管埋深较大，周边环境复杂，工程地质条件差，顶部开窗方案安全风险最高。

3）增加后背顶力方案

为松动管节，现场采用2台450t千斤顶反复顶紧、松开，并逐步加压至7500kN时，千斤顶发生损坏，管道无松动迹象；后增加至4台千斤顶，逐步增加后背顶力至9500kN时，仍未能松动、推动管节，但尾端个别管节已出现局部变形，表明增加后背顶力方案不可行。

4）中继套管顶推方案

（1）方案简述

将顶管机后方既有管道的第二和第三个管节间F形接头脱开，套入外径1000mm的小直径管节，千斤顶置于小直径管节后方将顶管机及其后方既有的第一和第二个管节向前方顶出，直至管道达到设计长度，既有的第二、三个管节间用小直径管节实现连接，如图2.14-4所示。

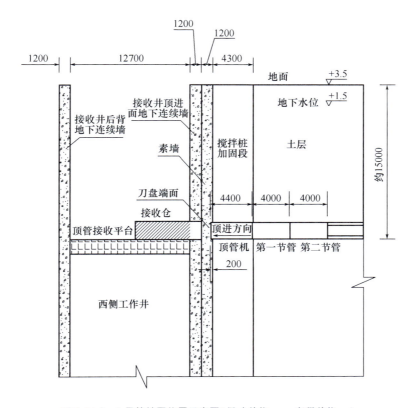

图 2.14-3　9 号管被困位置示意图(尺寸单位:mm;高程单位:m)

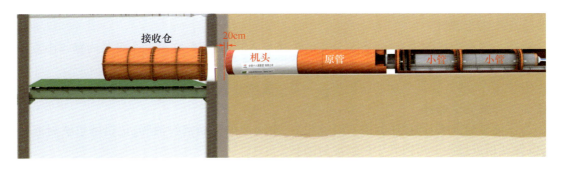

图 2.14-4　管节抱死解救方案示意图

小管节与既有第二个管节之间采用异形承插口 F 形接头连接,在既有第三个管节之间焊接两道止水密封装置,并在后方适当位置设置后背反力法兰作为千斤顶的反力座。机后保留两个管节是为了满足配套管道和设备的空间需要,既有第三个管节起后方管道轨迹不变,提供顶进反力,待所有设备安装完成后,调试设备,连接管节,顶推小型管节直至管道满足设计长度。

(2)施工流程

安装轨道→运输配件→焊接承口法兰及肋板→焊接密封法兰→安装密封圈→运输管节及

液压缸至工作面→安装后背法兰及肋板→安装顶进液压缸及顶推环→安装管线→调试设备→对接管节→顶进→接收→管线拆除。

（3）关键技术

①管道内水平运输

既有管道净空小，为保证施工安全，提高运输效率，管道内敷设两根[100mm 槽钢作为轨道实现有轨运输。

②异形承插口 F 形接头

在既有管道第二节管承口肋板前端 200mm 处，安装外径 1574mm、内径 760mm、厚 20mm 的法兰，双面焊接牢固，并在前端加焊 24 块加强肋板，背面法兰焊接外径 1000mm、长 150mm、厚 20mm 的承口，异形承插口对接形式如图 2.14-5 所示。

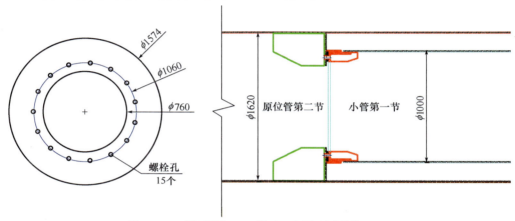

图 2.14-5　异形承插口 F 形接头示意图（尺寸单位：mm）

③止水密封装置

为防止既有管道的第二、三管节分离后泥浆流入管节内部，在第三个管节内壁与小直径管节外壁间安装两道止水密封装置，间距 300mm。

安装顺序：法兰焊接→加筋肋板焊接→第一道橡胶板安装→第二道橡胶板安装→固定法兰安装→拧紧固定螺栓。

为保证密封效果，两道密封圈安装完成后，中间预先注满密封油脂，记录两道密封圈的位置，以保证顶进过程中可向其中持续注射油脂。

④后背反力法兰

为给顶进液压缸提供足够的反推力，需在管节内部安装后背反力法兰，法兰采用厚 20mm 的钢板制成，并于后端加焊 24 块肋板，法兰形式如图 2.14-6 所示。

⑤千斤顶及顶推环

千斤顶液压缸通过轨道运输至小直径管节后方，采用导链等起重设备安装至正确位置，与后背法兰连接牢固并调试好角度，同时其前端安装好顶推环，再连接管线，调试完成后即可开始顶进。

（4）解救效果

中继套管安装完成后开始顶进，顶力加至 3900kN 后，经反复顶紧、松开，机头开始移动，次日，顶管机顺利进入接收仓。

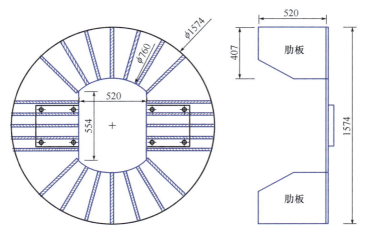

图 2.14-6　后背法兰示意图（尺寸单位：mm）

根据《给水排水管道工程施工及验收规范》（GB 50268—2008）第 6.4.8 条的公式，经计算，在减阻泥浆套失效的情况下，顶力需 3200～4800kN，提前注入减阻泥浆后，现场启动顶力为 3900kN，与计算结果相符。

2.14.4　接收突水突泥风险处置

1）东工作井 17 号管接收涌水

（1）涌水概况

17 号管在工作井接收时，工作井上部已完成 4 根（0 号、5 号、7 号、8 号管），中框架部位已完成 4 根（9 号、10 号、28 号、29 号管），17 号管是工作井下部施工的第一根顶管，埋深约 28m。2014 年 8 月 23 日，东工作井 17 号管顶管机进入接收仓。8 月 24 日按原定方案对 1 号、2 号、3 号管（机头后三节管）及 62 号、63 号、64 号管（始发端三节管）预注马丽散止水。8 月 25 日上午打开机头后管节内预留注浆孔，无漏水，检查接收仓，仓内压力稳定，打开预留闸阀，仓内积水放完，水流停止，满足开仓条件。拆开接收仓上半部，仓内上半部分是马丽散固状物，下半部分是砂土。接收仓打开后仓内情况见图 2.14-7。

图 2.14-7　打开接收仓后仓内情况

8月25日下午,拆顶管过渡段时,过渡段与孔口管下层突发涌水(图2.14-8),出水量约80m³/h,水压约0.2MPa。

图2.14-8 过渡段与接收孔口管空隙涌水

(2)处理措施

漏水后,首先用土工布封堵漏水部位,减少砂土流失,同时进行抽水。水位下降后,进行注浆(马丽散和聚氨酯),后用钢板焊封过渡段面,采用重新组装的接收仓封水。此外,从西工作井铺设管路对东井漏水部位进行注浆(马丽散和聚氨酯)。采取以上措施后,接收仓法兰缝隙仍有少量喷水,险情基本得到控制。

随后,采用液压注浆泵注双液浆至接收仓内,利用压力差,使双液浆进入漏水口止水,如图2.14-9所示。注浆完成后,打开接收仓,清理仓内双液浆固体,并拆卸过渡段,焊钢板密封,堵水完成。

图2.14-9 接收仓内水泥水玻璃固结体

2)东工作井16号管接收以及邻近管涌水

(1)涌水概况

2014年9月19日凌晨3时30分,东工作井16号管顶管机破除接收端素墙后,引发14

号、15号管孔口管涌水(15号管已经进行过水泥浆密封处理),涌水量约250m³/h。涌水后立即采用钢板封堵14号、15号管孔口管(预留泄水孔)。14号、15号管封堵完毕后立即准备16号管的接收工作。16号管接收过程中,孔口管法兰盘螺栓被拉开、法兰盘变形,接收仓与孔口管接缝处开始漏水,见图2.14-10和图2.14-11。

图2.14-10　14号、15号管孔口管涌水情况　　　图2.14-11　16号管接收仓与孔口管螺栓拉裂涌水

(2) 处理措施

吊出顶管机机头后,在顶管内焊接钢板封闭16号顶管,并用锚栓钢板封闭孔口管。9月20日上午完成锚栓封闭钢板的锚固,但由于孔口管法兰变形,接缝处仍有涌水。17:20左右开始从锚栓钢板卸压孔灌注砂浆封堵,堵水完成后从16号管内部进行注浆,涌水基本止住。处理情况见图2.14-12和图2.14-13。

图2.14-12　打开接收仓吊出顶管机头　　　图2.14-13　孔口管内灌注水泥砂浆成功控制涌水

16号管涌水完成后,为防止正在推进的其他顶管抱死,开始对30号、22号管顶进施工。

3) 东工作井22号孔口管涌水

(1) 涌水概况

东工作井22号孔口管在破除地下连续墙的过程中,16号管涌水堵住后,地层中水压力转移至22号管。

图 2.14-14 22 号管孔口管突发涌水

2014 年 9 月 21 日凌晨 3:00 左右东工作井 22 号孔口管开始涌水。涌水概况见图 2.14-14。

（2）处理措施

22 号管涌水后，现场积极抽水，采用封堵钢板将 22 号孔口管封堵，但由于水压过大，剩余底部 4 根螺栓未安装到位。为防止其他管继续出现涌水现象，对相邻的 18 号、19 号、20 号、21 号、23 号、24 号、25 号管进行封堵并加固。22 日中午完成底部 4 个螺栓的紧固，完全关闭泄水阀，涌水得到控制。孔口管钢板封堵情况见图 2.14-15 和图 2.14-16。

图 2.14-15 采用封闭止水钢板封堵 22 号管孔口管

图 2.14-16 对相邻其他孔口管进行封闭处理

4）涌水原因分析及规律

（1）顶管突水原因分析

①地下连续墙与素墙之间存在淤泥夹层，压力过大易造成涌水通道。

②由于相邻接收孔口管间距较小（15cm），破除地下连续墙过程中易造成管与管连通，造成多管一起渗漏。

③下部顶管所处地层水压较大且粉细砂较多，顶进过程中细砂在管幕底部堆积且密实，不能与止水材料（马丽散、聚氨酯）融合，吊装机头时对砂层扰动，粉细砂与水形成的流体从管节底部和孔口管之间缝隙涌出，导致突水。

④地下连续墙与内衬墙间由于孔口管间隙太小，混凝土浇筑不密实，空隙相通，造成串水。

⑤工作井周围土体经过多次涌水后，土体扰动严重，易发生突涌水。

（2）顶管突水规律

①主要发生在接收时；

②发生在中板以下；

③工作井涌水后水位迅速提高，抽水至关重要；

④突水后泥砂俱下，对口岸内地表沉降影响较大；

⑤涌水量大,最大涌水量为350m³/h。

5)经验教训

(1)秉持防患于未然的理念,即正确评估现场可能存在的重大突涌水风险点,进行有效预控,减少险情发生的可能性。

(2)抢险组织机构和队伍分工要细,职责要明确。

(3)检查、巡视非常关键,要及时发现,及时处理。

(4)发生类似突水事件后,工作井的排水能力至关重要,因此要提高工作井的排水能力。

(5)应急反应速度要快,前期有效控制事态恶化很关键。

(6)施工监测要做到及时全面,数据准确,为抢险提供技术支持。

(7)注意应急抢险物资的补充,如水泵、配电箱、电缆、水管等。

(8)注意水泵、注浆泵、气动泵等抢险器械的保养。

(9)抢险方案要稳、准、狠,切中问题要害,实施中需要密切关注事态发展,动态调整。

(10)内外部协调及后勤工作要畅通。

(11)人员要分班,保证连续作业,现场始终要保证强有力组织者在位。

2.15 土体改良注浆施工技术

顶管完成后,先在管内通过预埋注浆管对外部土体进行压浆,然后进行冻结,使注浆加固圈与冻结圈一道形成隔水帷幕,同时加固地层,见图2.15-1和图2.15-2。

图2.15-1 土体改良注浆断面示意图

2.15.1 土体改良注浆目的

(1)通过改良土体可有效降低二次衬砌完成解冻后至三次衬砌完成前,因地层失水导致地表沉降的风险。

(2)通过改良土体可有效降低冻胀融沉的影响。
(3)土体改良注浆结石体耐久性好,形成帷幕后长期有效,且对地层无污染。
(4)操作灵活,工作面多,可与管幕施工同步进行,总体上不延长工期。
(5)根据实际情况可反复加固,可靠性高。

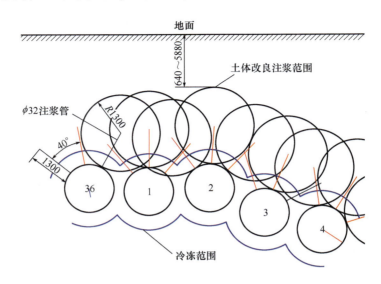

图 2.15-2 土体改良注浆效果示意图(尺寸单位:mm)

2.15.2 方案概述

土体改良注浆方案是在管节上预留注浆孔,注浆孔按照帷幕注浆的原则进行布孔,注浆以每根钢管为单位,所有钢管均沿隧道径向向外侧注浆。

2.15.3 预留注浆孔

土体改良注浆施工的关键是预留注浆孔是否能够满足以下两个条件:一是保证在顶管期间不漏水,二是在整个注浆过程中不漏水,因此预留注浆孔的设计至关重要。

管幕管节加工时预留 $\phi 40mm$ 注浆导向管,详见 2.3 管节生产与制作中"土体改良注浆导向管安装"。

注浆孔均采用丝扣连接,导管采用 $\phi 32mm$ 注浆花管,长 1.3m,管壁周围布置梅花形小孔,孔径 8mm,间距 0.5cm,同时为防止梅花孔向内突水,采用胶布缠绕密封。注浆导管土体改良注浆止水密封装置详见图 2.15-3,安装示意图见图 2.15-4。

2.15.4 注浆参数及注意事项

注浆材料:超细水泥 + 膨润土,水灰比 $w/c = 1:1$,膨润土掺入量为 3%。
注浆压力:上部 0.05~0.15MPa,中部 0.15~0.3MPa,下部 0.3~0.5MPa。
单孔注浆结束标准:注浆压力与注浆量双控,注浆压力逐步上升至设计终压,并连续注浆 5min 以上或进浆量小于 30L/min 结束注浆。

图2.15-3 土体改良注浆止水密封装置　　图2.15-4 土体改良注浆管安装示意图

注浆量和注浆压力需在实际施工时结合地表沉降观测,注浆压力必须以不对地面造成隆起为准,注浆流量不宜过大。

土体改良注浆施工注意事项如下:
(1)预留孔导向孔的加工角度要加强控制,需保证丝扣加工质量;
(2)注浆花管长1.3m,其尾部的丝扣和顶进环与防水环加工要求焊接牢固;
(3)导管顶进装置采用自制的注浆管推进器,操作简单,施工效率较高。

2.16 管幕内填充混凝土施工技术

2.16.1 管幕填充设计

依据设计要求,管幕内冻结管布设完成后,需要采用C30自密实微膨胀混凝土对钢管进行填充。冻结前先填充奇数管,待暗挖隧道自防水体系完成后,停止冻结,融沉注浆完成后再进行偶数管填充。管幕单根管最大混凝土填充量为510.664m^3,一次充盈度不小于95%,36根管填充总量约18711m^3。

施工中主要有以下几个技术难点:
(1)管幕纵坡为0.35%,近似水平,据调研,目前在国内外尚无如此大规模钢管混凝土一次性水平填充成功的工程实例。
(2)长距离曲线管幕钢管混凝土采取单根管一次性填充完成的施工方案,填充距离长、管径大、混凝土体量大,充盈度难以保证。
(3)采取一端封闭,一端预留排气孔的方式,混凝土全程承受压力较大;同时管道内部管线错综复杂,混凝土流动阻力大,浇筑过程易堵管,对混凝土性能及泵车的工作性能均有较高的要求。
(4)管道内安装大量冻结监测元件,在混凝土浇筑过程中,压力较大,易造成元件的损坏,元件存活率难保证，影响后期冻结监测。

2.16.2 填充材料配合比

混凝土性能是填充成败的关键因素之一，不仅要满足混凝土强度要求，还要保证钢管混凝土充盈度要求。为提高混凝土的适应性，经过大量调研及专家意见的汇总，综合考虑管幕工程实际情况，对混凝土以下几个指标提出具体的参数控制要求：

(1) 混凝土缓凝时间

由于混凝土一次泵送体量较大，单根管最大体量 510.66m³，在设备配足的前提下，如按输送泵的泵送能力 60m³/h 考虑，一次泵送约需要 8.5h，考虑正常的施工间歇，一根管浇筑时间按 10h 考虑，因此要求混凝土初凝时间不小于 12h。

(2) 坍落扩展度

通过参考大量混凝土泵送案例，在保证混凝土和易性的前提下，要求混凝土初始坍落扩展度不小于 750mm，3h 坍落扩展度不小于 730mm，6h 坍落扩展度不小于 710mm，9h 坍落扩展度不小于 680mm。

结合上述两个混凝土的指标要求，通过室内和现场试验，确定混凝土原材料技术要求（表 2.16-1）和混凝土配合比及性能要求（表 2.16-2）。

原材料技术要求　　　　　　　　　　　　　　　　表 2.16-1

序号	材料名称	技术要求
1	水泥	符合《通用硅酸盐水泥》(GB 175—2007)的要求，其特性应不会对混凝土的强度、耐久性和工作性产生不利影响，P.Ⅰ/P.Ⅱ/P.O，强度等级≥42.5，品质稳定，碱含量≤0.60%，氯离子≤0.06%
2	细集料	Ⅱ类洁净天然河砂，Ⅱ区级配，粒径<5mm，含泥量≤2.5%，氯离子<0.02%，无碱集料反应，细度模数 2.6~2.9
3	粗集料	Ⅱ类洁净碎石，连续两级配或多级配，最大粒径≤20mm，粒型良好，压碎指标<20%，表观密度>2.5g/cm³，松散堆积密度>1350kg/m³，含泥量≤1.0%，针片状颗粒<15%，无碱集料反应
4	外加剂	聚羧酸高性能减水剂，减水率≥25%，水泥净浆流动度≥240mm，硫酸钠≤5.0%，氯离子≤0.02%，压力泌水率比≤90%，初凝凝结时间差>90min
5	粉煤灰	F 类Ⅱ级，细度≤25%，需水量比≤105%，含水率≤1.0%，烧失量≤8.0%，三氧化硫≤3%，游离氧化钙≤1.0%
6	水	饮用水

混凝土配合比性能指标　　　　　　　　　　　　　表 2.16-2

材料名称	水泥	砂	大碎石	小碎石	粉煤灰	膨胀剂	水	外加剂
试拌用量(kg/m³)	248	796	21.70	885	152	35	147	4.785
拌和物情况	扩展时间(T_{500}≥2s)	坍落扩展度(mm)SF1	黏聚性	S10压力泌水率	稠度/流动度	保水性	含气量(%)	
	16.1	760	良好	0	—	无	4.9	
	棍度	含砂情况	体积密度	3h后坍落扩展度(mm)SF1	初凝时间(h)	氯离子含量		
	—	多		745mm	13			
结果	试拌结果满足设计要求，粗骨料在中央无堆积，最终扩展后的混凝土边缘无水泥浆析出，混凝土抗离析性合格							

2.16.3 填充混凝土施工关键技术

1）方案概述

在管幕冻结管及监测元件安装完成后，采用2cm钢板对顶管两端进行封堵，钢板上预埋泵送管及排气管。其中东工作井端为混凝土泵入端，西工作井端为排气端，同时在西工作井端预留注浆管，必要时进行补充注浆处理，保证管内混凝土的充盈度。

2）泵车选型

泵车的类型及功率大小，是决定混凝土填充成败的另一关键因素。方案研究阶段，通过调研国内外管幕工程填充案例、钢拱桥主拱圈浇筑施工经验及业内专家意见和建议，对国内不同泵送设备进行调研（表2.16-3）。经过对设备性能比选，最终选用型号为SY5128THBc-8的车载泵，额定输出压力28MPa。该型号混凝土泵送设备具有最大输出压力大、输送量大、机动性能高等优点。

设备性能比选一览表　　　　　　　　表2.16-3

序号	厂家	种类		最大输出压力（MPa）	输送量（m^3/h）	优缺点
		类型	型号			
1	三一重工	车载泵	SY5128THBc-8	18、22、28	100、108、120	机动性能高
2		地泵	HBT(60~120)	13、18、21	65、85、120	移动不方便
3		泵车	AYM(C8)	12	140	压力小，作业空间与要求高
4	中联重科	车载泵	ZLJ130THBE	14、14、18	77、90、100	机动性能高
5		地泵	HBT(60~90)	16、20、47.6	72、87、98.5	移动不方便
6	徐工集团	车载泵	HBC100(15~28)	15、20、28	120、110、140	机动性能高
7		地泵	HBT(80~110)	16、18、20	82、110、100	移动不方便

3）施工流程

管幕施工完成→冻结管路及监测元器件的安装→焊接封堵钢板→安装泵送管和泵车→泵送混凝土→排气孔出浆→关闭排气→继续泵送混凝土→压力达到设计要求停止泵送混凝土→关闭止流阀→拆除、清洗输送管及输送泵→填充结束→通过排气端检查混凝土密实性，必要时进行补充注浆。

4）施工工艺

（1）冻结管及监测元件的布设

管幕施工完成后，奇数管进行圆形冻结管及限位管的安装，完成后，再进行冻结监测元件的布设。元件分为纵向和环向两种布设方式，考虑到混凝土在管内流动过程中可能会对元件造成不利的影响，施工过程中纵向元件利用扎带固定在圆形冻结管上，环向元器件利用螺母固定在钢管背向混凝土流向的法兰后面，减少混凝土对其影响。

（2）管道两端封堵处理

监测元件安装调试完成后，钢管两端采用2cm厚的钢板封堵。为保证钢板的刚度，钢板内侧布置一定量的加劲肋板。泵送混凝土端预埋两根泵送管，一根为主泵送管，另一根为备用管道，在主泵送管出现堵管的情况下及时启用备用管道，避免因堵管造成填充失败。西工作井端设置排气孔及补充注浆管,注浆管深入钢管内部50m,周围设花孔。排气孔采用φ125mm钢管,孔尾端设置球阀,混凝土浇筑过程中打开球阀,待排气孔出浆后关闭球阀。泵送端、排气端封堵钢板及管道布设见图2.16-1和图2.16-2。

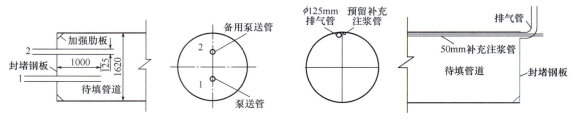

图2.16-1　泵送端布置图(尺寸单位:mm)　　　　　图2.16-2　排气端布置图

(3)泵车及泵送管道的安装

由于混凝土一次浇筑体量大,泵送压力高,对管道安装及密封要求较高。施工过程中,采用工字钢做支座,利用膨胀螺栓把工字钢固定在地面及平台上,再利用卡箍把泵送管固定在工字钢上,保证管道的整体牢固性及密封性,管道安装完成后,连接泵车(图2.16-3、图2.16-4)。

图2.16-3　泵送管安装图　　　　　　　　　图2.16-4　泵车、管道连接

(4)泵送混凝土

考虑工程施工环境限制,混凝土浇筑选在夜间施工,并配备足够的混凝土罐车,保证混凝土浇筑的连续性。

浇筑前安排专人负责混凝土的拌制,严格按照施工配合比控制各材料参量,保证混凝土的工作性能满足施工要求。混凝土浇筑体量达到设计体量,且发现排气孔有浆液排出后,关闭排气孔,继续泵送混凝土,达到设计要求的压力后停止泵送,填充结束。

5)施工注意事项

(1)在监测元件安装前、安装完成后及混凝土浇筑完成后,分别对其进行检查,确保安装前及安装完成后工作状况良好,并记录混凝土浇筑完成后的可使用率,找出对监测元件造成破坏的影响因素,提出改进措施。

(2)封堵钢板焊接时,对监测元件采取必要的保护措施,避免人为破坏。

(3)混凝土浇筑过程在排气端预留观察孔,浇筑过程中可以通过排气孔端预留的空洞进入管内对混凝土的流动模式进行观测,记录混凝土的浇筑时间、浇筑体量及泵车输出压力。

(4)施工现场应有专业的管理人员,统筹安排混凝土填充作业,掌握混凝土浇筑施工情况及处理浇筑过程中的突发事件。

2.16.4 实施效果分析

(1)施工过程中,混凝土流动性、扩展度、初凝时间、和易性均得到较好的控制,未出现堵管现象,能够满足现场施工要求;同条件养护试件也能满足强度设计要求。

(2)混凝土在晚上20:40开始浇筑,至次日凌晨3:45前完成浇筑,设计体量504m^3,实际浇筑506m^3(含砂浆),充盈度满足设计要求。

(3)泵车初始压力为0~5MPa,随着泵送体量的增加泵送压力逐渐增大,最大增至14.5MPa,随后在11~14.5MPa内波动,泵送压力随泵送方量变化见图2.16-5。泵送功率达到设计泵送功率的50%左右,泵送性能稳定。

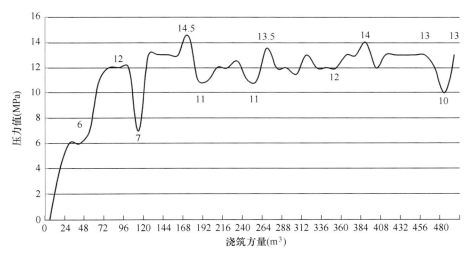

图2.16-5 混凝土浇筑方量与泵送压力曲线图

(4)混凝土浇筑过程中,冻结监测元件出现两处显示异常,混凝土浇筑完成后对其进行复检,一组恢复正常,另一组仍显示异常,元件可使用率96.9%,满足设计要求。

(5)待混凝土终凝后,打开西工作井端封堵钢板,混凝土浇筑密实,无空洞。

第 3 章
长距离大断面水平控制性冻结止水帷幕施工关键技术

3.1 冻结帷幕设计方案

3.1.1 设计原则

(1) 冻结帷幕起管幕间封水作用,其技术性能必须满足隧道施工的安全和质量要求;
(2) 必须采取适当措施,严格控制冻结帷幕的厚度,减少冻胀与融沉的危害;
(3) 冻结施工为控制性冻结,需适时监测冻结帷幕,依据监测数据调整指导冻结施工参数;
(4) 隧道拱顶区域及其他对地表控制严格的敏感区域采用改良冻结法,先部分注浆再进行冻结施工;
(5) 冻结方案应符合现场实际条件,具有施工可行性和可操作性;
(6) 施工方案必须满足城市环保和节能要求。

3.1.2 施工方案优化

(1) 奇数冻结管形成冻结圈,优化为奇偶联合

原设计方案采用奇数管幕冻结管进行积极冻结(图3.1-1),形成封闭的冻结圈,维护冻结开启偶数冻结管补强冻结圈,抵抗隧道开挖时冻结圈的弱化。

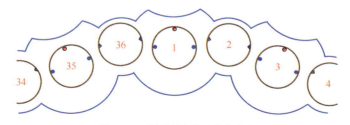

图3.1-1 原设计奇数冻结管方案

冻结工程施工方案优化为奇数和偶数冻结管共同开启进行积极冻结,形成封闭的冻结圈,维护冻结仍由奇数和偶数冻结管共同补强冻结圈,抵抗隧道开挖时冻结圈的弱化(图3.1-2)。方案优化后的优点有:①冻结跨度由两个奇数管之间变为奇偶管之间,跨度变小,约35cm,易形成冻结圈,需要冷量少,资源消耗量小;约提前2个月形成冻结圈,将大大降低施工成本。②奇偶联合,冻结圈厚度均匀度高,冻胀量小,冻胀易控制。③冻结圈厚度均匀度高,开挖区域冻土量少,降低了开挖难度。

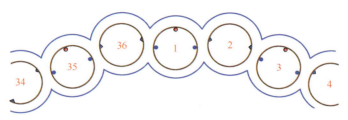

图3.1-2 优化后奇数管与偶数管联合冻结方案

（2）全断面进行土层改良

原设计方案隧道拱顶区域及其他对地表控制严格的敏感区域采用改良冻结法（图3.1-3），先局部注浆再进行冻结施工。

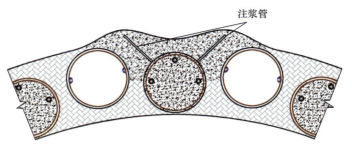

图3.1-3　原设计局部改良冻结法施工方案

冻结工程施工方案优化为对暗挖段255m全域进行全断面土层改良，对地表控制严格的敏感区域进行加强的全断面土层改良（图3.1-4）。方案优化后的优点有：①全域全断面土层改良注浆为永久性地层加固处理，为冻结工程增加了安全系数。②全域全断面土层改良注浆可提高地层力学性能、降低渗透性、有效控制冻胀和融沉。③注浆固结和冻结互补，进一步提升了冻结圈的封水能力和抗冲刷能力，降低了冻土透水风险。

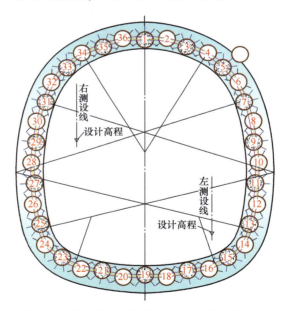

图3.1-4　优化后全域全断面土层改良注浆冻结方案

（3）管幕增设应急抢险液氮管

冻结工程施工方案优化为奇数号管幕内增设$\phi 89mm$应急抢险液氮管（图3.1-5）。方案优化后的优点是当恶劣天气停电时，可以通过$\phi 89mm$应急抢险液氮管通液氮，以保持冻结圈的安全，从而确保拱北隧道和口岸的安全。

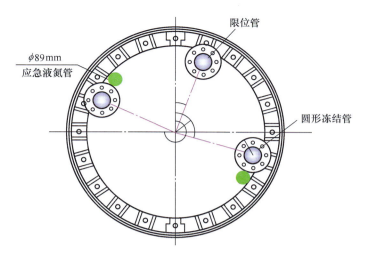

图 3.1-5 应急抢险液氮管布置图

3.1.3 冻土帷幕设计

冻结施工的主要目的是使用冷冻加固的方法,将顶管间的土体变为冻土,和顶管一起形成密闭的帷幕,为隧道开挖构筑提供条件。由于管幕为主要受力结构体系,因此不同于传统的冻结工程,冻土帷幕主要起顶管间止水的作用,其受力相对要求较低,并且由于穿越敏感地带,对控制冻土冻胀的影响要求高,冻土帷幕不宜过大,应在冻结过程中实施控制措施,并对冻土帷幕进行严格的温度监测,以监测数据指导冻土施工全过程。

由于冻结施工过程中,冻土帷幕受制冷系统和施工工况的影响,其大小处于不断变化的过程中。在冻结过程中,冻土帷幕的厚度必须控制在一定的范围内,冻结帷幕的厚度需满足如下两个方面的要求。

(1)冻土帷幕的最小厚度必须满足顶管间封水的要求。根据设计文件和顶管间相互的位置关系,将顶管间的土体冻住形成冻土帷幕,以满足顶管间的封水要求,设计冻土帷幕厚度最小为2m。

(2)冻土帷幕(冻土帷幕设计图见图3.1-6)的最大厚度必须满足地表变形对土体冻胀的要求。因为冻土壁越厚,冻土体积越大,冻土对地面建筑的冻胀影响越大,地表的冻胀隆起量和冻土的体积成正比关系。若管幕间冻结引起地表变形过大,则可能造成地面、建筑物及管线的损伤甚至是破坏,进而影响到拱北海关日常工作的开展。考虑到冻胀数值计算模拟精确性不高,各种条件难以完全考虑,结合相关的冻结工程经验,隧道上半部分冻土帷幕的厚度(即冻结A区、B1区)要求控制

图 3.1-6 冻结帷幕设计图

在2.3m以内,隧道下半部分(即冻结B2区、B3区、C区)冻土帷幕厚度要求控制在2.6m以内,实际以地表变形的监测值来控制最大允许的冻土帷幕厚度。

3.1.4 控制冻结施工原理

以"冻起来、抗弱化、防冻胀"冻结理念,"圆形主力冻结管+异形加强冻结管+加热限位管"的冻结管布置方式,结合冻土温度监测,动态调整冻结液温度、流速等参数,必要时开启加热限位管,均可有效地将冻土的厚度控制在一定范围内。

通过纵向分段、横向分区的积极冻结和维护冻结阶段的冻结状态的综合控制方法,分区分段地控制冻土体积,以达到精准控制和节约能耗的目的。

3.1.5 冻结管路布置设计

冻结工程采用圆形冻结管+限位管+异形冻结管的布管方式,纵向分区、横向分段的冻结模式,以便更好地控制冻土帷幕的体积,达到分区分段停止冻结的目的。设计采用的奇数顶管内冻结纵向分为3大区、横向分为5台阶,奇数管内纵向1区、3区可以待东西开挖完成衬砌各84m,达到设计封水条件后停止1区、3区冻结;偶数管内异形管根据开挖台阶及纵向距离适时开启和关闭盐水循环,总体达到节约冻结施工成本的目的。

管幕工程按管内充填混凝土和不充填混凝土两种相间布置,根据设计图及试验段冻结资料分析,采用奇数顶管内(充填混凝土)两腰部布置两根$\phi 133mm$冻结管(无缝钢管)作为冻结期的主要冷源。每根冻结管长度约为255m,共36根。

在靠近顶管外边缘的位置布设$\phi 159mm$限位管来控制冻结帷幕的范围,每根限位管的长度约为255m,共18根。

在未充填混凝土的顶管内按照设计位置布置异形冻结管(由125mm×125mm×8mm角钢焊接在顶管内壁上,形成密封腔体),异形冻结管要保证准备开挖前30d开启冻结,保证开挖的掌子面异形冻结管提前20d开启,以抑制开挖过程中的空气对流对冻土的削弱作用。每根冻结管长度约为255m,共36根。

冻结管的布置如图3.1-7、图3.1-8所示。

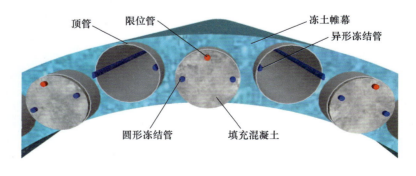

图3.1-7 冻结管布设图立体示意图

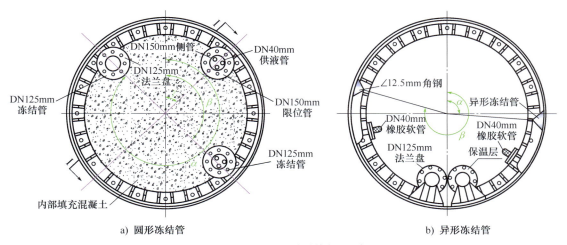

图 3.1-8 圆形和异形冻结管布置示意图

3.1.6 冻结运行方式设计

（1）冻结运行方式

采用分区分段圆形冻结管+异形冻结管+加热限位管的布管方式时,为了经济性及更好地控制冻土帷幕的体积,采取如下冻结运行方式。

结合开挖施工工序及顶管内尺寸的限制,在纵向填混凝土顶管内,通过在冻结管内设置供液管,由两根冻结管在纵向上形成3个独立的冻结回路,如图3.1-9、图3.1-10所示。

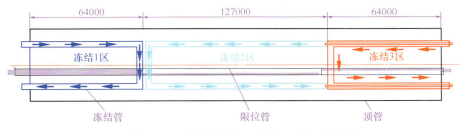

图 3.1-9 填混凝土顶管内盐水循环示意图平面图(尺寸单位:mm)

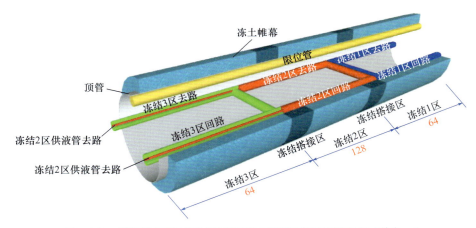

图 3.1-10 填混凝土顶管内冻结管管路盐水循环示意图立体图(尺寸单位:m)

在纵向未填混凝土顶管内,通过干管和16个独立的回路(每4个管片内的异形冻结管通过高压橡胶管连成一个独立回路)经过电控三通阀形成16个独立的冻结区域,管路连接及盐水走向如图3.1-11所示。具体布管方式见管路布置技术设计图。

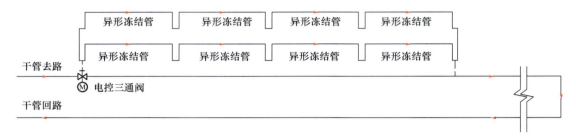

图3.1-11 异形冻结管管路连接及盐水走向示意图

(2)冻结控制施工顺序

根据暗挖方案,为避免冻土体积过大,进行纵向分区和横向分台阶冻结施工,在横断面上将冻土帷幕分为A区、B1区、B2区、B3区、C区5个区域。在未开挖前,开启填混凝土顶管内的圆形冻结管中1区、2区、3区去回路,冻结60d后,再开启异形管冻结30d,检测冻结帷幕厚度达到设计要求后开始开挖,开挖断面分5台阶10步方式,每台阶开挖循环为80cm加工字钢支撑,紧跟施工初期支护,二次衬砌距离初期支护面为5m,开挖导洞顺序为1~10步,每个导洞在上一个导洞完成10m后施工。待二次衬砌完成后施工中板及三次衬砌。待东西各开挖84m后,1区、3区二次衬砌施工完成并满足封水条件后停止1区、3区冻结。

在冻结过程中,当冻土帷幕厚度超过设计限值或地表冻胀监测超出允许范围时,启用限位管限制冻土帷幕的发展。

3.1.7 土层注浆改良冻结

为减少土体冻胀融沉对地表的影响,降低前期工作井施工以及顶管施工对原地层产生的扰动风险,需在冻结施工前对管幕间土体进行预注浆改良。

(1)改良预注浆范围

①靠近工作井段落热交换较大,可能会影响冻结圈的形成及厚度。为了改善该段落的冻结效果,提高冻结防水的安全性,在靠近工作井32m范围(异形冻结管1区、2区、15区、16区)进行全断面土体改良注浆,如图3.1-12所示,预注浆加固圈厚度为2.5m,加固圈范围为从管幕内轮廓线到外轮廓线外0.5m。

②暗挖段YK2+487.000~YK2+547.000靠近风雨廊,为严格控制该区域的地表变形,其预注浆范围与靠近工作32m区域的注浆方案一致。预注浆加固圈厚度为2.5m,加固圈范围为从管幕内轮廓线到外轮廓线外0.5m。

③其他区域按全断面进行土体改良注浆,预注浆加固圈厚度为2m,加固圈范围为从管幕内轮廓线到外轮廓线,如图3.1-13所示。

④对于特殊区域,如发生过涌水险情等薄弱部位,进行局部加强预注浆,加固圈厚度为

3m,加固圈范围为从管幕内轮廓线内0.5m到外轮廓线外0.5m,如图3.1-14所示。

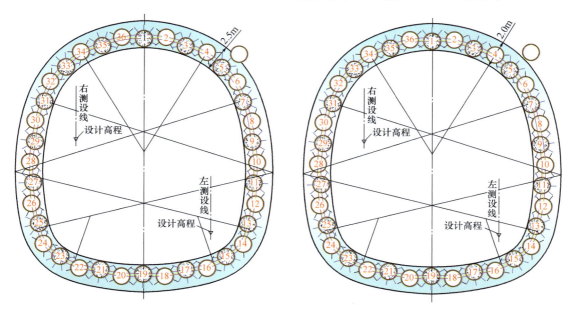

图3.1-12　重点区域预注浆加固范围图　　　　图3.1-13　普通区域预注浆加固范围图

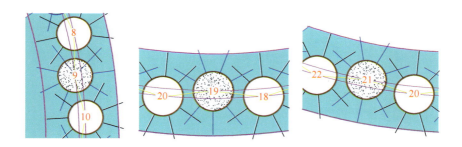

图3.1-14　特殊区域局部预注浆加固范围示意图

（2）注浆材料

注浆材料建议采用水泥-水玻璃双液浆（$c:s=1:1, c:w=1:1, 35°Bé$）。

（3）注浆控制标准

注浆采用双控指标,即注浆压力与注浆量双控制。其中,中板以上注浆压力不大于1.5MPa,中板以下注浆压力不大于2MPa。

（4）注浆检测

注完浆24h后通过检查孔检查注浆效果,以无明显渗流为目标。局部注浆存在缺陷的部位通过预留孔进行补充注浆,以达到注浆效果。

3.2 冻结系统规划与布置

3.2.1 冷冻站系统设计

1) 冷冻站设计

根据现场情况及设计制冷量计算,在隧道两头地面分别布置1个冷冻站,每个冷冻站配置两个系统,即冷冻制冷系统和限位制冷系统,每个制冷系统设备连接方式如图3.2-1所示。根据冻结施工过程中设计最大需冷量及施工现场条件,冷冻站配置如下。

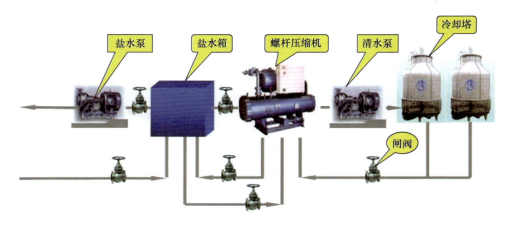

图3.2-1 冷冻站内设备连接示意图

(1) 东区冷冻站系统配置

东区冷冻站包括异形管冻结A区、B区、C区,圆形冻结管冻结1区,限位管1区、2区。根据设计需要,东区制冷设计需冷量为2123.45kW,限位制冷量为681.05kW。

①选用14台JYSLGF600Ⅲ型冷冻机制冷,含5台备用;1台JYSLGF300Ⅲ机组、1台TBS470.1J和TBS410.1J机作为限位制冷。

②选用200S63式离心泵6台,每台功率75kW,供异形冻结盐水循环系统使用,其中3台备用。

③选用IS150-125-315离心泵2台,每台功率30kW,供圆形冻结管盐水循环系统使用,其中1台为备用。

④选用IS150-125-315离心泵2台,每台功率30kW,供限位管盐水循环系统使用,其中1台为备用。

⑤选用YHC-100型(根据场地及性能综合考虑需要调整)冷却塔30台,每台功率4kW。

⑥选用IS150-125-315离心泵15台,每台功率30kW,其中1台供限位冷却塔循环水使用,14台供制冷机组循环水使用。

(2) 西区冷冻站系统配置

西区冷冻站包括圆形冻结管冻结2区、3区，限位管3区。根据设计需要，西区制冷设计需冷量为1128.26kW，限位制冷量为224.8kW。

冷冻机选用JYSLGF600Ⅲ型制冷机6台，含1台备用；BES3221.1-L机组2台作为限位制冷。

选用250S39A型单级双吸式离心泵2台，每台功率75kW，供圆形冻结盐水循环系统使用，其中1台备用。

选用SBL125-200B离心泵2台，每台功率22kW，供限位管盐水循环系统使用，其中1台为备用。

选用YHC-100型（根据场地及性能综合考虑需要调整）冷却塔14台，每台功率4kW。

选用IS150-125-315离心泵7台，每台功率30kW，其中1台供限位冷却塔循环水使用，6台供制冷机组循环水使用。

2) 制冷量需求及盐水泵的选型

(1) 制冷量需求

冻结工程分东西两个冷冻站，每站两个系统（制冷系统和限位系统）。东区制冷设计圆形冻结管加异形冻结管总需冷量为2123.45kW，东区限位制冷量为681.05kW；西区圆形冻结管制冷量为1128.26kW，西区限位制冷量为224.8kW。其计算过程如下：

需冷量公式：

$$Q = 1.2SK \tag{3.2-1}$$

式中：S——表面积；

K——散热系数，与土体接触散热系数 $K_1 = 1172 \text{kJ/hm}^2$，与空气接触面散热系数 $K_2 = 2250 \text{kJ/hm}^2$，顶管传热面散热系数 $K_3 = 5731 \text{kJ/hm}^2$。

① 西区需冷量 Q_1 计算

$Q_1 = 1.2\pi DLK_1 = 1.2 \times 3.1415926 \times 0.133 \times 6912 \times 1172 = 4061758.46 \text{(kJ/h)} = 1128.26 \text{kW}$

② 西区限位需冷量 Q_2 计算

$Q_2 = 1.2\pi DLK_1 = 1.2 \times 3.1415926 \times 0.159 \times 1152 \times 1172 = 809297.74 \text{(kJ/h)} = 224.8 \text{kW}$

③ 东区圆形管需冷量 Q_3 计算

$Q_3 = 1.2\pi DLK_1 = 1.2 \times 3.1415926 \times 0.133 \times 2372 \times 1172 = 1393878.92 \text{(kJ/h)} = 387.19 \text{kW}$

④ 东区限位需冷量 Q_2 计算

$Q_4 = 1.2\pi DLK_1 = 1.2 \times 3.1415926 \times 0.133 \times 3490 \times 1172 = 2451778.74 \text{(kJ/h)} = 681.05 \text{kW}$

⑤ 东区异形管需冷量计算

异形管散热面如图3.2-2所示。

与土体接触面需冷量 $Q_5 = 1.2S_1LK_1 = 1.2 \times 0.17715 \times 9967 \times 1172 = 2483215.86 \text{(kJ/h)} = 689.78 \text{kW}$

与空气接触面需冷量 $Q_6 = 1.2S_2LK_2 =$

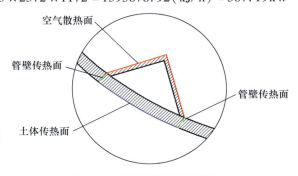

图3.2-2 异形管散热面示意图

$1.2 \times 0.125 \times 9967 \times 2 \times 2250 = 6727725 (\mathrm{kJ/h}) = 1868.81 \mathrm{kW}$

钢管节传热需冷量 $Q_7 = 1.2 S_3 L K_3 = 1.2 \times 0.024 \times 2 \times 9967 \times 5731 = 3290162.52 (\mathrm{kJ/h}) = 913.93 \mathrm{kW}$

即异形管需冷量 $Q_8 = Q_5 + Q_6 + Q_7 = 3472.52 \mathrm{kW}$,根据设计工况暂考虑异形管开启度小于50%,则异形管实际需冷量 $Q_9 = 2123.45 \mathrm{kW}$。

(2)盐水泵的选型

根据制冷量选择盐水泵的型号,见表3.2-1。

盐水泵型号配置   表3.2-1

类型	制冷量(kW)	需流量(m^3/h)	泵型号	扬程(m)	流量(m^3/h)	功率(kW)	干管
西区泵及干管选型							
制冷	1128.26	296	250S39	39	485	75	进DN250mm(ϕ273mm) 出DN200mm(ϕ219mm)
限位	224.8	59	SBL125-200B	37.5	138	22	进DN150mm(ϕ159mm) 出DN150mm(ϕ159mm)
东区泵及干管选型							
制冷	387.19	102	IS150-125-315	32	200	30	进DN150mm(ϕ159mm) 出DN125mm(ϕ133mm)
限位	681.05	179	IS150-125-315	30	240	30	进DN150mm(ϕ159mm) 出DN125mm(ϕ133mm)
异形管A区、B区、C区	707.6	186	200S63	63	280	75	进DN200mm(ϕ219mm) 出DN125mm(ϕ133mm)

注:异形管A区、B区、C区各自制冷量及管径流量计算,按照单个顶管内一路异形管5~10m^3/h流量计算考虑,则每区6个顶管共需最大流量 $= 10 \times 6 \times 2 = 120 (\mathrm{m}^3/\mathrm{h})$。同时考虑异形管在管路内压力损失较大,选择高扬程泵。综合选择异形管A区、B区、C区各自的盐水泵为200S63。

3)机械设备配备

冻结工程主要使用的机械设备配备见表3.2-2。

主要施工设备配备   表3.2-2

编号	项目	型号	单位	数量	单台功率(kW)	备注
1	冷冻机组	JYSLGF600Ⅲ	台	20	250	
2	冷冻机	TBS470.1	台	1	118	
3	冷冻机	TBS410.1	台	1	109	
4	冷冻机	JYSLGF300Ⅲ	台	1	110	
5	冷冻机	BES3221.1-L	台	1	79.6	
6	盐水泵	250S63	台	6	75	异形冻结A区、B区、C区盐水循环
7	盐水泵	IS150-125-315	台	2	30	东区限位盐水循环

续上表

编号	项目	型号	单位	数量	单台功率（kW）	备注
8	盐水泵	IS150-125-315	台	2	30	东区圆形冻结管盐水循环
9	盐水泵	250S39	台	2	75	西区圆形冻结管盐水循环
10	盐水泵	SBL125-200B	台	2	22	西区限位管盐水循环
11	清水泵	IS150-125-315	台	21	30	冷却塔供水
12	冷却塔	YHC-100	台	42	4	制冷
13	电焊机	CO_2保护焊	台	9		
14	电焊机	直流	台	13		
15	电焊机	交流	台	6		
16	离心风机	9-19-5.6A	台	6	11	配风管
17	轴流风机	SF-4G	台	4	0.9kW	奇数管内
18	电加热棒		根	9	300	热循环/强制解冻
19	盐水箱	12m³	个	7		制冷
20	清水池	4m³	个	38		制冷(2.6m×3m×0.6m)
21	注浆机	双液	台	6	22	注浆

4）冻结施工用电

（1）配电系统

施工区域用电设备均为0.4kV低压系统，系统基本布局为：变配电间→低压干线→总配电箱→分配电箱→用电设备控制电箱。

（2）施工用电负荷统计

冻结工程最大用电负荷期在形成封闭冻结壁过程时，最大负荷统计见表3.2-3、表3.2-4。

东区现场用电负荷统计　　　　　　　　　　　表3.2-3

序号	设备名称	型号	数量(台)	功率(kW)	峰值功率(kW)
1	冷冻机组	JYSLGF600Ⅲ	14	250	3250
2	冷冻机组	TBS470.1	1	118	118
3	冷冻机组	TBS410.1	1	109	109
4	冷冻机组	JYSLGF300Ⅲ	1	110	110
5	盐水泵	200S63	6	75	225
6	盐水泵	IS150-125-315	2	30	30
7	盐水泵	IS150-125-315	2	30	30
8	清水泵	IS150-125-315	14	30	420

续上表

序号	设备名称	型号	数量(台)	功率(kW)	峰值功率(kW)
9	冷却塔	YHC-100	28	4	112
10	其他			50	50
11	合计				4454

西区现场用电负荷统计　　　　表3.2-4

序号	设备名称	型号	数量(台)	功率(kW)	峰值功率(kW)
1	冷冻机组	JYSLGF600Ⅲ	6	250	1500
2	冷冻机组	BES3221.1-L	2	79.6	159.2
3	盐水泵	250S39	2	75	75
4	盐水泵	SBL125-200B	2	22	22
5	清水泵	IS150-125-315	7	30	210
6	冷却塔	YHC-100	14	4	56
7	其他			10	10
8	合计				2032.2

①东区变压器配置

东区运行最高峰值功率$P_E=4454$kW,选择设备运行系数$K=0.85$。

东区视在功率$P_1=KP_E/0.8=0.85\times4454\div0.8=4732$(kVA)。

东区配置7台10kV变压器、每台800kVA的箱式变压器,东区变压器总负荷$P_{E总}=5600$kVA。变压器利用率$=4732\div5600=0.845$,选择是合理的。

②西区变压器配置

西区运行最高峰值功率$P_W=2032.2$kW,选择设备运行系数$K=0.85$。

西区视在功率$P_2=KP_W/0.8=0.85\times2032.2\div0.8=2159$(kVA)。

西区配置3台10kV变压器、每台800kVA的箱式变压器,东区变压器总负荷$P_{E总}=2400$kVA。变压器利用率$=2159\div2400=0.9$,选择是合理的。

③配电导线选择

250kW冷冻机组配电导线:每台机组选择2根YJV-3×120mm²+2×70mm²电缆并用。

75kW水泵配电导线:每台机组选择1根YJV-3×50mm²+2×25mm²电缆。

30kW和22kW水泵配电导线:每台机组选择1根YJV-3×16mm²+2×10mm²电缆。

冷却塔配电导线:每台选择1根YJV-3×4mm²+2×2.5mm²电缆。

5)冷冻站设备及管路布置

东区冷冻站包括异形管冻结A区、B区、C区,圆形冻结管冻结1区,限位管1区、2区,东区冷冻站设备及管路布置见图3.2-3。

西区冷冻站包括圆形冻结管冻结2区、3区,限位管3区。西区冷冻站设备及管路布置见图3.2-4。

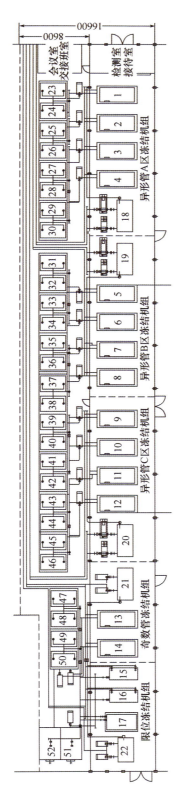

图3.2-3 东区冷冻站设备及管路总图

1-1号压缩机组；2-2号压缩机组；3-3号压缩机组；4-4号压缩机组；5-5号压缩机组；6-6号压缩机组；7-7号压缩机组；8-8号压缩机组；9-9号压缩机组；10-10号压缩机组；11-11号压缩机组；12-12号压缩机组；13-13号压缩机组；14-14号压缩机组；15-15号压缩机组；16-16号压缩机组；17-17号压缩机组；18-1号盐水箱；19-2号盐水箱；20-3号盐水箱；21-4号盐水箱；22-5号盐水箱；23-1号冷却塔；24-2号冷却塔；25-3号冷却塔；26-4号冷却塔；27-5号冷却塔；28-6号冷却塔；29-7号冷却塔；30-8号冷却塔；31-9号冷却塔；32-10号冷却塔；33-11号冷却塔；34-12号冷却塔；35-13号冷却塔；36-14号冷却塔；37-15号冷却塔；38-16号冷却塔；39-17号冷却塔；40-18号冷却塔；41-19号冷却塔；42-20号冷却塔；43-21号冷却塔；44-22号冷却塔；45-23号冷却塔；46-24号冷却塔；47-25号冷却塔；48-26号冷却塔；49-27号冷却塔；50-28号冷却塔；51-29号冷却塔；52-30号冷却塔

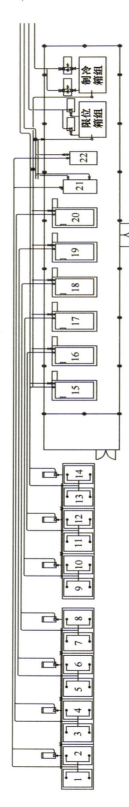

图3.2-4 西区冷冻站设备及管路总图

1-1号冷却塔；2-2号冷却塔；3-3号冷却塔；4-4号冷却塔；5-5号冷却塔；6-6号冷却塔；7-7号冷却塔；8-8号冷却塔；9-9号冷却塔；10-10号冷却塔；11-11号冷却塔；12-12号冷却塔；13-13号冷却塔；14-14号冷却塔；15-1号压缩机组；16-2号压缩机组；17-3号压缩机组；18-4号压缩机组；19-5号压缩机组；20-6号压缩机组；21-7号压缩机组；22-8号压缩机组

3.2.2 冷冻站的规划及建设

1）冷冻站机房安装

冷却塔因要向大气中放热,不放在冷冻机房内,冷却塔需要呈线性排放,不得群放。其他设备及电箱等全部布置在机房内,机房采用人字形坡屋顶结构,安装实例如图 3.2-5 中所示。因为施工地处海边,受天气影响,风力较大,所以冷冻机房要求必须牢固,安装好后须用钢丝绳再次与地基固定。

图 3.2-5　东区冷冻站机房

2）冷冻机组的安装

（1）机组组成

螺杆式制冷压缩机组由螺杆压缩机、电动机、联轴器、气路系统（包括吸气止回式截止阀和吸气过滤器）、油路系统（包括油分离器、油冷却器、油过滤器、油泵、油压调节阀和油分配管路）、控制系统（包括操作仪表箱、控制器箱、电控柜等）和设备、系统间的连接管路等组成。

（2）就位与固定

按照冷冻站布置图,将冷冻机组就位后,用膨胀螺栓与地面进行固定。根据现场的管路布置,可以灵活调整冷凝器两头盖板,以达到优化管路布置的目的。将机组启动柜可靠布置在机组旁边操作方便的位置,同时注意与机组之间留一定的空间,以便平时操作维护。

（3）管路连接

盐水管路及清水管路与机组之间采用法兰连接,要合理地布置阀门安装位置,便于平时开启与关闭操作;管路之间留好空间距离,便于后期检修。

（4）机组密封检测

冷冻机组属于压力容器机械设备,因此要保证机组的密封性能可靠,否则会造成机组漏氟,制冷效率下降,达不到理想的制冷效果。

首先进行制冷系统的检漏和氮气冲洗,在确保系统无渗漏后,再充氟加油。

（5）机组加油

检查机组里冷冻机油的量,如果过少,要向机组加油,冷冻机组选用 46 号冷冻机油。

东、西区冷冻机组安装见图 3.2-6 和图 3.2-7。

图 3.2-6　东区冷冻机组安装

图 3.2-7　西区冷冻机组安装

3）清、盐水泵安装

①检查水泵和电机，确保在运输和装卸过程中没有损伤。

②检查工具和起重机械，并检查机器的基础。

③安装泵的基础平面应水平找平，放置好后再检查整台机组的水平度。

④泵的吸入管路和吐出管路应有各自的支架，不允许管路重量直接由泵承受。

⑤泵轴与电机旋转方向应一致。

⑥泵的吸入口不宜过高，要高于清、盐水箱底 20cm 左右。

⑦在清水泵的吸入口安装一道滤网，在盐水箱中间设置一道滤网，以防止有杂物被吸入管路内。

⑧检查泵及管路及结合处有无松动现象。用手转动泵，试看泵是否灵活。

⑨向轴承体内加入轴承润滑机油，观察油位应在油标的中心线处，润滑油应及时更换或补充。

盐水泵安装如图 3.2-8 所示。

图 3.2-8　盐水泵安装

4）冷却塔安装

（1）冷却塔安装过程中应注意防火，严禁在塔体及其邻近使用电焊（或气割）等明火，也不允许在场人员吸烟等。如动用明火，应采取相应的安全措施。

（2）冷却塔基础应保持水平，要求支柱与基面垂直，各基面高差不超过 ±1mm。中心距允许差为±2mm。

(3)塔体拼装时,螺栓应对称紧固,不允许强行扭曲安装,拼装后不得漏水、漏气。

(4)冷却塔塔脚与水箱支撑角钢用螺栓加固或直接定位。

(5)冷却塔进、出水管及补充水管应单独设置管道支架,避免将管道重量传递给塔体。

(6)风机叶片应妥善保管,防止变形。电机及传动件应上油,在室内存放。

(7)为避免杂物进入喷嘴、孔口,组装前应仔细清理。

(8)冷却塔安装完毕后,应清理管道、填料表面、集水盘等污垢及塔内遗物,并进行系统清洗。

(9)风机组装要求。

①风机叶尖与风筒内壁径向间隙应保持均匀,其间隙为 $0.0075D$(D 为风机直径),但最小间隙不应小于 8mm。

②叶片安装角度应一致。

③风机接线盒应密封、防腐;引线须下弯,以防水、汽进入盒内。

④检查风机转动应平稳,声音正常,从塔顶往下看叶片应顺时针旋转。

⑤试运转时,当电流超过额定电流时应立即停机,宜控制在 90%~95%的额定值。

冷却塔安装如图 3.2-9 所示。

图 3.2-9 冷却塔安装

3.2.3 井口冷冻管路铺设与安装

1)干管与集、配液管的安装

东区冷冻站包括异形管冻结 A 区、B 区、C 区,圆形冻结管冻结 1 区,限位管 1 区、2 区。其中异形冻结管干管为 6 条 $\phi219mm\times6mm$ 螺旋焊管管路(三去三回);圆形冻结管干管为 2 条 $\phi133mm\times4.5mm$ 无缝钢管管路(一去一回);限位管干管为 2 条 $\phi133mm\times4.5mm$ 无缝钢管管路(一去一回)。为满足冻结集配液圈压力分布合理,减少管路连接长度的需要,每条盐水干管均分为两根集配液圈。东区工作井集配液圈平面图如图 3.2-10 所示。

西区冷冻站包括圆形冻结管冻结 2 区、3 区,限位管 3 区。其中,圆形冻结管干管为 2 条 $\phi219mm\times6mm$ 螺旋焊管管路(一去一回);限位管干管为两条 $\phi133mm\times4.5mm$ 无缝钢管管路(一去一回)。为了满足冻结集配液圈压力分布合理,减少管路连接长度的需要,每条盐水干管均分为两根集配液圈。西区工作井集配液圈平面图如图 3.2-11 所示。

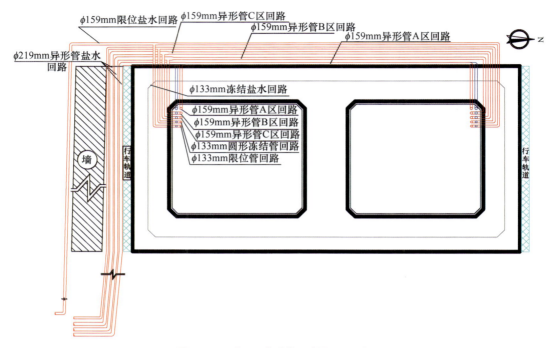

图 3.2-10 东区工作井集配液圈平面示意图

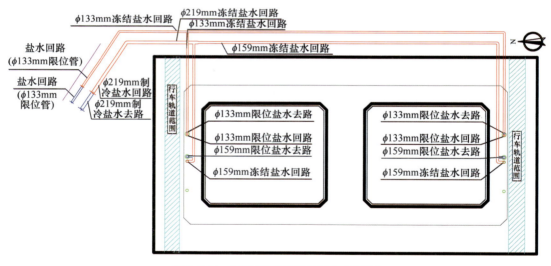

图 3.2-11 西区工作井集配液圈平面示意图

在地面上的干管根据现场情况沿地面用钢支架固定铺设。

管路用法兰连接,在盐水管路上每隔 50m 设置一个伸缩接头。在集配液管处和干管进出顶管位置安装一个蝶阀。

管路安装好后,需采用水压试漏,检测管路安装密封性能,采用盐水泵循环水进行压力试验,盐水泵压力控制在 0.4MPa(偶数管内 0.6MPa),检查管路无渗漏为合格。

2)保温施工

(1)冻结系统保温

冻结系统中所有低温部位,即冷冻机组、盐水箱、盐水泵、盐水干管及集配液管等全部需进行保冷层施工(图3.2-12~图3.2-14)。

图3.2-12 冷冻机组保温

图3.2-13 盐水箱保温

图3.2-14 盐水干管及集配液管保温

保温材料选用聚苯乙烯泡沫塑料,保冷层顶管外厚度至少为50mm,顶管内厚度为30mm,保冷层的外面用塑料薄膜包扎。

(2)立井面保温

冻结帷幕与立井面交接处受外围温度影响较大,是冻结帷幕的薄弱环节,必须进行保温处理,采取的方法为在设计冻土范围内铺设保冷层。

(3)隔热帘幕安装

在安装异形冻结管的管幕内,每4节管幕两端用保温板(棉被)形成隔热帘幕,不让内部有空气流通而影响各区域冻结效果,管节之间保温层施工效果图如图3.2-15所示。

3.2.4 管幕内管路铺设与安装

1)顶管内管路角度定位方法

把水平尺横放卡在顶管的顶部,调整水平尺,使其气泡位于水平尺正中,用直角尺配合水平尺,确定顶管内的最高点,如图3.2-16所示。

图 3.2-15　顶管内隔热帘幕保温

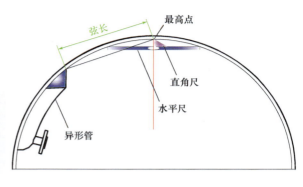

图 3.2-16　顶管内最高点确定方法

根据管路设计角度,在图纸上模拟出管路外边线距离顶管内壁最高点的弦长。用卷尺量出该长度,确定出一个管外边线上的点。用此方法,依次确定异形管外边线上的 3 个点和圆形管支架的位置弦长,然后用石笔或墨斗弹线作出管路控制线,异形管和圆形管外边线放线如图 3.2-17 和图 3.2-18 所示。然后根据异形管尺寸及弯角转向画出异形管的外轮廓线,为下一步异形管安装焊接施工提供便利。

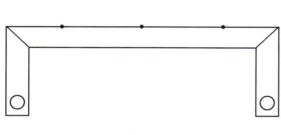

图 3.2-17　异形管边线放样点

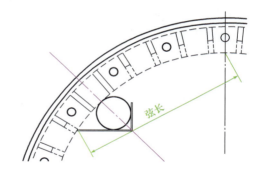

图 3.2-18　圆形管支架位置控制弦长点

2）冻结管及供液管安装

冻结管的安装与顶管同步施工,冻结管及限位管和干管的安装都十分特殊,全部在顶管内进行,长度达 255m,顶管断面尺寸相对很小,内外交流不便,且人员在内部作业非常不便,安装难度很大,对施工质量、安全和进度上都具有较大影响,必须采取妥当的施工方法,并结合一些防范保障措施方可顺利进行。

（1）圆形冻结管安装

经研究,采用在顶管内加工简易的轮车（图 3.2-19）,用轮车倒入每根冻结管,将冻结管按长度 6m/段两端安装法兰,直至 255m 的长度全部到位。

充填混凝土内的冻结管和限位管安装位置应精确,安装前需在管内放线,做好标志。然后在顶管管节法兰处焊接管路支撑支架,架设管路并拼装完成。拼装时按照标准螺栓用量进行管路连接,法兰之间安装橡胶密封垫。

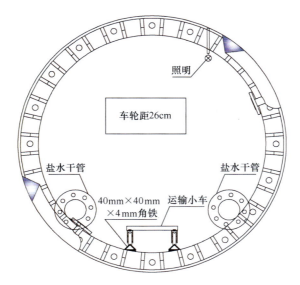

图 3.2-19 简易轮车

冻结管安装时,同步安装供液管,供液管(DN40mm)采用管箍螺纹连接(限位分区连接处管路做法见图 3.2-20),并在限位管(ϕ159mm)内焊接 1 区、2 区和 3 区之间的中间隔板,冻结管(ϕ133mm)1 区和 2 区采用弯头直管法兰组合(图 3.2-21),冻结管内焊接 2 区和 3 区之间的中间隔板(图 3.2-22)。

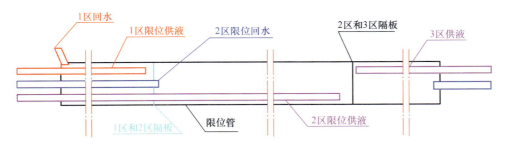

图 3.2-20 限位管供液管分区隔板内部做法

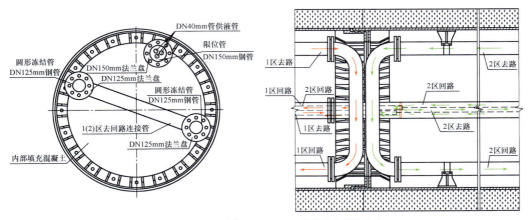

图 3.2-21 冻结管 1 区、2 区分界处管路连接方式

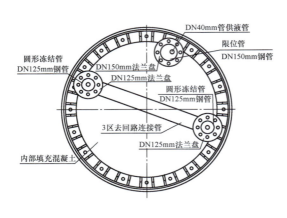
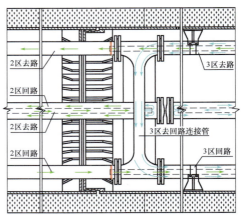

图 3.2-22 冻结管 2 区、3 区分隔示意图

为防止浇灌混凝土时破坏管路,管路安装好后,可焊接加强板与顶管进行固定,进一步加强保护。图 3.2-23 为试验段实管安装实例。

图 3.2-23 试验段实管内管路安装

顶管内部圆形管安装施工工艺如图 3.2-24 所示。

(2)异形冻结管安装

由于顶管施工完成,异形冻结管采用∠12.5mm 角钢顶管内壁进行直接焊接,焊缝质量满足要求,设计如图 3.2-25 所示,实例图如图 3.2-26 所示。异形管安装分横直段和 L 弯头段焊接,根据异形管在顶管内不同位置,异形管横直段在腰部以上可以分解为长度约 1.72m/段(约 26.7kg),以方便施工。

根据设计要求,每 4 节异形管用橡胶软管连接成一组,形成 16 个独立组。空管内盐水干管安装电控三通阀控制 16 组盐水回路,每组开始与三通阀出来的三通鱼鳞接头用橡胶软管连接,异形管鱼鳞接头和三通鱼鳞接头分别插入橡胶软管,用铁丝夹紧紧固,至少满足两道铁丝紧固,确保盐水不得从接头处渗漏。每个电子三通阀的电源线和信号线沿顶管内一侧铺设,并进行编号引至地面控制室。

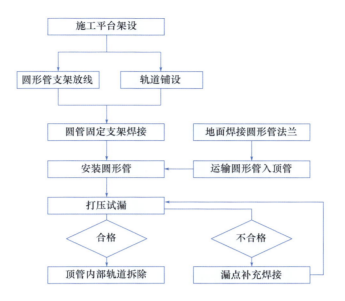

图 3.2-24　顶管内部圆形管安装施工工艺图

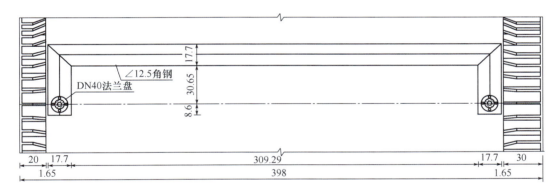

图 3.2-25　异形管设计图(尺寸单位:cm)

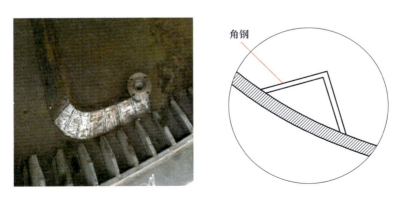

图 3.2-26　异形管与钢管壁连接方式

每个顶管内部安装完成并检漏合格后,管内干管全部做保冷层施工。异形管的安装如图 3.2-27～图 3.2-31 所示。

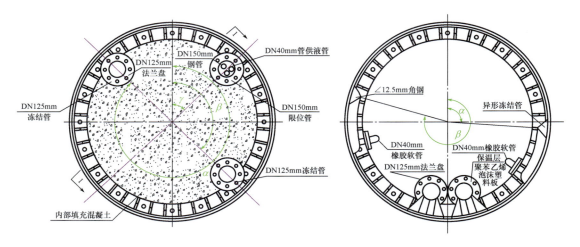

图 3.2-27　圆形冻结管和异形冻结管安装图

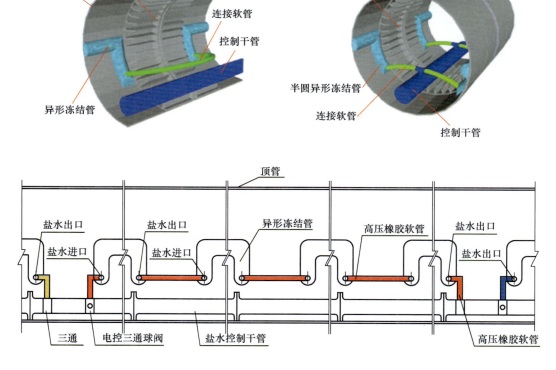

图 3.2-28　异形管各管节连接图

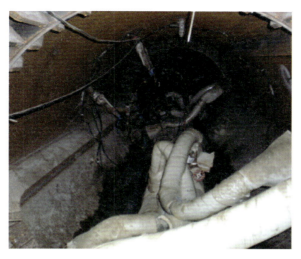

图 3.2-29 试验段异形管连接实例图

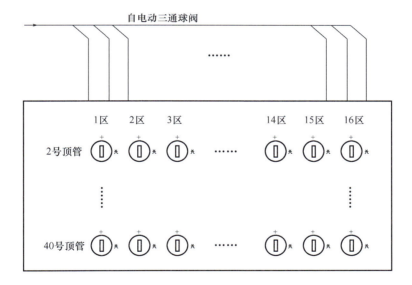

图 3.2-30 异形管电动三通阀与控制面板连接图

(3) 技术质量要求

①各管路固定位置按设计执行位置安装,位置偏差控制在 15°之内。

②安装时管内需清理干净,不得有油污、杂物。

③必须保证连接密封性能:利用盐水泵往管内充水并进行水循环,盐水泵压力控制在 0.4MPa(偶数管压力控制在 0.6MPa),系统无盐水渗漏为合格;试压不合格的,从外观进行检查,并重新加固,再试验直至合格。

④在管道法兰两侧 0.5m 处设固定支架。

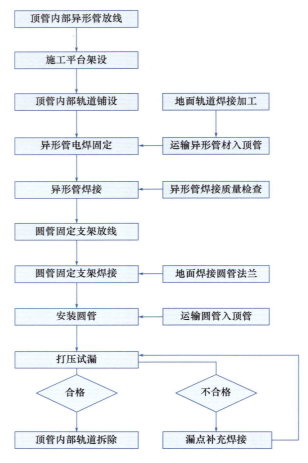

图 3.2-31 异形管安装流程图

(4) 注意事项

①管内必须安装可靠的照明灯,采取安全电压。

②所有固定的管必须检查牢固性,确保可靠,防止掉落。

③因在狭小的密封空间中施工作业,空气流通不畅,人员活动不方便,同时有焊接作业,对人员的健康伤害很大。所以在人员进入管内前,必须向管内强制通风,在人员施工区携带便携式危害气体测试仪。

④能在管外焊接的部分,尽量安排在管外施工,减少管内焊接量。

⑤人员进入管前,需配备可靠的通信器材,时刻与外围保持联系。

⑥人员进入管前,需带上应急的药物器材,平时注意学习应急知识。

3) 测温管布置与安装

(1) 冻结测温管布置

为避免顶管内取芯开孔的风险,测温管套管预制在顶管管节上。冻结测温管每隔 1 节顶管布置 1 个,测温管横断面布置如图 3.2-32 所示,相关测温管参数见表 3.2-5。

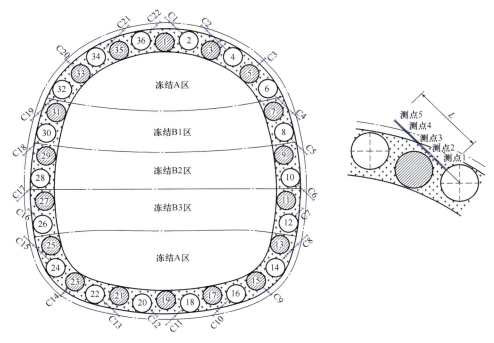

图 3.2-32　测温管断面布置图
L-测线长度

测温管及管壁测温点布置参数　　　　　　　　　　　　　　　　　表 3.2-5

序号	项目名称	数量
1	断面数	22 个
2	每个断面孔数	32 个
3	测温管数	704 个
4	测温管规格	ϕ32mm 无缝钢管
5	测温管长度	根据图纸确定
6	测温管总长度	1642m
7	测温管内总点数	2496 个（每个管内数根据图纸确定）
8	管壁布置点数	7488 个（奇数管 7 个，偶数管 6 个）
9	总测温点数	10280 个（含冷冻站及去回路监测 296 个）

（2）测温管的安装

测温管的安装采取在顶管上安装孔口管、阀门、密封盒等，在密封及防喷装置的保护下装入测温管，因顶管空间较小，测温管需分成 2～3 段逐段接入，各段之间采用焊接连接。

冻结测温管安装如图 3.2-33 所示。

图 3.2-33　冻结测温管安装

3.3　冻结系统调试

3.3.1　冻结系统调试目的

设备安装完成后进行调试及试运转,冻结系统调试主要目的为:

(1)检验冻结管密封性,确保管路持压下不渗漏。

(2)检验清水系统、盐水系统、冷冻机组等运行是否正常。

(3)试运转时,随时调节压力、温度等各状态参数,定时检测盐水温度、盐水流量和冻结壁扩展情况等,为冻结施工提供系统运行参数。

3.3.2　冻结系统调试作业流程

(1)气密性及水密性试验

冻结管焊接完成后,须进行气密性试验(图 3.3-1),管路满足 0.8MPa 的压力并保持 45min 为验收合格。所有管路及设备安装完成后,进行水密性试验,满足水泵出水口水压 0.6MPa 并维持 24h 即验收合格。

图 3.3-1　气密性及水密性检测

（2）溶解氯化钙

盐水（氯化钙溶液）密度为 $1.26\sim1.27\times10^3\mathrm{kg/m^3}$，先提前制作一个氯化钙融化箱。融化箱内充入一定的清水，打开箱内循环泵融化氯化钙，盐水达到浓度后开启水泵注入制冷系统盐水箱，打开盐水管阀门逐个送入盐水干管和冻结管内，直至盐水系统全部充满为止；溶解氯化钙时要除去杂质，盐水泵入口要有密目网，如图 3.3-2 所示。

特别注意事项：整个顶管内所有管路必须充填盐水，否则，余留清水的管路在开始冻结后会冻结，造成后期无法循环盐水。

（3）机组充氟

首先进行制冷系统的检漏和氮气冲洗，在确保系统无渗漏后，抽真空并充氟。充氟时，要多观察，按照机组参数进行充氟利昂作业（图3.3-3），防止过充和少充。

图 3.3-2　溶解氯化钙　　　　　　图 3.3-3　注入氟利昂

（4）机组加油

先关闭油粗过滤器进口和油精过滤器出口的管道截止阀，将加油管连在油粗过滤器前的加油阀上，启动机组中的油泵，油经加油阀、油粗过滤器、油泵及单向阀进入油冷却器，油充满油冷却器后流入油分离器，直至油分离器中的油面到达上视液镜中心时，停止加油。

当机组内已有制冷剂需补充加油时，首先应停机，关闭吸排气阀，通过油分离器放空阀卸压至 $0.1\sim0.2\mathrm{MPa}$，再按初次加油方法加油。

（5）冻结系统试运转

首先打开清水系统，慢慢打开阀门，调节循环量，正常后，再打开盐水系统，慢慢调整流量和系统压力。两个系统正常后，再逐个启动冷冻机组。

试运转时，要随时调节压力、温度等各状态参数，使机组在有关工艺规程和设备要求的技术参数条件下运行。冻结施工过程中，定时检测盐水温度、盐水流量和冻结壁扩展情况，必要时调整冻结系统运行参数。冻结系统运转正常后进入积极冻结阶段。冻结系统试运转如图 3.3-4、图 3.3-5 所示。

图 3.3-4 制冷参数调试　　　　　　图 3.3-5 冷却塔系统通水调试

3.4 管幕冻结自动化监测系统

3.4.1 冻结监测系统的重要性

冻结监测系统是控制冻结施工的重要措施，需要实时使用监测数据来指导冻结设备的运转和加热管的启用，是实现精确冻结施工的重要环节。

拱北隧道管幕冻结工程采取动态控制冻结，既要保证顶管间的冻土帷幕管间封水的安全，同时为避免地表变形过大还要严格限制冻土体积，因而需实时依据监测数据调整冻结运行参数。冻结监测是实施动态控制冻结的关键因素，是后续工程顺利施工的前提和保证，对整个工程的施工有重要意义。为配合工程的施工，冻结监测包括冻土帷幕温度及厚度、顶管内管壁温度、冻结盐水及限位管盐水去回路温度、流量和压力的监测等，具体如下：

（1）积极冻结阶段，监测冻土帷幕温度及厚度，监测圆形冻结管去回路盐水的温度、流量和压力，顶管内管壁温度，盐水水位。

（2）动态控制阶段，监测冻土帷幕温度及厚度，监测圆形冻结管去回路盐水的温度、流量和压力，限位管去回路温度、流量和压力，顶管内管壁温度，盐水水位。

（3）开挖加强冻结阶段，监测冻土帷幕温度及厚度，圆形冻结管去回路盐水温度、流量和压力，异形冻结管去回路盐水温度、流量和压力，顶管内管壁温度，盐水水位。

（4）解冻阶段，冻结帷幕温度、顶管管壁温度的变化过程，采用强制解冻时，增加热盐水温度、流量和压力以及盐水水位监测。

3.4.2 冻结自动化监测方案

（1）冻结壁监测

有22个顶管布置监测孔，其中，18个偶数管和4个奇数管（5号、15号、23号、33号），每个顶管内有32个断面，总计探点9984个。测温管断面布置见图3.2-32。

测温管内的测温点，主要用来监控冻土帷幕的发展厚度，并以此判断冻土帷幕的封水安全及是否需要开启限位管。其测温管内温度传感器的位置与冻土帷幕的关系如图3.4-1所示。

冻结工程的冻结冷量是通过顶管管壁传递给土体的，因而监测顶管内温度可有效判断冻土帷幕的温度变化状态。36个顶管内壁测温点定位如图3.4-2所示,每个顶管内约每隔8m布置一个断面,奇数管每个断面设7个测点,偶数个每个断面设6个测点,测点总计7488个。

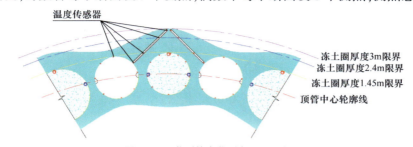

图3.4-1 监测管内监测点位置示意图

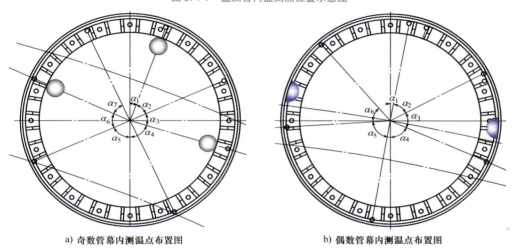

a) 奇数管幕内测温点布置图　　　　b) 偶数管幕内测温点布置图

图3.4-2 管壁内测温度定位图

(2) 盐水温度监测

盐水去回路温度监测和顶管内温度监测采用一个测温系统。东、西区7去7回总盐水干管设置监测点,每个顶管内支路进回水设置监测点。总计约266个监测点。盐水温度每2h记录一次参数。

(3) 盐水流量监测

盐水流量监测采用外夹式超声波流量计,根据需要每改变一次盐水流量要求,实测一次管路内盐水流量。同时要采取不定时监测相结合的方式。

(4) 盐水压力监测

在盐水干管上安装盐水去路压力表,采用带有失压报警装置的压力表。盐水地面压力控制在0.4MPa。压力实时监测,每2h记录一次运行参数,同时人员要不定时观察压力表。

(5) 盐水水位监测

每个盐水混合器设置一套盐水水位监测自动报警装置,人员每2h记录一次水位,同时结合不定时观察水位状况。

(6) 盐水浓度监测

根据冻结和限位盐水温度要求不同,冻结盐水要求浓度为29.8°Bé(不得低于29°Bé),限位盐水浓度19.2°Bé(不得低于16°Bé)。盐水浓度监测每天1次。

(7) 监测时期和频率

监测时期:从冷冻站开始运作到隧道施工结束,冻土解冻后结束监测。

监测频率:冻结系统内的监测频率为2h记录一次;监测采取自动监测,未开挖期1次/d,开挖期3次/d,同时根据需要调整监测频率。

(8) 报警值

隧道开挖前一般不设报警,在开挖期间,报警值设置如下:

①单点温度变化速率报警值:2℃/d;

②平均温度变化速率报警值:0.5℃/d;

③冻土-结构交界面平均温度报警值:>-5℃。

图3.4-3 一线总线监测布置

(9) 监测系统

由于冻结监测极为重要,需采用计算机进行全自动化监测,冻结监测使用一线总线系统,一线总线监测布置实例如图3.4-3所示。

施工过程中应注意保护监测仪器,派专人实时读取监测数据,做到全过程全自动监测,让多方实时了解冻土帷幕的温度变化,整个监测系统结构如图3.4-4所示。监测数据报告每天出具一次。

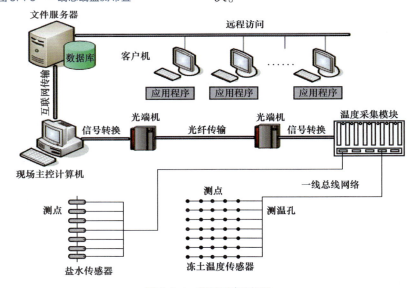

图3.4-4 监测系统结构图

3.4.3 监测点安装

1) 测温管安装方法

(1) 测温管结构

顶管内的测温孔结构包括与顶管壁焊接的 ϕ60mm 孔口管,长 $L=10$cm;外接 DN50mm 球阀+ϕ60mm 密封盒,长 $L=12$cm,孔口管内安装 ϕ32mm 钢管作测温管,测温管结构见图 3.4-5。

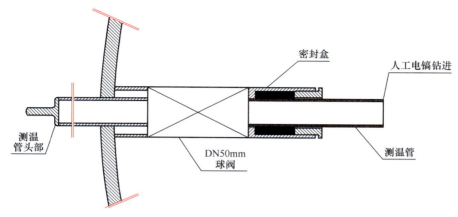

图 3.4-5　测温管结构图

测温管测温孔设计有 3m、2m、1.5m、1m 四种规格深度。测温孔定位孔口管、球阀、密封装置长度共为 35cm,考虑管幕内空间狭小,内径仅为 1.58m,ϕ32mm 测温管由 0.6m、0.7m 和 0.9m 三种不同的长度段进行焊接组装到设计深度。

（2）测温管安装

①预留好孔口管的安装方式:安装好通风和临时用电设施,打开球阀,装入第 1 节测温管,用电镐进行顶进。

②未预留孔口管的安装方式:首先按照设计位置焊接定位 ϕ60mm 孔口管,利用台式工程钻机进行开透管节钢板（钻头 ϕ38mm×380mm）,然后按照预留好的方式安装测温管。

③地层注浆后的安装方式:地层注浆后地层较坚固,直接安装不进去,利用台式工程钻机取芯,达到设计深度后安装测温管,方式同预留好孔口管的安装方式。

2）测温点安装

（1）测温管内探点安装:根据设计图纸定位点进行安装,首先按照实际施工位置预定每个管内的测温探头,进行探点物理地址编号,做好每个测温孔电缆编号。利用聚氯乙烯（PVC）或铁丝进行导向定位,确保测温点安装至设计位置,以保证后期冻土分析的准确性。

（2）管壁探点安装:管壁按照设计位置进行放点,按照实际位置预定电缆接头,在管壁上焊接定位螺母,然后用胶黏剂把探点固定在管壁上,保证贴合无虚脱。

（3）测温管内测温点采用串联连接,管幕管壁测温点也采用串联连接,然后将串联的接头并联到总线上,每个总线可以带 60 个探点,按照总线要求控制点数。

（4）每个顶管内测温探点安装完成后进行调试,保证测温探点显示正常,固定保护顶管内测温电缆,然后由承包方开始灌注混凝土。

（5）测温点编码方式:分奇数管编码和偶数管编码,奇数管编码为 JX-DY-CN,其中 J-奇数管,X-顶管代号,D-断面,Y-断面代码,C-探点,N-数字代码 1~10（1、2、3 代表测温管内测点代码,4、5、6、7、8、9、10 分别代表 α_1、α_2、α_3、α_4、α_5、α_6、α_7）,如 J1-D1-C1 代表 1 号奇数顶管内第 1 个断面第 1 个探点。偶数管编码为 OX-DY-CN,其中 J-奇数管,X-顶管代号,D-断面、Y-断面代码,C-探点,N-数字代码1~11(1、2、3、4、5代表测温管内测点代码,6、7、8、9、10、11分别代表α_1、α_2、α_3、α_4、α_5、α_6),如O2-D1-C1代表2号偶数顶管内第1个断面第1个探点。在编码过程中测温管内的数字代码可能用不完,只需要从外侧第1个探点用第1个代码即可,不用的数字可以空着。编码举例如图3.4-6所示。

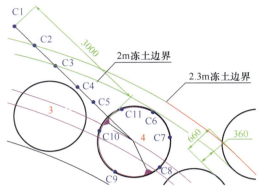

图3.4-6 4号顶管监测点编码方式(尺寸单位:mm)

（6）布线方式:为了防止一根主线损坏造成多个断面没有监测数据,计划每一个断面引出一根主线,然后在顶管口由8根主线通过一个模块转换引出一根主线,每个顶管引出32根线,通过4个模块把32根线转换为4根线,由2个顶管出来的8根线通过模块转换为1根主线,这1根主线引入计算机读取数据。

3）盐水系统监测点安装

从制冷站出来的总去回路干管安装测温探点,进每个顶管分区的去回路安装测温探点,清水总去回路安装测温探点。安装完成后进行调试,然后和顶管测温点进行集成,如图3.4-7~图3.4-9所示。

图3.4-7 盐水干管温度监测

图3.4-8 顶管内支管温度监测

图3.4-9 超声波流量监测

3.4.4 管幕冷冻精准控制技术

(1)冻结管分层分段布置

冻结圈高23.84m、宽22.24m、长255m,冻结体达1.7万m^3。冻结圈从上至下分为A区、B1区、B2区、B3区、C区五层,纵向分为64m、127m、64m三大区,将冻结体分成了15个独立的区域,每个区域均为独立的冻结回路,可精准控制每个区域的冻结壁厚度。

(2)冻土温度精准监测

冻结测温点布置22个断面,每个断面设测温孔32个,测温管总长度1642m,测温管内总点数达2496个,管壁布置点数达7488个,冻结测温点布置合理则可以精准测出冻结壁的厚度。

(3)冻结系统精准监测

对每个独立冻结回路的冻结干管、盐水箱进行监测,包括冻结管去回路盐水的温度、流量和压力,限位管去回路温度、流量和压力,盐水箱温度,盐水水位等。冻结系统的精准监测可以起到精准控制冻结的作用。

(4)管幕冻结自动化监测系统

冻结监测使用一线总线系统,采用计算机进行全自动化监测,派专门监测组实时读取监测数据,做到全过程全自动监测,可实时了解冻土帷幕的温度变化,监测数据报告每天出具一次。根据监测数据动态调整冻结参数,达到精准控制冻结的目的。

3.4.5 冷冻控制基本要求

在冻结过程中,要根据实测温度数据变化情况判断冻结壁是否达到设计厚度,冻土帷幕达到设计厚度后,适时调整制冷系统运行参数,防止冻土帷幕发展过大,必要时根据检测数据开启限位管,尽量保证冻土帷幕的厚度为2.3~2.6m。

3.4.6 积极冻结期的参数选择

积极冻结期盐水温度控制在-30~-25℃。运转过程采用连续控温模式,使用盐水温度变化与冻结帷幕发展相协调。同时根据盐水温度的变化,动态调整冷冻机组、冷却塔等设备的开启数量,使用制冷量与实际需冷量相匹配,以节约能源。

3.4.7 维护冻结期的参数选择

维护冻结期盐水温度控制在-25~-22℃。运转过程采用连续控温模式,使用盐水温度变化与冻结帷幕发展相协调。根据开挖面冻土的温度变化,调整异形冻结管冻结系统运行参数,保证开挖面冻土帷幕的封水安全。

采用电控三通阀集中控制,根据开挖进度和位置动态调整各个电通阀启闭,启闭冻结运行模式按照设计模式运行。

维护冻结期主要注意事项:

(1)当测温孔内温度显示冻结帷幕厚度上部(A区、B1区、B2区)大于2.3m或下部大于2.6m时,则打开相应位置的限位管盐水系统进行循环。冻土帷幕厚度至少满足2m要求。

(2)进行限位时,先稍打开阀门进行小流量循环,根据盐水温度的变化及测温点温度的变化,动态调整盐水的流量。

(3)因限位管与附近的冻结管在功能上相反,一旦发现冻结帷幕厚度超出范围时,需首先采取冷控模式(调整相应位置的冻结管盐水流量和温度)控制冻土厚度,如达不到控制效果可采取热控模式,盐水温度为2~8℃,采取何种模式,要根据实际施工进行分析,报相应部门批准后实施。

3.4.8 隧道开挖条件的判断指标

根据工程经验及相关规范并结合冻结试验分析,总结出拱北隧道开挖条件技术指标,见表3.4-1。

开挖条件技术指标 表3.4-1

序号	参数名称		取值	备注
1	冻土帷幕平均温度		未开挖时空顶管管壁温度-10~-5℃,其他部位<-10℃	监测分析
2	冻土帷幕厚度		2m	监测分析
3	积极冻结时间		90d	根据实际监测分析冻结效果确定
4	盐水温度	积极期	-30~-25℃	仪器检测
5		维护期	-25~-22℃	仪器检测
6	盐水去回路温差	积极期	4~6℃	测温仪检测
7		维护期	3℃以内(90%以上冻结孔),4℃以内(个别冻结孔)	

3.4.9 突发事件的应急措施

1)盐水泄漏

盐水泄漏是指因管路密封不严或冻结器断裂引起的盐水漏失现象。冻结管路漏水的原因是多方面的,是多种因素共同影响的结果,冻结工程应重点防止因异形冻结管管路连接、冻结管法兰连接的密封不严造成的盐水泄漏。

(1)事前措施

①盐水箱由专人负责看管,盐水警铃要灵敏,警界面要合适;盐水水位要定期测量,记录完整。

②把握好冻结管路安装质量,特别是异形冻结管的安装,焊缝要确保质量,胶皮管连接要牢固;做好冻结管材质验收;冻结制冷把握好降温梯度,加强去回路盐水温度检测,防止盐水短路;做好盐水水位检测工作。

(2)应急措施

①发现盐水箱水位下降要及时查明原因,确认为孔渗时,应立即关停盐水泵,立即关闭各冻结器进出水阀。

②一旦出现盐水泄漏,应尽快关闭冻结器去回路阀门,找到漏水的位置。及时进行焊接处理或重新用胶皮管加固连接,恢复冻结。

2)触电事件

(1)事前措施

按照规范、图纸结合现场实际情况,编制临时用电方案和临时用电应急管理预案,审批完成后，严格按照审批方案进行施工组织。

(2) 应急措施

①现场人员应立即脱离电源；

②尽可能地立即切断电源(关闭电路)；

③用现场可以获得的绝缘材料等器材使触电人员脱离带电体，待带电体脱离后，将伤员立即放置在安全地方；

④组织人员抢救，若发现触电者呼吸或心跳停止，则将伤员仰卧在平地上或平板上，立即进行人工呼吸或同时进行体外心脏按压；

⑤立即拨打120向当地急救中心取得联系，并详细说明事故地点、严重程度和联系电话，并派人至路口接应；

⑥立即向应急救援领导小组汇报事故发生情况；

⑦必要时寻求支援；

⑧维护现场秩序，严格保护事故现场。

3.4.10 冻结施工安全管理

(1) 施工前对顶管内的空气质量进行检测，当含氧量低于20%、CO_2浓度高于0.5%、CO高于24ppm、氧化氮高于0.025%等其他有害气体超标时，禁止人员进入施工。

(2) 潜在的火灾危险源主要部位，如临时配电点、电气设备等处，设置ABC类干粉灭火器或CO_2灭火器。灭火器应符合使用场所的条件要求，且不得失效。

(3) 进入顶管内施工的用电设备，必须采取TN-S接零保护系统，进入顶管的电缆至设备配电箱原则上不允许有接头，如有接头应采用防水专用接头。

(4) 冻结期间，操作或检修盐水管路和阀门时，佩戴橡胶手套，防止低温盐水冻伤。

(5) 主电源配电采用双回路电源供电，东、西区冷冻站低温盐水箱均配置液氮应急制冷循环系统。

(6) 低温盐水箱设置盐水液面报警系统，各盐水管道派专人定时巡查，防止冷冻期间低温盐水渗漏。

(7) 开挖期间加强顶管管幕内外、暗挖区域巡查，及时上报温度监控云图，分析冷冻薄弱点。

3.5 解冻与融沉控制技术

3.5.1 解冻方案

1) 解冻开始时间

隧道衬砌结构施工完成，隧道结构达到自防水能力后，冻结圈开始解冻。

2) 解冻试验

施工前，通过A区进行解冻试验，验证强制解冻和自然解冻的合理性，并获取解冻及注浆施工参数。解冻试验要求暗挖段隧道三次衬砌全部完成，且无明显渗漏水后方可开始。根据土体内温度测点分析及地面沉降监测信息,合理确定注浆部位,分配注浆量,及时注浆以控制地面变形。

(1)强制解冻

选择 1 号、3 号顶管进行循环热盐水解冻,选取 2 号、4 号、6 号顶管进行强制通风并加热盐水进行强制解冻。热盐水去路温度控制在 30~70℃,强制解冻采取间歇式运行模式。

(2)自然解冻

选择 32 号、33 号、34 号、35 号、36 号顶管进行自然解冻,如图 3.5-1 所示。试验开始前打开洞口保温板,拆除管内保温材料等,自然通风,开启不加热盐水循环解冻。根据土体内温度变化及地面沉降监测信息,及时调整解冻方式。

3)解冻、融沉注浆顺序

(1)解冻施工

隧道三次衬砌完成后,进行解冻施工,采用自然解冻和强制解冻相结合方式。先强制解冻 A 区,然后强制解冻 C 区(13~25 号)顶管,最后自然解冻 B 区(7~12 号,26~31 号)顶管。

实际施工中因 2017 年 8 月 23 日超强台风"天鸽"(16 级,52m/s)在珠海市正面登陆,致使海水上涌进入拱北隧道,隧道底部被淹,冻结 C 区受海水影响自然解冻。受台风影响,冻结效果加速弱化,地表开始由隆起状态全部表现为沉降,月变化量为 4.7~12.9mm。此时隧道下层三次衬砌和中板全部完成,顶部三次衬砌已完成 130m。待顶部三次衬砌全部完成后,停止 A 区异形管循环,关闭 A 区圆形管管路,此时停止 1~4 号冷冻机组,通过加热盐水进行强制解冻。然后通过停止 C 区异形管循环,关闭 C 区圆形管管路,此时停止 9~12 号冷冻机组。最后解冻冻结 B 区(7~12 号,26~31 号)顶管,停止 B 区冻结系统,即停止余下的所有冷冻机组,如图 3.5-2 所示。

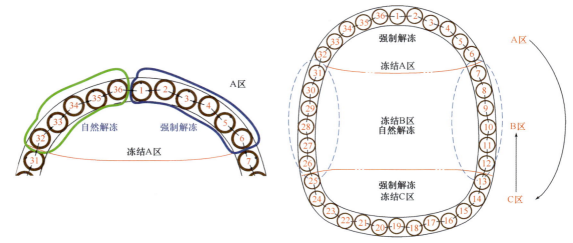

图 3.5-1 解冻试验示意图　　图 3.5-2 解冻融沉注浆顺序示意图

(2)融沉注浆和偶数管填充

冻结 A 区解冻后,开始进行 A 区顶管的注浆工作,控制地表沉降。同时准备清理冻结 C 区(13~25 号)顶管,清理后依次填充 20 号、18 号、24 号、14 号 4 根顶管,保留 16 号、22 号顶管进行解冻后注浆,以控制结构沉降。冻结C区清理完成后清理B区(7~12号,26~31号)顶管,完成后依次填充,填充同时依次解冻B区的偶数顶管。在冻结C区、冻结B区的施工过程中,A区融沉注浆贯穿始终,以控制地表变形。融沉注浆如图3.5-3所示。

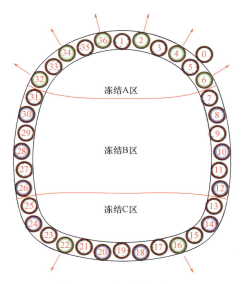

图3.5-3 融沉注浆示意图

3.5.2 融沉注浆控制技术

(1)注浆目的

通过注浆,减少因冻土融化引起的地表沉降。

(2)注浆原则

坚持以少量多次为原则。根据隧道融沉监测数据及时跟踪注浆,直至完成冻土解冻。

(3)注浆管布置

东、西工作井各布置两台注浆机,两端同步注浆,管幕内敷设注浆干管,利用管幕内预留的注浆孔跟踪融沉注浆,注浆管断面布置如图3.5-4所示。

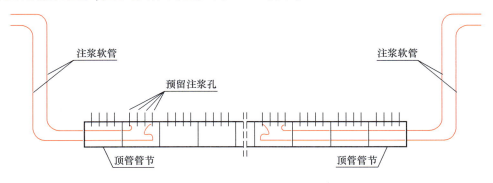

图3.5-4 注浆管断面布置示意图

(4)注浆时间

注浆开始时间与强制解冻同步进行,直至解冻结束和地层沉降稳定后止。

(5)注浆材料

选择水泥-水玻璃双液浆,浆液配合比为水灰比1:1,水玻璃30~45°Bé。

(6)注浆压力

为防止隧道结构受到影响,选用小压力、多注次的方式。注浆压力不大于注浆位置静水位压力的2倍。

(7)注浆量

融沉注浆根据监测的解冻速度及隧道沉降量确定注浆量,单孔注入量一般每次为0.2~0.5m³。最终注浆量全部以冻土融化情况与地面沉降数据为指导,直至稳定。

(8)注浆顺序

配合强制解冻由下而上进行注浆,横向以隧道中轴线为对称点左右管道同时平衡注浆,纵向按照每间隔8m利用两个注浆孔注浆。

(9)结束标准

注浆是否结束以沉降监测反馈信息及冻土是否完全解冻为控制指标。在冻土帷幕已完全融化且未注浆的情况下,持续一个月实测隧道沉降,每半个月不大于0.5mm,可停止融沉注浆。

3.6 冻结施工风险及应急处置方案

拱北隧道暗挖段地处零丁洋海岸,与拱北湾海域相连,地下水影响较大。拱北隧道大部分位于水位线以下,水力场复杂。隧址区上部覆盖层发育,且岩性在纵向上具有海相、海陆交互相、陆相多层结构,岩性条件较为复杂,特别是海相、海陆交互相沉积层发育,厚度达28~35m,土质极软弱。软土层具有层多、厚度大、分布广泛、含水率高、压缩性高、易触变等特性,潮汐、地下水流通道、高温天气、隧道开挖等均会对冻结壁产生较大的影响,处理不当会产生不可想象的灾难性后果。

3.6.1 潮汐环境下的冻结施工风险及处置方案

1)潮汐对冻结壁的影响

拱北隧道暗挖段地下水与拱北湾海水连通,最大涨潮约3.0m,潮汐对冻结壁特别是上层冻结壁影响较大。潮涨潮落引起海水流动,海水冲刷区域冻结壁很难形成,同时也会不断地对已形成的冻结壁进行冲刷,引起冻结壁弱化直至破坏。

2)采取的措施

(1)减少潮汐对冻结壁的影响

①在暗挖段与工作井四周施作搅拌桩或旋喷桩,隔绝潮汐对隧道端头土体的影响。

②在管幕形成后,由于顶管之间存在约35cm的缝隙,无法达到完全密封,受潮汐影响,可能会产生水流通道,影响冻结壁形成。在冻结之前,利用顶管内部空间,通过预留径向注浆管

对管幕周边、顶管间土体进行加固处理,减少因潮汐原因对冻结壁的影响。

(2)加强冻结

冻结过程中,根据冻结壁温度检测数据分析,对局部受潮汐影响温度较高的部位加强冻结,通过降低水稳、加大流速等措施确保冻结壁顺利形成并达到设计厚度要求。

3.6.2 地下水流通道对冻结壁的影响及处置方案

1)地下水流通道对冻结壁的影响

在冻结过程中发现局部冻结壁始终无法形成,并持续处于高温状态。通过对监测数据分析,在隧道的南北两侧存在多处类似的区域,高温区域基本处在同一里程,通过分析判断,南北侧高温区域存在连通的水流通道。随着冻结壁的形成,水流通道越来越小,水流压力及流速变大,导致该部位冻结壁始终无法形成。

2)水流通道形成的原因

(1)早期回填杂填土形成水流通道

拱北隧道暗挖段开挖断面面积413.1m^2,埋深4~5m,从上到下穿越的地层主要有人工填土、淤泥、淤泥质粉质黏土、粉质黏土、粉砂、中砂、砾砂,地下水位较高,与海水连通。杂填土层含有较多的建筑垃圾,易形成水流通道。

(2)顶管施工对地层的扰动形成水流通道

暗挖段37根顶管,在顶管顶进过程中,刀盘对地层形成扰动,破坏了原有地层的稳定性,局部可能形成水流通道。

3)采取的措施

(1)冻结施工前,利用地质雷达等手段对地层进行探测,对存在或疑似空洞的部位进行回填注浆处理。

(2)通过顶管内地层改良注浆管,对顶管周边地层进行改良注浆,同时对顶管施工扰动的土体进行加固。

(3)在冻结过程中,发现仍有部分水流通道存在。通过对监测数据的分析,判断出水流通道部位,利用顶管对存在水流通道的部位进行注浆处理。浆液采用水泥-水玻璃双液浆,初凝时间≤60s,终凝5min。

3.6.3 高温条件下超浅埋地层冻结施工风险及处置方案

1)超浅埋地层高温天气对冻结壁的影响

珠海7月份最高平均气温约35℃,地表最高温度超过50℃,拱北隧道暗挖段最浅埋深2.7m,高温天气对超浅埋地层冻结壁的影响较大。积极冻结期,由于地表高温影响,浅层冻结壁无法形成或无法达到设计要求厚度,冻结壁形成后容易受高温影响破坏冻结壁。

2)采取的措施

(1)积极冻结期

①在隧道顶部几根顶管内设置加强冻结管,利用加强管和冻结管共同作业,对超浅埋层土体进行加强冻结。

②通过降低循环盐水和加大循环流速,对超浅埋层土体进行加强冻结。

(2)维护冻结期

维护冻结期,根据地表监控量测、冻结壁厚度、温度监等监测数据分析,适时采用不同的冻结模式,在保证冻结壁厚度的同时,还需要控制冻结壁的发展,避免因冻土厚度过大而引起较大的地表隆起,影响口岸的正常通行。

3.6.4 隧道开挖过程中冻结壁的破坏风险及处置方案

1)隧道开挖施工对冻结壁的影响

(1)地下连续墙破除过程中,机械振动对冻结壁的破坏。

(2)冻土开挖过程中,局部管间土体弱化坍塌对冻结壁的破坏。

(3)初期支护混凝土水化热对冻结壁的弱化。

(4)解冻时机不合理,引起冻结壁破。

2)采取的措施

(1)为减少机械振动对冻土的影响,在地下连续墙破除前,利用取芯钻沿开挖轮廓线周边进行连续人工取芯,取芯完成后再利用破碎锤凿除地下连续墙,减少因机械振动对冻结壁的影响。

(2)冻土开挖过程中,由于地质或支护不及时,可能引起局部管间冻土弱化,存在坍塌掉块风险。在开挖过程中,严格控制开挖进尺,及时支护,及时封闭。

(3)为了减少初期支护混凝土水化热对冻结壁的影响,在顶部顶管管节之间设置隔离钢板,同时选用低水化热水泥,减少水化热对管间冻土的影响。

(4)原设计在二次衬砌完成后停止冻结,开始自然解冻。为了验证初期支护、二次衬砌防水效果,选取2号、36号、34号顶管的东区16~32m范围进行解冻试验,发现局部存在漏水点,证明冻土对管间封水起到关键作用,初期支护与二次衬砌不能起到防水的作用。为了保障暗挖段顺利完成,调整为三次衬砌全部完成后再进行解冻。

3.7 冻结工程实施效果

拱北隧道冻结工程从2016年1月12日开始,首先在西区工作井进行部分管幕盐水试循环,奇数实顶管中圆形冻结管最先开启。在隧道横断面上,冻结管由靠近地表管幕内向下方依次逐渐开启,至3月2日所有圆形冻结管全部进入工作状态。4号和6号管内的异形加强管于3月10日率先开始循环盐水,其余偶数空顶管内的异形冻结管随后也逐渐开启使用。随着冻结过程的进行,循环盐水温度逐渐下调至 -30~-25℃。至2016年5月10日冻结圈基本形成,6月2日在东区工作井进行暗挖段试开挖,6月20日正式开挖,积极冻结阶段结束,进入维护冻结阶段。隧道三次衬砌完成后,2017年9月24日开始进行解冻,2017年10月29日完成融沉注浆。

3.7.1 顶管纵向温度分析实施效果

由于顶管数目较多，从 36 根顶管中选择靠近上部的 1 号和 4 号顶管进行纵向温度分析，隧道下方其他位置的顶管相对于所选的这两根顶管受到地表高温影响较小，温度降低情况更好。这里选取积极冻结期间内的三个时间节点作为对比，分别为 3 月 1 日、4 月 20 日和 6 月 17 日。

顶管纵向各个测面上环向贴壁存在 6 个或 7 个管壁测温点，为了研究整根顶管从 C1 测面到 C32 测面的温度分布情况，选取各测面的最大值、最小值，同时计算该测面所有测点的温度平均值用以作图。其中最大值反映了某一测面仍然存在的最高温度，可以作为判断冻结薄弱位置的参考值，而平均值反映了某一测面的总体冻结情况，可以更加直观地了解这一测面的温度发展情况。图 3.7-1～图 3.7-6 分别展示了这两根顶管在三个时间点的纵向温度分布曲线。

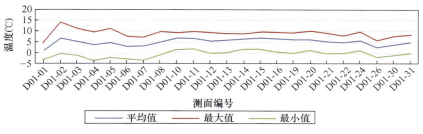

图 3.7-1 1 号顶管 3 月 1 日纵向各测面温度分布

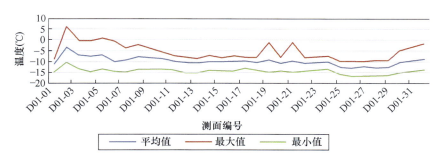

图 3.7-2 1 号顶管 4 月 20 日纵向各测面温度分布

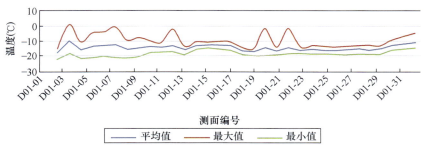

图 3.7-3 1 号顶管 6 月 17 日纵向各测面温度分布

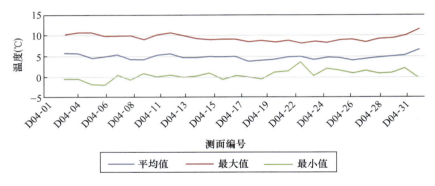

图3.7-4 4号顶管3月1日纵向各测面温度分布

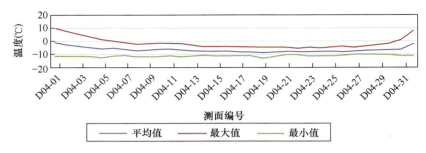

图3.7-5 4号顶管4月20日纵向各测面温度分布

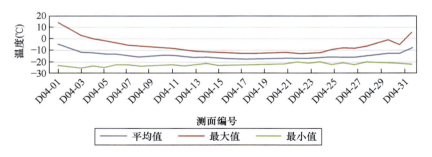

图3.7-6 4号顶管6月17日纵向各测面温度分布

1号顶管处于管幕的拱顶部位,距离地表最近,由图3.7-1～图3.7-3可以看出:在顶管纵向各测面上温度最大值分布有所不同,且温度差异随温度降低而发生变化。在积极冻结早期,如图3.7-1所示,当整体温度较高时,各测面温度分布相对平稳,随着冻结过程的进行,温度逐渐降低,各测面上温度最大值分布出现了更多的异常值,如图3.7-2中的C2、C19、C21测面,图3.7-3中的C2、C6、C11、C19、C21测面所示。1号顶管是奇数实顶管,填充混凝土主要依靠从顶管一端进行泵送,施工很难保证内部混凝土处处达到密实状态,而出现混凝土空洞的位置在循环盐水不断降温的过程中导热能力则会较差,另外,顶管外侧土体性质、地下水活动情况等都会造成在纵向上温度分布不一致的情况。

1号顶管纵向上平均温度分布相对均匀,随着冻结过程的进行,从3月1日的5℃逐渐降低至6月17日的-15℃左右,在开挖前已降至足够低的温度,说明奇数实顶管温度发展情况较好,达到了预期的冻结效果。

4号顶管为最先开启异形加强管的两根顶管之一,图3.7-4~图3.7-6反映了其在积极冻结早、中、后期三个时间点的纵向温度分布情况,与上面奇数实顶管1号顶管类似,在冻结早期如图3.7-4所示整体温度较高时,各个测面差异不大,温度分布均匀。随着冻结过程的进行,在冻结中后期如图3.7-5、图3.7-6所示,管内温度分布出现两端高、中间低的现象。

4号顶管为空管,顶管内降温主要依靠空气传热,而空气流动对于温度降低非常不利,尽管在空管两端以及管内每5~8m设置隔温泡沫板防止空气流动,但由于人员进出施工作业等原因,顶管两端的密封效果很难达到理想状态,端部受到两端工作井内高温影响严重,所以温度分布呈现如图3.7-4~图3.7-6所示的"两端高、中间低"的状态。除端部以外,在6月17日,4号顶管所有测面平均温度都已降至$-10℃$以下,必须要做好两端的保温密封措施,才能实现全断面温度均处于较低的负温状态,保证顶管外冻土体的强度及封水效果。

3.7.2 测面温度随时间变化分析实施效果

纵向上靠近顶管中间位置的测面温度发展受外界影响最小,这里选择9号和14号(一空一实)两根顶管的C15测面监测数据,分析温度随时间的变化,如图3.7-7、图3.7-8所示。数据采集时间区间为3月1日至6月20日。

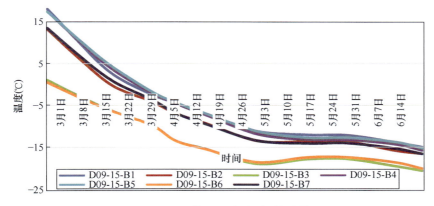

图 3.7-7　9 号顶管 C15 测面温度时间变化图

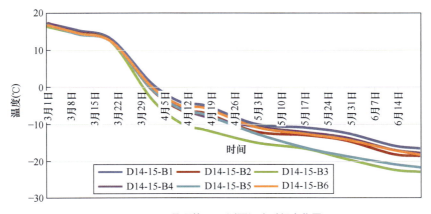

图 3.7-8　14 号顶管 C15 测面温度时间变化图

由图 3.7-7 可以看出，对于奇数实顶管，在积极冻结期间管壁温度总体处于下降趋势，早期的温度下降速度要大于后期的下降速度，-10℃ 之前温度降低速度约为 0.48℃/d，-10℃ 之后温度降低速度约为 0.2℃/d。从 5 月 10 日开始出现了一段时间测点温度略微回升的现象，这是由于位移变形数据反映出监测 A 区 8 号顶管及 D 区 32 号顶管上方地表变形较大，为控制冻胀的影响，现场采取了降低循环盐水流量和回调盐水温度的措施，以应对管幕外冻土体积的过分发展。总体来看，奇数管内因为填充混凝土的存在，在冻结过程中测点温降趋势基本能与循环盐水温降趋势保持一致，符合之前设计方案对奇数管冻结效果的预期。

由图 3.7-8 可以看出，14 号顶管管壁温度在积极冻结过程中温降曲线存在明显的分界点，该顶管中异形加强冻结管于 2016 年 3 月 16 日开始循环低温盐水，从 3 月 18 日之后，温度下降速度明显高于之前。这说明对于偶数空顶管，在只依靠奇数顶管中的圆形冻结管工作进行降温时，空顶管内管壁温度速度下降较慢。提前开启异形加强冻结管，能够使空管管壁温度迅速降低，这对于较早的在管幕外侧形成可靠冻结帷幕具有重要意义，符合冻结课题研究关于异形加强冻结管在积极冻结中发挥重要作用的结论。

3.7.3 土体测点温度分析实施效果

拱北隧道冻结工程土体测温点布设在由顶管内部开向管外土体的测温孔之中，土体温度直观反映了顶管外侧冻土发展情况，对于判断冻结帷幕厚度是否达到设计值具有重要意义。选取 14 号顶管 C15 测面的土体测温点进行分析，该测面共 5 个土体测温点，按与 14 号顶管距离由远及近分别编号为 S1、S2、S3、S4、S5，土体测温孔由 14 号顶管斜向上开向 13 号顶管，具体测温点布置情况如图 3.7-9 所示。

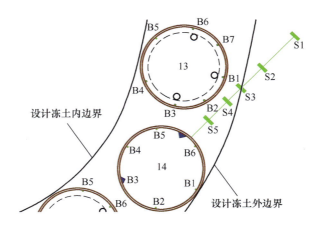

图 3.7-9　14 号 C15 测面土体测温点布置情况

选取上面 5 个土体测温点从 3 月 1 日至 6 月 20 日的温度数据，绘制其随时间的变化曲线，如图 3.7-10 所示。

由图 3.7-10 可以看出，在整个积极冻结阶段，所有土体测温点温度均保持一定的下降趋势，在同一时间点，随着测点和 14 号顶管之间距离的减小，温度越来越低。而且可以发现，在冻结早期只开启实管内圆形冻结管时，土体测点除了最远处的 S1，其余测点均保持相近的降温速度，14 号顶管中的异形冻结管开启之后的一段时间内，先是 S5 测点温度迅速出现较大的降低趋势,然后其余各测点温度降低速率也相应提高。

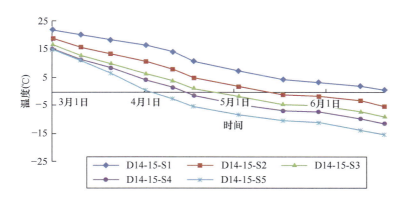

图 3.7-10　4 号顶管 C15 测面土体温度随时间变化情况

结合图 3.7-9 可知,S3 测点位于设计冻土外边界轮廓线上,通过该点温度值即可判断 14 号顶管外侧冻土发展是否达到设计指标。由图 3.7-10 可以发现,在 6 月 20 日,S3 测点温度已降至 $-8℃$,地质资料显示该地区土体结冰温度约为 $-1.8℃$,这可说明 14 号顶管位置在开挖前管幕外侧冻土发展情况已经完全达到设计要求。不仅如此,由监测数据可知,距离管幕最远的 S1 测点在冻结后期温度也已降低至 $0.8℃$,这对于形成可靠的管间止水帷幕是非常有利的。

3.7.4　全断面温度云图分析实施效果

为了更加直观地显示全断面上的冻土发展情况以判断冻结效果,及时发现冻结薄弱区域、冻土过分发展区域,及时制订应对措施,结合全局坐标系下各测点的设计坐标,利用全断面上各个测点的温度监测值,采用 Surfer 绘图软件对隧道全断面进行温度云图绘制。限于篇幅,这里以 6 月 19 日的温度数据为基础,在纵向上选择三个测面进行全断面温度云图的绘制。所选的三个测面为 C2、C15 和 C30,温度云图如图 3.7-11 所示。

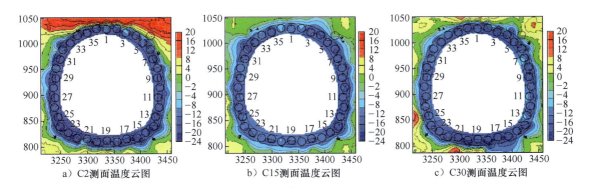

a) C2 测面温度云图　　　b) C15 测面温度云图　　　c) C30 测面温度云图

图 3.7-11　全断面温度分布云图

由图 3.7-11 可见,截至 6 月 19 日,总体上隧道纵向各断面上温度发展情况较好,沿隧道开挖轮廓的设计冻土 2m 线已基本被低温蓝色区域覆盖,说明经过积极冻结阶段之后,在管幕周围形成了较厚的冻土帷幕,冻土完全填充了顶管之间的间隙并且在全断面上达到交圈状态。

对比图 3.7-11 也可以发现,C2 测面和 C30 测面上部管幕外侧冻土发展情况要次于 C15 测面,特别是 C2 测面,管幕上方 2m 线附近仍存在少量绿色区域,说明这里的土体温度还处于 0℃,管幕外侧冻土体发展不充分。相比之下 C15 测面全断面上管幕被冻土体包围,冻结效果非常好。C2 测面和 C30 测面处于隧道两端,出现这一现象主要是因为管幕上部冻土发展受地表高温影响严重,而且如果顶管管幕两端保温密封措施不到位,冻土发展还要受到工作井内高温空气对流带来的弱化影响。

偶数管幕内冻结效果如图 3.7-12 所示,隧道开挖时的冻土如图 3.7-13 所示。

图 3.7-12　偶数管幕内冻结效果

图 3.7-13　隧道开挖时的冻土

第 4 章
大断面冻结法隧道暗挖施工关键技术

4.1 大断面开挖方案及优化

4.1.1 开挖方案比选及优化

10 根 φ1800mm + 30 根 φ1440mm 钢管管幕优化为 36 根 φ1620mm 钢管管幕,开挖方案也由六台阶十八部变为五台阶十五部,经研究分析,最终开挖施工方案优化为五台阶十四部(图 4.1-1)。方案优化的优点主要是首层导洞开挖断面变大,有利于机械化开挖施工;开挖工作面减少,有利施工组织,节省开挖和冻结工期,大大降低了施工成本。

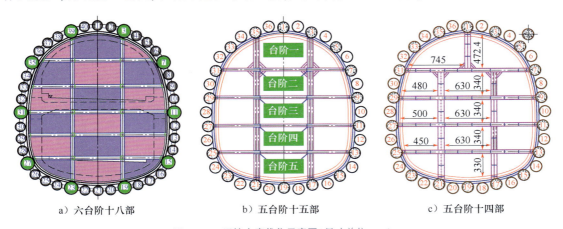

a) 六台阶十八部　　b) 五台阶十五部　　c) 五台阶十四部

图 4.1-1　开挖方案优化示意图(尺寸单位:mm)

4.1.2 超前水平注浆

洞内开挖区域原设计采用分台阶袖套管法静压注浆进行加固(图 4.1-2)。注浆施工顺序如下:①上台阶先进行左右侧导坑开挖,导坑开挖一段距离之后,利用导坑空间对中间导坑进行水平注浆加固,注浆深度为 3.5m,间距 1.2m×1.2m,梅花形布置。②上台阶开挖一段距离之后,利用上台阶对第二台阶进行竖向注浆加固;注浆深度为 4.0m,间距 1.2m×1.2m,梅花形布置。③第二台阶开挖一定距离之后,利用第二台阶空间对第三台阶进行竖向注浆加固;注浆深度为 4.0m,间距 1.2m×1.2m,梅花形布置。④第三台阶开挖一定距离之后,对第四、五台阶进行竖向注浆加固;注浆深度为 5~6m,间距 1.2m×1.2m,梅花形布置。

洞内开挖区域注浆加固方案优化为超前水平注浆加固法,注浆加固每循环 50m,搭接 10m。每循环设置 67 个注浆孔 A1~A67,孔深 50m,扩散半径 1.3m,见图 4.1-3。施工采用 "RPD-150C 钻注一体机" 及 "型钢施工平台 + RPD-75SL 钻注一体机" 进行后退式注浆。方案优化的优点有:①RPD-150C、RPD-75SL 钻注一体机可直接穿透地下连续墙注浆加固,降低了开挖风险;②集中一次性注浆加固后,可按正常工序开挖,对组织开挖和支护结构变形控制有利;③采用钻注一体化的多功能潜孔钻机,施工工艺更为简单,易操作,施工速度快。

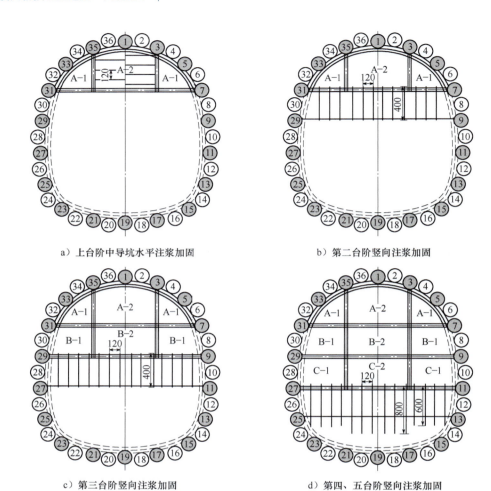

a）上台阶中导坑水平注浆加固　　　　b）第二台阶竖向注浆加固

c）第三台阶竖向注浆加固　　　　d）第四、五台阶竖向注浆加固

图 4.1-2　分台阶袖套管法静压注浆施工方案示意图（尺寸单位：mm）

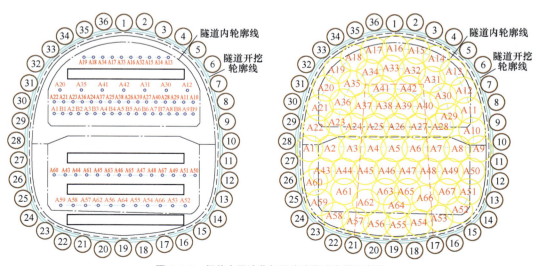

图 4.1-3　超前水平注浆加固法注浆孔布置示意图

4.1.3 暗挖主要施工参数

口岸暗挖段隧道设计参数见表4.1-1。

口岸暗挖段隧道设计参数 表4.1-1

支护类型		设计参数
管幕		直径1620mm,共36根,间距35.5～35.8cm,奇数管填充C30微膨胀混凝土
冻结止水帷幕		奇数管为积极冻结管,偶数为加强冻结管;全长整环积极冻结,分段分区维护冻结。上层冻土厚度:2～2.3m;下层冻土厚度:2～2.6m
开挖		开挖面积:413.1m²;结构周长:66m;开挖宽度:18.8m;开挖高度:21.0m
洞内土体注浆加固		全断面水平后退式注浆,一次注浆长度50m
初期支护	止水钢板	5mm厚弧形钢板,与管幕焊接
	钢筋网	双层φ8mm钢筋网,网眼规格:20cm×20cm
	型钢	第一台阶为双拼22b工字钢,纵向连接为B22钢筋;其余台阶为22b工字钢,纵向连接16工字钢;每道拱架间距0.4m,与管幕焊接
	喷射混凝土	C25喷射混凝土,厚30cm
	临时支撑	HN400mm×200mm×8mm×13型钢,间距1.2m,第一道横撑、全部竖撑四拼,第二～四道横撑双拼,纵向连接方钢120mm×60mm×6mm;竖撑连接处设两根φ42mm锁脚锚管,$L=3.5$m;超前锚杆φ42mm,$L=3.5$m,间距35cm
二次衬砌	格栅钢架	格栅钢架横断面高22cm、宽20cm,纵向间距60cm,格栅钢架与临时支撑焊接,通过角钢纵向连接,通过C25钢筋与初期支护工字钢连接
	混凝土	拱顶采用C35喷射混凝土,其余模筑C35混凝土,结构层厚度30cm
仰拱		C45钢筋混凝土
仰拱回填		C30混凝土
防水		结构自防水+高密度聚乙烯(HDPE)防水卷材全包防水
三次衬砌		60～219cm厚防腐蚀钢筋混凝土,混凝土强度等级为C45

4.2 开挖施工组织方案

4.2.1 五台阶十四步法施工顺序

管幕间冻结圈形成、冻土帷幕达到设计要求后,暗挖段两端进行全断面水平后退式注浆,一次注浆长度50m。注浆完成后从东西工作井相向分五台阶十四部开挖,各导洞开挖循环进尺为1.2m,同一台阶各导洞开挖步距为5m,上下层台阶导洞开挖步距为10m,二次衬砌距离掌子面的间距不超过10m。靠近管幕冻土采用人工开挖,其余土体采用小挖机开挖;随开挖随初期支护,紧跟二次衬砌,支护尽快封闭,步步成环;初期支护混凝土采用潮喷工艺,二次衬砌第一台阶采用喷射混凝土,其余采用模筑混凝土;二次衬砌全部完成后,开始三次衬砌施工,下半断面侧墙、中板采用支架法模筑,上半断面采用钢模板台车模筑。加强监控量测,信息化施工。

待三次衬砌完成后,利用热盐水循环进行强制解冻,同步进行跟踪式融沉注浆,控制地表沉降;然后对偶数号管进行微膨胀混凝土填充。暗挖完成后,施工工作井运营阶段结构及洞内附属结构。

暗挖段五台阶十四步法施工工序流程如图4.2-1所示。

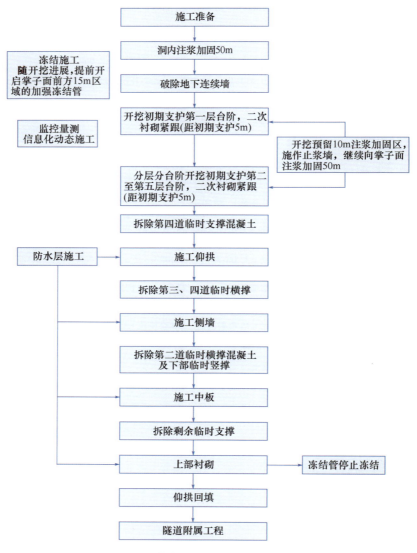

图4.2-1 暗挖段开挖、支护施工工序流程图

4.2.2 施工组织安排

(1)施工阶段划分

自管幕、冻结完成后,主要分以下三阶段施工。

①暗挖及二次衬砌：洞内土体注浆加固、破除地下连续墙、洞身开挖、管间止水、围护冻结、初期支护、临时支护、二次衬砌等。

②三次衬砌：分段拆除临时支撑、分段三次衬砌、融沉注浆、偶数管内填充水泥浆等。

③洞内附属及交通工程，施作工作井剩余结构及地表回填。

（2）施工段落划分

口岸暗挖段施工段落划分见图4.2-2。

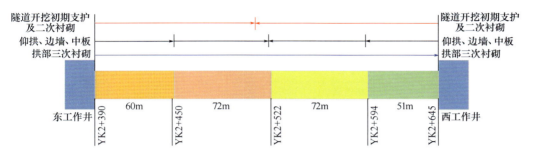

图4.2-2　口岸暗挖段施工段落划分图

隧道开挖初期支护及二次衬砌施工：从东西工作井相向开挖，各施工127.5m。

临时支撑拆除、仰拱、侧墙、中板：待隧道开挖初期支护及二次衬砌全部完成后进行，分四个工作面，分别为从东工作井向西60m、YK2+450向西27m、西工作井向东51m、YK2+594向东72m四个施工段落。通过四、五层中导洞为施工通道开展四个段落同步施工。

拱部三次衬砌：采用一台12m钢模整体台车，由东向西单向组织施工。

（3）运输方式

各导洞独立组织水平运输，经工作井由明挖段至地面。混凝土泵送至作业面。

（4）通风方式

工作井口安装四台L-11减噪轴流通风机，两台负责一、二层左右侧导洞通风，两台负责三、四、五层左右侧导洞通风；右侧竖撑预留孔洞安装工业鼓风机，将右侧导洞的新型空气吹到中部导洞，以满足通风需要。通过洞内温度监测，控制好进风量，避免洞内温度过高，引起冻结壁弱化。

4.2.3　机械设备配备

暗挖段施工机械设备配置见表4.2-1。

暗挖段施工机械设备配置　　　　　　　　　　　　　表4.2-1

序号	工序及部位名称	机械名称	规格型号	单位	数量
1	土体加固	多功能快速钻机	RPD-75、RPD-150	台	2
2		注浆泵	2ZTG-60/120 双液注浆泵	台套	10
3		止浆塞	KWS	个	20
4		混合器		台	4
5		注浆搅拌机	MVT-400	台	4

续上表

序号	工序及部位名称	机械名称	规格型号	单位	数量
6	开挖及衬砌	小型挖掘机	PC55	台	16
7		小型前翻斗车	FCY-30、FC20	台	16
8		衬砌台车	长度12m钢模台车	台	1
9		通风设备	减噪轴流通风机 L-11	台套	8
10		混凝土潮喷射机	TK-500	台	20
11		自动爬热焊机	ZPR-Ⅲ	台	16
12		小自卸车	6t	台	20
13		罐车	12m³	台	8
14		输送泵		台	4
15		门式起重机	20t	台	2
16		钢筋切断机	CD40	40mm	2
17		钢筋弯曲机	G6-40B	40mm	3
18		钢筋调直机	GS-40B	40mm	2
19		滚丝机	HGS-40	台	4
20		交流电焊机	BX1-500	5.5kW	8

4.2.4 立体交叉作业施工组织

(1) 人员配置

暗挖段单侧工作面人员配置见表4.2-2。单侧工作面人员配置共投入人员279人，东、西侧相向施工，共投入558人。

单侧工作面人员配置　　　　　　　　　表4.2-2

序号	名称	人数	任务	备注
1	管理人员	15		
2	注浆工班	30	负责洞内土体注浆加固	2个班组
3	冻结工班	40	负责冻结施工	2个班组
4	开挖支护工班	96	负责土方开挖、支护	8个班组
5	钢筋工班	30	负责钢架、网片、锚杆的制作	2个班组
6	混凝土工班	32	负责安装模板、混凝土振捣、浇筑	4个班组
7	机械工班	24	负责各种机械驾驶、铲装运渣	4个班组
8	其他	12	负责风水电保障工作	2个班组
	小计	279		

(2) 各台阶施工运输方式

首层台阶施工通过上层施工平台和工作井门式起重机进行材料运输，第二层台阶通过工作井中板和明挖段隧道进行材料运输，第三层台阶通过下层施工平台进行材料运输，第四层台阶通过工作井地下三层板和明挖段隧道进行材料运输，第五层台阶通过斜坡道运至第四层台阶,再通过第四层台阶满足材料运输。立体交叉作业施工组织如图4.2-3所示。各台阶开挖、运输设备见表4.2-3。

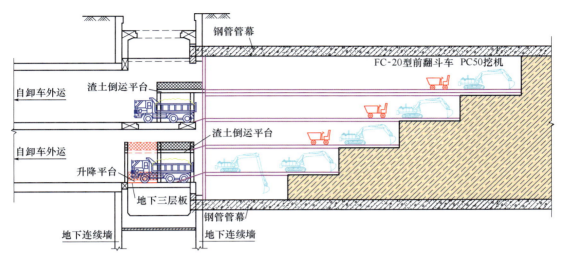

图4.2-3 立体交叉作业施工组织示意图

各台阶开挖、运输设备　　　　　　　　　　表4.2-3

部位	开挖、装土设备	导坑内运输设备
第一台阶	PC50	FCY-30型前翻斗车
第二至五台阶	PC40	FC-20型前翻斗车

(3) 多台阶多导洞施工辅助平台装置

多台阶多导洞施工辅助平台装置的主要作用是为拱北隧道暗挖段开挖卸土、钢筋运输、钢支撑运输及喷锚料输送等提供安全通道和施工平台。设计了上层和下层两种工作平台,东、西工作井施工辅助平台相同,共有4个平台辅助施工。

根据安装构件的尺寸和重量,同时考虑施工人员及其他辅助工具的重量,作业平台设置为钢结构,设计荷载为10t。作业平台主要由卸土口、喷锚料口、起吊口、人员上下通道、围栏等部分组成。以6根HW400mm×400mm型钢为立柱,纵向间距7.5m,横向有三个门洞,HW400mm×400mm型钢作横梁,用I20工字钢作为纵梁,间距50cm,I20工字钢应与横梁焊接牢固,保证纵横梁连接的稳定和平台的安全,其上铺10mm厚钢板作为路面,如图4.2-4所示。

隧道上层施工辅助平台(图4.2-5)三面设有围栏,喷锚料口、起吊口设在平台的左侧,采用工作井门式起重机进行起吊,将施工物资吊到小型自卸车上再运往工作面。卸土口设在平台的右侧,卸土施工时,首层的小型前翻斗车通过平台下料口将渣土倾倒在下方等待的大型出渣车内,大型出渣车通过中板和明挖段隧道将渣土进行外运。

隧道下层施工辅助平台(图4.2-6)三面设有围栏,平台左侧采用自动式升降装置提升运输材料,钢筋、钢支撑、喷锚料等物资可以通过小型自卸车停放在自动式升降装置上,启动自动式升降装置上升至第三层平台,小型自卸车开至作业面进行材料的装卸。卸土口设在平台的右侧,卸土施工时,三层的小型前翻斗车通过平台下料口将渣土倾倒在下方等待的大型出渣车内,大型出渣车通过底板和明挖段隧道将渣土进行外运。

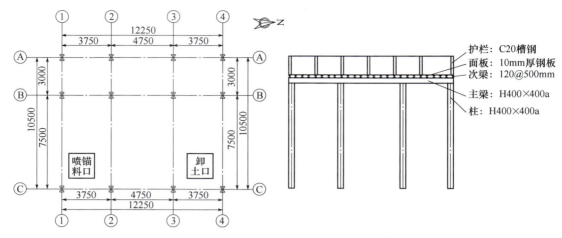

图4.2-4 隧道上层施工平台布置示意图(尺寸单位:mm)

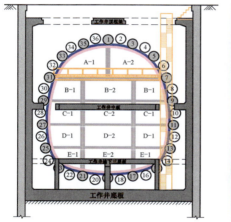

图4.2-5 隧道上层施工平台

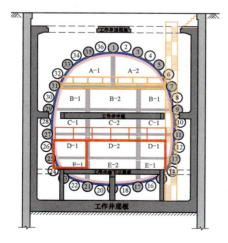

图4.2-6 隧道下层施工平台

4.3 管幕冻结封闭圈内超前注浆施工技术

在管幕冻结封闭圈内海陆两相富水软土地层的环境下注浆问题重重,注浆压力大易引起冻结壁开裂和冻结壁整体隆起,导致地表隆起开裂,对地表建筑带来安全隐患;注浆压力小,达不到注浆加固土体的目的,掌子面稳定性差,给施工工程开挖带来极大的风险。本节从注浆材料、注浆参数、注浆孔布设等方面进行了研究、优化和总结,形成了管幕冻结封闭圈内超前注浆施工技术。

4.3.1 管幕冻结封闭圈内注浆施工工艺

管幕冻结封闭圈内海陆两相富水软土注浆施工工艺流程如图 4.3-1 所示。

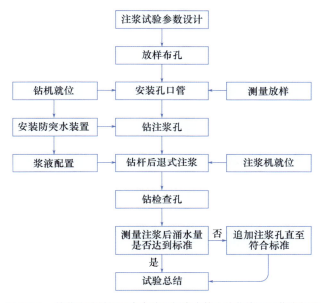

图 4.3-1　管幕冻结封闭圈内海陆两相富水软土注浆施工工艺流程图

4.3.2 注浆技术参数确定

(1)注浆材料及浆液配合比

浆液凝结时间会影响浆液的扩散距离,而浆液固化后的强度又会影响掌子面的稳定性。因此,为了使封闭管幕冻结圈内地层注浆效果最佳,通过室内试验测定注浆材料的初凝时间和单轴抗压强度,试验结果见表 4.3-1。

注浆材料性能对比　　　　　　　　表 4.3-1

注浆材料	W/C	C/S	初凝时间（min）	单轴抗压强度(MPa)				
				1d	3d	7d	28d	90d
普通硅酸盐水泥浆(OPC)	1.5	—	483.0	0.0	0.2	2.7	4.6	4.5
	1.0	—	459.0	0.6	0.8	4.5	10.6	10.4

续上表

注浆材料	W/C	C/S	初凝时间(min)	单轴抗压强度(MPa)				
				1d	3d	7d	28d	90d
普通硅酸盐水泥浆(OPC)	0.6	—	231.0	0.8	1.2	14.6	30.5	30.5
水泥-水玻璃浆液(OPC-SS)	1.5	1:1.0	4.0	1.3	1.9	3.3	5.1	5.3
		1:0.6	6.3	2.1	2.7	3.4	4.5	5.0
		1:0.3	8.9	2.4	3.4	3.9	5.8	6.4
	1.0	1:1.0	2.1	2.8	3.4	3.6	6.1	6.5
		1:0.6	3.5	3.4	3.7	4.2	7.4	8.0
		1:0.3	4.6	4.5	4.7	5.8	7.8	8.5
	0.6	1:1.0	1.0	4.9	6.4	6.9	9.0	9.9
		1:0.6	1.7	5.4	6.5	7.3	9.7	10.3
		1:0.3	2.2	5.8	6.7	7.4	10.2	11.0

由上表可知,普通硅酸盐水泥浆(OPC)的初凝时间为 4~8h。相比于普通硅酸盐水泥浆(OPC)和超细水泥类浆液(MFC),水泥-水玻璃浆液(OPC-SS)的初凝时间较短,均在10min之内。总体上,随着水灰比 W/C 的减小,初凝时间逐渐减短,而单轴抗压强度逐渐增大。随着浆液配比 C/S 的减小,初凝时间和单轴抗压强度都逐渐减小。施工中水灰比 W/C 设定为1.0,浆液配比 C/S 设定为 1:1.0。

(2)注浆孔布置及钻进深度

为加快施工进度,拱北隧道暗挖段采用"RPD-150C 钻注一体机"及"型钢施工平台+RPD-75SL 钻注一体机"进行后退式注浆,每循环50m,搭接10m。第一循环设置67个注浆孔 A1~A67,孔深50m,扩散半径1.3m。第一循环50m水平注浆注浆孔布置图及立面图如图 4.1-3 和图 4.3-2 所示。

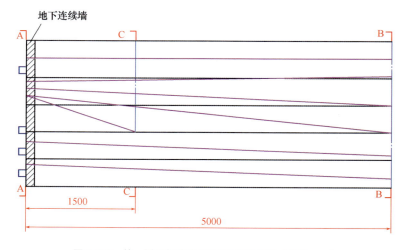

图 4.3-2 第一循环超前注浆立面示意图(尺寸单位:mm)

后续循环 50m 水平超前注浆为了保证施工进度,配合阶梯形的开挖需要,在拱北隧道暗挖段横断面上将注浆区域分为四层,第一层为 A11~A21、A29~A42 共 25 个注浆孔,第二层为 A1~A10、A22~A28 共 17 个注浆孔,第三层为 A43~A51、A61、A62、A63、A65~A67 共 15 个注浆孔,第四层为 A52~A59、A62、A64 共 10 个注浆孔。总体上,拱北隧道暗挖段的注浆顺序为从外侧向中心,从上到下,后续循环超前注浆孔布置如图 4.3-3 所示,后续循环超前注浆立面如图 4.3-4 所示。

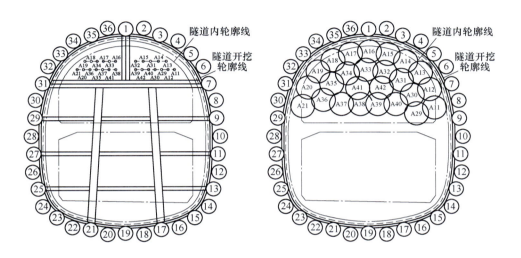

a)第一层注浆

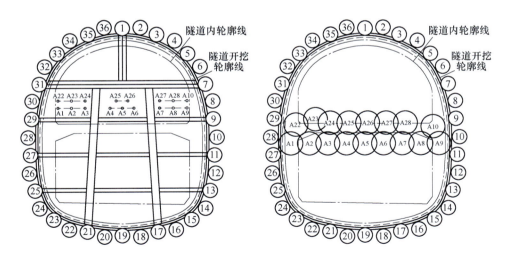

b)第二层注浆

图 4.3-3

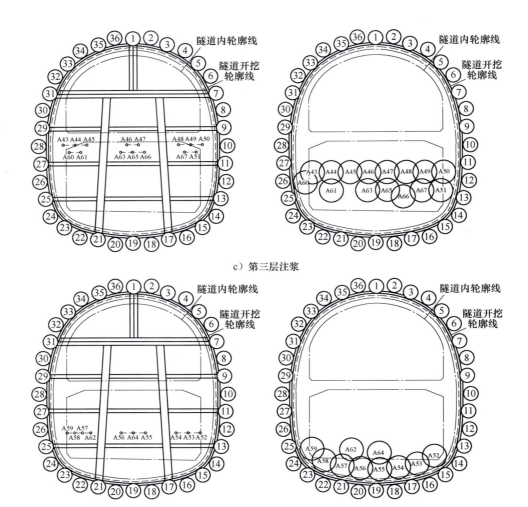

c）第三层注浆

d）第四层注浆

图 4.3-3　后续循环超前注浆孔布置示意图

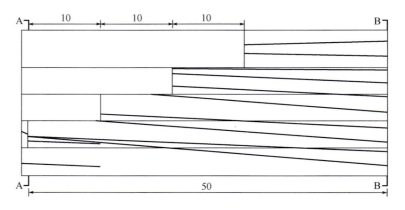

图 4.3-4　后续循环超前注浆立面示意图（尺寸单位：m）

(3)注浆工艺参数确定

按设计要求,注浆过程中注浆孔 A1、A9~A22、A50~A53、A58~60 的注浆压力控制在 0.3~0.5MPa,注浆孔 A4~A6、A25~A27、A37~A42、A45~A48、A54~A57、A62~A66 的注浆压力控制在 1.0~1.5MPa,其他部位注浆孔的注浆压力控制在 0.5~1.0MPa。即隧道周边注浆压力控制在 0.3~0.5MPa,中心区域注浆压力控制在 1.0~1.5MPa,其他中间部位注浆压力控制在 0.5~1.0MPa。实际注浆压力可以根据现场监测情况适当调整。注浆的终止条件采用压力和注浆量双重把控。拱北隧道掌子面注浆参数见表 4.3-2。

注浆参数   表4.3-2

序号	参数名称	参数值
1	钻头直径	65mm
2	钻孔角度	各孔水平角和竖直角均不同,计算出的水平角范围为 0.14°~1.91°,竖直角范围为 0°~3.89°
3	注浆孔直径	70mm
4	注浆孔数量	67 个
5	孔口管	$L=1.2$m,ϕ108mm,壁厚 3.5mm
6	注浆方式	分段后退式注浆
7	注浆压力	接近冻结圈的土层注浆压力控制在 0.3~0.5MPa;隧道的核心土部分,注浆压力控制在 1.0~1.5MPa;其他部位土层注浆压力控制在 0.5~1.0MPa
8	注浆速度	5~140L/min
9	终孔间距、排距	2.2m、2.0m
10	注浆顺序	外侧向中心,从上到下
11	单孔注浆量	按 15% 孔隙率估算,每孔 52m^3,周边孔应适当减少,中间孔可适当增加,具体数量结合现场确定
12	每循环纵向加固长度	50m
13	浆液扩散距离	1.3m
14	初凝时间	单液浆 3~5h,混合浆 1~1.5min
15	注浆终压	实际压力 0.3~2MPa,根据现场监测情况调整
16	注浆终止条件	压力、注浆量双控

4.3.3 孔口管安装

为防止钻孔过程中出现突水现象,在采用取芯机成孔后,在止浆墙上安装 ϕ108mm 孔口管,且在钻杆前端选用与钻杆配套的孔口防突水装置,如图 4.3-5 所示。具体的钻孔过程如下:

(1)根据注浆孔起终点坐标计算出其钻进竖直角(坡度)和水平角(方位角),再根据计算出的水平角和竖直角,调整钻杆的初始仰角和水平角;

(2)在每孔起点段安设套管,套管与孔壁之间可采用环氧树脂充填黏结,外露长度为 30~40cm;

(3)套管安装完成后,须在钻杆前端设置与选用钻杆配套的孔口防突水装置,防止钻孔过程中出现突水现象;

(4)将棱镜放在钻杆的尾端,用全站仪检查钻杆的姿态,每钻进 5m 测量一次钻管姿态,并进行调整;

(5)孔深超过 30m 后,须慢速低压钻进,防止造成塌孔或断杆事故。

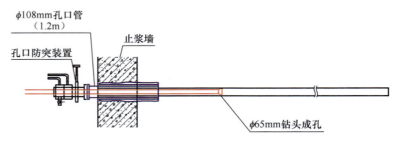

图 4.3-5　孔口管孔口防突装置安装示意图

4.3.4　排水泄压

注浆开始前结合注浆顺序钻泄压孔,在中板上 50cm 处设置一排 3 个泄压孔进行排水泄压,如图 4.3-6 所示。泄压孔布置完毕后,方可钻注浆孔注浆。具体方法是采用 RPD-150c 钻机打水平孔 30m,之后插入双层套管,管长 30~40m,管口安装流量计。泄压孔开始检测水流量为 $1.8m^3/h$,注浆过程中流量逐渐减小。每个孔注浆前都要逐孔排水泄压,当水流减小,基本无水流时,再进行注浆,单孔排水量为 $2~5m^3$。现场钻泄压孔和排水泄压如图 4.3-7 和图 4.3-8 所示。

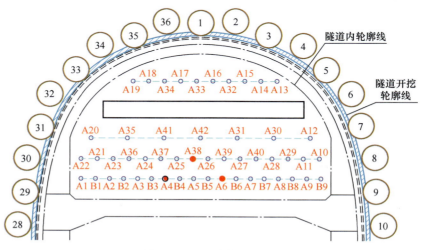

图 4.3-6　泄压孔布置示意图

图 4.3-7　钻泄压孔　　　　　　　　　图 4.3-8　排水泄压

4.3.5　钻孔

根据计算出的水平角和竖直角,调整钻杆的初始仰角和水平角,将棱镜放在钻杆的尾端,用全站仪检查钻杆的姿态,并进行调整。钻管每钻进 5m 测量一次钻管姿态并及时调整。开孔时要轻加压、慢速、大水量,防止将钻孔开斜,钻错方向;每孔起点坐标误差范围不超过 20cm,终孔不超过 50cm。

4.3.6　注浆

综合考虑拱北隧道暗挖段工程的水文地质条件,暗挖段采用分段后退式注浆。在钻孔钻至 50m 深度后,按 3m 划分注浆段进行分段后退式注浆,直至注浆结束。在每一个注浆段注浆时,在注浆前首先须检查注浆管,确保注浆管畅通后再接入注浆系统。在注浆系统与钻杆接好后,注浆泵须按照先稀后稠、注浆量先大后小、先注水泥单液浆再注双液浆的顺序进行注浆。当注浆压力达到设计值时,维持 2～3min,当进浆量达到设计数量时停止注浆,待双液浆初凝后退管进行下一注浆段的注浆,每一个注浆段的注浆流程如图 4.3-9 所示。一个孔段的注浆作业一般应连续进行到结束,不宜中断,应尽量避免因机械故障、停电、停水、器材等问题造成的被迫中断。对于因实行间歇注浆、制止串浆冒浆等而有意中断的情况,应先将钻孔清理至原深度以后再行复注。此外,注浆时还要控制注浆压力、注浆量,调整注浆速度,精确控制,并细化量化注浆参数,满足注浆双控缓速,对管幕和地层无影响的基本要求。

(1)压力控制

严格控制压力,根据压力损失计算出不同注浆距离的对应设计压力,压力超过 2MPa 时,调整降低注浆速度,待压力下降至设计要求时,继续注浆。特殊情况,注一段,停一段,精确控制,动态调整。

(2)注浆量控制

注浆压力没超过设计要求时,按设计方量控制注浆效果,注浆压力超过设计要求时,减少注浆量。

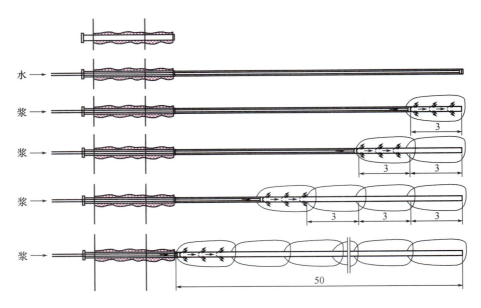

图 4.3-9 每一阶段注浆流程示意图(尺寸单位:m)

(3)注浆速度

进一步降低注浆速度,特别是周边孔位注浆,防止注浆速度过快引起注浆管内压力上升,中间孔注浆时根据检测结果可适当加大注浆速度。

现场注浆作业和注浆效果如图 4.3-10 和图 4.3-11 所示。

图 4.3-10 注浆作业

图 4.3-11 注浆效果

4.3.7 注浆效果检验

采用检查孔法,钻孔取芯,测定芯样含水率、强度,以判断注浆效果。达到加固土体和改善开挖环境的目的后,破除地下连续墙,进入下道工序。

4.4 超大断面冻结法隧道开挖关键技术

4.4.1 地下连续墙破除

隧道开挖前先破除地下连续墙,常规采用破碎锤破除地下连续墙振动大,会对冻结壁的稳定造成影响。

1)破除顺序及方法

按照工作井主体内衬墙轮廓位置,依据开挖顺序分台阶分导洞取孔,然后自上而下进行破除,取孔顺序如图4.4-1所示。

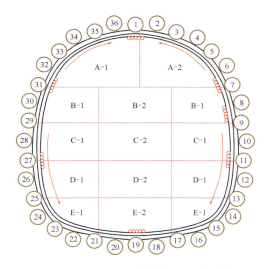

图4.4-1 工作井地下连续墙取孔顺序示意图

施工顺序:施工准备→取芯→凿除墙体→清理及其他收尾工作。

(1)施工前准备:在工作井靠近地下连续墙处搭设脚手架,搭设脚手架时,对脚手架的现状进行检查,包括变形情况、杆件连接、支撑情况。脚手架通过验收后,采用喷漆确定打孔位置,搭设脚手架时协调好打孔位置与脚手架平台。

(2)取芯:在脚手架平台上采用取芯机打孔,孔径12cm。孔位根据工作井内衬墙边界线开挖断面区域形状布置。取孔长度为1.2m,可根据现场地下连续墙情况调整取芯长度,孔位连接无间隔,使开挖面与地下连续墙断开无连接,并保证钻透地下连续墙取出第二层钢筋,每取完一根通过现场目测和尺量复核取芯效果。

(3)墙体破除:取孔完成后,按照开挖的施工顺序分台阶分导洞破除。采用液压破碎锤进行凿除,进行破碎时,控制破碎块大小,不得有较大破碎块出现。破碎过程中,时刻观察管幕冻结管与掌子面水流情况,若发现冻结管异常或掌子面出现水流时应立即停止破除施工,即刻进行处理,评估无风险后,方可重新施工,最大程度上保证主体结构、管幕的稳定性以及施工的安全性。采用液压破碎锤凿除过程中,对地下连续墙钢筋予以割除。

(4)清理及其他收尾工作:对于破碎的混凝土块及钢筋,中板以上吊装采用工作井内门式起重机配合自卸车吊装外运,中板以下清理采用挖掘机与自卸车配合外运。

2)施工注意事项

(1)分导洞取芯

按照设计图纸,分导洞取芯。这样便于洞身开挖与其他导洞破除同步施工,不相互干扰。现场取芯情况如图4.4-2和图4.4-3所示。

图4.4-2 地下连续墙取芯　　　　　　　　图4.4-3 地下连续墙取芯完成

(2)地下连续墙凿除

上半断面地下连续墙破除采用液压破碎锤凿除,地下连续墙宽1.2m,破除量大,钢筋混凝土强度高,施工效率低。由此,先凿除剥离地下连续墙第一层钢筋外的混凝土,露出第一层钢筋后进行切割拆除,再破除混凝土墙体,虽工序增加,相较于直接破除钢筋与混凝土结合体,降低了施工难度,提高了施工效率。地下连续墙破除情况如图4.4-4和图4.4-5所示。

图4.4-4 地下连续墙破除　　　　　　　　图4.4-5 A导洞地下连续墙破除完成

(3) 素墙破除

素墙是 1.2m 宽的 C20 素混凝土结构,长期与地层中水接触养护,混凝土强度远大于设计强度,且素墙表面从地层渗水,破除过程中破碎锤打滑仅能破除小碎块,施工效率低。于是采用切割机把素墙切割分区成块后,再用破碎锤破除,大大提高了施工效率。素墙破除现场如图 4.4-6 所示。

图 4.4-6 素墙破除

4.4.2 冻土开挖支护工艺

(1) 开挖方法

冻土开挖采用五台阶十四部开挖法,各导洞采用微台阶开挖法开挖,台阶高度为 3.8~5.0m,平台宽度一般为 1.5m,最大不超过 2.5m,封闭成环距离最大不超过 5.0m。各台阶先开挖中导洞,开挖约 5m 后左右导洞同时开挖。各导洞开挖后紧跟施作初期支护和相应位置的临时支护,待有条件再施作二次衬砌。

具体的施工方案为:管幕间冻结圈形成后,暗挖段两端进行全断面水平后退式注浆,一次注浆长度 50m。待冻土帷幕达到设计要求后,从东西工作井相向分五层十四部开挖,各导洞开挖循环进尺为 1.2m,同一台阶导洞开挖步距为 5m,上下层台阶导洞开挖步距为 10m,二次衬砌距离掌子面间距不超过 10m。土体采用小挖机开挖为主,靠近管幕冻土部分采用人工开挖;边开挖边支护,尽快封闭成环;对初期支护混凝土进行潮喷。

(2) 开挖步序

暗挖段开挖采用五台阶十四部开挖法,由上而下分为 A、B、C、D、E 共 5 个台阶,台阶高度 3.8~5.0m。以机械开挖为主,靠近管壁冻土采用风镐人工开挖。采用小挖机装土,各导坑内渣土由小型翻斗运输车运至工作井口,再由小型自卸车运至弃渣场。

①第一台阶先开挖A1导洞,后开挖A2导洞,A2导洞滞后于A1导洞约5m。各导洞每开挖1~2个工字钢间距(每个工字钢间距为0.4m)时,紧跟施作初期支护与临时支撑,当各分区开挖距离超过10m时,开始施作二次衬砌。

②第二台阶与第一台阶纵向间隔10m开挖。先开挖中导洞B2,再开挖两个侧导洞B1。左、右两侧导洞B1与中导洞B2之间保持间距约5m,错位开挖。各导洞每开挖1~2个工字钢间距(每个工字钢间距为0.4m)时,紧跟施作初期支护与临时支护结构,当各分区开挖距离超过10m时,开始施作二次衬砌。

③第三台阶与第二台阶纵向间隔10m开挖。先开挖中导洞C2,再开挖两个侧导洞C1。左、右两侧导洞C1与中导洞C2之间保持间距约5m,错位开挖。各导洞每开挖1~2个工字钢间距(每个工字钢间距为0.4m)时,紧跟施作初期支护与临时支护结构,当各分区开挖距离超过10m时,开始施作二次衬砌。

④第四台阶与第三台阶纵向间隔10m开挖。先开挖中导洞D2,再开挖两个侧导洞D1。左、右两侧导洞D1与中导洞D2之间保持间距约5m,错位开挖。各导洞每开挖1~2个工字钢间距(每个工字钢间距为0.4m)时,紧跟施作初期支护与临时支护结构,当各分区开挖距离超过10m时,开始施作二次衬砌。

⑤第五台阶与第四台阶纵向间隔10m开挖。先开挖中导洞E2,再开挖两个侧导洞E1。左、右两侧导洞E1与中导洞E2之间保持间距约5m,错位开挖。各导洞每开挖1~2个工字钢间距(每个工字钢间距为0.4m)时,紧跟施作初期支护与临时支护结构。当各分区开挖距离超过10m时,开始施作二次衬砌。

暗挖段分部开挖顺序如图4.4-7所示。冻土开挖施工照片见图4.4-8。

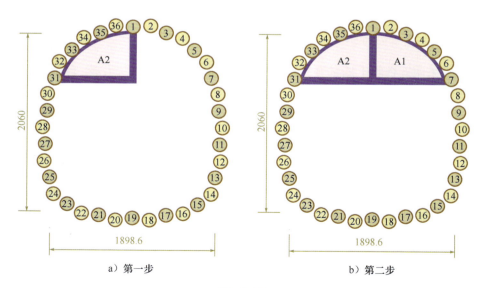

a)第一步　　　　　　　　　b)第二步

图 4.4-7

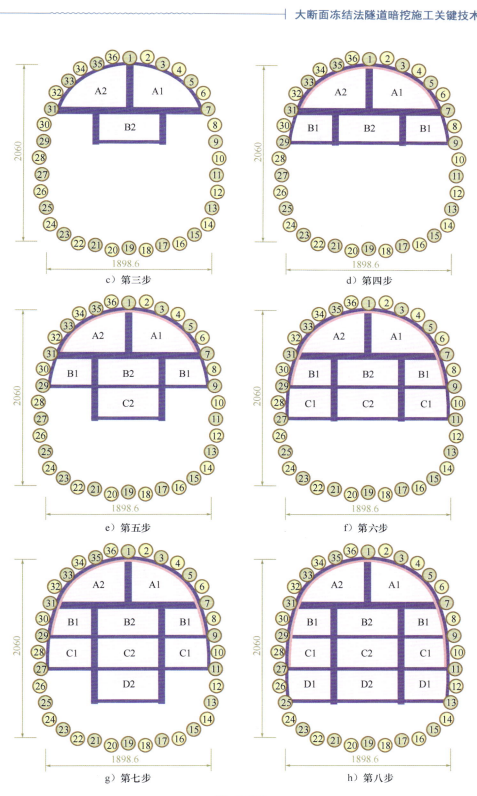

图 4.4-7

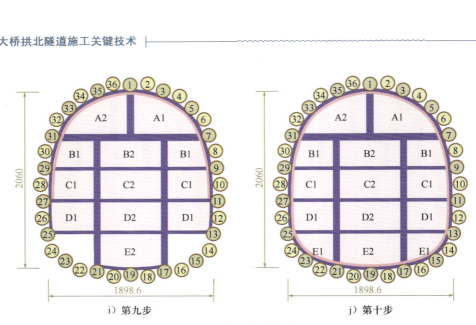

图 4.4-7 暗挖段开挖顺序图

图 4.4-8 冻土开挖施工照片

4.4.3 负温条件下隧道支护技术

(1)初期支护施工工艺

初期支护施工工艺流程如图 4.4-9 所示。

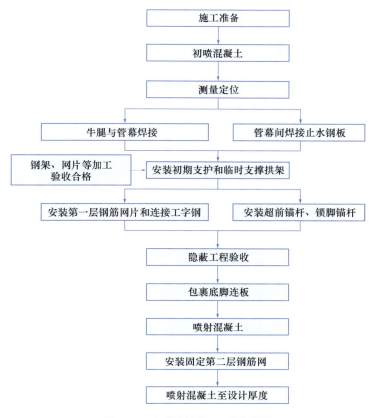

图 4.4-9 初期支护施工工艺流程图

(2) 钢拱架加工制作

加工流程:施工准备→施工放样→调试设备→下料、加工→检查验收。

加工前做好材料用量计划、进场计划等工作。做好平台场地的安排分区工作。测量人员先根据设计图在独立场地平台上放样,画出 1:1 钢架大样图,包括各连接点的法线方向。操作者先复核下料单上各单元钢架的尺寸及用料规格型号,检查是否符合设计要求。操作者按复核后的下料单下料,下料后各种规格、尺寸都分类分开放置并标识,以免误用。对一些小料可合理利用。操作者采用机械设备对钢材进行弯制,但弯制必须满足以下几点要求:

①弯起点必须做标记;

②弯曲机心轴直径应满足相关要求。

自检弯制形状、尺寸是否正确,平面翘曲是否达到要求,检验均合格后,在钢架适当位置标示好钢架单元编号。将制作好的钢架连接钢板焊接到钢架两端,焊接时应保证钢架几何断面尺寸垂直置于连接钢板的几何中心上,以保证钢架轴线偏差在允许范围内。同时,焊缝高度须达到设计及检验标准要求。钢架制作完成后,立即上报检查验收,验收合格后,在合格的钢架上标示并做好记录。将合格后的成品钢架存放于成品区,码放整齐,并做好遮盖等防锈措施。首榀钢拱架加工完成后,应放在平整地面上试拼。周边拼装允许偏差为 ±30mm,平面翘曲应小于 20mm。当各部尺寸满足设计要求时,方可进行批量生产。

(3)钢拱架安装

钢拱架安装前分批按设计图检查验收加工质量,不合格者禁用。初期支护(图4.4-10)和临时支撑随导洞开挖及时跟进,确保支撑体整体受力。拱脚必须支立在牢固的基础上,清除底脚处虚渣及杂物,超挖部分用喷射混凝土填实。其中间段连接板用砂子埋住,以防混凝土堵塞接头板螺栓孔。初期支护钢拱架与钢管幕双面焊接,并用梯形翼板进行加固,焊接厚度不小于5mm。临时支撑H型钢与管幕采用T形连接件焊接,段间连接安设垫片拧紧螺栓,确保安装质量。负温焊接前将不小于100mm范围内的管壁用火焰法加热到20℃以上方可施焊。

图4.4-10 安装初期支护

拱架安装后必须保证垂直度,不能发生扭曲变形。钢架安装到位,钢架后间隙用喷射混凝土填实。开挖时,要派专人对开挖作业进行指挥,严格限制机械作业界限,防止碰撞钢架。

(4)锁脚锚杆施工

临时支撑钢架锁脚采用2根$L=3m$的$\phi 42mm$锁脚锚管锁定,锚管采用钢花管,锁脚锚杆安装长度和角度应满足设计要求。先在临时支撑上开孔,风枪钻孔后将锚管插入孔内,孔口采用锚固剂封堵严实,并将锚管与临时支撑焊接牢固,焊接采用满焊,浆液采用普通水泥单液浆,加强注浆压力的控制。

(5)超前锚杆施工

临时竖撑处设有$L=3.5m$的$\phi 42mm$超前锚杆,竖向间距35cm,纵向排距2.4m。锚杆采用钢花管。

①布孔:沿临时支撑纵向开孔,开孔方向为隧道轴线偏离一定角度。

②成孔:沿临时支撑开孔方向,采用风枪打眼成孔。

③插管:安设小导管时要求对准管孔方向和角度,必要时使用液压或风动推进器将导管推入,并力求导管尾端在同一剖面且外露长度以30cm为宜。锚管与临时支撑钢架焊接。

④封口:喷射混凝土厚5~8cm,管尾周围加强封闭。

⑤注浆:注浆前先进行现场注浆试验,注浆参数通过现场试验按实际情况确定。

(6)钢筋网安装施工

钢筋网片在洞外分片加工制作,人工安装。钢筋网与工字钢翼缘板内侧焊接。钢筋网环向搭接长度为25cm。首层钢筋网被喷射混凝土全部覆盖后,安装第二层钢筋网。

(7) 负温喷射混凝土

喷射混凝土配合比设计是关键,负温喷射混凝土施工时加入硅粉及防冻剂、减水剂等外加剂。喷射混凝土采用潮喷工艺施工,在自建拌和站利用强制搅拌机拌制,严格按设计配合比进行拌和,配合比及搅拌的均匀性检查频率每班不少于两次。由混凝土运输车或导管运输到作业面。混合料在运输、存放过程中,严防雨淋、滴水及大块石等杂物混入,装入喷射机前过筛。喷射作业采取分段、分片,由下而上、先墙后拱的顺序进行,每段长度不宜超过6m。喷嘴垂直受喷面做反复缓慢螺旋形运动,螺旋直径20~30cm,同时与受喷面保持一定的距离,一般可取0.6~1.0m。若受喷面被钢筋网或格栅钢架覆盖时,可将喷头稍加倾斜,但不应小于70°,以保证混凝土喷射密实,钢支撑背面填满混凝土且黏结良好。

喷射作业时,喷射混凝土一般分两次施作,第一次喷射混凝土后安装第二层钢筋网片复喷至设计厚度。后一层在前一层混凝土终凝后进行,若终凝1h后再喷射混凝土时,先用风机喷水清洗喷层面。

严格执行喷射机操作规程:连续向喷射机供料;保持喷射机工作风压稳定;完成或因故中断喷射作业时,将喷射机和输料管内的积料清除干净。

喷射混凝土的回弹率应不大于15%。

喷射混凝土施工工艺流程如图4.4-11所示,施工现场图如图4.4-12所示。

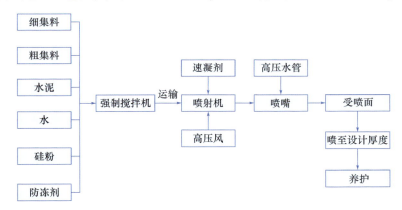

图4.4-11 喷射混凝土施工工艺流程图

图4.4-12 喷射混凝土施工现场图

4.4.4 特型临时支护安装技术

(1) 竖向支撑与管幕连接

第一步,在需连接的管幕支撑位置两侧焊接吊装牛耳,在吊装牛耳上安装电葫芦;第二步,使用电葫芦将 4 个预制连接板吊装并焊接在对应管幕下方,预制连接板的横截面为"]"形,4 个预制连接板中两两对应形成"][" 形;第三步,使用电葫芦吊装两个 H 型钢,并使用小型机械摆正 H 型钢位置,将每个 H 型钢的腹板分别插入对应的两个预制连接板的夹缝中;第四步,将两两对应的预制连接板与 H 型钢的腹板用螺栓安装,预制连接板与 H 型钢的翼缘板、管幕缝隙进行满焊,焊缝饱满。HW400mm×400mm 双拼竖撑与管幕连接如图 4.4-13 所示,预制连接板与支撑型钢连接如图 4.4-14 所示。

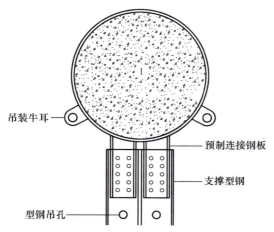

图 4.4-13　HW400mm×400mm 双拼竖撑与管幕连接示意图
注:1 为管幕的编号,下同。

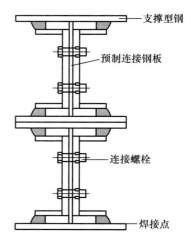

图 4.4-14　预制连接板与支撑型钢连接示意图

(2) 水平支撑与管幕连接

第一步,在两侧对应位置的管幕上分别使用小型机械运送并焊接 4 个预制连接板,预制连接板的横截面为"]"形,4 个预制连接板中两两对应形成"][" 形;第二步,使用小型机械分别将两根 H 型钢的腹板对应插入两个预制连接板的夹缝中;第三步,将两两对应的预制连接板与 H 型钢的腹板用螺栓安装,预制连接板与 H 型钢的翼缘板、管幕缝隙进行满焊,焊缝饱满;第四步,横向相邻的两个双拼横撑之间采用双拼接头连接,接头处焊接钢板。HW400mm×400mm 双拼横撑与管幕连接如图 4.4-15 所示。

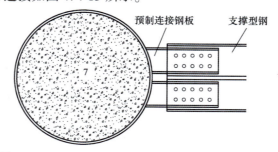

图 4.4-15　HW400mm×400mm 双拼横撑与管幕连接示意图

4.4.5 二次衬混凝土施工

初期支护与二次衬砌之间设置抗剪钢筋,钢筋一端焊接于初期支护工字钢的翼缘上,另一端与格栅钢架纵向连接筋采用直钩连接,如图4.4-16所示。抗剪钢筋的环向间距一般为50cm,在格栅钢架节段连接处的1m范围内抗剪钢筋间距加密为25cm。抗剪钢筋若在初期支护喷射混凝土前焊接,会严重影响喷射混凝土质量;若在初期支护喷射混凝土完成后焊接,则需要清除工字钢上的喷射混凝土,施工困难。原设计初期支护与二次衬砌厚度均为30cm,因抗剪钢筋施工问题,调整初期支护厚度为22cm,二次衬砌厚度为38cm。

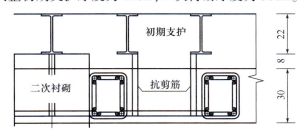

图4.4-16 二次衬砌设计断面图(尺寸单位:cm)

二次衬砌采用C35轻钢架混凝土结构,第一台阶喷射混凝土,其他部位采用30cm×100cm小型钢模板模筑混凝土。格栅钢架依据隧道分部分台阶开挖工序分节架立,每榀钢筋格栅分9节段组装。格栅拱架横断面高22cm、宽20cm,节段与节段之间采用角钢螺栓连接。两榀格栅钢架的纵向间距为60cm。临时支撑与两榀格栅钢架采用焊接相连,格栅钢架之间采用C25连接筋相连。

(1) 格栅钢架加工

根据格栅钢架设计图在钢平台上放样,画出1:1的格栅钢架大样图,包括各连接点的法线方向。操作者下料后按下料规格、尺寸分类分开放置并标识,以免误用。

钢筋弯制必须做到以下要求:

① 弯起点必须做标记;
② 弯曲机心轴直径应是钢筋直径的2.5倍;
③ 钢筋弯制形状正确,平面上无翘曲不平现象。

将4根主筋分别摆放夹持在模具卡槽上,焊接U形筋和几字形筋,焊接完成后安装箍筋并进行焊接,保证焊接质量,最后焊接连接板。连接板采用14cm×9cm×1.2cm角钢,连接板的焊接必须保证孔位与主筋的距离及两个板孔的模距一致。

将焊接好的格栅钢架在试拼区进行试拼,调运时注意安全,防止操作人员碰伤和格栅钢架弯扭。拱架圆顺,直墙架直顺。格栅钢架连接如图4.4-17所示。

(2) 格栅钢架安装

格栅钢架安装(图4.4-18)前分批按设计图检查验收加工质量,不合格者禁用。严格控制中线及高程,格栅钢架安装后必须保证垂直度,不能发生扭曲变形。其中间段连接板用砂子埋住或用袋子包裹,表面再抹3cm厚水泥砂浆,以防混凝土堵塞接头板螺栓孔。

抗剪钢筋直钩端要紧贴格栅钢架纵向连接筋,不得有缝隙,另一端与初期支护工字钢的翼缘焊接牢固。

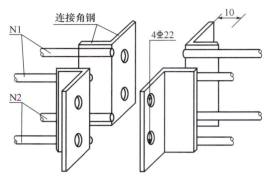

图 4.4-17　格栅钢架连接示意图(尺寸单位:cm)
注:N1、N2 为格栅钢架主筋。

图 4.4-18　格栅钢架安装

(3)二次衬砌混凝土

首层导洞喷射混凝土采用潮喷工艺,同钢拱架支护喷射混凝土工艺。

二~五层导洞二次衬砌采用模筑混凝土,模板选用 30cm×100cm 小型钢模板,以满足隧道断面尺寸要求。模板支撑拱架采用 10 号工字钢,工字钢加工弧度满足设计结构尺寸要求。要求模板、模板支撑拱架安装牢固,表面清理打磨干净,隔离剂涂刷均匀。模板的连接处必须紧密、牢固可靠,防止出现错位和漏浆现象。模板底部与临时支撑相接,采用砂浆或海绵将缝隙填满,防止漏浆,模板上部预留浇筑孔和振捣孔,最后采用塑料模板封堵浇筑。

采用 φ50mm 插入式振捣棒振捣,垂直插入,距模板不小于 10cm,振点间距 30cm。同时在模板外部用小锤锤击模板,使模板下部气泡上浮溢出。要注意控制振捣时间,既要防止漏振致使混凝土不密实,又要防止过振导致混凝土表面出现砂纹。拆除模板顺序与安装模板顺序相反,如果模板与混凝土吸附或黏结不能脱开时,可用撬棍撬动模板下口,不得在混凝土上口撬模板,或用大锤砸模板。

保持钢模板本身整洁及配套设备零件齐全,防止碰撞,堆放合理,保持板面不变形。安装就位时要平稳、准确,不得碰砸其他已施工完的部位。

4.4.6　隧道开挖期的风险及处置

1)危险源分析

拱北隧道为港珠澳大桥珠海连接线的关键控制工程,口岸暗挖段周边环境复杂敏感,周边建筑物较多,工程地质水文条件对隧道施工较为不利。在冻结和开挖施工过程中,冻结失效引起的突泥涌水、口岸内地表沉降过大周围建构筑物破坏、掌子面局部坍塌、支护结构变形过大都会造成不良影响。暗挖段施工风险源辨识见表 4.4-1。

暗挖段施工风险源辨识　　　　表 4.4-1

序号	分类	风险源
1	冻结	意外停电、停水
2		盐水泄漏
3		冷冻机故障,停止工作
4		冻胀、融沉

续上表

序号	分类	风险源
5	洞内注浆	管幕变形
6		冻结圈弱化
7		地表隆起
8	开挖衬砌	地表局部塌陷
9		地表沉降过大
10		掌子面失稳、坍塌
11		管间突泥、涌水
12		支护体系变形过大
13	监测系统	监测点损坏
14		传感器/监测系统故障
15	常规风险	火灾
16		触电事故
17		高处坠落
18		物体打击
19		机械伤害
20		车辆伤害

2）各类事故预防措施

（1）注浆引起的管幕变形、冻结圈弱化、地表隆起

①采用"双控缓速"注浆；

②加强监测，及时反馈，动态调整注浆参数，做到"监测到、控制住"。

（2）局部冻土失效引起管间突泥、涌水

①开挖时减少对冻结壁的扰动，防止管间冻土开裂；

②及时焊接弧形钢板；

③及时施作初期支护；

④在初期支护背后预留注浆管；

⑤加强观察，发现渗水及时处理。

（3）掌子面坍塌

①严格控制开挖进尺，保持各个导洞合理步距，快速开挖，步步成环；

②采用预留核心土法开挖各个导洞；

③严格按照设计施作超前锚管；

④及时对掌子面进行初喷。

（4）支护体系变形过大

①保证拱架焊接质量，保证临时支撑连接质量；

②及时施作锁脚锚管；

③保证临时支撑不悬空，如果悬空底部增加支垫；

④加强管理,施工设备不得直接碰撞支撑;
⑤按设计要求,二次衬砌紧跟初期支护;
⑥拆除支撑时严格执行方案,一次拆除长度不得过大。

(5)地表及周边建筑物变形过大
①严格按方案施工,避免出现突泥涌水、掌子面坍塌、支护体系变形过大等突发状况;
②加强监控量测,及时反馈,调整施工方法,做到信息化施工。

(6)监测点、传感器及监测系统故障
①做好监测点标识,加强巡视,储备监测元器件、材料;
②加强对施工人员的教育,增强保护意识;
③发现故障及时修复或更换。

(7)火灾事故预防措施
①冷冻站和施工现场配备足量的消防器材及灭火器具;
②冷冻站房要满足建筑平方面积并合理布置,建筑耐火等级、防雷防静电要满足安全要求;
③易燃易爆物品使用的管道、容器等设备应采用阻火器、安全阀等防火防爆安全设施,并定期维修,保证完好。

(8)触电及停电预防措施
①临时架设的线路及移动电气设备的绝缘必须良好,使用完毕要及时拆除。在施工过程中,电动机械、电气设备的照明因工作需要撤除后,不应留有可能带电的电线。
②加强临时施工用电安全检查和巡视,发现违章现象及时督促整改。
③由于冻土的特点,特别是在开挖期间不得进行长时间断电,否则冻土弱化,会造成坍塌危险。工程使用大功率制冷机组,采用低压东西区双回路成本较高,建议采用高压双回路。根据需要可以准备应急电源。
④与供电单位签订供电协议,确保供电的可靠性。

(9)防台风、防暴雨预防措施
①要密切关注天气预报及政府预警等情况;
②根据国家发布的天气预报预警,做好防范措施;
③生活区房屋及冷冻站房提前排查,做好加固措施;
④做好工作井及暗挖段施工排水设施准备,储备防排水物资设备,并经常性检查。

3)各类事故应急处置措施
(1)局部冻土失效引起的管间突泥突水应急措施
①在开挖过程中发现局部冻土有弱化的风险或接近冻土失效时,要加强冻结,降低盐水温度,根据需要开启 $\phi 89mm$ 应急冻结管,可采用液氮冻结。同时在开挖面安装液氮管进行冻结。
②管间出现突泥突水时,工作面施工人员先有序撤出至隧道外安全区域,待突泥突水情况稳定后,方可进行处理,不可冒进。
③立即组织抢险人员,调集应急物资、设备,对涌水点进行封堵。
④封堵措施:将事先准备好的负温喷射混凝土干料袋堆码成垛,在封堵墙形成期间抛掷袋装马丽散 A 液、B 液,浆液反应后形成止水墙,待涌砂涌水得到控制后进行注浆封堵。
⑤当发生突泥突水需较长时间处理时,断开高压电,避免触电事故,并在工作井及开挖导

洞内布置救生圈和救生绳及应急照明灯,为应急抢险做好安全保障措施。

⑥险情过大时,立模浇筑混凝土封闭整个断面。

(2)掌子面局部坍塌

①发生坍塌时,立即停止开挖,人员有序撤离至隧道外安全区域,塌方区设置警戒线,并由现场人员及时上报应急救援小组。紧急组织所有应急人员到位,快速调集足够的方木、型钢、沙袋、水泥等应急物资到场;采用型钢、方木等对初期支护进行加固。

②若有人员伤亡,立即由内部救护人员进行急救,并及时送往附近医院进行救治。

③对支护体系进行排查补强,对变形严重超限区段增加支撑,确保结构的整体安全。

④坍塌严重时及时喷射混凝土封闭掌子面,预留注浆管。

⑤加强对暗挖段周边的沉降观测和收敛观测。

⑥分析事故发生原因,制订相应的整改措施。

(3)支护体系变形过大

①出现险情后,立即停止施工。

②变形区域增设临时支撑体系,防止变形继续发展。

③加强监测,持续观察变形发展情况。

④分析变形原因,确定后续处理方案。

(4)地表及周边建筑物变形过大

①出现险情后,立即停止施工。及时通知口岸管理人员,经口岸同意后进入口岸封闭地表沉降地段,采取相应措施对地表进行加固处理。需要进入澳门关闸进行抢险时,及时通知澳门关闸边检管理人员,经关闸边检部门同意后进入澳门关闸实施抢险工作。

②当邻近工作井的口岸围墙发生开裂、倾斜时,立即停止施工,并通知应急救援小组组织抢险。

③对建筑物进行跟踪监测,并及时分析、反馈监测数据。

④分析事故发生原因,制订相应的整改措施。

⑤变形过大引起局部坍塌时,启动项目部应急预案,现场值班人员立即上报项目经理,项目经理向建设单位报告现场情况。同时与当地政府、口岸管理部门、边防部门进行联系,研究现场处理方法,封锁交通、疏散行人和车辆。

(5)火灾应急措施

①火灾发生后项目部应急救援组负责人应立即指挥救援组进行扑救,火情严重时,应立即向当地119报警,讲明引起着火的物质情况及火灾详细地点。

②在消防人员未到之前,现场人员应启用现场所有的消防器材进行灭火。

③电器设备着火时,严禁用泡沫灭火器和水灭火,应立即切断电源,用干粉灭火器和二氧化碳灭火器、黄砂等灭火。

(6)临时用电应急措施

①如发生触电事故,现场人员应立即脱离电源或立即切断电源关闭电路,在未脱离电源时,禁止用手拉触电者。

②用现场可以得到的绝缘材料等使触电人员脱离带电体,待带电体脱离后,将伤员立即放置在安全地方。

③组织人员抢救。若发现触电者呼吸或心跳停止,则将伤员仰卧在平地上或平板上,立即进行人工呼吸或同时进行体外心脏按压。

④立即拨打120,与当地急救中心取得联系,并详细说明事故地点、严重程度和联系电话,并派人至路口接应。

⑤如遇长时间停电,根据供电情况,及时调整切换高压供电双回路,确保开挖期间制冷机组的有效运转,保证冻土不弱化。

⑥立即向应急救援领导小组汇报事故发生情况,必要时寻求支援,维护现场秩序,严格保护事故现场。

(7)防台风暴雨应急措施

①根据国家发布的天气情况及时通知作业人员,做好应急避险工作。

②组织重点物质的转移及保护工作。

③做好工作井内的排水设施检查,确保大雨来临后可以有效地排水。

④事后分析出现的问题,做好下一步的准备工作。

4)应急保障

(1)建立应急抢险救援队伍

针对拱北隧道暗挖段可能出现的坍塌、突泥涌水、围墙开裂、地表沉降、渗水等突发情况,成立应急抢险救援队,应急抢险救援队名单在拱北边检站备案,如遇突发情况可第一时间赶赴现场处置。

(2)储备应急设备及物资

针对拱北隧道暗挖段可能出现的坍塌、突泥涌水、围墙开裂、地表沉降、渗水等突发情况,储备应急抢险救援物质,做好应急抢险救援的基础保障。

(3)培训与演练

通过培训,提高全体员工的突发事件应急避险意识和应急抢险能力,确保应急响应职责明确、反应迅速、行动有效。

应急培训的主要内容包括应急预案培训、应急基本知识与技术培训、应急自救与互救基本知识与技能培训、应急器材使用培训、应急预案编制、评价与修订方法要点培训、事故案例培训、应急演练与响应总结培训等。

培训可采用座谈、放映多媒体资料、现场讲座等形式。每年进行一次综合应急预案的培训,根据工程进展和施工阶段,每年组织对相应专业应急救援小组进行一次专项应急预案培训。

4.5 超大断面隧道混凝土衬砌施工技术

4.5.1 衬砌施工方案

(1)施工方案

分东、西两个工区独立组织临时支撑拆除及下层隧道三次衬砌施工,上层隧道三次衬砌由东向西组织单向施工。

下层隧道三次衬砌按仰拱、侧墙、中板顺序浇筑,侧墙和中板采用支架法模筑,充分利用原有临时支撑体系;上层隧道拱墙衬砌采用整体台车一次模筑成型。

三次衬砌一次性施工长度确定为12m。控制仰拱、侧墙、中板、拱部衬砌施工缝处在同一断面上。临时支撑体系和模板拆除过程中,加强监控量测,信息化施工。

(2)施工阶段划分

结合三次衬砌施工方案,为减少各工序的相互干扰,考虑暗挖段防水要求,尽量减少施工缝,对暗挖段三次衬砌施工长度和临时支撑拆除节段进行划分(表4.5-1),保证施工进度以及拆撑、仰拱与开挖平行作业,确保三次衬砌尽快封闭成环。

暗挖段三次衬砌施工段落划分   表4.5-1

分段序号	里程	结构	分段长度(m)		备注
1	YK2+387.8~YK2+392.65	内衬	1	4.85	施工缝
		地下连续墙	1.2		
		素墙	1.2		
2	YK2+392.65~YK2+403.15		10.5		施工缝
3	YK2+403.15~YK2+413.95		10.8		施工缝
4	YK2+413.95~YK2+425.85		11.9		变形缝
5	YK2+425.85~YK2+437.75		11.9		施工缝
6	YK2+437.75~YK2+449.65		11.9		施工缝
7	YK2+449.65~YK2+461.55		11.9		变形缝
8	YK2+461.55~YK2+473.45	管幕+冻结	11.9		施工缝
9	YK2+473.45~YK2+485.35		11.9		施工缝
10	YK2+485.35~YK2+497.25		11.9		施工缝
11	YK2+497.25~YK2+509.15		11.9		施工缝
12	YK2+509.15~YK2+521.05		11.9		施工缝
13	YK2+521.05~YK2+532.95		11.9		施工缝
14	YK2+532.95~YK2+544.85		11.9		施工缝
15	YK2+544.85~YK2+556.75		11.9		施工缝
16	YK2+556.75~YK2+568.65		11.9		施工缝
17	YK2+568.65~YK2+580.55		11.9		变形缝
18	YK2+580.55~YK2+592.45		11.9		施工缝
19	YK2+592.45~YK2+604.35		11.9		施工缝
20	YK2+604.35~YK2+616.25		11.9		变形缝
21	YK2+616.25~YK2+628.15		11.9		施工缝
22	YK2+628.15~YK2+640.05		11.9		施工缝
23	YK2+640.05~YK2+647.2	素墙	1.2	7.15	施工缝
		地下连续墙	1.2		
		内衬	1		

(3)三次衬砌结构施工工艺

暗挖段三次衬砌结构施工工序流程如图4.5-1所示。

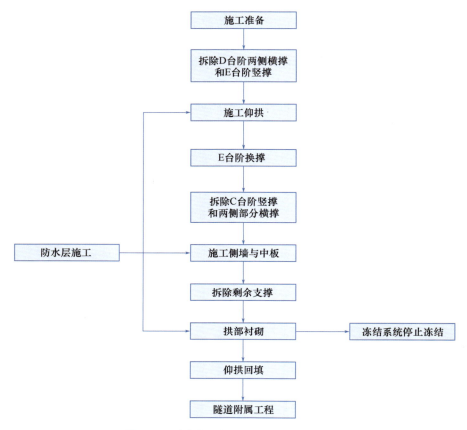

图4.5-1 暗挖段三次衬砌结构施工工序流程图

4.5.2 临时支撑拆除施工关键技术

(1)临时支撑拆除方案

结合三次衬砌的施工顺序和长度,依次先于三次衬砌施工分部拆除临时支撑。三次衬砌施工由下至上进行,先仰拱,再侧墙、中板,最后拱部衬砌,施工长度12m。临时支撑拆除时,先采用破碎锤从上到下破除全部喷射混凝土,临时钢支撑每10榀保留2榀不拆,以控制隧道结构变形,保留的2榀临时钢支撑紧跟三次衬砌工作面前拆除。具体拆除顺序如图4.5-2所示。

(2)临时支撑数值分析

根据工程地质状况、隧道临时支护结构和二次衬砌设计建立数值模型进行分析,主要考虑围岩压力、水压力、结构自重、地面荷载和施工荷载作用。其中,地面荷载取30kPa,施工荷载取20kPa。由于隧道断面大、埋深浅,围岩竖向压力按全土柱考虑,水平压力按静止土压力考虑。图4.5-3为计算得到的隧道结构轴力图。由图可知,第五层竖向支撑和第三道横向支撑轴力最大,在临时支撑拆除施工中应重点关注。

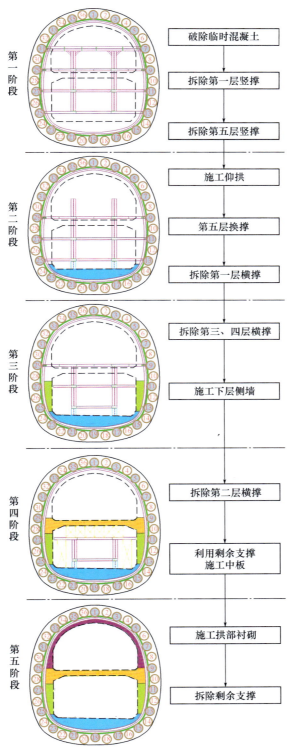

图 4.5-2 临时支撑拆除顺序

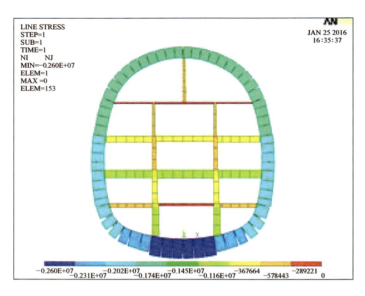

图 4.5-3 隧道结构轴力图(单位:kN)

(3)支撑拆除施工方法

施工采用破碎锤拆除临时支撑混凝土,升降机械配合人工火焰切割拆除临时支撑钢架。每一次拆除的部分均由上至下依次分段拆除。

先用吊带绳索将钢支撑固定牢固至吊点,采用火焰切割与管幕焊接部分的钢支撑连接板,使临时支撑与管幕结构分离,解除约束;逐节凿除临时钢支撑喷射混凝土层,切割清除连接网片和矩形管;将凿除的渣块和钢筋等及时清理运出施工现场;拆卸连接螺栓,采用吊装设备将钢支撑拆除并分批运至洞外,如图4.5-4、图4.5-5所示。

图 4.5-4 首层临时支撑切割

图 4.5-5 临时支撑拆除

临时钢支撑拆除后应对拆除切割钢支撑部位用同等标号的砂浆抹平或喷射混凝土找平,保证二次衬砌混凝土面圆顺平整以及后续防水层铺装质量。临时支撑拆除施工工艺如图4.5-6所示。

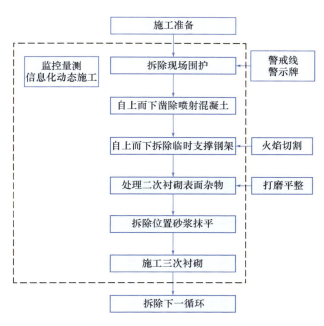

图 4.5-6　临时支撑拆除施工工艺图

（4）拆除施工技术

①拆撑时机。把握好临时支撑的拆除时机可有效减少初期支护的结构变形。暗挖隧道在初期支护和二次衬砌全部完成，且各导洞变形充分稳定后，开始拆除临时支撑。

②拆撑长度确定。五台阶十四部临时支撑拆除没有成熟的经验，为了保证口岸的绝对安全，拆撑长度需通过现场试验和数据分析来确定。施工中先逐个切断钢支撑，同时监测结构内力变化及变形情况，评估拆除的距离。钢支撑切断后，若支护变形小，则开始在安全范围内拆除临时支撑；若支护变形较大，存在极大的安全风险，则应立即将临时支撑焊接复原，同时对变形区域进行加固，重新评估、分析并调整拆除方案。最终暗挖隧道确定临时支撑的一次拆除长度为 10.8m。

③间隔拆除。支撑连续拆除距离过长容易引起隧道结构受力变化，从而导致大变形，因此，临时支撑必须间隔拆除，每 10 榀保留 2 榀不拆。

④对称拆撑。临时支撑拆除由下向上进行，同时解除钢支撑两端与管幕的连接，形成分段对称式拆除。

⑤及时换撑。临时支撑型钢极重，当第五层竖撑拆除后，仅靠四道横撑与管幕焊接来承受临时钢支撑的全部重量，结构变形风险较大，因此需在仰拱施工完成后及时对第五层竖撑进行换撑。施工过程中要求工序紧凑以减少支撑悬空时间。

⑥三次衬砌紧跟。每拆除一段临时支撑后应立即施工仰拱、侧墙、中板及拱部三次衬砌。

⑦合理组织。临时钢支撑拆除与三次衬砌施工交叉作业，组织复杂。根据以往临时支撑拆除经验，钢支撑拆除是影响结构变形的主要因素，混凝土破除过程对结构变形影响极小。因此，先由上至下破除全部临时支撑上的喷射混凝土，这样简化了拆除工艺，且上部拆撑完成后下部即可开展后续施工，不会出现每拆除一段支撑，破除的喷射混凝土碎块四处飞溅，严重影响下道工序施工的情形。下部临时钢支撑随仰拱、侧墙、中板跳槽施工，255m 长度可形成四个

工作面，拱部三次衬砌从一侧工作井向另一侧工作井依次施工，这样组织可减少干扰，提高施工效率。利用第三道横撑及下部支撑施作中板，可减少搭设支架的工作量，加快施工进度，同时极大减少新设支架运输对其他工作面的交叉干扰。待中板全部完成后，通过仰拱拆除、运输剩余钢支撑，大大提升了施工效率和安全性。

⑧信息化施工。监控量测贯穿临时钢支撑拆除和三次衬砌施工的全过程。通过动态监测指导施工，有效控制了结构变形。

临时支撑拆除后的运输通道如图4.5-7所示。

图4.5-7 临时支撑拆除后的运输通道

（5）安全注意事项

①临时支撑拆除施工本着安全第一的原则，现场设有专职安全员负责安全工作，现场设安全警示标志。

②施工人员佩戴安全帽，高空作业人员佩戴安全绳，拆除现场设置安全网。拆除过程中，设置警戒线，严禁其他施工人员和无关机械通过拆除区域，防止坠物伤人。

③拆除过程中严禁挖掘机、装载机等机械以直接破坏方式拆除临时支撑拱架，以防止因机械碰撞造成隧道支护体系变形。拆除严格按照步骤进行，切不可一次拆除距离过长，拆除后及时施工三次衬砌。

④钢支撑拆除时要使用绳索等安全措施，严禁以自由落体形式直接下落，以免对临时横撑造成撞击变形，或防止钢支撑自由下落弹起伤人。

⑤拆除临时支撑后及时清除残留在二次衬砌上的短型钢头和短钢筋头，并用同等标号砂浆（同二次衬砌强度）抹平或喷射混凝土找平，为后续铺设防水板施工创造条件。

⑥施工过程中加强监控量测工作，随时监测二次衬砌的稳定性。若发现变形异常，应立即停止拆除工作并报警。采取适当的加固措施，同时告知相关单位进一步分析原因，研究后续工作安排。

⑦按照信息化设计和施工原则，对拆除施工过程中换撑和拆撑对隧道结构的影响，应严密进行监测并根据监测数据反馈指导后续施工。

4.5.3 下层隧道衬砌施工技术

1）仰拱施工

在施工安排中，应尽快修筑仰拱，利于衬砌结构的整体受力。

施工工序：二次衬砌面清理→防水层施工→钢筋制安→安装模板→仰拱混凝土浇筑→换撑→养护→下一循环施工。

土工布铺设前，及时清除二次衬砌表面的浮渣和积冰等杂物，保证基面无积水，平顺，不允许有直角凹凸部位。对凿除积冰和浮渣过程中在二次衬砌表面形成的凸起与凹槽，用砂浆抹平。基面平整度满足 $D/L=1/20$ 后，铺设土工布及防水板，浇筑混凝土保护层，绑扎钢筋、安装模板。

仰拱模板：小侧墙采用钢模板，端头模板为木模结合。模板表面涂刷脱模剂，模板间接缝采用双面胶填充，模板与旧混凝土接缝采用玻璃胶填充，防止漏浆影响混凝土外观质量。为了有效控制混凝土徐变作用，防止因温度应力引起表面裂缝和贯穿裂缝，根据现场施工情况及要求，采用内置冷水循环水管降温，循环水管所采用材料为钢管（规格 $\phi48mm×3.5mm$）。在仰拱中部预埋普通钢管循环水管，水平间距为 1500mm，按 U 字形布置，接缝采用丝扣接或者焊接，钢管与 10cm 工字钢架立支撑固定，见图 4.5-8、图 4.5-9。

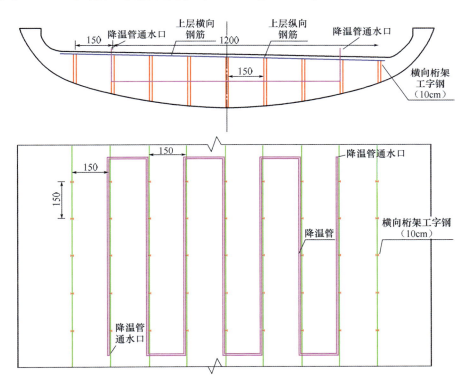

图 4.5-8 冷水循环管布置示意图(尺寸单位：cm)

竖向布置测温点按照顶表面温度、中心温度、底表面温度的检测要求进行布设，在仰拱内部横断面上、中、下布置温度监测元件，监测混凝土浇筑前后温度场变化。仰拱混凝土浇筑（图 4.5-10）采用泵送法按"斜面分层法"进行，即采用"一个坡度、循序推进、一次到顶"的浇筑工艺。抹面采用二次抹压并刻纹处理。

图4.5-9 安装冷水循环管

图4.5-10 仰拱浇筑混凝土

混凝土养护采用土工布覆盖、保温,初期少量洒水,润湿土工布,水管滴灌养护;水管采用有韧性的 PVC 管,间隔20cm 钻孔;4~5d 混凝土表面温度与大气温差小于20℃时饱水养护。

为保证整体工期要求,在第五台阶开挖进尺至 60~70m 时,开始施工仰拱。为减少仰拱铺底对施工进度的影响,降低施工干扰,开挖和浇筑混凝土时利用第四台阶斜坡道和第五台阶洞口进出通道进行作业,保证仰拱施工与开挖作业平行进行。

2) 侧墙、中板施工

侧墙、中板拆除支撑后采用支架法模筑施工,利用隧道内部分临时竖撑支撑模板浇筑侧墙,在第三道横撑上施作平台搭设支架模筑中板。

(1) 模板支架体系

侧墙下部钢模板尺寸为 2m×1m,厚度5mm,4 块;上部钢模板尺寸为 0.5m×1m,厚度5mm,4 块,采用 M25 螺栓连接。中板底模为竹胶板,厚度2cm。支架为扣件式脚手架+第三、四道横撑+第四道竖撑+仰拱换撑组成的体系,扣件式脚手架钢管直径为48mm,壁厚3.5mm。

第三道横撑以下的支架搭设形式如下:

①立杆横距为 90cm,纵距为 60cm。立杆顶部采用顶托加方钢支撑于第三道横撑下。横杆层间距为 90cm,模板背后和横撑处采用 10 号工字钢做背楞,横杆上加顶托顶在方木上。

②每根立杆底部设置底座或垫板。

③纵向扫地杆采用直角扣件固定在距钢管底端不大于 200mm 处的立杆上。横向扫地杆采用直角扣件固定在紧靠纵向扫地杆下方的立杆上。

④剪刀撑的设置:支架四周从底到顶连续设置竖向剪刀撑;中间纵、横向由底到顶连续设置竖向剪刀撑,间距应小于或等于4.5m,剪刀撑斜杆与地面夹角为45°~60°。

第三道横撑以上的支架搭设形式如下:

①立杆横距为 60cm,立杆纵距为 90cm。在第三道横撑上布置 10cm 工字钢做纵向分配梁,立杆立于分配梁上。立杆顶部采用顶托+纵向分配梁+横向方木的方式支撑模板。横杆层高为 65cm,模板背后采用 10cm×10cm 方木做背楞,横杆上加顶托顶在方木上。

②底座、扫地杆、剪刀撑的设置方式同上。

第三道横撑上的搭设方法如下:

①第三道横撑上部布置分配梁,立杆下部可调底座直接置于分配梁,按施工方案弹线定位,由纵向中心线处画参照线,横向距中心线 30cm 处设头两根立杆,定出第一排立杆位置后,

按横向间距60cm设置第一排立杆,在间距90cm处设置第二排立杆。

②可调底托和可调托撑丝杆与螺母捏合长度不得少于4~5扣,插入立杆内的长度不得小于150mm。模板支撑架搭设应与模板施工相配合,利用可调底座或可调托撑调整底模高程。

③支架高213cm,立杆采用一次性架立安装,剪刀撑在立杆安装完成后设置。

④剪刀撑等设置完毕后设置安全网。

⑤立杆顶托上纵向铺边长100mm的工字钢,其上横向铺边长100mm的方木,间距0.35m。

⑥剪刀撑应每步与立杆扣接,扣接点距节点的距离宜小于或等于150mm;当出现不能与立杆扣接的情况时亦可采取与横杆扣接,扣接点应牢固。

⑦立杆的垂直偏差不应大于架高的1/300。

⑧上下横杆的接长位置应错开布置在不同的立杆纵距中,与相连立杆的距离不大于纵距的三分之一。

⑨应按立杆、横杆、剪刀撑顺序逐层搭设,底层水平框架的纵向直线度应小于或等于$L/200$(L为立杆的长度);横杆间水平度应小于或等于$L/400$,L为水平框架长度。

第三道横撑下的搭设按施工方案弹线定位,放置可调底座或垫板,按先立杆后横杆再斜杆的搭设顺序进行。架体由纵向中心线处画参照线,横向距中心线30cm处设头两根立杆,定出第一排立杆位置后,按横向间距60cm设置第一排立杆,在间距60cm处设置第二排立杆。以此类推,逐排搭设立杆,上横杆。架体形成后,安装顶托、方木。其余与第三道横撑上的搭设方法相同。下侧墙、中板模板支架体系如图4.5-11所示。

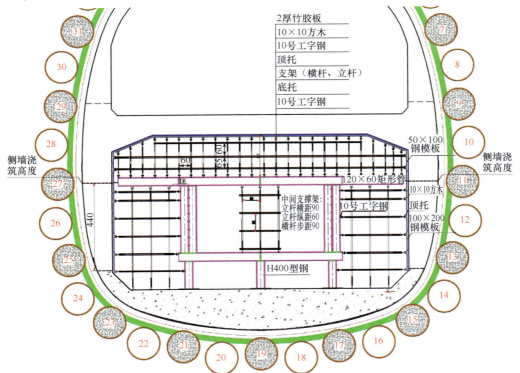

图4.5-11 下侧墙、中板模板支架体系(尺寸单位:cm)

(2) 模板安装

侧墙模板安装采用门式起重机起吊运输,人工配合安装。

模板支撑牢固、稳定,确保混凝土浇筑过程中不发生松动、跑模、超标准变形下沉等现象。内模支撑安装时,始终保证模板不变形。严格按施工验收规范执行,严防侵入限界。

模板安装前,由测量人员根据设计图纸准确放样,待监理工程师检查无误后方可立模。模板拼装前在模板间贴泡沫双面胶,防止模板拼装不严密而漏浆。

满堂支架搭设时,预压或预留沉降量,以确保模板净空和限界要求。

结构变形缝处的端头模板钉变形缝衬垫板,并使变形缝衬垫板嵌入钢边橡胶止水带,然后用模板固定牢固。变形缝衬垫板应支撑牢固,防止跑缝。

(3) 模板安装注意事项

①模板与钢筋安装要配合协调进行,妨碍绑扎钢筋的部分模板应待钢筋安装完毕后安装补齐。

②模板与脚手架应互不联系,模板与脚手架除整体设计外,二者之间应不相联系,以免在脚手架上运存材料和工人操作时引起模板变形。

③模板的安装,应考虑防止模板位移和突出,用等同于混凝土中的砂浆材料配合比制作水泥支杆,用于控制墙体厚度与模板的位置,采用水平对支的方法支设固定,支撑要牢固有力,混凝土浇筑应两侧同步进行。

④模板安装完毕后,须经检验合格后,方可浇筑混凝土;检验主要内容包括平面位置、顶部高程、结点联系及稳定检查。浇筑时,发现模板有超过容许偏差变形值的可能时必须及时予以纠正。

(4) 模板、支架拆卸

①混凝土达到设计拆模强度,经监理工程师同意后,方可拆卸模板。

②模板拆卸按照后支先拆、先支后拆,先拆非承重模板、后拆承重模板的顺序进行。

③拆除跨度较大的梁底模时,先从跨中开始,分别向两端对称拆卸。

④中板底模在中板混凝土达到强度后方可拆卸。

⑤拆下来的模板及时清理干净,刷油保护,并按规格分类堆放整齐待用。

⑥脚手架的拆除按照自上而下的顺序依次进行,确保安全。

4.5.4 上层隧道衬砌施工技术

上侧墙和拱部混凝土采用一台长12m的自行式液压整体钢模台车浇筑。中板施工完后,自东向西浇筑拱部衬砌。支撑拆除、防水板及钢筋安装和混凝土浇筑分三个工作面施工,以确保混凝土连续浇筑。

施工工艺流程:工作台架就位→铺设防水板→衬砌钢筋绑扎、焊接→预埋件设置与检查、铺设轨道→模板台车刷脱模剂→模板台车就位→尺寸检查验收→模板台车就位锁定→安设堵头板→泵送灌注混凝土→脱模、养护→下一个循环施工。

(1) 钢筋绑扎和焊接

拱部衬砌结构钢筋(图4.5-12)安装采用轮

图4.5-12 衬砌钢筋

式简易工作台架,钢筋在洞外加工下料并弯制成型,汽车运送至洞内,人工绑扎,接头采用机械连接,搭接长度必须符合设计和施工技术规范的要求。在进行钢筋焊接时,需特别注意对防水板的保护,以防造成防水板破坏。

（2）模板台车就位

拱墙衬砌模板台车在钢轨上行走,其定位过程为:①测量放线,检查模板台车电器行走系统,移至下一衬砌循环处;②清理模板并涂脱模剂,就位调整,固定就位千斤顶,挂上模板台车两侧的侧向千斤顶,基脚千斤支撑固定;③中线、水平检查,安装堵头板,混凝土输送泵就位,安装输送管。上半断面钢模板台车正立面和侧立面如图 4.5-13、图 4.5-14 所示。

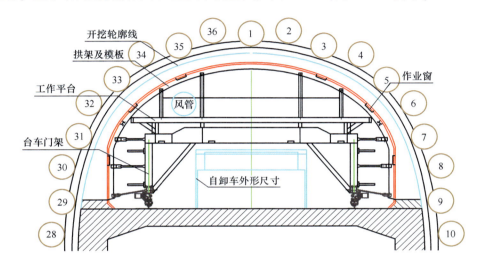

图 4.5-13　钢模板台车正立面示意图

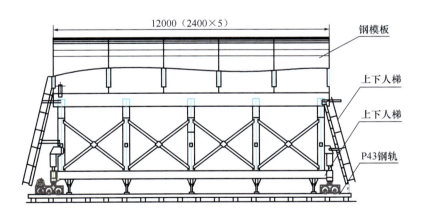

图 4.5-14　钢模板台车侧立面示意图(尺寸单位:mm)

（3）泵送混凝土

衬砌混凝土采用混凝土输送泵泵送入模（图 4.5-15）,两侧交替灌注,且两侧混凝土灌注面高差不得大于 50cm,以免不对称、侧压引起台车移位,影响混凝土外观质量和衬砌成型后的净空。

图 4.5-15　衬砌混凝土施工

（4）混凝土振捣

加工模板台车时，在台车内模上预留工作窗，内侧面安设附着式振捣器，灌注过程中，利用插入式振捣器、附着式振捣器以及输送泵泵送压力使灌注混凝土达到密实的要求。

（5）混凝土脱模

根据施工技术规范要求，三次衬砌混凝土的强度达到 2.5MPa 时方可脱模，脱模时间亦可由工地试验室确定。受围岩压力较小的拱墙，混凝土强度须达到设计强度的 70% 方可脱模；受围岩压力较大的拱墙，混凝土强度必须达到设计强度的 100% 方可脱模。

4.6　超大断面隧道监控量测技术

4.6.1　总体监控量测方案

暗挖施工过程中的顶管、压浆、冻结、开挖、解冻等工序，都可能引起地面沉降或地面隆起；而隧道的上覆土层厚度只有 4~5m，暗挖施工的相关影响会马上反映到地面上，对地面结构物造成影响。因此，暗挖区的重点监测项目应为地面沉降。

根据《公路隧道施工技术规范》（JTG/T 3660—2020）中监控量测的规定，应对隧道的拱顶下沉和周边位移进行监测。另外，暗挖段"曲线管幕+冻结法"施工技术、长距离大直径曲线管幕顶进技术、临海盐水环境下长距离分段分区精准控制冻结技术在国内尚无先例，具有研究价值，可对支护结构的受力状态包括支撑内力、支护衬砌内力、支护衬砌间压力进行监测。

需要在隧道管幕范围外侧设置地下水位监测和孔隙水压力监测，用以了解止水帷幕的效果和施工过程中孔隙压力的变化规律；设置深层侧向位移，用于协助了解顶管、压浆、开挖时对周边土体的影响程度。隧道施工区域及邻近范围的建筑物也需进行施工监测,监测项目有建筑物的沉降、水平位移和倾斜等。

4.6.2 风险问题与监测项目

暗挖段施工主要风险项目和监测项目见表4.6-1。

暗挖段施工主要风险项目和监测项目　　　　　表4.6-1

工序	风险类型	主要影响对象	主要现象	监测项目
管幕	水土流失	地表及地上建筑物	地面沉降	地表沉降
冻结	冻胀	地表及地上建筑物	地面隆起	地表沉降
				侧向位移
解冻	融沉		地面沉降	地表沉降
开挖	拱顶下沉	隧道结构	地面下沉	拱顶沉降
		地上建筑物		周边位移
	洞身内移			地表沉降
	帷幕泄漏	地面建筑物	地面下沉、	地表沉降
			地下水位下降	地下水位
支撑和内衬	隧道结构破坏	隧道结构	结构坍塌	支撑内力
		地上建筑物	地面沉陷	土压力
				地面沉降

4.6.3 布设要求

(1)拱顶下沉:在隧道顶部设置,一个断面布置3个,每5~10m一个观测断面。

(2)隧道内周边位移即收敛变形:按双侧壁导坑法测线布置,每断面暂布16个测点,每5~10m一个观测断面。

(3)洞内钢支撑内力:每个断面暂布22个测点,每20~30m一个观测断面。

(4)初期支护衬砌内应力:每个断面设置15个测点,每20~30m一个观测断面。

(5)二次衬砌内应力:每个断面设置8个测点,每20~30m一个观测断面。

(6)三次衬砌内应力:每个断面设置16个测点,每20~30m一个观测断面。

(7)仰拱监测项目:每断面设置1个测点,共计25个。

(8)围岩与初期支护接触压力:每个断面设置8个测点,每20~30m一个观测断面。

(9)二次衬砌与三次衬砌接触压力:每个断面设置8个测点,每20~30m一个观测断面。

(10)地表竖向位移:纵向每5~10m一个观测断面;每个观测断面,单向每侧3倍隧道跨度内布设测点,跨度内测点间距2m,跨度外间距2m、3m、5m、8m、10m。

(11) 深层侧向位移:紧邻保护对象,同一孔内测点间距 0.5~1.0m。

(12) 孔隙水压力:竖向间距 2~5m,不宜少于 3 个,纵向间距 20~30m。

(13) 地下水位:设置在管幕顶管的两侧,约 50m 一组,每组 2 孔。

(14) 邻近建筑物水平、竖向位移和倾斜:设置在建筑物角点,沿外墙每 10~15m 处或每隔 2~3 根柱基上,每侧不少于 3 测点。

(15) 暗挖区地下管线水平及竖向位移:在管线节点、转角点、曲率较大处设点,沿管线长度方向测点间距 10~15m。

(16) 邻近建筑物裂缝:选代表性裂缝,不少于 2 条。

(17) 暗挖段地表裂缝:选代表性裂缝,不少于 2 条。

典型监测断面及监测布置图如图 4.6-1 ~ 图 4.6-6 所示。

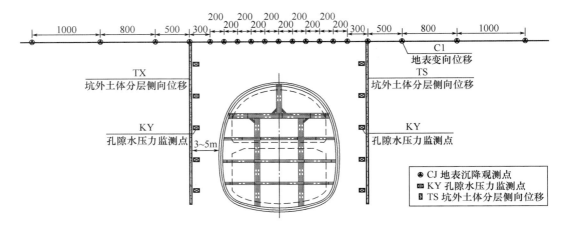

图 4.6-1 洞外监测断面示意图

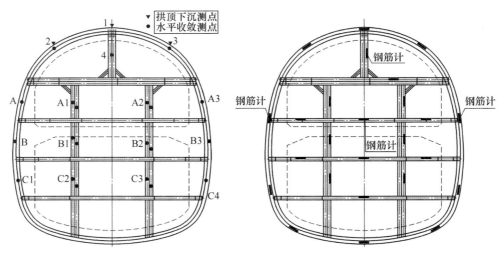

图 4.6-2 洞内下沉、收敛位移监测布置图　　图 4.6-3 初期支护及临时支护监测布置图

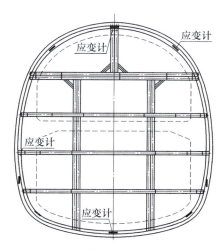

图 4.6-4 二次衬砌内应力监测布置图

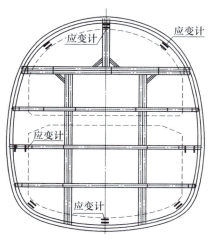

图 4.6-5 三次衬砌内应力监测布置图

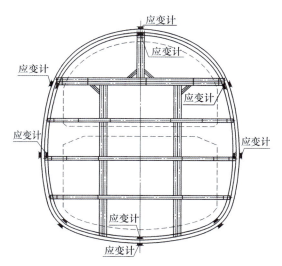

图 4.6-6 接触压力监测布置图

4.6.4 监测频次及监控标准

暗挖区施工监测频次见表 4.6-2,测点精度和预警控制值见表 4.6-3。

暗挖区施工监测频次　　　　表 4.6-2

序号	监测项目	施工进程						
		管幕施工阶段	冻结-冻帷幕形成	开挖阶段				解冻阶段
				(0~1)B	(1~2)B	(2~5)B	>5B	
1	洞内外巡视	1次/1d	2次/1d	2次/1d	1次/1d	1次/2~3d	1次/3~7d	1次/1d
2	拱顶下沉			2次/1d	1次/1d	1次/2~3d	1次/3~7d	
3	隧道收敛变形			2次/1d	1次/1d	1次/2~3d	1次/3~7d	

续上表

序号	监测项目	施工进程						
		管幕施工阶段	冻结-冻帷幕形成	开挖阶段				解冻阶段
				(0~1)B	(1~2)B	(2~5)B	>5B	
4	钢支撑内力			2次/1d	1次/1d	1次/2~3d	1次/3~7d	
5	支护衬砌内力			2次/1d	1次/1d	1次/2~3d	1次/3~7d	
6	围岩及衬砌间压力			2次/1d	1次/1d	1次/2~3d	1次/3~7d	
7	地表竖向位移	1次/1d	2次/1d	4次/1d	2次/1d	1次/1d	1次/2d	1次/1d
8	地层侧向位移	1次/1d	2次/1d	4次/1d	2次/1d	1次/1d	1次/2d	
9	孔隙水压力	1次/1d	2次/1d	4次/1d	2次/1d	1次/1d	1次/2d	
10	地下水位	1次/1d	2次/1d	4次/1d	2次/1d	1次/1d	1次/2d	
11	邻近建筑物位移	1次/1d	2次/1d	4次/1d	2次/1d	1次/1d	1次/2d	
12	邻近建筑物倾斜	1次/1d	2次/1d	4次/1d	2次/1d	1次/1d	1次/2d	
13	周围建筑物裂缝	1次/1d	2次/1d	4次/1d	2次/1d	1次/1d	1次/2d	
14	地表裂缝	1次/1d	2次/1d	4次/1d	2次/1d	1次/1d	1次/2d	

注:B 为隧道宽度。

暗挖段测点精度和预警控制值 表4.6-3

序号	监测项目	监测精度	预警值
1	地表沉降	0.5mm	累计值:30mm,位移速率:2mm/d
2	地下水位	5.0mm	累计值:1000mm,速率:300mm/d
3	土体侧向位移	0.25mm/m	累计值:30mm,位移速率:2mm/d
4	孔隙水压力	0.5/100(F·S)	70%设计控制值
5	拱顶下沉	0.5mm	累计值:30mm,位移速率:2mm/d
6	周边位移	0.5mm	相对位移累计值:0.30%
7	钢支撑内力	0.5%(F·S)	70%设计控制值
8	支护衬砌内力	0.5%(F·S)	70%设计控制值
9	围岩与初期支护接触压力	0.5%(F·S)	70%设计控制值
10	初期支护与二次衬砌接触压力	0.5%(F·S)	70%设计控制值
11	地下管线水平及竖向位移	0.3mm	累计值:10mm,位移速率:2mm/d
12	周围建筑物水平位移	0.5mm	累计值:40mm,持续发展
13	周围建筑物竖向位移		累计值:40mm,持续发展
14	周围建筑物裂缝	宽度0.1mm、长度1.0mm	累计值:1.5mm,持续发展
15	地表裂缝		累计值:10mm,持续发展

4.6.5 结构变形监测

隧道冻土开挖、初期支护、二次衬砌施工时期隧道结构变形平稳,仅临时支撑拆除向三次衬砌永久结构转换期间结构变形明显,现分析临时支撑拆除施工时期的结构变形。

对临时支撑拆除过程中的结构监测主要以拱顶下沉和结构周边收敛为主,每10m设置一个监测断面;二次衬砌结构内力为辅,每20m设置一个监测断面,其监测点布置如图4.6-2和图4.6-4所示。

图4.6-7~图4.6-9为临时支撑拆除时各时期的监测结果。由图可知,拆撑前拱顶沉降、收敛、内力变化量均很小,曲线趋于平稳,满足拆撑时机要求。

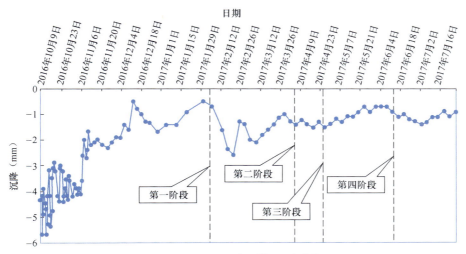

图4.6-7 YK2+410断面拱顶沉降曲线图

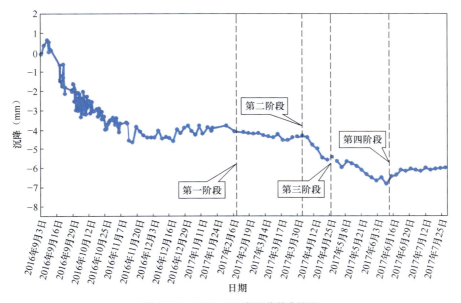

图4.6-8 YK2+410断面收敛曲线图

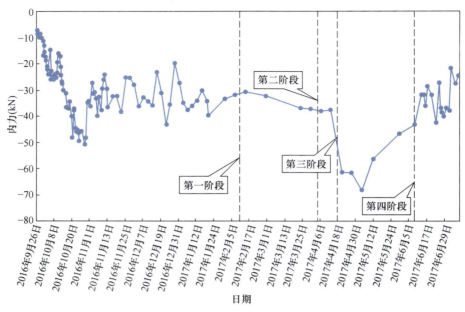

图 4.6-9　YK2+410 断面二次衬砌内力曲线图
注：第一、二、三、四、五阶段的划分详见图 4.5-2 临时支撑拆除顺序。

图 4.6-7 显示的是 YK2+410 断面中间拱顶沉降监测点从出现最大沉降 5.7mm 开始到铺设拱部三次衬砌防水板之前的数据曲线。由图可见，拱顶沉降曲线呈整体上浮趋势，主要是因为隧道埋层浅，土体挖除后，管幕与冻结壁形成的密封体自重小于浮力。此外，当第一阶段的第一层和第五层竖撑拆除后，拱顶出现了明显的沉降趋势，但变化量较小，平均速率为 0.04mm/d；在第三、四阶段临时支撑拆除过程中，拱顶沉降变化极为缓慢，平均速率为 0.01mm/d；三次衬砌中板完成后，拱顶沉降曲线趋于平稳。由分析可知，在临时支撑拆除过程中，第一阶段的拱顶沉降变化量最大，拆除与管幕连接的竖撑会立即产生沉降，但又很快趋于平稳。

由于第三道横向支撑的横向轴力最大，具有一定代表性，图 4.6-8 曲线取 YK2+410 断面中板高程位置的第三层两侧的二次衬砌收敛监测点。由图可见，第一阶段竖撑拆除时，其二次衬砌收敛值变化极小，平均速率为 0.005mm/d；第二阶段第一道横撑拆除时，结构有明显的收敛，但变化量不大，平均速率为 0.05mm/d；第三、四阶段剩余横撑的拆除过程中，结构收敛变化缓慢，平均速率为 0.02 mm/d；三次衬砌中板完成后，结构收敛曲线趋于平稳。由分析可知，在临时支撑拆除过程中，横撑拆除对二次衬砌水平收敛影响较大，其中，第一横撑拆除时的收敛变化量最大，拆除与管幕连接的横撑会立即产生收敛，但很快趋于平稳。

图 4.6-8 为 YK2+410 断面第三层左侧 28 号管幕附近的二次衬砌内力监测点的数据曲线。由图可知，第一、二阶段竖撑拆除过程中，二次衬砌内力变化小，平均速率为 0.33kN·m/d；第三阶段横撑拆除后，内力明显增大，但随着边墙混凝土的施工，内力逐渐恢复到横撑拆除前大小，平均速率为 1.20kN·m/d，内力变化速率较大；从第四阶段的横撑拆除到中板施工完成过程，二次衬砌内力值在 -31.60 ~ -21.76kN·m 之间波动。分析可知，在临时横撑拆除过程中，隧道侧墙处的二次衬砌内力变化波动较大，拆除与管幕连接的横撑和施工三次衬砌结构的混凝土都会产生明显的内力变化，但很快趋于平稳。

4.7 暗挖段地表沉降控制关键技术

4.7.1 地表沉降控制的难点

口岸段下穿拱北口岸限定区域,穿越拱北口岸出入境长廊,工程距澳门联检大楼、遣返审查所、口岸单位食堂等建筑物较近。口岸出入境车辆每天接近1万辆次,每天出入境的人流总量约23万人次,高峰期约40万人次,施工期间不得影响正常通关。

暗挖区位于拱北口岸出入境区域,车流人流密度非常大。为尽量避免施工监测工作与出入境的车流人流的相互干扰,运用自动化监测技术及最新设备仪器,实现隧道施工过程中地表沉降、土体水平位移、建筑物倾斜等关键监测项目自动化监测,克服口岸管控区域测量困难,为动态风险管理与反馈提供真实可靠的数据基础。

运用隧道工程安全风险管理系统平台,将工程进度及状况、自动化监测数据、预警预报信息、动态风险评估结果、动态安全风险管理意见等内容有效地串联为一体,真正实现隧道工程安全风险一体化管理。

4.7.2 地表沉降控制标准确定

为确保拱北隧道在顶管施工阶段、冻结-解冻阶段、开挖阶段拱北口岸地表及建筑物处于安全可控状态,在口岸地表长255m、宽40m范围内埋设389个监测点(图4.7-1),应用自动化监测系统全过程、全覆盖、无死角监测。

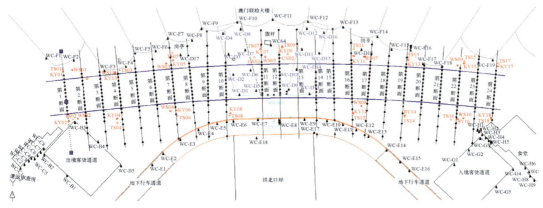

图4.7-1 地表沉降监测平面示意图

(1)系统特点

①采用自主设计的测量目标装置配合测量机器人的自动识别目标功能,准确高效地测量监测点的实时三维坐标。

②新类型的测量标志在实际应用过程中,可有效规避人流、车流对变形监测工作的影响。

③采用极坐标差分技术,在测量目标监测时可有效改正测量斜距值、方位角改正值,提高了观测精度。

④测量数据通过互联网通信设备实时传送给后台服务器,后台服务器对监测数据进行实时分析、处理、存储,并提供多类接口给各种不同需要的用户定制不同功能模块。

⑤用户可自由设置监测目标,在特定场合可及时为施工提供反馈数据,做到动态施工,大大降低数据使用的时态滞后性。

(2)系统基本原理

在稳定建筑物上设置观测站,并可大范围通视监测点。在通视且距离合适的稳定建筑物上设置不少于3个后视棱镜组,测点与后视棱镜组的平面坐标与施工坐标系联测获得,高程方面,先采用二等水准从施工高程控制网中控制点引入监测区域工作基点,测站的高程从工作基点反算获得。测站直接测量地面监测点的三维坐标,数据采集时,连接仪器线缆的通信软件同步将数据发送给室内计算机软件,对测量数据进行大气差改正、大气折光改正以及坐标方位角改正,最终获得精确的测量数据供使用分析。

(3)作业流程

自动化监测系统作业流程如图4.7-2所示,测点-测站如图4.7-3所示。

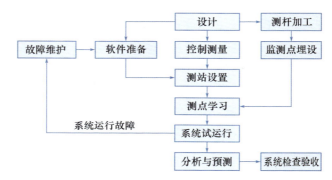

图4.7-2 自动化监测系统作业流程

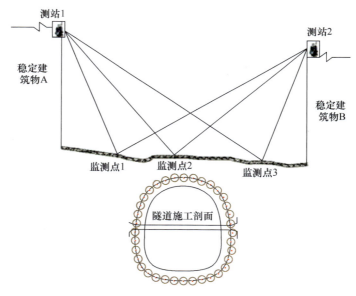

图4.7-3 测点-测站示意图

（4）系统应用情况

①应用顶管施工阶段

该阶段的主要任务是监测顶管作业过程中,对土体的扰动沉降、超挖沉降、地下水位流失引起的沉降、建筑物位移变形。

②应用冻结-解冻阶段

该阶段主要任务是监测冻结施工和解冻施工时,冻胀融沉效应引起的地表隆陷、建筑物位移变形。

③应用开挖阶段

该阶段的主要任务是监测开挖时,管幕结构、支护结构、砌衬结构变形引起的地表下沉、建筑物位移变形。

④运营阶段

该阶段主要任务是隧道施工完毕后转入运营阶段时,监测运营中地表下沉、建筑物位移变形等外部环境变化。

实践证明,利用测量机器人(图4.7-4)和软件控制技术构成的自动化监测系统,能够准确、高效地采集位移变形信息,结合人工处理分析后的数据,能够将变形体的变化特征详细表达。拱北隧道暗挖段所取得的关于自动化监测系统应用成果具备良好的推广价值。

图4.7-4 测量机器人现场工作照片

4.7.3 地表沉降控制效果总结及分析

暗挖区间地表竖向位移最终累计值最大为测点CJ16-11,累计值为478.8mm。地表竖向位移各监测点的最终累计值见表4.7-1,典型测点变形曲线图见图4.7-5～图4.7-8。

地表竖向位移统计　　　　表4.7-1

测点编号	累计值(mm)	测点编号	累计值(mm)
CJ3-15	36.12	CJ6-15	-49.53
CJ3-7	130.24	CJ6-5	-84.98
CJ4-14	3.88	CJ7-10	-279.73
CJ4-5	-3.06	CJ7-14	-138.09
CJ5-10	-188.15	CJ7-7	-202.15
CJ5-5	-37.40	CJ8-10	-285.89
CJ6-10	-292.48	CJ8-15	-75.05

续上表

测点编号	累计值(mm)	测点编号	累计值(mm)
CJ8-5	-153.58	CJ16-14	21.12
CJ9-10	-225.59	CJ17-15	85.04
CJ9-14	-42.86	CJ17-5	91.46
CJ9-6	-125.52	CJ18-10	-101.88
CJ11-8	7.84	CJ18-15	95.65
CJ11-12	77.75	CJ18-6	133.16
CJ11-4	16.77	CJ19-10	-82.08
CJ12-8	43.69	CJ19-15	102.00
CJ12-12	101.98	CJ20-10	-78.21
CJ12-3	1.69	CJ20-14	-18.13
CJ14-11	0.08	CJ20-6	-76.44
CJ15-15	80.32	CJ21-10	-112.23
CJ15-5	65.86	CJ21-14	23.41
CJ16-11	478.80	CJ22-10	-92.73

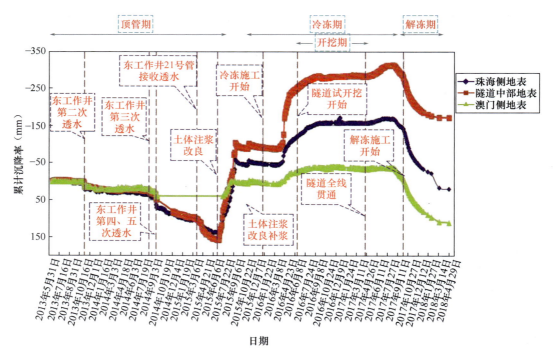

图 4.7-5　典型地表累计变形曲线图(距东工作井 50m)

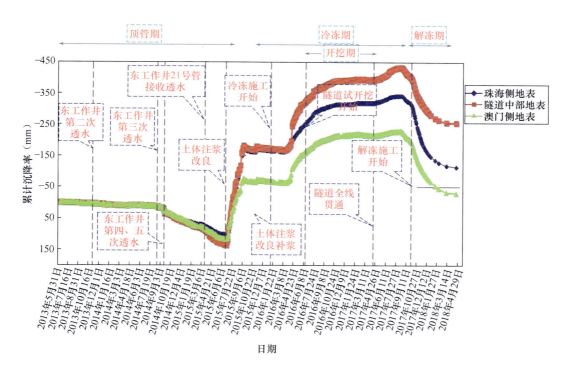

图 4.7-6 典型地表累计变形曲线图(距东工作井 80m)

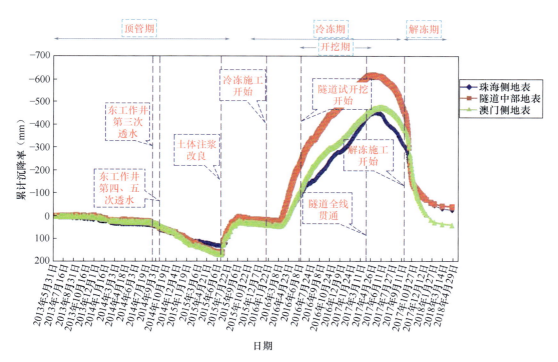

图 4.7-7 典型地表累计变形曲线图(距西东工作井 50m)

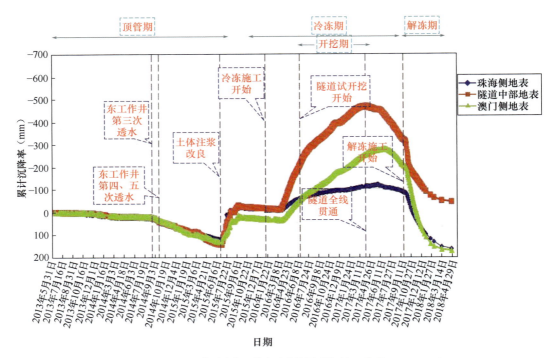

图 4.7-8 典型地表累计变形曲线图(距西东工作井 70m)

从曲线图可以看出，口岸地表主要变形来源有东工作井的历次透水、土体注浆改良、冻结施工、解冻施工。由于覆土层较薄，注浆施工对其影响尤为明显。冻结施工所引起的土体冻胀亦引起了地表的上隆。解冻施工后，土体的融沉亦造成了地表的沉降。

口岸区地表的变形趋势为隧道中部位置地表变形大于隧道两侧地表，冻结期间变形呈凸形，解冻期间呈凹形。冻结施工期间受地质及覆土层厚度等影响，西区地表隆起变形量明显大于东区地表。解冻施工期间西区地表沉降变形量亦明显大于东区地表。

第 5 章
临海软土地层长大深基坑施工关键技术

5.1 明挖段设计概况

5.1.1 明挖段简介

1) 海域段

海域明挖段位于拱北口岸东侧,全长 1225.204m,里程 YK1+149.696~YK2+374.900,由 55 个节段组成,划分为 5 个仓独立进行基坑开挖施工;基坑最大宽度 32.3m,最大深度 24.7m,各仓工程量分布见表 5.1-1。

海域明挖段各仓工程数量　　　　表 5.1-1

仓号	起止里程	节段划分	每仓长度（m）	围护结构类型	填砂深度（m）	开挖土方量（万 m³）	开挖深度（m）
1	YK1+149.696~YK1+357.696	HJD01-HJD09	208	拉森Ⅳ钢板桩	12.52~14.12	1.1	1~5.8
2	YK1+357.696~YK1+625	HJD10-HJD21	267.3	0.6m、0.8m 地下连续墙	12.32~14.97	6	6.3~12
3	YK1+625~YK1+911	HJD22-HJD34	286	0.8m、1m 地下连续墙	10.45~12.02	10.2	12.7~19.2
4	YK1+911~YK2+197	HJD35-HJD47	286	1m、1.2m 地下连续墙	8.0~8.7	11.5	19.7~24.6
5	YK2+197~YK2+374.900	HJD48-HJD55	177.9	1.2m 地下连续墙	7.3~8.0	7.7	23.8~24.7

第一道为钢筋混凝土横向八字撑,每个横向八字撑中间设 1 道格构柱,格构柱深入支撑混凝土。八字撑纵向间距 11m,八字撑之间用 1 道钢筋混凝土系梁连接;随着开挖深度的不断加深,下部布设 1~5 道 $\phi 609$mm 钢支撑,钢支撑纵向间距 2m、3.5m,其下部设钢系梁与格构柱连接,各道支撑间距分别为 3.5~5.1m、4.4m、4.2m、4.2m 等,典型断面具体布置见图 5.1-1 和图 5.1-2。

主体结构共分 55 个施工节段,其中敞开段 31 个节段,暗埋段 24 个节段,节段长度 22m,结构形式变化见图 5.1-3。

2) 陆域段

陆域明挖段位于拱北口岸西侧,全长 1229.895m,里程 YK2+660.105~YK3+890,由 56 个节段组成,划分为 4 个仓独立进行基坑开挖施工;基坑最大宽度 30.5m,最大深度 23.7m,各仓工程量分布见表 5.1-2。

陆域明挖段各仓工程数量　　　　表 5.1-2

仓号	起止里程	节段划分	每仓长度（m）	围护结构类型	开挖土方量（万 m³）	开挖深度（m）
1	YK2+660.105~YK2+856	LJD01-LJD09	195.895	1.2m 地下连续墙	8.45	20.83~23.7
2	YK2+856~YK3+120	LJD10-LJD21	264	1.2m 地下连续墙	13.9	20.76~22.7
3	YK3+120~YK3+648	LJD22-LJD45	528	1.2~0.6m 地下连续墙	21.5	10.4~21.5
4	YK3+648~YK3+890	LJD46-LJD56	242	SMW 工法桩、U 形钢板桩	5.06	3.4~10

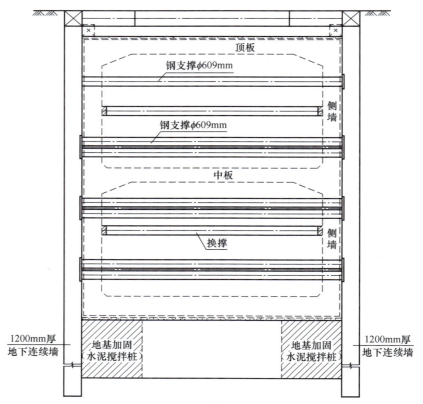

图 5.1-1 暗埋段典型断面图

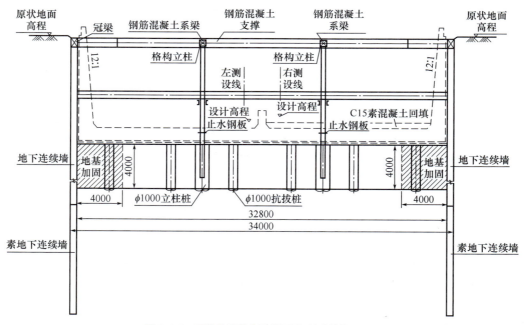

图 5.1-2 明挖敞开段典型断面图(尺寸单位:mm)

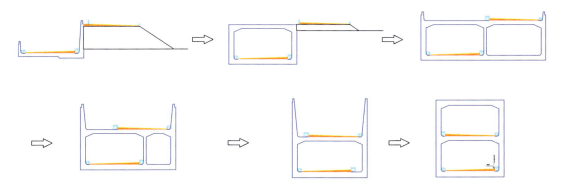

图 5.1-3　海域段结构形式变化纵断面图

第一道为钢筋混凝土横向八字撑,每个横向八字撑中间设 1～2 道格构柱,格构柱深入支撑混凝土。八字撑纵向间距 11m,八字撑之间用 1～2 道钢筋混凝土系梁连接;随着开挖深度的不断加深,下部布设 1～4 道 ϕ609mm 钢支撑,钢支撑纵向间距 2m、3.5m,其下部设钢系梁与格构柱连接,各道支撑间距分别为 3.5～5.1m、4.4m、4.2m、4.2m 等。

主体结构共分 56 个施工节段,其中敞开段 14 个节段,暗埋段 42 个节段,节段长度为 22m;根据路线平、纵总体设计及隧道行车的功能需要,陆域明挖段隧道由单孔双层、双孔双层(中板对齐)、双孔双层(中板错开)、双孔单层、敞口段等结构形式组成,结构形式变化见图 5.1-4。

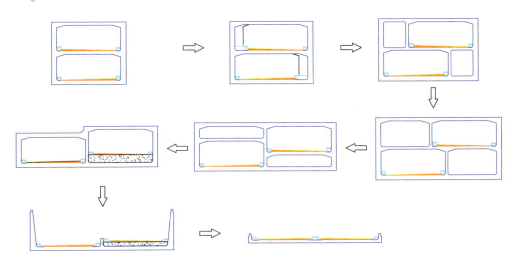

图 5.1-4　陆域段结构形式变化纵断面图

5.1.2　明挖段水文、地质

明挖段水文、地质情况见"1.3 工程建设条件"。

5.2 海域明挖段的施工组织

5.2.1 施工段落划分

海域段开挖、主体结构施工按封堵墙划分为 A~E 五个段落,HJD48~HJD55 为施工段落 A,HJD35~HJD47 为施工段落 B,HJD22~HJD34 为施工段落 C,HJD10~HJD21 为施工段落 D,HJD01~HJD09 为施工段落 E。

5.2.2 总体施工顺序

海域 A、B 段→海域 C、D 段→海域 E 段。各段具体施工安排如下:
(1)海域 B 段:率先完成第一道钢筋混凝土支撑施工后,开挖并施作主体结构。
(2)海域 A 段:地基加固完成后,进行首层支撑施工,而后开始开挖并施作后续主体结构。
(3)海域 C 段:地基加固、抗拔(立柱桩)施工完成后,进行首层支撑施工,而后等待 B 段底板施工结束,开始开挖并施作后续主体结构。
(4)海域 D 段:地基加固、抗拔(立柱桩)施工完成后,开始首层支撑施工,而后等待 A 段底板施工结束,开始开挖及后续主体结构施工。
(5)海域 E 段:A、B 段主体结构施工完成后,施工 E 段钢板桩,开挖及后续主体结构。
各段均布置两个工作面,由基坑东、西两侧同时向中间开挖并施工主体结构,每个工作面都形成流水组织施工。

5.2.3 主要施工方法

基坑疏干降水后,逐层开挖架设各道支撑至基坑底部,采用坑内小挖机配合坑外长臂挖机和履带抓斗的方式进行出土。及时施作垫层及防水层、浇筑底板,而后逐层施作侧墙、中墙至钢支撑底部,待混凝土达到设计强度后先架设换撑后拆除相应支撑,适时浇筑中板、顶板。最后施工顶板柔性防水层以及保护层,压顶腰梁、拆除第一道混凝土支撑,回填覆土。

5.2.4 交通组织

施工车辆由情侣路驶入,经人工岛进入施工区域,明挖段基坑南、北两侧均设置施工便道,宽 8m。在 YK1+779 和 YK2+197 处设置 2 处横向联络通道,方便南北互通。

5.2.5 主要资源配置

1)人员配置

海域明挖段配置工区长 1 名,主管专业工程师 2 名,质检工程师 2 人,技术员 5 人,试验工程师 2 人,测量员 6 人,监测人员 5 人,专职安全员 2 人,各班组设兼职安全员。

单个工作面施工队人员约 160 人,见表 5.2-1。各施工段均布置两个工作面,海域明挖段最多五个工作面同时施工,高峰期总人数约1000人。

单个工作面施工队人员统计　　　　　　　　　　　　　　　　　表 5.2-1

序号	工种	人数(人)	负责项目
1	司机	15	挖掘机、吊车、自卸车等驾驶
2	焊工	10	钢筋、支撑系统焊接
3	安装工	10	钢支撑安装
4	钢筋工	30	钢筋弯制、绑扎等
5	架子工	20	单侧斜支撑、满堂支架搭设
6	混凝土工	20	混凝土浇筑
7	电工	1	电器设备安装、电路连接等
8	维修工	2	设备维保
9	普工	50	其他
合计		158	—

2)施工机械设备配备

单个施工机械设备配置见表 5.2-2。

主要施工机械配备　　　　　　　　　　　　　　　　　表 5.2-2

序号	工序及部位名称	机械名称	规格型号	单位	数量
1	井点降水	钻机	KT-150D	台	10
2		水泵	潜水泵(QDX3-35-0.75)(0.75kW)	台	50
3	基坑开挖及支撑	挖掘机	PC220(0.8m³)	台	10
4		挖掘机	卡特彼勒306	台	10
5		小型挖掘机	EC55B(0.2m³)	台	15
6		长臂挖机	EX230-18m	台	10
7		装载机	BN855C	台	10
8		自卸汽车	奔驰3250	台	5
9		自卸汽车	东风金刚490	台	10
10		自卸汽车	铁马	台	10
11		自卸汽车	EQ3101	台	10
12		履带式起重机	50t	台	5
13	主体结构	汽车起重机	QY16C	台	5
14	混凝土浇筑	插入式振动棒	N50	2.5kW	50
15		混凝土搅拌机	HZS180	套	2
16		三一混凝土罐车	SY5250GJB3ASY5250GJB3A(12m³)	辆	10
17		混凝土灌注架	自制	台	10
18		混凝土输送泵	HBT60C	台	10
19		导管	300mm	m/套	165

5.3 陆域明挖段的施工组织

5.3.1 施工段落划分

陆域段开挖、主体结构施工按封堵墙划分为 A～D 四个段落，LJD01～LJD09 为施工段落 A，LJD10～LJD21 为施工段落 B，LJD22～LJD45 为施工段落 C，LJD46～LJD56 为施工段落 D。

5.3.2 总体施工顺序

陆域 A、B 段及 D 段工法桩部分→陆域 C 段→陆域 D 段钢板桩部分。各段具体施工安排如下：

(1) 陆域 A 段：首层支撑已完成，直接进行开挖及主体结构施工。

(2) 陆域 B 段：与 A 段同步进行开挖及主体结构施工。

(3) 陆域 C 段：地基加固施工的同时，自东向西进行首层支撑施工，而后等待 A、B 段底板施工结束，开始开挖及后续主体结构施工。LJD42 主体需提前完成以作为横向通道。

(4) 陆域 D 段：工法桩段首先施工完成。进出粤海国际花园道路改由 LJD42 通过后，可进行钢板桩段施工。

陆域 A、B 段布置两个工作面，由基坑东、西两侧同时向中间开挖并施工主体结构，每个工作面都组织流水施工。陆域 C 段中间增加两个工作面，共四个工作面进行施工。

5.3.3 主要施工方法

基坑疏干降水后，逐层开挖架设各道支撑至基坑底部，采用坑内小挖机配合坑外长臂挖机和履带抓斗的方式进行出土。及时施作垫层及防水层、浇筑底板，而后逐层施作侧墙、中墙至钢支撑底部，待混凝土达到设计强度后，先架设换撑后拆除相应支撑，适时浇筑中板、顶板。最后施工顶板柔性防水层以及保护层，压顶腰梁、拆除第一道混凝土支撑，回填覆土。

5.3.4 交通组织

1）粤海国际花园交通疏解

为解决粤海国际花园居民、车辆进出问题，YK3+736 西门处道路在该段工法桩施工时封闭，进出道路改至西侧 YK3+802 处，由 LJD52 节段通过；LJD42 暗埋段主体结构施工完成，回填后，将道路改至 YK3+560 处，由 LJD42 节段通过，此后一直由此处通过。

2）明挖段施工交通组织

施工车辆由昌盛路驶入施工区域，沿基坑两侧施工道路向东进入陆域 A 段。北侧道路在 LJD43 泵房明挖施工时需搭设临时栈桥通过。在 YK3+120 和 YK3+450 处设置横向联络通道，方便南北互通。

5.3.5 资源配置

1）人员配置

陆域明挖段配置工区长1名，主管专业工程师1名，质检工程师2人，技术员5人，试验工程师2人，测量员6人，监测人员5人，专职安全员2人，各班组设兼职安全员。

单个工作面施工队人员约160人，见表5.3-1。陆域明挖段最多六个工作面同时施工，高峰期总人数约1200人。

单个工作面施工队人员统计 表5.3-1

序号	工种	人数(人)	负责项目
1	司机	15	挖掘机、吊车、自卸车等驾驶
2	焊工	10	钢筋、支撑系统焊接
3	安装工	10	钢支撑安装
4	钢筋工	30	钢筋弯制、绑扎等
5	架子工	20	单侧斜支撑、满堂支架搭设
6	混凝土工	20	混凝土浇筑
7	电工	1	电器设备安装、电路连接等
8	维修工	2	设备维保
9	普工	50	其他
	合计	158	—

2）施工机械设备配备

单个施工机械设备配置见表5.3-2。

主要施工机械配备 表5.3-2

序号	工序及部位名称	机械名称	规格型号	单位	数量
1	井点降水	钻机	KT-150D	台	10
2		水泵	潜水泵(QDX3-35-0.75)(0.75kW)	台	50
3	基坑开挖及支撑	挖掘机	PC220(0.8m^3)	台	10
4		挖掘机	卡特彼勒306	台	10
5		小型挖掘机	EC55B(0.2m^3)	台	15
6		长臂挖机	EX230-18m	台	10
7		装载机	BN855C	台	10
8		自卸汽车	奔驰3250	台	5
9		自卸汽车	东风金刚490	台	10
10		自卸汽车	铁马	台	10
11		自卸汽车	EQ3101	台	10
12		履带式起重机	50t	台	5
13	主体结构	汽车起重机	QY16C	台	3
14		门式起重机	10t	台	2

续上表

序号	工序及部位名称	机械名称	规格型号	单位	数量
15	混凝土浇筑	插入式振动棒	N50	2.5kW	50
16		混凝土搅拌机	HZS180	套	2
17		三一混凝土罐车	SY5250GJB3A SY5250GJB3A（12m³）	辆	10
18		混凝土灌注架	自制	台	10
19		混凝土输送泵	HBT60C	台	10
20		导管	300mm	m/套	165

5.4 深基坑围护结构施工技术

明挖段基坑由深至浅主要围护结构有 1.2m、1.0m、0.8m、0.6m 厚地下连续墙，SMW 工法、拉森 U 形钢板桩等。

5.4.1 超深地下连续墙施工技术

1）施工方法

按照跳段施工方式，采用"液压抓斗成槽施工工法"施工，对强风化岩层采用旋挖钻机开挖，液压抓斗成槽，钢筋笼现场整体加工成形，一台 400t 起重机加一台 200t 起重机配合吊装到位，最后进行水下混凝土灌注。

2）施工工艺

地下连续墙施工工艺流程见图 5.4-1。

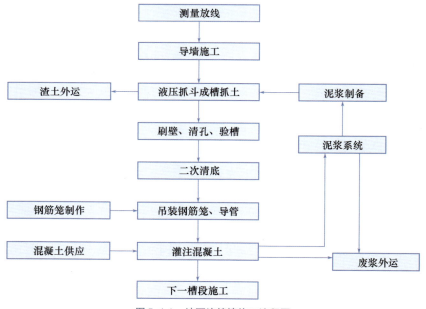

图 5.4-1 地下连续墙施工流程图

3）导墙施工

导墙是控制地下连续墙各项指标的基准,它起着支护槽口土体,承受地面荷载和稳定泥浆液面的作用。根据施工区域地质情况,导墙做成"┐ ┌"形现浇钢筋混凝土结构,内侧净宽度比连续墙宽 50mm。导墙施工缝与地下连续墙接缝错开。

用全站仪放出连续墙轴线,轴线需向基坑外侧外放 50mm,并放出导墙位置,导墙开挖采用小型挖掘机开挖,人工配合清底。基底夯实后,铺设 7cm 厚 1∶3 水泥砂浆,混凝土浇筑采用钢模板及木支撑,插入式振捣器振捣。导墙顶高出地面不小于 10cm,以防止地面水流入槽内,污染泥浆。模板拆除后,沿纵向每隔 1m 加设上下两道 10cm×10cm 方木做内支撑,将两片导墙支撑起来,在导墙的混凝土达到设计强度前,禁止任何重型机械和运输设备在旁边通过,导墙质量验收标准见表 5.4-1。

导墙施工验收标准 表 5.4-1

序号	项目	允许偏差或允许值（mm）	检查频率 范围	检查频率 点数	检验方法
1	顶面高程	±20	每浇筑一次	1 组	用水准仪检查
2	混凝土抗压强度	符合设计要求	每浇筑一次	1 组	检查试验报告
3	导墙宽度（W+40mm）	±10	每 10m	2	用钢尺量测
4	墙面平整度	<5	每 10m	2	用 2m 靠尺和塞尺
5	导墙平面位置	±10	每 10m	2	用全站仪检查
6	导墙内墙面垂直度	≤1/500	每 10m	2	尺、垂线量测

4）泥浆制备与管理

泥浆主要是在地下连续墙挖槽过程中起护壁作用,泥浆护壁技术是地下连续墙工程基础技术之一,其质量好坏直接影响到地下连续墙的质量与安全。

(1) 泥浆配合比。根据地质条件,泥浆采用膨润土泥浆,针对松散层及砂砾层的透水性及稳定情况,制订泥浆配合比,在施工中根据试验槽段及实际情况再适当调整。制备泥浆的性能指标见表 5.4-2。

泥浆性能指标 表 5.4-2

泥浆性能	新配制	循环泥浆	废弃泥浆	检验方法
相对密度（g/cm³）	1.06~1.08	<1.18	>1.35	比重法
黏度（s）	20~30	<35	>60	漏斗法
含砂率（%）	<4	<7	>11	洗砂瓶
pH 值	8~9	>8	>14	pH 试纸

(2) 泥浆池采用钢筋混凝土底板及浆砌砖墙进行泥浆的循环利用,并利用泥罐车对废浆进行外运处理。

(3) 泥浆制备。泥浆搅拌采用高速回转式搅拌机制备。

(4) 泥浆循环。在挖槽过程中,泥浆由循环池注入开挖槽段,边开挖边注入,保持泥浆液面不低于导墙面 0.3m,并高于地下水位 0.5m 以上。入岩和清槽过程中,采用泵吸反循环,泥浆由循环池泵入槽内,槽内泥浆抽到沉淀池,以物理处理后,返回循环池。混凝土灌注过程中,上部泥浆返回沉淀池或灌入下一段地下连续墙开挖槽内,而混凝土顶面以上4m内的泥浆排到废浆池,原则上废弃不用。

(5)泥浆质量管理。

泥浆制作所用原料符合技术性能要求,制备时符合设计的配合比。

泥浆制作中每班进行二次质量指标检测,新拌泥浆应存放24h后方可使用,补充泥浆时须不断用泥浆泵搅拌。

混凝土置换出的泥浆,应进行净化调整到需要的指标,与新鲜泥浆混合循环使用,不可调净的泥浆排放到废浆池,用泥浆罐车运输出场。

5)人工填筑砂(石)地层成槽施工技术

(1)成槽施工工艺

施工工艺流程见图5.4-2。

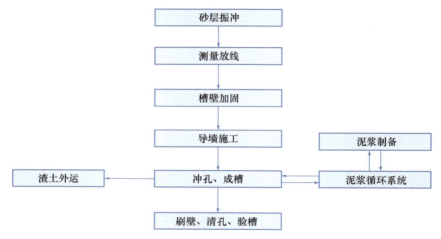

图5.4-2 地下连续墙成槽施工流程图

(2)振冲

人工岛采用振冲的方法使砂层密实,振冲设备选用50t履带式起重机作为起重设备,振冲器选用ZCQ75,振冲功率100kW,振冲点间距为3m×3m,等边三角形布置。振冲孔施工顺序宜沿直线逐点逐行进行。成孔贯入时水压可用200~600kPa,水量可用200~400L/min。为防止塌孔,振冲头下放速度宜快,可采用1~2m/min。达到设计高程后将射水量减至最小,留振至密实电流稳定值大于规定值后,以0.3~1m/min的速度提升振冲器(振冲功率小时取小值,振冲功率大时取大值)。如此交替上提、留振,直到孔顶。

(3)槽壁加固

①近岸填石层段槽壁加固

近岸段填石层搅拌桩难以穿过,故采用A850@600mm双重管高压旋喷桩进行槽壁加固,加固深度12m,外放10cm。

水泥浆液采用42.5级普通硅酸盐水泥,水灰比1∶1,28d无侧限抗压强度不小于0.8MPa。严格控制浆液压力、气压力、提升速度、旋转速度,以保证槽壁加固质量。

双重管旋喷桩施工分成两个阶段。第一阶段为成孔阶段,即采用钻机驱动喷射管进行钻进,边钻进边喷高压水,使喷头达到预定的深度。如有必要时,可在地基中预先成孔,然后放入喷射管进行喷射加固。第二阶段为喷射加固阶段,即用高压水泥浆(或加入其他外掺剂)以及压缩空气,通过喷射管由喷射头上的横向喷嘴喷出,与此同时,钻杆一边旋转,一边向上提升使水泥浆与土混合,形成一定直径的柱状固结体。

②纯填砂层段槽壁加固

纯填筑砂层采用 A550@450mm 单轴搅拌桩进行槽壁加固,加固深度 8m,外放 10cm。

水泥浆液采用 42.5 级普通硅酸盐水泥,掺量不低于 20%,28d 无侧限抗压强度不小于 0.8MPa。

搅拌桩采用四搅两喷的工艺。钻进至设计深度后,为保证水泥搅拌桩桩端、桩顶及桩身质量,提钻时应在桩底部停留 1min,然后边提升、边搅拌、边喷浆,使水泥浆与土体充分拌和。为使砂层与水泥浆搅拌均匀,用同样方法,进行二次搅拌下沉、提升喷浆。

(4)泥浆配置

①泥浆配置材料的选择

水的选定。主要使用自来水。其钙离子浓度小于或等于 100ppm,钠离子浓度小于或等于 500ppm,pH 值为 7~9。

优质黏土和膨润土粉的选定。由于单独使用膨润土粉造浆成本过高,而优质黏土,其塑性指数 $I_p>20$,含沙率<5%,若加适量的膨润土粉改善泥浆性能指示,可配制出高质量护壁泥浆,因此,选用优质黏土加膨润土粉造浆,膨润土粉主要选用以含蒙脱石为主的钠膨润土粉。

CMC(羧甲基纤维素)的选定。CMC 是提高护壁泥浆黏性的最重要掺加剂,它能提高泥浆的渗透率和携渣能力,增加砂粒间的胶结能力,使槽壁形成稳固的泥皮,所以采用黏度较高的 Na-CMC(羧甲基纤维素)。

分散剂的选定。分散剂能使泥浆在沉淀槽内容易产生泥水分离,形成良好的泥皮。但使用分散剂会因泥浆黏度而减小,在透水性高的地层内,如果对已经变质的、滤失水量增多的泥浆再使用不适当的分散剂,就会进一步增大槽壁坍塌的危险性,所以选择泥浆变质也不会增加滤失水量的碳酸钠(Na_2CO_3)做分散剂。

②泥浆配合比的确定

为保证各地层施工稳定性,泥浆使用前进行配合比试验,最终各地层的泥浆配合比见表 5.4-3。

各土质泥浆配合比 表 5.4-3

土质	膨润土(%)	CMC(%)	分散剂(%)
粉砂、中粗砂	7	0.05	0.5
淤泥质土	8	0.03	0
风化岩带	10	0.05	0.4

③泥浆的制备

用优质黏土和膨润土粉造浆,将黏土块先行打碎,放入泥浆搅拌机内与水充分搅拌。随后根据泥浆参数加入膨润土、CMC 等外加剂,使搅拌出来的泥浆性能指标符合各地层施工使用要求。制泥浆性能指标按表 5.4-4 控制。

泥浆性能指标　　　　　　　　　表5.4-4

项目	新配制	循环泥浆	废弃泥浆	检验方法
密度(g/cm³)	1.06~1.08	<1.18	>1.35	比重法
黏度(s)	20~30	<35	>60	漏斗法
含砂率(%)	<4	<7	>11	洗砂瓶
pH值	8~9	>8	>14	pH试纸

④泥浆再生处理

泥浆在循环过程中由于砂土、风化物的混入,其性质比新鲜泥浆的性质显著恶化,考虑到制备泥浆的费用较高,恶化的循环泥浆需进行再生处理。循环泥浆进入沉淀池后把较大粒径的固相物质过滤掉,然后进入泥浆净化机,在泥浆净化机里经过筛分、离心、沉淀三种净化方法,把小粒径的固相物质和其他对泥浆不利的物质处理掉,然后才可以进入泥浆制作池继续使用。可回收利用的泥浆应进行分离净化处理,符合标准后方可使用。

循环泥浆经过沉淀池沉淀后,把粒径大的岩土颗粒过滤,经过过滤的泥浆再送入泥浆制作池,按设计配合比制作,其余的泥浆均需外排存放或进行处理,这些泥浆,若不能及时外排出去,不仅增加泥浆池的负担,而且影响周边环境。

新鲜泥浆拌制→新鲜泥浆储备→施工槽段护壁→粗筛去土渣→泥浆沉淀池→泥浆净化处理→泥浆调整和储备。

(5)成槽施工

①冲抓结合

海域近岸段存在填石层,抓槽至填石层后,根据各单元槽段长度确定主导向孔[含加密主导向孔(简称主孔)]的位置。导向孔位置确定后,先采用冲击钻机进行槽段接头箱位置主孔的成孔,随后在两主孔之间适宜的位置,进行加密主孔的施工,最后用成槽机抓取两主孔之间的填石层。

主导向孔的施工:根据槽段长度确定出接头箱的安放位置,并以该位置作为主孔,然后采用冲锤(圆锤)连续冲击直至越过填石层的位置,主孔施工位置见图5.4-3。

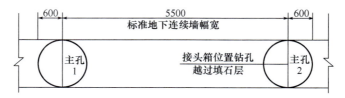

图5.4-3　地下连续墙街头箱位置主孔位置平面布置图(尺寸单位:mm)

加密主孔的施工:接头箱位置主孔施工完毕后,沿槽段纵向进行主孔加密,首先施工槽段中间位置的主孔3,然后施工主孔1、3之间的主孔4,最后是主孔2、3之间的主孔5,加密主孔位置施工见图5.4-4。

成孔过程中应及时检查孔壁垂直度,填石层偏孔时应及时采用石块进行孔位回填,并待回填石块沉浮稳定后,再重新进行孔位修正。

冲孔桩机按前述(1)~(2)两步完冲过填石层后,再用成槽机抓取两主孔间的土层,抓槽顺序如图5.4-5所示;如成槽过程中,两孔之间仍有块石未清除,回填后继续冲孔,直至穿过填石层为止。

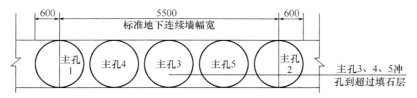

图5.4-4 加密主孔施工位置平面示意图(尺寸单位:mm)

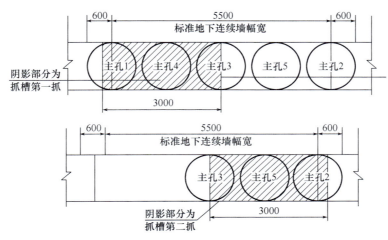

图5.4-5 成槽机抓槽顺序图(尺寸单位:mm)

②抓斗成槽

标准幅地下连续墙的槽段采用液压抓斗成槽机分三抓,先两侧后中间,成槽顺序见图5.4-6。异形槽段抓数根据实际情况确定。

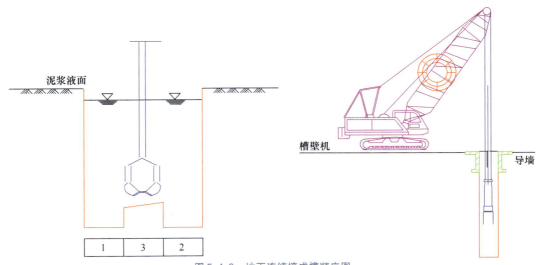

图5.4-6 地下连续墙成槽顺序图
注:1~3表示成槽顺序。

抓斗贴临基坑侧导墙入槽,机械操作要平稳。槽内泥浆面距离导墙面 0.3m 左右,同时槽内泥浆面应高于地下水位 0.5m 以上,并及时补入泥浆,维持导墙中泥浆液面稳定。抓孔速度控制,第一抓 0.145m/min,第二抓 0.174m/min,第三抓 0.582m/min。

③施工标准

在成槽过程中,严格控制抓斗的垂直度及平面位置,尤其是开槽阶段。在成槽(包括清底)过程中由成槽机自带纠偏系统控制成槽的垂直度,任一方向偏差超过允许值时,立即进行纠偏、修正。成槽允许偏差见表 5.4-5。

挖槽允许偏差　　　　　　表 5.4-5

序号	项目	允许偏差或允许值（mm）	检查频率 范围	检查频率 点数	检验方法
1	深度	+100mm	用重锤测	2	重锤量侧
2	厚度	不小于设计规定	用钢尺量	1	钢尺量测
3	垂直度	1/300	每槽段抽查1个断面		超声波仪检测
4	沉渣厚度	≤100mm	每幅墙	2	测绳检查

④施工注意事项

单元槽段中每抓挖到设计槽底高程以上 0.5m 时停挖,待全槽达到此高程时,再由一端向另一端用抓斗细抓扫孔清底至设计高程。

合理安排一个槽段中挖槽顺序,使抓斗两侧的受力平衡。

消除成槽设备的垂直偏差,根据成槽机的仪表控制。

(6)刷壁

刷壁方法:用吊车吊住刷壁器对槽段接头混凝土壁进行上下刷动,以清除混凝土壁上的杂物。刷壁器采用偏心吊刷。在后续槽段挖至设计高程后,清刷先行幅接头面上的沉渣或泥皮。

标准:以刷壁器的毛刷面上无泥为止,确保接头面的新老混凝土接合紧密。

刷壁次数是影响地下连续墙接缝透水的重要原因,刷壁时要求铁刷上没有泥才可停止,一般至少需要刷 8 次,确保接头面的接合紧密。

(7)清底换浆

清底换浆方法:先用液压抓斗清除沉积在槽底部的淤泥、土渣,再气举反循环,用空气压缩机输送压缩空气,以泥浆反循环法吸除沉积在槽底部的土渣淤泥,并置换槽内黏度、密度或含砂量过大的泥浆,使全槽泥浆都符合清底后泥浆的质量要求。

清底开始时,使用吊车悬吊空气升液器入槽,使空气升液器的喇叭口在离槽底 0.5m 处上下左右移动,吸除槽底部土渣淤泥。

标准:槽底清理和置换泥浆结束 1h 后,槽底 500mm 内的泥浆相对密度不大于 1.15,槽底沉渣厚度小于 100mm。

当空气升液器在槽底部往复移动不再吸出土渣,实测槽底沉渣厚度小于 10cm 时,方可停止移动空气升液器,开始置换槽底部泥浆。在清底换浆全过程中,控制好吸浆量和补浆量的平衡,不能让泥浆溢出槽外或让浆面低于导墙顶面 30cm。

6）软弱地层成槽施工

（1）槽段开挖

标准槽段分三抓，先两侧后中间；异形槽段抓数根据实际情况确定。

在成槽过程中，严格控制抓斗的垂直度及平面位置，尤其是开槽阶段。仔细观察监测系统，任一方向偏差超过允许值时，立即进行纠偏。抓斗贴临基坑侧导墙入槽，机械操作要平稳。槽内泥浆面应不低于导墙面0.3m，同时槽内泥浆面应高于地下水位0.5m以上，并及时补入泥浆，维持导墙中泥浆液面稳定。

单元槽段中每抓挖到设计槽底高程以上0.5m时停挖，待全槽达到此高程时，再由一端向另一端用抓斗细抓扫孔清底至设计高程。

（2）刷壁

用吊车吊住刷壁器对槽段接头混凝土壁进行上下刷动，以清除混凝土壁上的杂物。

刷壁器采用偏心吊刷。在后续槽段挖至设计高程后，清刷先行幅接头面上的沉渣或泥皮，以刷壁器的毛刷面上无泥为止，确保接头面的新老混凝土接合紧密。

（3）清底换浆

清底换浆使用空气升液器，空气压缩机输送压缩空气，以泥浆反循环法吸除沉积在槽底部的土渣淤泥，并置换槽内黏度、密度或含砂量过大的泥浆，使全槽泥浆都符合清底后泥浆的质量要求。

清底开始时，使用吊车悬吊空气升液器入槽，使空气升液器的喇叭口在离槽底0.5m处上下左右移动，吸除槽底部土渣淤泥。当空气升液器在槽底部往复移动、不再吸出土渣，实测槽底沉渣厚度小于10cm时，方可停止移动空气升液器，开始置换槽底部泥浆。在清底换浆全过程中，控制好吸浆量和补浆量的平衡，不能让泥浆溢出槽外或让浆面低于导墙顶面30cm。

槽底清理和置换泥浆结束1h后，槽底500mm内的泥浆相对密度不大于1.15，槽底沉渣厚度小于100mm。

（4）成槽质量检验方法

在成槽（包括清底）完成后进行超声波测深，试验槽段检验3个断面，后续槽段检验1个断面，并对成槽的垂直度、平整度进行检测，以及时判定成槽质量情况，对垂直度不合要求的槽段重新进行修正。

7）钢筋笼加工

（1）钢筋笼制作

钢筋笼在平台上整体制作成型。

钢筋笼制作时先铺设横筋，再铺设纵向筋，并焊接牢固，焊接底层保护垫块，然后焊接中间桁架，再焊接上层纵向筋中间联结筋和面层横向筋，然后焊接锁边筋、吊筋，最后焊接预埋件（同时焊接中间预埋件定位水平筋）及保护垫块。

为了便于钢筋笼的插入，底部的钢筋做成稍许闭合状，钢筋坡度为1∶10，坡长为0.5m。

钢筋笼制作过程中，预埋件、预埋插筋和钢筋接驳器位置要准确，并留出导管位置（对影响导管下放的预埋筋、接驳器等适当挪动位置），钢筋保护层定位块用5mm厚钢板焊于水平筋上，起吊点满焊加强。

直径25mm以上的（含25mm）主筋采用机械连接，25mm以下的钢筋采用闪光对焊连接，预埋件采用焊接。

(2) 地下连续墙预埋件安装与控制

① 钢筋接驳器安装与控制

由于接驳器及预埋筋位置要求精度高,在钢筋笼制作过程中,根据吊筋位置,测出吊筋处导墙高程,确定出吊筋长度,以此作为基点,控制预埋件位置。在接驳筋后焊一道水平筋,以便固定接驳筋,水平筋与主筋间通过短筋连接。接驳器或预埋筋处钢筋笼的水平筋及中间加设的固定水平筋按3‰坡度设置,以确保接驳器及预埋筋的预埋精度。

② 支撑用预埋钢板的安装控制

支撑用预埋钢板按照设计要求安装,中心位置与支撑中心位置一致。

钢板与钢筋笼水平筋点焊固定,当平面位置与主体结构构造柱位置冲突时可适当调整预埋钢板位置。

钢板位置控制方法与钢筋接驳器相同。

③ 预埋注浆管

预埋两根 φ50mm 钢管作为墙底注浆加固施工时的注浆孔,铁管顶部点焊于钢筋笼上,中腰用圆环套住,保证铁管牢固固定于钢筋笼。

④ 接头施工

工作井槽段接头形式采用工字钢连接。工字钢在工厂加工成型后,按照设计位置与钢筋笼焊接牢固,在顶管穿越区范围内取消工字钢接头,采用14mm厚木丝板代替钢板以防止地下连续墙混凝土灌注过程中出现绕流。

工作井顶进面素墙采用抽拔接头管。

(3) 钢筋笼质量验收标准

钢筋笼质量验收标准见表5.4-6。

钢筋笼质量验收标准　　　　　　　　　　　　　　　　表5.4-6

项目	序号	检查项目	允许偏差或允许值(mm)	检查方法
主控项目	1	主筋间距	±10	用钢尺量
	2	长度	±100	用钢尺量
一般项目	1	钢筋材质检验	设计要求	抽样送检
	2	箍筋间距	±20	用钢尺量
	3	直径	±10	用钢尺量

8) 钢筋笼吊装

地下连续墙钢筋笼最长52m,首开幅长5.5m,"一"形幅钢筋笼(含两侧各有1个工字钢板接头)质量达80t,加强桁架、吊点吊环、吊具、预埋件等合计约25.5t,吊装总质量达105t以上。如此长大、特重型的钢筋笼是不多见的。

考虑到施工区域地质复杂,含多层较厚的淤泥质流塑层和砂层,且场地狭窄,在槽口对接钢筋笼耽搁时间长,容易造成槽壁坍塌。因此,为确保施工安全和工程质量,钢筋笼不宜采用分节段吊装方案,确定采用"双机抬吊、整幅吊装"方案。

(1) 吊点布置

纵向吊点的设置以保证钢筋笼在起吊过程中产生的挠度最小为原则,需要满足弯矩平衡的要求。横向吊点的位置与钢筋笼重心在横截面上的位置有关,一般按宽度方向弯矩最小原则对称设置在起吊桁架上;L形、T形等异型幅的横向吊点设置时,要先计算出在横断面上的重心位置,之后再用直角坐标方法得出主、副吊点的具体位置。

钢筋笼主、副吊各设12个吊点,分别在上、下半幅各布置3排,每排4个。经计算,吊点布置见图5.4-7。

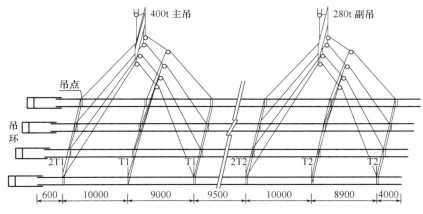

图5.4-7　钢筋笼吊点布置(尺寸单位:mm)

吊点最大受力约155kN,选用20mm厚Q235钢板,长1040mm×宽250mm,上下各开一个直径80mm圆孔以作穿卸扣之用。吊点材料要进行孔壁局部受压承载力、受拉承载力和剪应力验算。吊点钢板大样见图5.4-8。

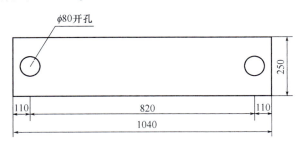

图5.4-8　吊点钢板大样(尺寸单位:mm)

(2)吊车配置和吊具选择

①吊车配置

吊车配置应考虑起重半径、起重高度、起重有效重量(考虑配重)、起重角度、抬升系数等因素。根据连续墙配筋设计和类似工程经验,双机抬吊主吊选用中联QUY400型400t履带式起重机加30m超起桅杆,超起半径11m,后背配重114t,水平配重48t;副吊选用徐工QUY280型280t履带式起重机,配重114t。

经过吊装验算,400t主吊起重半径12m,起重角度75°时,起重高度72.1m,配重后起重有效质量132t,抬升系数0.80,满足施工要求。

280t副吊起重半径12m,起重角度75°时,起重高度31.5m,配重后起重有效质量98.8t,抬升系数0.26,满足施工要求。钢筋笼吊装施工如图5.4-9所示。

图 5.4-9 钢筋笼吊装施工

②吊具选择

钢扁担:采用 H 型钢加 50mm 厚钢板焊接而成,横向 4 个吊点分别位于 1/4 和 3/4 长度的位置。

钢丝绳:根据受力位置、大小不同,主、副吊车分别选用不同直径的钢丝绳,经受力验算,确定见表 5.4-7。

钢丝绳选用一览表   表 5.4-7

吊车	扁担上部(mm)	根数	扁担下部(mm)	根数
主吊(400t)	ϕ60.5	2	ϕ36.6	8
副吊(280t)	ϕ47.5	2	ϕ28	8

卸扣:按主、副吊钢丝绳或吊点最大受力选择。主吊扁担上部选择 2 个 90t 卸扣,扁担下部选择 4 个 40t 和 12 个 20t 卸扣;副吊扁担上部选择 2 个 60t 卸扣,扁担下部选择 16 个 20t 卸扣。

滑轮:按主、副吊钢丝绳最大受力选择。主吊选用 4 个 50t 滑轮,4 个 20t 辅助滑轮;副吊选用 4 个 20t 滑轮,4 个 10t 辅助滑轮。

钢筋笼吊具如图 5.4-10 所示。

图 5.4-10 钢筋笼吊具

(3)钢筋笼自身刚度控制

为保证长大、特重型钢筋笼起吊安全,控制吊装过程中钢筋笼变形,必须提高钢筋笼自身刚度。设置纵、横向吊装桁架:每幅钢筋笼设置4榀纵向钢筋桁架,根据幅宽其间距1000～1200mm不等;设置17榀横向桁架,沿钢筋笼纵向间距3m布置。桁架采用直径28的HRB400钢筋焊接。L形、T形等异型幅钢筋笼另要在其内侧设置斜拉杆形成"人"字形桁架予以加强,以防钢筋笼在空中发生翻转变形。

其他加强措施主要有:钢筋笼钢筋交叉位置均采用点焊加固,水平筋全部与工字钢接头钢板帮条焊接,以提高整体刚度。吊点钢板及吊环钢筋与纵向桁架钢筋通长焊接,吊点上下用L形短钢筋与纵向主筋连焊加固,以加强吊点与钢筋笼的连接。钢筋笼起吊如图5.4-11所示。

图5.4-11 钢筋笼起吊

(4)吊装方法和工艺控制

钢筋笼吊装方法采用"主副双机抬吊,空中整体回直,主吊负重运输,缆绳牵引入槽"。吊装施工工艺注意事项如下:

①主、副吊各吊点连接牢固并收紧钢丝绳,在信号工的统一指挥下将钢筋笼缓慢水平抬升至离地面1m左右。静止10min,检查吊点、吊具有无脱销、松动、脱焊、开裂。

②主吊原位缓慢提升钢筋笼,速度不超过2m/min,副吊向主吊缓慢平移靠近并保持钢筋笼底端离地约1m,直至将钢筋笼垂直立起。副吊钢丝绳处于无应力状态,摘除副吊各吊点。

③主吊单独负重吊提钢筋笼,原位旋转至槽孔方向,缓慢走行至槽孔位置,速度不超过5m/min。运输过程在钢筋笼下端系缆绳用人力控制其晃动。

④钢筋笼吊至槽口垂直入槽,人工牵引缆绳辅助对位,用插杠将钢筋笼临时悬吊在导墙上逐排撤换吊点,撤换至第2排吊点时,将吊点换至笼顶吊环,直至钢筋笼准确就位并安放在导墙上,卸去主吊。

9)水下混凝土灌注

混凝土设计强度等级为水下C35,抗渗等级P10,混凝土坍落度为20cm±2cm。

水下混凝土采用导管法施工,导管选用直径250mm的圆形螺旋快速接头型,导管使用前在地面做密封性试验。

浇筑混凝土前吊放浇筑架，接导管，每幅槽段安放两根导管。导管下口距孔底30～50cm，接好泥浆回收管路。导管在钢筋笼内要上下活动顺畅，灌注前利用导管进行泵吸反循环二次清底换浆，并在槽口上设置挡板，以免混凝土落入槽内而污染泥浆。

灌注混凝土时，以充气球胆作为隔水栓，混凝土罐车直接把混凝土送到导管上的漏斗内，灌注过程要连续进行，混凝土上升速度控制在2～4m/h，中断时间不得超过30min。灌注时各导管处要同步进行，保持混凝土面呈水平状态上升，其混凝土面高差不得大于300mm。灌注过程中，要勤测量混凝土面上升高度，认真做好混凝土浇筑记录，控制导管埋深在2～6m，地下连续墙顶要超灌0.5m。

每个槽段要做四组抗压试块，每五个槽段做一组混凝土抗渗试块。

10）地下连续墙底注浆

（1）施工方法

为确保地下连续墙稳定不沉降、不漏水，需对地下连续墙的墙底进行注浆加固。

注浆管布置见图5.4-12。

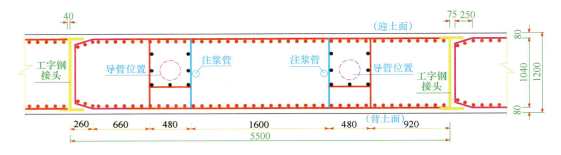

图5.4-12　注浆管布置图（尺寸单位：mm）

地下连续墙施工时，每幅地下连续墙安放两根φ50mm注浆管，插入墙底1m，压浆范围为地下连续墙下1.5m，与钢筋笼绑扎固定，注浆管的埋设应垂直可靠、不变形。在正式注浆前，要选择有代表性的墙段进行注浆试验，确定合适的注浆参数。

注浆时，注浆压力控制在0.2～0.4MPa，同时监测周边环境。

（2）墙底注浆针对性措施

①地下连续墙施工时对预埋注浆管的保护措施

注浆管固定在钢筋笼上，上管口安装单向注浆阀，下管口用棉纱封堵。下放钢筋笼时，要对准槽段进行缓慢下放，防止碰撞注浆管，造成注浆管弯曲变形。浇筑混凝土时，导管保持上下竖直，防止刮碰注浆管。

②注浆管堵塞时的补救措施

为防止注浆时注浆管有堵塞情况，注浆前进行试压水试验，发现有堵塞注浆管，采用加大压力进行压水冲洗，对于无法疏通注浆管的部位，采取在地下连续墙内外各补一个注浆管的措施进行补强。

③注浆施工质量控制和预防措施

注浆需用原材料应具有《产品质量认证书》、产品检验合格证等有关质量证明文件。

用比重计测量水泥浆相对密度，保证水泥浆相对密度不低于1.49。用测尺对配浆量进行复核,做到浆液配制准确。

用精密水准仪测量注浆孔位及地面高程,控制地墙抬起不大于1cm。

施工前先对计量仪器进行标定,检查密封圈。注浆压力不大于设计压力,超过设计压力及时上拔注浆管。注浆时严格控制注浆流量。

施工中必须认真记录孔位注浆情况,并及时予以统计,施工原始记录应做到全面、准确、及时。

5.4.2 搅拌桩施工技术

搅拌桩采用三轴搅拌桩施工工艺,三轴搅拌桩施工分成两个阶段。第一阶段为下沉喷浆搅拌阶段,即采用动力钻头下沉搅拌,边下沉搅拌边喷浆。第二阶段为提升喷浆搅拌阶段,在动力转头提升过程中再次对水泥土与水泥浆进行搅拌,形成一定直径的柱状固结体。

三轴搅拌桩通过动力钻头切割土体,使浆液与土粒强制搅拌混合,浆液凝固后,在土中形成一个圆柱状固结体,以达到加固地基或止水防渗的目的。

1)搅拌桩施工工艺

三轴搅拌桩试桩工艺流程如图5.4-13所示。

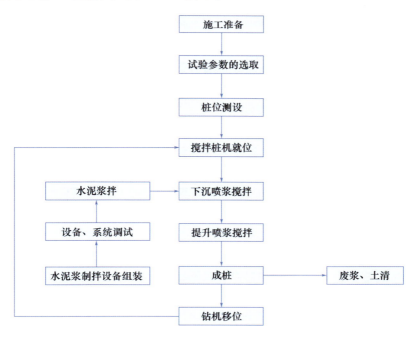

图5.4-13 搅拌桩试桩工艺流程图

2)施工准备

(1)施工前对施工场地进行清理、平整,应保证场地的三通一平,确保用电安全。

(2)施工前探明管线、建(构)筑物、大块石头等地下障碍物埋深和位置,挖出探坑并做好详细的标示标记。

(3)设置现场返浆临时存放场地。

(4)对设备机械性能等进行检查,水泥进场按要求抽检试验。

3)试验参数的选取

根据设计图纸要求,施工规范,地质条件(大致分为三种地层:人工填土、淤泥层、砂层),以往类似工程的施工经验,经与专业队伍协商确定各试验桩位的施工参数,具体见表5.4-8。

三轴搅拌桩试验参数 表5.4-8

试验桩	1号	2号	3号
成桩工艺	两搅两喷	两搅两喷	两搅两喷
浆液分配	下沉60%,提升40%	下沉60%,提升40%	下沉60%,提升40%
水灰比	1.5	1.2	1.2
水泥掺量(%)	20	22	25
注浆压力(MPa)	0.8~1.0	0.8~1.0	0.8~1.0
下沉速度(m/min)	0.5~1	0.5~1	0.5~1
提升速度(m/min)	0.6~1.3	0.7~1.4	0.8~1.5
转速(r/min)	14~16	14~16	14~16
喷浆流量(m³/min)	0.19~0.30	0.19~0.30	0.19~0.30

4)桩位测设

按规定对施工场地的基准点、基轴线及水准点实施引测、复核。

对于标定的基准点要做好明显的标志和编号,并做好保护工作,使用全站仪等,采用极坐标法进行桩位的放样。

5)钻机就位

移动三轴搅拌桩机到指定桩位,钻杆头对准孔位中心。为保证钻孔达到设计要求的垂直度,钻机就位后,做水平校正,钻机钻杆采用钻杆导向架进行定位,使钻杆轴线垂直对准钻孔中心位置,其垂直度不得大于1%~1.5%,钻头对正桩位中心,对点误差不大于50mm,钻杆与钻孔方向应保持一致。就位后,进行下沉喷浆搅拌。

6)浆液制备及检测

(1)试验室负责浆液配合比设计,水泥浆制拌系统为全自动数控系统,后台操作人员严格按设计要求设置水泥掺量、按搅拌时间配置水泥浆。

(2)浆液易在搅拌前半小时以内配制,浆液必须搅拌均匀,浆液存留不得超过4h,当未用完的浆液超过4h,通过试验证明其性能符合要求后方可使用。浆液应始终保持搅拌状态,防止产生沉淀。施工过程中,试验员应经常随机抽取浆液进行检验。

7)桩机移位

桩机移位采用液压系统动力,能够旋转和自行移动。

5.4.3 工法桩施工技术

SMW工法桩采用三轴搅拌桩及与之配套的拌浆系统进行水泥搅拌成桩,H型钢采用吊机起吊,靠自重插入,必要时用液压振动锤进行压入。

1）施工工艺流程

SWM 工法桩施工工艺流程如图 5.4-14 所示。

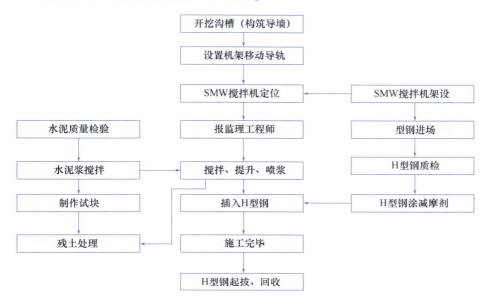

图 5.4-14　SMW 工法桩流程图

2）施工顺序

SMW 工法桩试验段搅拌桩采用跳槽式双孔全套复搅式连接顺序,见图 5.4-15,其中阴影部分为重复套钻,保证墙体的连续性和接头的施工质量,水泥搅拌桩的搭接以及施工设备的垂直度修正依靠重复套钻来保证,从而达到止水的作用。型钢插入方案:施工顺序 1 后,插入 1 号桩型钢,然后施作施工顺序 2、3,插入 2、3、4、5 号型钢,再施作施工顺序 4、5,插入型钢 6、7、8、9,依次循环向前施工。

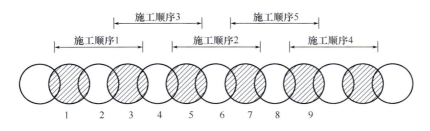

图 5.4-15　跳槽式双孔全套复搅式连接

3）施工准备

场地围蔽、三通一平,清除施工区表层杂物,并用素土回填夯实,修建施工便道,其承重荷载满足吊车行走及桩架施工要求。

（1）测量放线

根据坐标基准点,进行放样定位及高程引测工作。为防止搅拌桩向内倾斜而影响主体结构施工,两侧均外放 10cm。

(2)开挖沟槽

根据基坑围护结构位置,开挖沟槽,沟槽尺寸见图5.4-16。

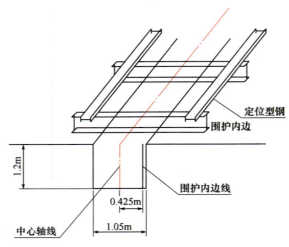

图5.4-16 沟槽开挖图

(3)定位型钢放置

H型钢定位采用型钢定位卡,垂直沟槽方向放置两根定位型钢,规格为200mm×200mm,长约2.5m,再在平行沟槽方向放置两根定位型钢,规格300mm×320mm,长8~20m,具体位置及尺寸见图5.4-17。

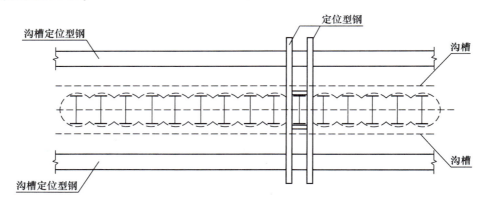

图5.4-17 定位型钢示意图

(4)孔位控制

①定位放线

SMW工法桩施工时,先用经纬仪放一条平行于将要施工加固桩中心连线的外放控制线(外放1~1.5m)作为控制线。控制线两端定好控制点,用钢筋插入地下土中,定位控制线长10~20m,定位线上每隔1.2m作桩位标志,定位线必须放置固定好,施工中注意保护定位线,发现偏差及时矫正,然后根据后退施工次序及时调整定位线位置。

②搅拌桩孔位定位

三轴搅拌桩机两幅桩中心间距为1.2m,搭接250mm,根据这个尺寸在平行定位线划线定位。

4)桩机就位

桩机移动前,认真检查定位情况,桩机应固定平稳,用经纬仪对龙门立柱进行垂直定位观测,以确保桩机的垂直度。

三轴水泥搅拌桩桩位定位后,进行定位复核,偏差值应小于5cm。

5)搅拌成桩施工

搅拌成桩施工采用四搅四喷(两次钻进、两次提升)的方法,对于桩底深度以上2~3m范围内采取提升1~2次。

充气采用压缩空气,压缩机选用螺杆式空气压缩机。

6)搅拌速度及注浆控制

(1)钻机下沉和提升

三轴深层水泥搅拌桩在钻机下沉和提升过程中,均应注入水泥浆液,同时严格控制下沉和提升速度,避免因提升过快,产生真空负压,孔壁坍方。在桩底部分持续搅拌注浆一段时间,保证桩底施工质量,做好成桩的原始记录。

(2)制备水泥浆液和浆液注入

SMW工法桩水泥浆液的水灰比取1.2∶1,搅拌水泥土水泥用量约为198.6kg/m,同时加入水泥量5%的膨润土。注浆量按加固土体方量进行计算,通过控制注浆压力(0.8~1.0MPa)来控制浆液实际注入量,搅拌成桩期间连续压水泥浆。SMW桩主要技术参数见表5.4-9。

SMW桩主要技术参数　　　　　表5.4-9

岩层描述	离地面高度（m）	分层深度（m）	气压（MPa）	水灰比	浆压（MPa）	第一次下沉速度（m/min）	第一次提升速度（m/min）	第二次下沉速度（m/min）	第二次提升速度（m/min）
填筑土	0~4.23	4.23	0.6~0.8	1.2∶1	0.8~1.0	0.6~0.7	0.6~1.0	1.0~1.5	1.4
淤泥质黏土	4.23~5.83	1.6	0.6~0.8	1.2∶1	0.8~1.0	0.7~1.0	0.6~0.8	0.8~1.0	1.1
粗砂	5.83~8.13	2.3	0.6~0.8	1.2∶1	0.8~1.0	0.6~0.8	1.0~1.5	1.0~1.5	1.3
黏土	8.13~11.23	3.1	0.6~0.8	1.2∶1	0.5~0.6	0.8~1.3	0.9~1.0	1.0~1.5	1.2
淤泥	11.23~15.33	4.1	0.6~0.8	1.2∶1	0.8~1.0	0.7~1.0	0.6~0.8	0.8~1.0	1
粗砂	15.33~21.23	3.17	0.6~0.8	1.2∶1	0.8~1.0	0.6~0.7	0.7~0.8	0.8~1.0	1

(3)SMW搅拌桩质量标准

SMW搅拌桩主要项目的质量标准见表5.4-10。

SMW搅拌桩主要项目的质量标准　　　　　表5.4-10

项目	允许偏差
桩的垂直度允许偏差	1/200
桩位偏差	±50mm
桩底高程	+100mm,-50mm
水泥强度及抗渗性	达到设计要求
成桩深度	+100~0mm
桩径	±10mm

7）H 型钢插入

三轴深层水泥搅拌桩施工完毕后，吊机立即就位，吊放 H 型钢。

（1）起吊前预先在型钢顶端开一个孔径约 6cm 的圆孔，并在型钢顶部焊接吊环，在沟槽定位型钢上设 H 型钢定位卡，固定插入型钢的平面位置，型钢定位卡必须牢固、水平。

（2）装好吊具和固定钩，用 25t 吊机起吊 H 型钢，用线锤校核垂直度，确保垂直后将 H 型钢底部中心对正桩位中心，并沿定位卡缓慢垂直插入水泥土搅拌桩体内（图 5.4-18）。

图 5.4-18　型钢插入示意图

（3）H 型钢下插至设计深度后，用槽钢穿过吊环将其搁置在定位型钢上，待水泥土搅拌桩达到一定硬化时间后，将吊筋、槽钢及沟槽定位型钢撤除。

（4）若 H 型钢插放不到设计高程时，则重复提升下插使其达到设计高程，此过程中始终用线锤跟踪控制 H 型钢垂直度。

（5）型钢宜插在靠近基坑一侧，型钢高程、插入平面位置、插入长度和垂直度等检验标准详见表 5.4-11。

SMW 工法桩内插型钢检验标准　　　　表 5.4-11

序号	项目	允许偏差或允许值	检验方法
1	型钢长度	±10mm	用钢尺量
2	型钢垂直度	≤1/200	经纬仪检查
3	型钢插入高程	−30mm	水准仪检查
4	型钢插入垂直线路方向偏差	±10mm	用钢尺量
5	型钢插入平行线路方向偏差	±50mm	用钢尺量

注：检查数量为全部检查。

H 型钢施工工序如图 5.4-19 所示，施工冷缝处理如图 5.4-20 所示。

8）SMW 工法桩质量控制注意事项

（1）严格控制施工参数，如下沉速度、浆压、水灰比等。

（2）施工前必须清除现场地面、地下一切障碍物，开机前必须调试、检查桩机运转及输浆管畅通情况。为保证搅拌桩垂直度，注意起吊设备的平整度和导向架的垂直度，用线锤检查。

（3）严格按设计要求配置浆液，浆液不能发生离析。为防止灰浆离析，拌浆时间≥2min，注浆前必须搅拌 30s 再倒入存浆桶。

(4)搅拌机预搅下沉不得冲水,遇到硬土层,下沉太慢时,方可适量冲水,但要保证搅拌时间,增加搅拌次数,提高搅拌转数,降低钻进速度。

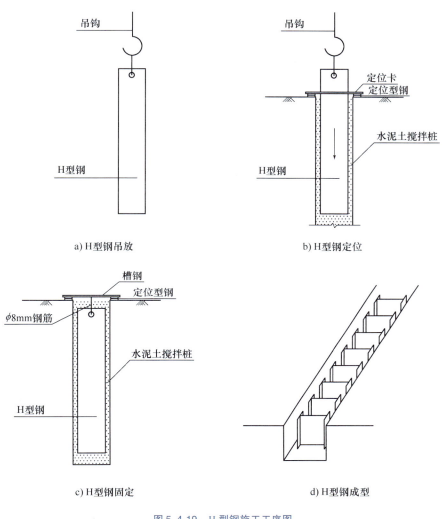

图 5.4-19 H 型钢施工工序图

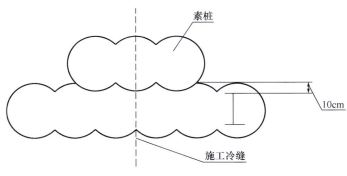

图 5.4-20 施工冷缝处理示意图

(5)严格控制下沉速度,使原状土被充分搅拌充分破碎,有利于同水泥浆均匀拌和。水泥浆必须不间断供应,压浆阶段不允许发生断浆现象,输浆管道不能堵塞,全桩须注浆均匀,以保证不出现夹心层现象。水泥搅拌桩的渗透系数应不大于 10^{-3} cm/s。

(6)发生管道堵塞,立即停泵处理,待处理结束后把搅拌钻具下沉 1.0m 后方能注浆,等 10~20s 恢复向上提升搅拌,以防断桩。当相邻桩的施工因故停止超过 8h 时,重新进行套打搅拌。如因相融时间过长,致使第二个桩无法搭接时,则在设计认可下采取局部补桩或注浆措施。

(7)桩体 28d 的无侧限抗压强度应大于 1.0MPa,施工时为了改善水泥土搅拌桩的性能和提高早期强度,可掺加少量的早强剂。

(8)H 型钢的接头设在基坑底高程以下,翼板和腹板的焊接应相互错开,并满足等强度焊接要求。型钢表面平整度控制在 1‰ 以内并除锈,在干燥条件下涂抹减摩剂,搬运使用应防止碰撞和强力擦挤。

(9)控制注浆量和提升速度(下沉不大于 1m/min,上提不大于 1.5m/min)。

(10)H 型钢插入的时间,搅拌桩完成后 30min 内插入 H 型钢。

5.4.4 旋喷桩施工技术

三重管高压旋喷桩 28d 无侧限抗压强度不小于 1.2MPa,高压喷射浆液采用 42.5 级普通硅酸盐水泥,水泥最低掺量为 30%~35%,扩散半径为 0.5m,孔距 0.9m,梅花形布置。

1)施工方法

旋喷桩采用三重管法施工,为避免扰动相邻桩,采取跳排跳孔施工。

2)施工工艺

三重管旋喷桩施工工艺流程见图 5.4-21。

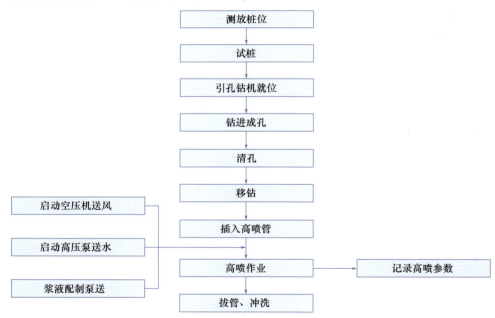

图 5.4-21 旋喷桩施工工艺流程图

3）施工准备

（1）场地平整、现场测量

施工前要进行管线调查，对影响区域的管线做好迁改、保护，对场内榕树进行妥善处理，然后整平、夯实。

（2）修建排污和灰浆拌制系统。

（3）施工前根据设计图纸进行桩位放样，并做好标记。

4）试桩

旋喷桩施工前进行试桩，以确定喷嘴直径、提升速度、旋喷速度、喷射压力、排量等旋喷参数。至少做2根试桩，具体位置根据现场实际情况确定。施工工艺参数见表5.4-12。

三重管旋喷桩施工技术参考　　表5.4-12

项目		技术参数
压缩空气	气压（MPa）	0.7
	气量（m³/min）	0.5~2.0
水	压力（MPa）	≥30
	流量（L/min）	80~120
	喷嘴直径（mm）	1.6~1.8
水泥浆	压力（MPa）	0.5~1
	流量（L/min）	100~150
水灰比		0.5:1~0.6:1
提升速度（cm/min）		8~15
旋转速度（r/min）		6~10

5）钻机就位

钻机就位后，对桩机进行调平、对中，调整桩机的垂直度，保证钻杆应与桩位一致，偏差应在50mm以内，钻孔垂直度误差小于1.5%；钻孔前应调试空压机、泥浆泵，使设备运转正常；校验钻杆长度，并用红油漆在钻塔旁标注深度线，保证孔底高程满足设计深度。

6）引孔钻进

钻机施工前，首先在地面进行试喷，在钻孔机械试运转正常后，开始引孔钻进。钻孔过程中详细记录好钻杆节数，保证钻孔深度的准确。

7）拔出岩芯管、插入注浆管

引孔至设计深度后，拔出岩芯管，并换上喷射注浆管插入预定深度。在插管过程中，为防止泥砂堵塞喷嘴，要边射水边插管，水压不得超过1MPa，以免压力过高，将孔壁射穿，高压水喷嘴要用塑料布包裹，以防泥土进入管内。

使用高速搅拌机的水泥浆搅拌时间不应小于30s；使用普通搅拌机的水泥浆搅拌时间不应少于90s；水泥浆从制备到使用完毕的时间不应超过4h。

8）旋喷提升

当喷射注浆管插入设计深度后，接通泥浆泵，然后由下向上旋喷，同时将泥浆清理排出。喷射时，先应达到预定的喷射压力、喷浆后再逐渐提升旋喷管，以防扭断旋喷管。为保证桩底端的质量,喷嘴下沉到设计深度时,在原位置旋转10s左右,待孔口冒浆正常后再旋喷提升。钻杆的旋转和提升应连续进行,不得中断。为提高桩底端质量,在桩底部1.0m范围内应适当增加钻杆喷浆旋喷时间。在旋喷提升过程中,可根据不同的土层调整旋喷参数。

9)钻机移位

旋喷提升到设计桩顶高程时,迅速拔出注浆管,用清水冲洗注浆泵及输送管道,然后将钻机移位。

10)旋喷桩质量检验标准

质量检查点的数量为注浆孔的1%~2%,并不得少于5个孔。

旋喷桩的施工质量检验标准要求见表5.4-13。

旋喷桩施工质量检验标准　　　　表5.4-13

项目	序号	检查项目	允许偏差或允许值	检查方法
主控项目	1	水泥质量	符合出厂要求	查看产品合格证及抽样送检
	2	水泥用量	设计要求	查看流量表及水泥浆水灰比
	3	桩体强度	≥1.2MPa	28d无侧限抗压强度
一般项目	1	钻孔位置	≤50mm	用钢尺量
	2	钻孔垂直度	≤1.5	实测或经纬仪测钻杆
	3	孔深	±200	用钢尺量
	4	注浆压力	按设定参数指标	查看压力表
	5	桩体搭接	>300mm	用钢尺量
	6	桩体直径	≤50mm	开挖后用钢尺量
	7	桩身中心允许偏差	≤0.2D,D为设计桩径	开挖后桩顶下500mm处用钢尺量

11)旋喷桩质量问题预防措施

旋喷桩常见质量问题及预防措施见表5.4-14。

旋喷桩常见质量问题及预防措施　　　　表5.4-14

序号	表现	产生原因	预防措施及处理方法
1	固结体强度不均匀、缩径	(1)喷射方法与机具没有根据地质条件进行选择; (2)喷浆设备出现故障中断施工; (3)拔管速度、旋转速度及注浆量适配不当,造成桩身直径大小不均匀,浆液有多有少; (4)喷射的浆液与切削的土粒强制搅拌不均匀、不充分; (5)穿过较硬的黏性土,产生缩径	(1)根据设计要求和地质条件,选用不同的喷浆方法和机具; (2)喷浆前先进行压浆、压气试验,正常后方可配浆,配浆时必须用筛过滤; (3)根据固结体的形状及桩身匀质性,调整喷嘴的旋转速度、提升速度、喷射压力和喷浆量; (4)对易出现缩径部位及底部不易检查处采取定位旋转喷射(不提升)或复喷的扩大桩径措施; (5)控制浆液的水灰比和稠度; (6)严格控制喷嘴的加工精度、位置等,保证喷浆效果

续上表

序号	表现	产生原因	预防措施及处理方法
2	压力上不去	(1)安全阀和管路接头处密封圈不严,产生泄漏现象; (2)泵阀损坏,油管破裂漏油; (3)安全阀的安全压力过低,或吸浆管内留有空气或密封圈泄漏; (4)塞油泵调压过低	应停机检查,经检查后压力自然上升,并以清水进行调压试验,以达到所要求的压力为止
3	压力骤然上升	(1)喷嘴堵塞; (2)高压管路清洗不净,浆液沉淀或其他杂物堵塞管路; (3)泵体或出浆管路有堵塞	(1)应停机检查,首先卸压,如喷嘴堵塞将钻杆提升、疏通; (2)其他情况堵塞应松开接头进行疏通,待堵塞消失后再进行旋喷
4	钻孔沉管困难、偏斜、冒浆	(1)遇有地下埋设物,地面不平不实,钻杆倾斜度超标; (2)注浆量与实际需要量相差较多; (3)地层中有较大空隙不冒浆或冒浆量过大是因为有效喷射范围与注浆量不相适应,注浆量大大超过旋喷固结所需的浆液所致	(1)放桩位点时应钎探,遇有地下埋设物应清除或移动桩位; (2)喷射注浆前应先平整场地,钻杆应垂直,倾斜度控制在0.3%以内; (3)利用侧口式喷头,减小出浆口孔径并提高喷射能力,使浆液量与实际需要量相当,减少冒浆; (4)控制水泥浆液配合比; (5)针对冒浆的现象,则采取在浆液中掺加适量的速凝剂,缩短固结时间,使浆液在一定土层范围内凝固,还可在孔隙地段增大注浆量,填满孔隙后再继续旋喷; (6)针对冒浆量过大的现象,则采取提高喷射压力、适当缩小喷嘴孔径、加快提升和旋转速度

5.5 深基坑的开挖与支护技术

5.5.1 深基坑分段分层开挖

1)深基坑分段分层开挖方案

基坑土方开挖遵循"纵向分段、竖向分层、由上至下、中间拉槽、先支后挖"的施工原则,竖向从上到下分层开挖,纵向形成台阶,竖向第一道支撑下根据支撑位置和基坑深度分为3~6层,层高2.0~4.8m,纵向每段长度约11m,基坑分层开挖临时边坡控制在1:1,每段留6m左右平台,详见图5.5-1。横向先挖中间土体,后挖两侧土体。基坑开挖时应做到分层、分段、对称、平衡、限时开挖、随挖随撑。

首层支撑采用普通挖机开挖,首层支撑至场地高程以下12m范围内,采用小型挖机在基坑内掏槽转土至基坑靠围护结构处供长臂挖机装土。场地高程12m以下采用小挖机挖土成堆,带液压抓斗的履带式起重机抓土。

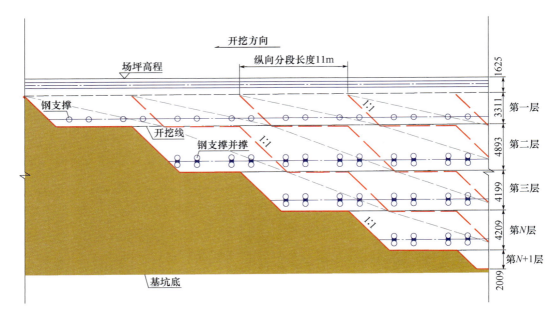

图 5.5-1 分层分段开挖纵断面图(尺寸单位:mm)

2）基坑开挖顺序

开挖顺序：①破桩头、开挖至第一道支撑底部；②施工冠梁及第一道混凝土支撑；③第一层中间开槽开挖至第一道钢支撑底部；④第一层开挖两侧土体；⑤第二层中间开槽开挖至第二道钢支撑底部；⑥安装第一道钢支撑；⑦第二层开挖两侧土体；⑧第三层中间开槽开挖至第三道钢支撑底部；⑨安装第二道钢支撑；⑩重复④~⑧，开挖至基坑底面高程以上 300mm 处；最后基坑验收，改用人工开挖至基底，详见图 5.5-2。

3）基坑开挖注意事项

（1）基坑开挖前必须进行井点降水，降至坑底以下 1m。

（2）基坑开挖必须在地基加固、地下连续墙、止水桩、格构立柱、冠梁及抗拔桩达到设计强度之后方可进行，基坑边线 2m 范围内禁止堆载，2m 范围外超载小于 20kPa。

（3）基坑开挖前须先施工护岸及河底排水沟，基坑开挖后，应及时设置坑内排水沟和集水井，防止坑底积水。

（4）土方开挖的顺序、方法必须与设计工况相一致，并遵循"开槽支撑、先撑后挖、分层开挖、严禁超挖"的原则。

（5）土方开挖时，弃土堆放应远离基坑顶边线 30m 以外。

（6）基坑开挖时，必须以"时空效应"理论为指导，严禁在一个工况条件下一次开挖到底。

（7）每一工况挖土及钢筋混凝土支撑完成的时间不得超过 48h，每一工况挖土及钢支撑的安装时间不得超过 48h。

（8）基坑开挖过程中根据监控量测注意及时支撑，尽量减少无支撑的暴露时间。

4）基坑开挖施工工艺

施工工艺流程见图 5.5-3。

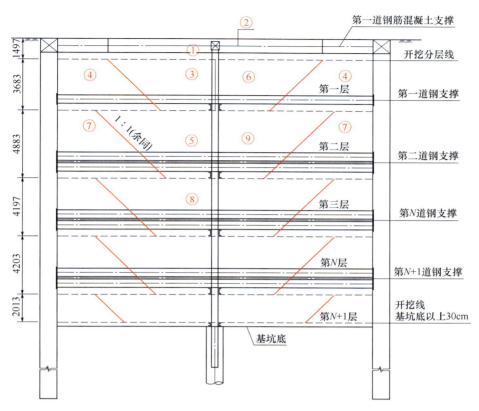

图 5.5-2　基坑开挖顺序图(尺寸单位:mm)

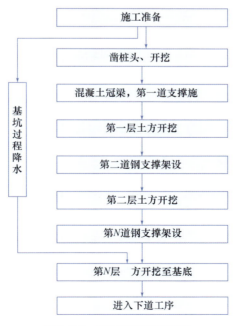

图 5.5-3　基坑开挖施工工序图

5.5.2 开挖设备的选择

基坑开挖的选择关系到基坑开挖的施工组织,设备的选择与基坑开挖方式、开挖深度、基坑形状、基坑周边构造物等因素有关。

周边建筑距明挖基坑较远,基坑两侧满足开挖机械运转要求的基坑。当基坑开挖深度为 0~4m 时,采用普通反铲挖机开挖;基坑开挖深度为 4~12m 时,采用小型挖机在基坑内掏槽转土至基坑靠围护结构处供长臂挖机装土(图5.5-4);基坑开挖深度大于12m时,采用小挖机挖土成堆,小型挖机在基坑内掏槽转土至基坑靠围护结构处供液压抓斗的履带式起重机抓土(图5.5-5)。当明挖深基坑宽度不大且大致相同时,开挖深度大于4m可采用小型挖机在基坑内挖土,门式起重机吊斗垂直运输渣土(图5.5-6)。

图 5.5-4　小型挖机在基坑内施工

图 5.5-5　液压抓斗出土施工

周边建筑距明挖基坑较近,基坑边缘不满足开挖机械运转要求的基坑,采用普通反铲挖机开挖,利用基坑内区域从一端向另一端分台阶开挖,土方通过挖掘机相互接力(图5.5-7),由基坑边的挖机装到自卸车运至弃土场。当明挖深基坑宽度不大且大致相同时,开挖深度大于4m可采用小型挖机在基坑内挖土,门式起重机吊斗垂直运输渣土至基坑边自卸车车斗内。

图 5.5-6　门式起重机吊斗垂直运输渣土

图 5.5-7　挖掘机相互接力出土示意图

5.5.3　基坑降水

1）降水方案

（1）降水目的

①降低基坑内开挖土体的含水率,便于基坑开挖的顺利进行。

②降低承压含水层的承压水水头,将其控制在安全埋深以内,以防止基坑底部发生突涌,确保施工时基坑底板的稳定性。

③尽量减少由于减压降水引起的地表沉降以及降水对周边建（构）筑物的不利影响。

④控制降水引起地面沉降,避免产生较大差异沉降。

⑤控制降水对坑内坑底土体变形的影响,减少在坑内梁、柱等围护、支护结构体内产生的附加应力。

（2）降水要求

①降低基坑开挖范围内地下水水位至基坑底板以下 1.0m。

②根据开挖施工进度,降低基坑下伏承压水水头值至安全值。
(3) 降水方法
①对于开挖深度内的潜水和承压含水层,采用深井降水措施,确保含水层的地层疏干,便于开挖。
②对于开挖深度以下的承压含水层,采用减压深井进行减压降水,确保基坑安全顺利完成施工,上部潜水采用疏干深井降水措施,确保土层疏干。
③鉴于止水帷幕隔水效果仍存不确定性,基坑场地周边环境保护要求较高,需要在坑外布置水位观测井加强日常监测,在基坑开挖深度很大、围护深部出现渗漏时,为防止坑外高水压状态的地下水携带地层砂沿渗漏点渗入坑内,逐渐撕大渗漏点;坑外形成地层空洞,坑外环境沉降变形加剧时,可及时启用坑外的水位观测进行抽水,降低坑外水位,减少坑内地下水的补给源。
④降水运行过程中,必须遵循"按需降水"原则,加强承压水水位监测,控制承压水的水位满足开挖时的安全要求,不得超降,以期减少减压降水辐射范围,减少降水对周边环境的不利影响。
⑤在基坑内布置水位观测井兼备用井,根据地下水位监测结果指导降水运行,在应急情况下启动坑内的观测井进行抽水。
⑥基坑外适量布置承压含水层的坑外水位观测井兼应急回灌井,在深坑开挖过程中,平时加强坑外水位观测,应急情况下可及时启动进行回灌。
⑦为确保降水井的不间断工作,施工现场应有双电源保证措施,应配置备用发电机组。
⑧针对工程前期并未对承压含水层现场的水文地质抽水试验,在成井施工完成后,建议降水正式运行前及时做生产性群井试验抽水,验证基坑围护的止水效果、降水效果和现场降水电路、排水情况,对所提出的基坑降水方案进行调整或优化。

2) 管井构造

疏干井钻孔孔径为 500mm,过滤器外径为 40cm,主筋为 12B16,外螺旋箍筋 A8@150,内加强箍筋 B14@500,笼底采用 B16 交叉焊死封闭并包两层铁丝网,主筋与箍筋点焊,连接形成骨架。钢筋笼外包铁丝网和尼龙网,并用 12 号铅丝扎紧,以上两种滤网缠绕时,重叠 1/3 幅面,铁丝网采用 A1 铁丝编织,孔眼尺寸 5cm×5cm。如图 5.5-8、图 5.5-9 所示。

3) 降水施工流程

井点测量定位→挖井口、安护筒→钻机就位→钻孔→回填井底砂垫层→吊放过滤器→回填砂砾过滤层→洗井→井管内下设水泵、安装抽水控制电路→试抽水→降水井正常工作→降水完毕拔井管→封井。

4) 降水运行施工
(1) 降水试运行
①每成井施工完一口井即投入试运行一口,以便及时抽通水井,确保井的出水量。
②试运行之前,需测定各井口和地面高程、静止水位,然后开始试运行,以检查抽水设备、抽水与排水系统能否满足降水要求。
③安装前应对泵体和控制系统做一次全面细致的检查。检验电动机的旋转方向、各部位

连接螺栓是否拧紧、润滑油是否足、电缆接头的封口有无松动、电缆线有无破损等情况,然后在地面上转 1min 左右,如无问题,方可投入使用。潜水电动机、电缆及接头应有可靠绝缘,每台泵应配置一个控制开关。

④试运行抽水时间控制在 3d,即每口井成井结束后连续抽水 3d,以检查出水质量和出水量。

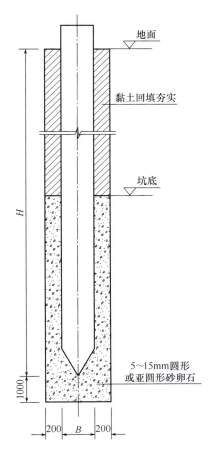

图 5.5-8　管井安装工艺图(尺寸单位:mm)
H-钢筋笼长度;B-钢筋笼直径

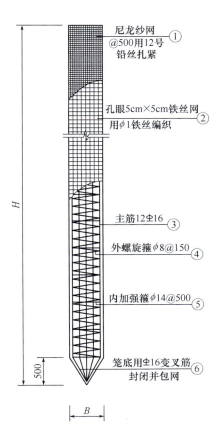

图 5.5-9　管井构造图(尺寸单位:mm)
H-钢筋笼长度;B-钢筋笼直径

(2)正式降水运行

基坑降水采用真空泵抽气、潜水泵抽水的方法降低潜水位,其中每六口井共用一台真空泵,每口井单用一台潜水泵,要求潜水泵的抽水能力大于单井的最大出水量,真空管路的真空度大于 -0.06MPa,潜水泵和真空泵同时开启,抽水安装示意图见图 5.5-10。

①坑内疏干井需在基坑开挖前 21d 开始真空抽水,以满足预抽水时间,保证降水效果。

②正式真空抽水时,6 口疏干井共用一台真空泵,并安装一个集水箱。每口井内单独安装一台潜水泵抽水,抽出的地下水分别进入到集水箱后,由集水箱内水泵排到基坑边的排水沟。

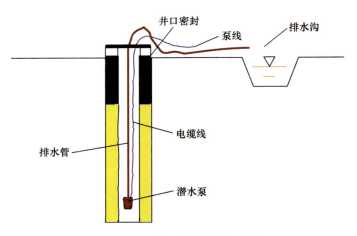

图 5.5-10 疏干井抽水安装示意图

③必须保证真空泵 24h 连续运行,真空表压力必须大于 60kPa;刚开始抽水的时候,地下水很丰富,开启潜水泵的次数要频繁,两次抽水间最大时间间隔不超过 30min;持续抽水 2 个星期后,根据单井出水量的大小适当调整抽水时间间隔,两次抽水间最大时间间隔不超过 60min。

④降水工作应与土方开挖施工密切配合。在开挖过程中,逐步割除井管,并及时恢复疏干井真空运行。注意对降水井的保护,严禁挖土机破坏。

5)基坑地下水水位监测。

基坑内潜水、坑外承压水水位监测,由观测井来测量。在正式降水开始前测量其初始水位,正式降水后,潜水水位每间隔一天观测一次,降水井每间隔 2h 测量一次,并将水位、水量记录资料整理后,及时上报汇总。

6)封井施工。

针对坑内降水井,在降水工程结束后应考虑采取封井措施,浇筑结构底板时可在降水井处安装过底板套管,套管上设有止水法兰和止水条,套管顶部在底板顶高程下 15cm,详见图 5.5-11。

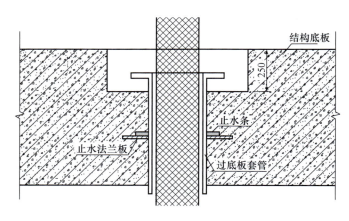

图 5.5-11 降水井过底板套管安装布置示意图

5.5.4 临时钢支撑的安装与拆换

钢支撑采用 $\phi 609mm$ 钢支撑,厚度 $t=16mm$。钢支撑由活动、固定端头和中间节组成,各节由螺栓连接。施工时固定端端头板与预埋钢板点焊连接,活动端用千斤顶按设计要求预加轴力后用楔形垫块楔紧,具体细部尺寸见图5.5-12、图5.5-13。

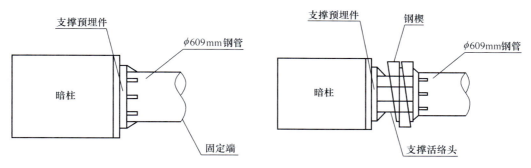

图 5.5-12 支撑固定端支座节点示意图　　图 5.5-13 支撑活动端支座节点示意图

1)临时钢支撑安装方法

由于钢支撑较长,需分段加工,现场组合,使用履带式起重机进行吊装。分段长度为 0.25m、0.5m、1m、2m、4m 五种规格,支撑运输前需对构件进行编号,运至现场进行拼装,组装为成型的单根钢支撑。

(1)每节段分层开挖至钢支撑架设的高度后,立即放出支撑位置线。

(2)地下连续墙上钻孔安装型钢支架和钢制牛腿。

(3)在相邻两个格构立柱间安装钢系梁。先在格构柱上焊接 L200×16 角钢托架(角钢预先焊接加劲板),将[40a 槽钢吊放至角钢托架,与格构立柱焊牢固。最后采用 300mm×640mm×12mm 钢板沿槽钢上下翼板布置,间距 800mm,焊接牢固,见图 5.5-14。

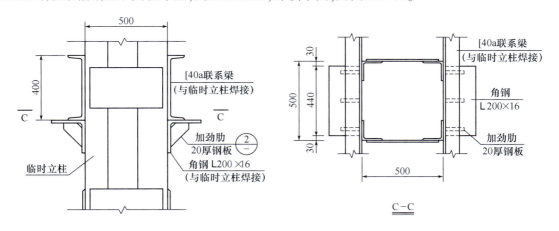

图 5.5-14　联系梁与格构柱连接图(尺寸单位:mm)

(4)将钢支撑活络头和固定端头与钢支撑端头板采用螺栓连接,组装成为成型的单根钢支撑。

(5)用履带式起重机吊放钢支撑到型钢支架。校准位置后将活络头和固定端焊接在地下连续墙预埋钢板上固定。

(6)为防止钢支撑在施加轴力时产生过大的挠度,在对钢支撑施加预应力前先将钢支撑自重挠度校正至水平。

(7)在三角形钢支架下方焊接防坠防侧移钢板及千斤顶支托板,防止钢支撑尤其是斜撑的侧移。

(8)在活动端沿支撑两侧对称逐级加压,按照支撑设计预加轴力控制值,当压力表读数稳定为止,并采用特制铸铁楔子塞紧固定。

(9)钢支撑安装完毕后,将钢支撑、联系梁与格构立柱进行连接,连接采用钢板形成抱箍。

(10)完成第二道支撑后,安装第一道支撑和第二道支撑间的剪刀撑(剪刀撑由 L75×8 角钢和钢板组成),以后每完成一道支撑及时安装剪刀撑。

钢支撑架设流程图见图 5.5-15。

图 5.5-15　钢支撑安装流程图

2)钢支撑安装质量标准

钢支撑安装应确保支撑端头同地下连续墙的均匀接触,空隙大的采用细石混凝土灌缝严实,防止钢支撑移动,钢支撑安装允许偏差应符合以下规定:

支撑位置:高程 30mm,平面 100mm。

预加顶力:±50kN。

3)支撑拆除

支撑体系拆除的过程其实就是支撑的"倒换"过程,即把由钢管横撑所承受的侧向土压力转至永久支护结构。

钢支撑的拆除流程为:吊车就位、钢丝绳扣扎支撑→活络节内安放千斤顶施加顶力→撤除钢楔→解除顶力,同时卸下千斤顶→支撑杆体下放(拆除高强连接螺栓)→钢支撑吊出。支撑体系的拆除施工应特别注意以下两点:

(1)钢支撑拆除时,在活动端设千斤顶,施加轴力至钢楔块松动,取出钢楔块,逐级卸载至取完钢楔,再吊下支撑。避免应力瞬间释放而导致结构局部变形、开裂。

(2)进行拆除时,主体结构的墙板或底板混凝土强度需达到规定的强度要求。

5.5.5 基底加固处理施工关键技术

基坑开挖前进行地层加固施工,地层加固应快速进行,尽量减少基坑暴露时间。

深基坑基底加固采用高压旋喷桩对基底进行"抽条+裙边"加固,坑内旋喷加固范围为基底以下3m,坑外阴角旋喷桩加固范围为从地表至基底以下3m,以海域50、51节段为例,详见高压旋喷桩地基加固平面布置图。高压旋喷桩加固材料强度为42.5级普通硅酸盐水泥,水泥掺量不小于25%,28d无侧限抗压强度不小于1.2MPa。具体高压旋喷桩施工技术见图5.5-16。

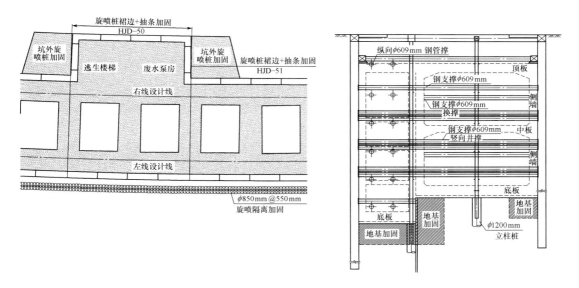

图5.5-16 海域50、51节段高压旋喷桩地基加固

较深基坑基底加固采用搅拌桩对基底进行"抽条+裙边"加固,坑内搅拌加固范围为基底以下3m,坑外阴角搅拌桩加固范围为从地表至基底以下3m,以海域41、42节段为例,详见搅拌桩地基加固平面布置图。水泥搅拌桩加固材料强度为42.5级普通硅酸盐水泥,水泥土水泥掺量不小于20%,28d无侧限抗压强度不小于12MPa。具体搅拌桩施工技术见图5.5-17。

在施工中要遵循信息施工原则,对场地及已施作结构进行动态监测,结合试验段观测成果,有针对性地确定坑底以上局部段落软弱土层的加固措施,以减少围护结构侧移,并确保施工场地的稳定性。

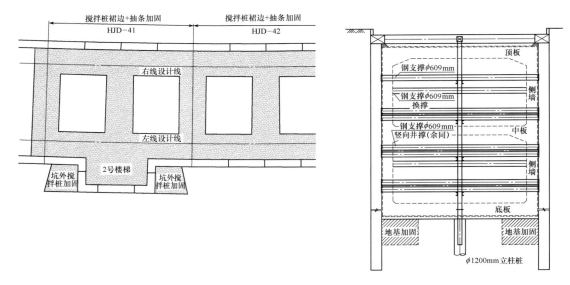

图 5.5-17 海域 41、42 节段搅拌桩地基加固

5.5.6 深基坑开挖风险及处置方案

1）施工安全风险分析及相应安全保障措施

（1）现场平面布置

施工现场布置要有利于安全生产，符合防触电、防火、防汛、防台风、防雷击等安全要求，具备安全生产和环境保护与文明施工的条件。

防火、防汛及防雷击等安全设施完备，且定期检查，如有损坏及时修理。

现场运输道路转弯地段设醒目的标志，夜间设有照明设施。

在明挖段四周砌筑挡水墙，防止地表水流入基坑，同时做好防护栏杆。

（2）施工风险分析

结合工程地质条件，初步总结出基坑降水、围护结构施工、基坑开挖以及周边环境等风险所引发因素和控制措施。

（3）潜在风险

根据明挖段施工的特点，主要是施工周期长、露天高处作业多、手工操作多、劳动繁重、施工机械品种繁多等动态变化，具有一定的安全隐患，也多存在于高处作业、交叉作业、机物运输以及使用各种电气设备工具上，事故类别主要包括高处坠落、触电、物体打击、机械伤害及坍塌五个方面。

（4）自然灾害风险

工程场地受海洋气候的影响，该区域天气复杂多变，灾害性天气频繁，给人员、设备、工程带来极大的威胁。很有可能发生中暑、台风、暴雨等自然灾害事故。

2）明挖段开挖支护安全施工措施

拱北隧道明挖段基坑开挖面积大，开挖以挖掘机开挖为主，进行分段、分块、分层开挖，每层开挖厚度不大于 2.5m 的原则进行作业。因此，明挖段开挖存在的重大风险因素为：基坑围护结构渗漏、基坑坍塌、坑底隆起、地层变形超限、支撑体系失稳、基坑管涌等。此外,基坑施工规模大、周边构(建)筑物距离基坑近,导致周围构(建)筑物的保护较为困难,故须采取有针对性的技术措施,防止险情发生。

(1)基坑围护结构渗漏安全保证措施

由于拱北隧道明挖段地下连续墙深度大,且地质条件较差,在施工过程中,容易由于各种因素导致地下连续墙接缝或墙身部位存在渗漏的点或面,造成围护结构发生渗漏,给基坑安全及周边地面设施和建筑物带来极大安全隐患。基坑围护结构渗漏情况的发生主要从以下几个方面进行控制:

①开挖前,通过对已完地下连续墙施工情况统计分析,找出可能存在渗漏点的部位,在围护结构外侧,进行高压旋喷桩或双液注浆止水。在将隐患处理完成后再进行开挖,同时备足应急物资和设备。

②开挖过程中,现场安排人员24h值班,对已开挖面的围护结构进行观察,看是否有明显湿渍或漏水点。一经发现,立即报告并采取封堵措施。

(2)基坑坍塌安全保证措施

①加强对降水施工的管理与配合,做好开挖前的预降水和开挖过程中的持续降水;采用引水、排水、注浆等措施,处理好地层中的残留水,实现无水施工。

②开挖前,在完成分部分项工程验收的基础上,必须将应对开挖过程中可能出现的危险情况的应急物资和机械进场,放置在现场易取用的地方,尽量避免在应急时发生二次倒运。

③基坑开挖充分利用时空效应组织施工,按"竖向分层、水平分段、台阶法作业、由上至下、先支后挖"的原则进行作业。在未完成相应层的混凝土支撑(或钢支撑)前严禁开挖下层土方。

④开挖必须在围护结构、支撑桩达到设计强度后方可进行。地基底面30cm应采用人工开挖平整、夯填密实。

⑤施工过程中弃土堆、钢筋、架子管、方木等重物按规范要求尽量远离基坑边线,减小坑边荷载。

⑥勤对围护结构地下连续墙及混凝土支撑的监测数据进行分析,特别是地下连续墙墙顶位移速率和累计值、混凝土支撑的钢筋应力等,由此判断出基坑的受力状态,提早发现问题,提早解决,将隐患消除在萌芽阶段。

(3)钢支撑加工安全注意事项

①进行电焊、气割作业时应严格遵守"十不烧"操作规程。焊工必须持证上岗,无特种作业人员安全操作证的人员,不准进行焊、割作业;凡属一、二、三级动火范围的焊、割,未经办理动火审批手续,不准进行焊、割;焊工不了解焊、割现场周围情况,不得进行焊、割;焊工不了解焊件内部是否安全时,不得进行焊、割;各种装过可燃气体、易燃液体和有毒物质的容器,未经彻底清洗,排除危险性之前,不准进行焊、割;用可燃材料作保温层、冷却层、隔热设备的部位,或火星能飞溅的地方,在未采取切实可靠的安全措施之前,不准焊、割;有压力或密闭的管道、容器,不准焊、割;焊、割部位附近易燃易爆物品,在未作清理或未采取有效的安全措施之前,不准焊、割;附近有与明火作业相抵触的工种作业时,不准焊、割;与外单位相连的部位,在没有弄清有无险情,或明知存在危险而未采取有效的措施之前,不准焊、割。

②操作前应检查所有工具、电焊机、电源开头及线路是否良好,金属外壳应安全可靠接地,进出线应有完整的防护罩,进出线端应用接线鼻子压紧。

③每台电焊机应有专用电源控制开关,开关的保险丝容量,应为该机的1.5倍,严禁用其他金属丝代替保险丝,电焊完工后,及时切断电源。

④乙炔瓶、氧气瓶均应设有安全回火装置,两瓶之间的安全距离不小于5m,两瓶距离作业面的安全距离不得小于10m。

⑤清除焊渣时,面部不应正对焊纹,防止焊渣溅入眼内。

(4) 钢支撑安装安全注意事项

①吊装作业当遇到六级或六级以上强风、雨、雾天气时,必须停止吊装作业。

②在起吊钢支撑时,重量不得超过荷载,并配有专门信号工统一指挥,同时钢管下方严禁站人。

③悬空作业处应有牢固的立足处,并必须视具体情况,配置防护网、栏杆或其他安全设施。

④钢管吊装使用履带式起重机或汽车起重机,在起吊前要注意检查钢丝绳是否完好,若不满足安全要求,必须进行更换。钢管使用2点起吊,吊点选择在距离钢管两端1/3处。钢管起吊过程中,所有施工人员距离钢管不得小于3m。吊运时,先将钢管水平移动到安装位置,然后竖直降落至安装托架上。钢管就位已安装好的托架后,要及时对钢管临时施加预加轴力。

⑤在基坑下作业的施工人员要主动避开吊装作业,随时注意基坑周边情况,遇到紧急情况时,立即撤离基坑,并及时通知项目管理人员。

⑥在现场施工时,严禁在已架设好的钢支撑上行走或在护栏里打闹,避免发生意外。

⑦进行其他作业时,应避免碰撞钢支撑,以免支撑掉落造成人员伤亡。

(5) 钢支撑的拆除安全注意事项

①所有进入施工现场的操作人员必须戴好安全帽,扣好帽带,佩戴并正确使用个人劳动保护用品,严禁酒后上岗。

②在拆除钢支撑时,要有专门信号工统一指挥,钢管下严禁站人。

③悬空作业处应有牢固的立足处,并必须视具体情况,配置防护网、栏杆或其他安全设施。悬空作业所用的索具、脚手板、吊篮、吊笼、平台等设施,均需经过技术鉴定或检证方可使用。

④吊装作业当遇六级或六级以上强风、雨、雾天气时,必须停止吊装作业。

⑤在进行钢支撑拆除前,千斤顶、倒链、保护绳、撬棍、大绳等材料要准备齐全,卡环和钢丝绳要确保完好。

⑥拆除钢支撑顺序如下:a.钢支撑两端吊绳及辅助的倒链挂好;b.钢支撑卸载;c.钢支撑吊离出工作井;d.钢围檩两端吊绳及辅助的倒链挂好后将钢围檩吊离工作井;e.拆除三角支架。

⑦钢支撑卸载时,千斤顶要逐步卸载,慢慢松开楔块,避免卸载过快造成围护结构变形。

⑧钢支撑摆放要平稳,堆放高度不得超过1.5m,不准一端翘起或支垫不平等现象发生。

(6) 钢支撑失稳安全保证措施

在开挖过程中,为防止钢支撑失稳情况发生,主要采取以下措施。

①基坑开挖过程中,边开挖边架设钢支撑,支撑连接处可靠,确保支撑体系稳定。

②施工时严格控制钢支撑各支点的竖向高程及横向位置,确保钢支撑轴力方向与轴线方

向一致。

③支撑拼接采用扭矩扳手,保证法兰螺栓连接强度。拼接好支撑后经质检工程师检查合格后方可安装。对千斤顶、压力表等加力设备定期校验,并制定严格的预加力操作规程,保证预加轴力准确。加力后对法兰螺栓逐一检查,进行复拧紧。

④在支撑上安装应力计,随时观察支撑轴力变化,并定期采用千斤顶对支撑进行校正。当支撑轴力超过警戒值时,立即停止开挖,加密支撑,并将有关数据反馈给设计部门,共同分析原因,制订对策。

(7) 基坑管涌、坑底隆起安全保证措施

场地地下水分为松散岩类孔隙水和基岩风化孔隙-裂隙水。地下工程地质多为二元或三元结构,上层是相对透水的填土、淤泥质土、粉土、砂砾层、卵石层等,土体渗透系数大,含水率高,地下水联系丰富;下层是黏土、粉质黏土、残积土层等不透水层或相对不透水层。基坑开挖后,如果基坑外不允许降水,由于透水层渗透水头损失不大,在一定水力梯度的渗流作用下,下层相对不透水层承受很大的水压力。如果这股水压力冲破了下不透水层,或围护结构存在薄弱部位,反压土体厚度损失,在没有反滤层保护的情况下,粉土、粉砂、细砂就会随水流出,从而发生管涌,随着管涌不断进行,水土流失越来越严重,管涌面越来越大,最终导致基坑外地面沉陷,甚至造成围护结构失稳、坍塌事故发生,造成这类事故的原因往往是围护结构止水效果差或者入土深度不够。

发生管涌后,首先要对管涌情况进行判别,判断管涌严重程度,从而根据管涌程度确定处理方案。管涌险情的严重程度一般可以从以下几个方面加以判别,即涌水浑浊度及带砂情况、管涌口直径、涌水量、洞口扩展情况、涌水水头等,同时还要结合基坑周边环境综合考虑,如果周边有重要的道路、建筑物等,判别等级就要提高。

①基底隆起、有水渗出或细流流出等现象是产生管涌的前兆,只是目前水的压力不足以顶穿上覆土层。在高水压差作用下,地下水逐渐涸渗,将相对不透水层中的细小颗粒携带出来,土体颗粒之间的空隙也越来越大,大颗粒也渐渐被带出,涌水通路形成后,险情也就随之发生了。

②如果管涌口涌出的水量小,水流流速小,携泥携砂量少,管涌口堆积少,则属较轻的管涌,对管涌口可不处理,在附近挖集水坑设水泵集中抽排,同时视情况可采取止水、降水措施。

③如果开始管涌程度较轻,但管涌不断发展,管涌口径不断扩大,管涌流量不断增大,带出的砂、泥越来越多,这也属于重大险情,需要及时处理。

④如果管涌开口大,涌水量大且急,管涌短时间携带出大量的泥砂,成百数十方的泥砂在几十分钟或数小时时间内急剧涌出,就属于严重的管涌,必须第一时间采取应急措施处理。

但是,管涌的发生是可以提前预防的,措施如下:科学施工并加强施工管理,保证围护结构和止水帷幕的施工质量;尽量在坑内进行降水施工;采用注浆加固防止水土流失;雨季及时采取护坡、排水等措施,预防暴雨入渗,或者对基坑内地基进行抽条加固,提高地基承载力,降低地层透水性;保证降水的电力供应,在突然断电后 5min 内,能保证降水的电力供应,避免由于断电引发承压水头上升,造成基底管涌发生。

(8) 周边建筑物影响的安全保证措施

施工期间应加强对基坑邻近建筑物特别是重点保护建筑物的实时监测;实时监控其重要

控制部位的位移及变形;对地面沉降、建筑沉降变形进行实时监测,准确了解其所处状态,确保建筑物在可控状态下有效进行。

(9)明挖段支护安全保证措施

①施工前必须搭好脚手架及作业平台,保证与模板的稳定、可靠连接。

②汽车吊提升应设专人指挥,吊装钢筋、模板等物料时,下部的作业人员必须躲开,严禁吊斗碰撞模板及脚手架。

③插入式振动器的电机电源上应安装漏电保护装置,接地或接零安全可靠。

④操作人员应经用电教育,作业时应穿戴绝缘胶鞋和绝缘手套。

⑤电缆线长度应满足操作要求,严禁用电缆线拖拉或吊挂振动器。

⑥作业停止需移动振动器时,应先关闭电机,再切断电源。

⑦作业完毕,应将电机、软管、振动棒清理干净,并应按规定进行保养作业。

⑧混凝土入仓采用混凝土输送泵,应停放在坚实的地方,支腿底部应垫木支架平稳,臂架转动范围内不得有障碍物。严禁在高压输电线下作业。

3)基坑施工安全控制注意事项

(1)做好基坑开挖过程中的各项施工检测工作。勤观测,班组以上的管理人员必须了解观测结果,一旦出现报警值时应立即停止作业。

(2)对支撑作业施工成立专业支撑队,进行培训上岗。支撑队伍分两班,做到24h不间断进行,对于支撑各项准备工作放在其他工序停止作业后进行。

(3)各种设备作业要划出作业区域和行走路线,做到专机专用,专机专作业面,在基坑内的设备不允许随意流动。

(4)发生深坑与高空立体交叉作业时,停止高空作业,让深坑作业先行。

(5)机械作业面不允许安排人群作业,只设指挥人员和协调安全检察人员,减少坑内人员流动,即使是人群作业也要明确作业区域。在明确了安全对策之后,在基坑内作业要挂牌施工。

(6)进入基坑内的所有机械设备都经过检修,首先要保证制动系统灵活可靠。入基坑的操作人员都要经安全技术培训,在深坑内操作人员都要知道安全操作规程。

(7)基坑的临时道路要平整,不允许有凹凸不平的现象,以保证各种车辆通行平稳。进入基坑的车辆限速在5km/h,各种车辆不允许超载行驶,尤其是倒土的车辆要严格管理限速、控载。

(8)在基坑内施工分上、下层作业面要相互关照,上层悬空作业要系好安全带。各种物体要防止掉落到下层工作面以防伤人。

(9)各种设备必须配备合格漏电保护装置。定期检测局部照明应使用低压电器。

(10)在基坑安全网没有形成或安全网正在施工,人及设备不得在基坑2m范围内作业。

(11)各种道边都要明显的标志牌,夜晚都要有照明施工设施。

(12)现场作业吊车、门式起重机等除应遵守本安全规范外,还应遵守基坑安全管理规定。

(13)基坑外作业向基坑内延伸必须遵守:一停、二看、三鸣。

一停:人、车、设备到距基坑2m首先停止;

二看:停下来后,观察周边环境及作业基坑下的环境;

三鸣:开始确定作业后要与基坑下和周边作业的人员取得联系。

(14)对基坑及现场的各种通行道路进行维护和保养,设立养护班负责道路排水管网的维护。

(15) 临边防护:临边防护采用标准公路防护栏,由标准节护栏和立柱组成。在原导墙上浇筑 30~50cm 高、25cm 宽的小边墙,将护栏立柱固定在小边墙上。护栏总高度 1.5~1.7m。护栏上挂警示标语。临边防护和基坑安全爬梯如图 5.5-18、图 5.5-19 所示。

图 5.5-18 明挖基坑临边防护

图 5.5-19 基坑安全爬梯

4) 各类事故应急处置措施

(1) 挖断水、电、通信光缆安全事故

①最先发现断水、电、通信光缆、煤气管道的,要立即报告项目部负责人。

②启动应急预案,立刻组织封锁事故现场,将事故点 20m 内进行维护隔离,采取临时措施将事故的损失及影响降低到最低点,并电话通报项目部应急救援组长。安全员立即拨打本市水、电、通信光缆、煤气管道的保修中心电话,通信光缆可拨打本市急修电话"112"。电话描述讲清如下内容:单位名称、所在区域、事故种类及周围显示标志性建筑物、主要线路、候车人姓名、主要特征、等候地址、所发生事故的情况及程度。随后到路口引导救援车辆。

③项目部应急救援组长到达事故现场后,立即组织事故调查,并将事故的初步调查通报地方主管部门、业主、监理等相关部门,并等候调查处理。

(2) 基坑坍塌、地表沉降过大或周围建构筑物破坏

①发生坍塌事故时,立即停止开挖,并由现场人员及时上报应急救援小组。

②若有人员伤亡,立即由内部救护人员进行急救,并及时送往附近医院进行救治。

③对支护体系进行排查补强,对变形严重超限区段采取增加支撑或预应力锚杆;确保结构的整体安全;同时排除周边堆载,防止事故进一步扩大。

④如发生坍塌,紧急组织所有应急人员到位,首先人员撤离至安全区域,塌方区设置警戒线,快速调集足够的应急物资(方木、型钢、沙袋、水泥等)到场;采用型钢、方木等立即对初期支护进行加固。

⑤加强对基坑周边的沉降观测和基坑井壁的收敛观测。

⑥分析事故发生原因,制订相应的整改措施。

(3) 坑内出现流砂

①停止开挖基坑。

②回填土方压住流砂。

③分析原因,制订进一步对策:

a. 采取坑内降水补救措施,降低地下水位,阻止流砂的发生。

b. 采取措施硬化、固结土体,减小动水压力,阻止流砂发生。

(4)坑底承压水突涌

①停止开挖基坑,加强基坑内排水。

②采取坑内降承压水补救措施,降低承压水压力,阻止突涌发生。

③采用快凝压力注浆或灌注快凝混凝土堵住涌口。

(5)基坑内纵向边坡失稳滑坡

①如边坡坡度太陡,修复边坡时应放缓边坡。

②加强基坑周边地面明排水,采取有效措施阻止地面水侵入基坑。

③采取边坡内、外降水的补救措施。

④修复塌方或滑坡的边坡前,先在坡脚外做临时支护,再按安全坡度放坡修复边坡,并做好护坡工作。

(6)坑底隆起

①加设基坑外沉降监测点,坑内采取增加垫层厚度等反压措施。

②坑内加载或坑内沿周边插入板桩防止外土向坑内挤压,坑底土体降水处理。

③坑内按实际情况做坑底地基土加固,然后挖至基底高程。

(7)基坑围护结构位移过大

①立即停止开挖,在薄弱部位紧贴土面设置临时支撑,控制围护结构继续位移。

②根据监测报告和位移情况,找出围护结构位移原因,制订具体对策:

a. 等到坑内井点预降水达到降水深度,坑内外地基加固土体达到令期或设计强度时再开挖基坑。

b. 严格执行分段、分层、分块、限时开挖要求,限时支撑到位的基坑开挖原则。

(8)围护结构缺陷

①如果开挖过程中发现地下墙接缝夹泥宽度超过20mm(砂土、砂质粉土)、50mm(黏土、黏质粉土),应随开挖面暴露及时用钢板封堵地下墙接缝,并用水泥浆灌满钢板与地下墙间隙。

②如果开挖过程中发生渗漏,应视渗流部位、流量、渗漏点大小分别采用下列方法:

a. 如果渗漏点局限于开挖面以上,且渗漏量不大,宜采用双快水泥抽槽压注聚氨酯的方法封堵。

b. 如果渗漏点局限于开挖面以上,且渗漏量不大,宜在渗漏点打入泄水管,用钢管和双快水泥封堵泄水管周围,待周围封堵材料达到强度后关闭泄水管阀门。

c. 如果渗漏点延伸自开挖面上至开挖面以下,应在基坑外渗漏点附近压注双液浆,注浆采用压力控制,最高压力不得超过0.3MPa。

d. 如果渗漏点延伸自开挖面上至开挖面以下且流量较大,应在基坑内局部回填至流量减小后,在基坑外渗漏点附近压注聚氨酯。

e. 如果渗漏点不明,水流自开挖面下向上涌出,应立即停止开挖,局部回填直至渗漏停止,然后采取上述基坑外注双液浆措施。

f. 如果渗漏水流混浊,且渗漏时间较长,应注意渗漏点附近可能存在严重的土体流失,出现空洞,此时严禁重型机械靠近,并应立即采用振管注浆方法填补空洞。

(9)触电事故

①如发生触电事故,现场第一发现人应当即立断脱离电源,尽可能地立即切断电源(关闭电路),亦可用现场得到的绝缘材料等器材使触电人员脱离带电体。

②将伤员立即脱离危险地方,组织人员进行抢救。

③若发现触电者呼吸或呼吸心跳均停止,则将伤员仰卧在平地上或平板上立即进行人工呼吸或同时进行体外心脏按压。

④立即拨打120,与当地急救中心取得联系(医院在附近的直接送往医院),应详细说明事故地点、严重程度、部门的联系电话,并派人到路口接应。

⑤立即向项目事故应急救援组织机构汇报事故发生情况并寻求支持。

⑥维护现场秩序,严密保护事故现场。

(10)意外伤害事故应急处理

发生支架坍塌、高处坠落、物体打击、机械伤害等事故后,应立即采取措施撤出施工场地内人员,维持现场秩序,第一时间将伤员转至安全区域。同时立即致电"120"急救中心,详细报告事故发生地及受伤人数,向项目部应急指挥部汇报事故情况,启动应急预案。

在急救中心专业救护人员未到之前,应马上组织抢救伤者,首先观察伤者的受伤情况、部位、伤害性质,如伤员发生休克,应先处理休克。遇呼吸、心跳停止者,应立即进行人工呼吸、胸外心脏按压。处于休克状态的伤员要让其安静、保暖、平卧、少动,并将下肢抬高约20°左右,尽快送医院进行抢救治疗。如出现颅脑损伤,必须维持呼吸道畅通。昏迷者应平卧,脸部转向一侧,以防舌根下坠或分泌物、呕吐物吸入,发生喉阻塞。有骨折者,应初步固定后再搬运。遇有凹陷性骨折、严重的颅底骨折及严重的脑损伤症状出现,创伤处用消毒的纱布或清洁布等覆盖伤口,用绷带或布条包扎后,及时送就近有条件的医院治疗。发现脊椎受伤者,创伤处用消毒的纱布或清洁布等覆盖伤口,用绷带或布条包扎,搬运时,将伤者平卧放在帆布担架上或硬板上,以免受伤的脊椎移位、断裂造成截瘫,导致死亡。抢救脊椎受伤者的搬运过程中严禁只抬伤者的两肩与两腿或单肩背运。发现伤者手足骨折,不要盲目搬动伤者。应在骨折部位用夹板把伤者受伤部位临时固定,使断端不再移位或刺伤肌肉、神经或血管。固定方法:以固定骨折处上下关节为原则,可就地取材,用木板、竹子等,在无材料的情况下,上肢可固定在身侧,下肢与健侧下肢缚在一起。遇有创伤性出血的伤员,应迅速包扎止血,使伤员保持在头低脚高的卧位,并注意保暖。

当120救护力量未能及时到达现场支援时,动用最快的交通工具或措施,及时把危重伤员送往最近的大医院抢救。运送危重伤员的途中,要尽量减少颠簸;同时,要密切关注伤者的呼吸、脉搏、血压及伤口的情况。

(11)雷暴雨、台风等灾害性天气

①坚持"安全第一,预防为主,综合管理""保护人员安全优先,保护环境优先"的方针,贯彻"常备不懈、统一指挥、高效协调、持续改进"的原则。

②组织保障:建立前线指挥部,分工负责,明确责任,加强调度,安排专人现场值班。

③物质保障:做好材料供应计划,安排好防台物资的准备工作,在台风来临前,准备好足够的编织袋、黄砂等防台物资。

④设备保障措施:投入现场的装载机、运输车等设备,同时加强设备保养与维修,确保台风来临时设备能正常运转,特殊时期能充分发挥设备的应急作用。

⑤施工管理应急措施:合理组织,统筹安排,尽量避开受灾害影响大的施工工序;加强施工人员教育,加大现场巡查,发现问题及时处理;预备大功率抽水设备,及时抽出基坑内的积水,迅速组织施工;各施工点预备运送人员大客车,保证施工人员以最快的速度投入施工,在灾害天气出现时以最短的时间离开施工现场;机械设备、高建筑物必须有避雷设施;工作井设防雨棚,周边设截水沟,明挖沟槽有防汛措施,常备沙袋,以备堵水。

⑥密切联系珠海气象台,保障信息畅通。

⑦做好雾天、灾害天气预案,确保人员、设备、工程安全。

5.6 明挖段主体结构施工技术

5.6.1 主体结构设计概况

海域、陆域明挖段主体结构断面示意图如图 5.6-1、图 5.6-2 所示。

图 5.6-1 海域明挖段主体结构断面示意图

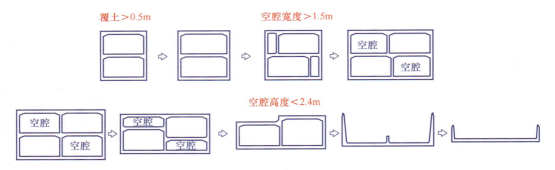

图 5.6-2 陆域明挖段主体结构断面示意图

明挖段底板结构厚 1.0~1.8m,侧墙结构厚 1.1~1.2m,中板结构厚 1.0m,顶板结构厚 0.9~1.4m。主体结构采用 C45 防水混凝土,隧道埋置深度 $H \leqslant 10m$,抗渗等级 P8;埋置深度 $H > 10m$,混凝土抗渗等级 P10。钢筋混凝土保护层厚度为 60mm。

钢筋采用 HPB300、HRB400,预埋钢构件材料为 Q235B。

5.6.2 主体结构施工顺序

基坑开挖到底后,沿线路方向开挖形成一定步距后,开始基底垫层及防水层施工,浇筑底板,拆除相应支撑,搭设脚手架、安装钢模板、分层施作侧墙、中板,以 22m 为一个施工单元长度进行循环施工,最后进行施工上部侧墙、顶板,及时铺设侧墙防水层,待顶板达到设计强度后,施工顶板柔性防水层及保护层、压顶腰梁,回填覆土。明挖暗埋段主体结构施工顺序示意图和明挖暗埋段主体结构流水施工示意图如图 5.6-3、图 5.6-4 所示。

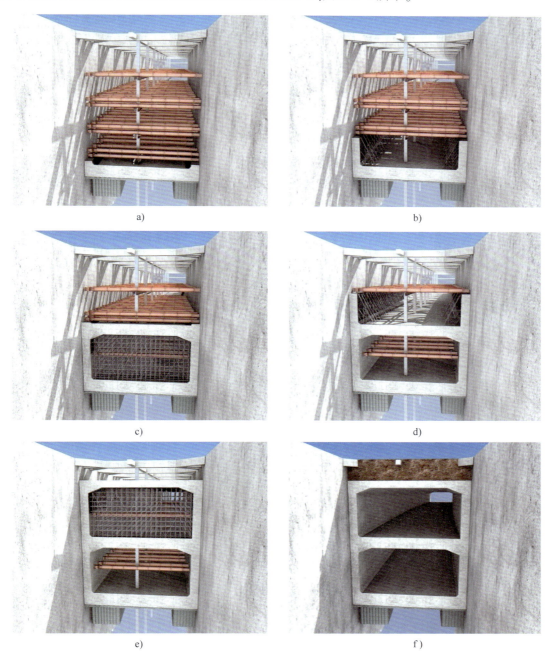

图 5.6-3 明挖暗埋段主体结构施工顺序示意图

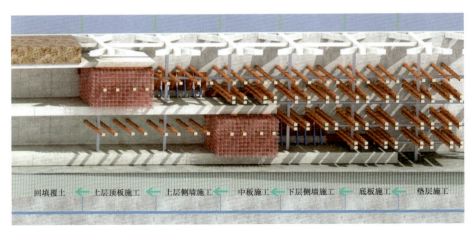

图 5.6-4 明挖暗埋段主体结构流水施工示意图

（1）开挖至基坑底部后，及时施作底板垫层，敷设底板及侧墙防水层，绑扎底板钢筋，浇筑结构底板、侧墙至支撑下方。

（2）待底板达到设计强度后，拆除第五道支撑施工侧墙防水层，安装钢筋、模板，浇筑侧墙至第四道支撑下方 0.8m 处。

（3）待侧墙达到设计强度后，加设临时支撑，拆除第四道支撑，搭设脚手架，安装钢筋、模板，浇筑中板；侧墙浇筑至第三道支撑下方 0.8m 处。

（4）待中板、侧墙达到设计强度后，拆除第三道支撑，施工侧墙防水层，安装钢筋、模板，浇筑侧墙至第二道支撑下方 0.8m 处。

（5）待侧墙达到设计强度后，加设临时支撑，拆除第二道支撑，搭设脚手架，安装钢筋、模板，浇筑顶板。

（6）待顶板墙达到设计强度后，拆除第一道混凝土支撑及系梁，拆除临时支撑，最后回填至设计高程。

明挖敞开段主体结构施工顺序如图 5.6-5 所示，具体内容如下：

（1）开挖至基坑底部后，及时施作底板垫层，敷设底板及侧墙防水层，绑扎钢筋，安装钢模板，浇筑结构底板、侧墙（中墙）。

（2）施工侧墙防水层，安装钢筋、模板，浇筑下段侧墙至钢支撑下方。

（3）待底板、侧墙达到设计强度后，拆除首层支撑，安装钢筋、模板，浇筑上段侧墙。

（4）拆除格构柱，并进行封闭处理。

5.6.3 模板与支撑设计

主体结构施工采用 2m×1m、厚度 5mm 的钢模板，采用 M25 的地脚螺栓连接；边角及一些特殊部位采用 15mm 厚的竹胶板；侧墙施工时采用三角支架，主楞采用槽钢（单[8]，高度 80mm，宽度 43mm，壁厚 5mm，次楞为 8mm×80mm 钢板，背楞（双[14]，高度 140mm，宽度 60mm，壁厚 8mm；中板及顶板施工采用碗扣式脚手架，$\phi 36mm$，壁厚 3.6mm。

1）侧墙施工

侧墙模板支撑采用单面侧向支撑，单侧支架由埋件系统部分和架体两部分组成，通过底板预留拉锚螺栓和支座垫块固定，按侧墙分层浇筑高度逐层搭设三角支架，见图5.6-6～图5.6-8。

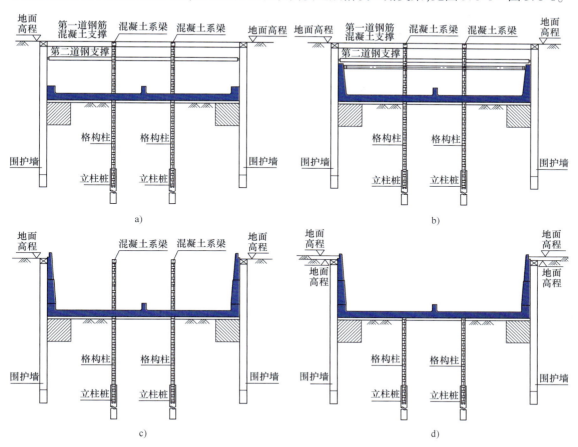

图5.6-5 明挖敞开段主体结构施工顺序示意图

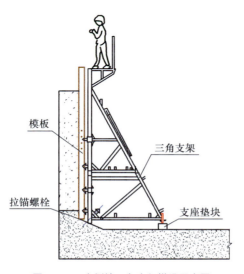

图5.6-6 直侧墙三角支架搭设示意图

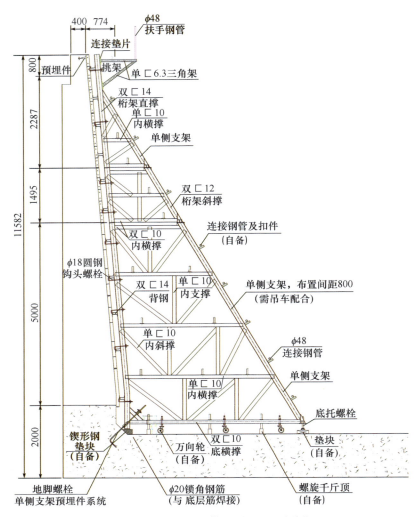

图 5.6-7　斜侧墙三角支架搭设结构图(尺寸单位:mm)

图 5.6-8　侧墙三角支架施工照片

2)中板、顶板施工
(1)中板、顶板施工时采用碗扣式脚手架,支架搭设形式如下:
①一般地段立杆的纵横距均采用0.6m×0.6m。
②扫地杆距底板面0.2m,其他纵距均采用1.2m(根据实际情况可适当调整)。
③剪刀撑的设置:支架纵横剪刀撑每5排立杆设一道。
(2)搭设顺序及搭设方法。
①架体纵向由每一模中心线处立参照线,前后分别距中心线30cm立立杆,之后每隔60cm设置一道立杆,横向距中心线30处设一道立杆,之后每隔60cm设置一道立杆。
②小横杆设置在大横杆之上,防止扣件质量问题造成小横杆脱落。
③架体与主体结构拉结牢固后,随着架体升高,剪刀撑应同步设置。
④安全网在剪刀撑等设置完毕后设置。
⑤立杆顶部用长度为90cm的立杆,倒角处采用长度为60cm的立杆,顶托上纵向铺边长为150mm的方木,其上横向铺边长为100mm的方木,间距为0.35m。
⑥立杆升高采用对接扣件连接,相邻立杆接头应错开布置在不同的步距内,与相邻大横杆的距离不宜大于步距的三分之一。
⑦在主节点处固定横向水平杆、纵向水平杆、剪刀撑、纵向斜杆等用的直角扣件、旋转扣件中心点的相互距离不宜大于15cm。
⑧对接扣件的开口朝上或朝内。
⑨各杆件端头伸出扣件盖板边缘长度不应小于100mm,立杆与大横杆必须用直角扣件扣紧,不得隔步设置或遗漏。
⑩立杆的垂直偏差不应大于架高的1/300。
⑪上下横杆的接长位置应错开布置在不同的立杆纵距中,与相连立杆的距离不大于纵距的三分之一。
⑫扣件安装应符合下列规定:扣件规格必须与钢管外径相同;螺栓拧紧力矩不应大于50kN·m。
⑬主节点处必须设置一根横向水平杆,用直角扣件接且严禁拆除,主节点处两个直角扣件的中心距不应大于150mm。
(3)支架的加固。
①支架纵横剪刀撑每5排设立杆一排。
②立杆顶端安装可调式U形支托,先在支托内安装横向方木,再按设计间距和高程安装纵向方木。可调托撑的螺杆与支托板焊接应牢固,焊缝高度不得小于6mm;可调托撑螺杆与螺母旋合长度不得少于5扣,螺母厚度不得小于30mm。
中板、顶板施工脚手架搭设效果图见图5.6-9、图5.6-10。
3)模板安装
(1)模板安装采用汽车吊起吊运输,人工配合安装。
(2)模板支撑牢固、稳定,确保混凝土浇筑过程中不发生松动、跑模、超标准变形下沉等现象。内模支撑安装时,始终保证模板不变形。严格按施工验收规范执行,严防侵入限界。

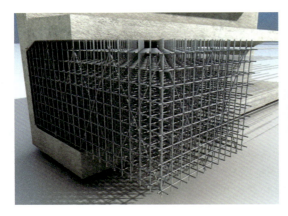

图 5.6-9 中板、顶板脚手架搭设效果图

图 5.6-10 顶板脚手架模板安装照片

（3）模板安装前，由测量人员根据设计图纸准确放样，待监理工程师检查无误后方可立模。模板拼装前在模板间贴泡沫双面胶，防止模板拼装不严密而漏浆。

（4）满堂支架搭设时，预压或预留沉降量，以确保模板净空和限界要求。

（5）结构变形缝处的端头模板钉变形缝衬垫板，并使变形缝衬垫板嵌入钢边橡胶止水带，然后用模板固定牢固。变形缝衬垫板支撑牢固，防止跑缝。

（6）模板支护保证足够的刚度和强度，严防变形走位，模板平顺、整齐光滑、板缝严密，不允许漏浆。

（7）模板安装允许偏差见表 5.6-1。

模板安装允许偏差　　　　　　　　　　表 5.6-1

项目名称			允许偏差值（mm）
相邻两板表面高差			3
模板尺寸	宽	柱	±5
		梁、板	0，-10
	高	柱	0，-5
		梁、板	0，-10
	长		0，-5
表面平整度			5

4）模板安装注意事项

（1）模板与钢筋安装要配合协调进行，妨碍绑扎钢筋的部分模板应待钢筋安装完毕后安装补齐。

（2）模板要与脚手架互不联系，模板与脚手架除为整体设计者外，二者之间应不相联系，以免在脚手架上运存材料和工人操作时引起模板变形。

（3）模板的安装，应考虑防止模板位移和突出，用等同于混凝土中的砂浆材料配比制作水泥支杆，用于控制墙体厚度与模板的位置，采用水平对支的方法支设固定，支撑要牢固有力，注意混凝土浇筑要两侧同步进行。

(4)模板安装完毕后,须经检验合格后,方可浇筑混凝土;检验主要内容包括平面位置、顶部高程、结点联系及稳定检查,浇筑时,发现模板有超过容许偏差变形值的可能时必须及时予以纠正。

5)模板、支架拆卸

(1)混凝土达到设计拆模强度,并经监理工程师同意后,方可拆卸模板。

(2)模板拆卸按照后支先拆、先支后拆,先拆非承重模板、后拆承重模板的顺序进行。拆除跨度较大的梁底模时,先从跨中开始,分别向两端对称拆卸。

(3)顶板以下的模板在顶板混凝土达到强度后方可拆卸。

(4)拆下来的模板及时清理干净,刷油保护,并按规格分类堆放整齐待用。

(5)脚手架的拆除按照自上而下的顺序依次进行,确保安全。

5.6.4 大体积混凝土防裂关键技术

明挖隧道顶板、底板、侧墙等均属于大体积混凝土浇筑。

大体积混凝土在浇筑过程中可能产生四种主要形式的裂缝,即干缩裂缝、塑性收缩裂缝、沉陷裂缝及温度裂缝。这四种裂缝的产生将给混凝土结构的强度、整体性、抗震性及耐久性造成严重隐患,因此,混凝土裂缝控制是大体积混凝土施工中的重要环节,合理的混凝土施工方案有利于避免裂缝产生,提高混凝土的抗渗、抗裂、抗侵蚀能力,进而提高建筑结构的耐久年限。

1)混凝土材料

结构混凝土采用C45高性能混凝土,抗渗等级P10或P8;采用P.O42.5级水泥、细集料、粉煤灰、粗集料,混凝土配合比见表5.6-2。

每立方混凝土各材料用量(单位:kg) 表5.6-2

材料名称	水泥	砂	大石	小石	水	外加剂1	粉煤灰	矿粉	外加剂2
重度(kg/m³)	263	730	877	219	145	4.39	88	88	—
重量比	1	2.776	3.335	0.833	0.551	0.0167	0.335	0.335	

注:每立方米混凝土质量为2414kg,实测坍落度为220mm。

按照混凝土耐久性技术要求选择原材料和配制混凝土,并且据所处海水环境采用较大矿物掺合料掺量的低水胶比混凝土,并按设计要求掺加具有防腐功能的专用外加剂;掺合料、外加剂品质指标及配合比参数限值分别符合有关规范的要求。

通过掺入粉煤灰、磨细矿渣粉及具有防腐功能的专用外加剂等来提高混凝土的密实性,来降低水化热和减少拌和水,改善水化产物的微结构,改善浆体及集料界面结构,并增加混凝土后期强度与密实性,提高氯盐环境下混凝土结构的防腐蚀能力和耐久性能。

2)混凝土浇筑

(1)底板浇筑

①由于底板混凝土厚1.3~1.8m,浇筑时按大体积混凝土施工,浇筑采用斜面分层、一次到顶的方法,每层厚度控制在30cm。浇筑时,分层、分幅由一端向另一端浇筑。

②为提高结构混凝土的防裂抗渗能力,缩短浇筑时间以防止产生冷缝,上层混凝土覆盖已

浇筑下层混凝土的时间不得超过混凝土初凝时间。

③底板混凝土浇筑最后一层时,混凝土铺设厚度应略高于板顶高程,表面振捣完毕后刮平。表面刮平可采用在底板钢筋上焊接钢筋支架(间距200mm)来架设钢管,使钢管顶面高程等于板面高程,刮尺沿钢管来回刮平混凝土表面。

④底板浇筑时,连同侧墙底部一同施工,侧墙浇筑到腋角上40cm处。

⑤混凝土表面采用2m刮尺平整,刮除表面泌水,混凝土抹光机打磨平整,收水后再次打磨,消除收水裂缝。

(2)侧墙浇筑

①侧墙混凝土浇筑前,先铺一层3~5cm厚的墙体混凝土同配合比的减石子砂浆。侧墙混凝土分层浇筑、分层振捣,分层厚度应不大于50cm,使用 $\phi50mm$ 振捣棒必须插入下层混凝土内5cm,以消除两层混凝土的接缝。

②混凝土振捣应采用二次振捣法。第一次振捣后,间隔30min再进行第二次振捣,对于上部1m范围内的混凝土,尤其应加强。混凝土振捣不得碰撞钢筋、模板和预埋件,以免模板变形或预埋件偏移、脱落。

③侧墙浇筑施工时,两侧应对称进行,浇筑高度应大致相同,以免对模板支撑体系产生侧压。

(3)顶(中)板浇筑

①顶(中)板混凝土应在侧墙混凝土浇筑完毕后停歇1~1.5h后再浇筑,以便使侧墙混凝土获得初步沉落。

②顶板混凝土同底板浇筑方法相同,分层、分幅由一端向另一端浇筑。浇筑过程中,混凝土的堆载高度不得超过混凝土完成面10cm。

③混凝土表面采用2m刮尺平整,刮除表面泌水,混凝土抹光机打磨平整,收水后再次打磨,消除收水裂缝。

(4)混凝土养护

底板、中板、顶板混凝土采用棉毡覆盖洒水养护;侧墙混凝土采用不透水、气的保湿膜且定期洒水养护,用保湿膜把混凝土表面敞露的部分全部严密地覆盖起来,保证混凝土在不失水的情况下得到充足的养护。养护应符合下列规定:

①对于防水混凝土浇水养护不少于14d。

②覆盖浇水养护在混凝土浇筑完毕后的12h内进行,夏天缩短至2~3h或混凝土终凝后立即盖棉毡浇水养护。

③浇水次数根据混凝土处于湿润的状态决定。采用保湿膜养护的混凝土,其敞露的全部表面用保湿膜覆盖严密,并保持保温膜内有凝结水。

④在已浇筑的混凝土强度未达到1.2MPa前,不得在其上踩踏或安装模板及支架。

3)施工控制措施

(1)大体积混凝土施工时,必要时如底板施工时,埋设冷却水管可以降低混凝土水化热,降低混凝土内外温差,是避免产生裂缝的一项有效措施。

(2)大体积混凝土浇筑时,采用"斜面分层法"进行,即采用"一个坡度、循序推进、一次到顶"的浇筑工艺。

(3)控制入模温度不大于30℃。拌和站通过水冷却系统,将混凝土拌和用水进行冷却处理,使得混凝土的出厂温度降低,保证了入模温度不小于30℃。

(4)混凝土的坍落度控制在18～22cm,斜面分层厚度控制在300mm,不宜过厚,保证混凝土在初凝之前被上层混凝土覆盖,振捣手顺混凝土流淌方向赶振。

(5)大体积混凝土底板浇筑时,防止产生混凝土离析,应使出料口尽量靠近操作面(与操作面的距离不大于2m)。

(6)混凝土浇筑时应连续进行,振动棒直上、直下、快插慢拔,抽点形式为行列式,布点距离应小于300mm,上下层振动棒搭接50～100mm。

(7)为了保证混凝土表面平整度及不出现蜂窝麻面,及时处理混凝土表面大量的浮浆。

(8)混凝土浇筑前,应仔细检查保护层垫块的位置、数量及紧固程度。构件侧面和底面的垫块至少为4个/m^2,绑扎垫块和钢筋的铁丝头不得伸入保护层内。保护层垫块的尺寸应保证混凝土保护层厚度的准确性,其形状有利于钢筋定位,垫块采用细石混凝土制作时,其抗腐蚀能力和强度不应低于构件本体混凝土,水胶比不大于0.4。

(9)设专人负责保温养护工作,并应按《大体积混凝土施工规范》(GB 50496—2009)的有关规定操作,同时应做好测试记录。

(10)采用棉毡或土工布作为保温材料覆盖混凝土和模板,保温养护的持续时间不少于14d,并应经常检查覆盖层完整情况,保持混凝土表面湿润。

(11)保温覆盖层的拆除:当混凝土的表面温度与环境最大温差小于20℃时,可全部拆除。

(12)拌和物的振捣必须做到均匀密实,用插入式振捣变换插点时,应快插后向上缓慢拔出,不得沿拌和物表层平拖,应防止过振、过度抹面,严禁洒水帮助抹面,不得在泌水停止前进行抹面。

(13)大体积混凝土施工还应满足《大体积混凝土施工规范》(GB 50496—2009)的要求。

5.6.5 结构防水层施工关键技术

1)防水原则

(1)以结构自防水为主,并以接头防水为重点,辅以附加防水层加强防水,特别要处理好施工缝(包括后浇带)、变形缝、穿墙管、桩头等细部防水;隧道明挖主体结构采用"防水混凝土+防水卷材"的形式,明挖暗埋段为全包防水,敞开段为半包防水。

(2)变形缝按间距22m设置,变形缝处防水采用"外贴附加防水卷材+外贴式止水带(明挖结构顶板除外)+中埋式止水带+防水密封材料"的形式。

(3)防水等级:隧道主体结构防水等级为二级,机电设备用房的防水等级为一级。

2)混凝土结构自防水

(1)防水混凝土的抗渗等级按结构底部的最大埋置深度确定,并不小于P8。

(2)防水混凝土不仅要满足抗渗等级要求,而且还应满足结构受力及耐久性要求。

(3)结构裂缝的宽度,迎水面不得大于0.2mm,背水面不得大于0.3mm,并不得出现贯通裂缝。

(4)防水混凝土的施工配合比应通过试验确定,试配混凝土的抗渗等级应比设计要求提高0.2MPa。

(5)施工注意事项：

①防水混凝土施工前应做好降排水工作，不得在有积水的环境中浇筑混凝土。

②防水混凝土应分层连续浇筑，分层厚度不大于500mm。

③用于防水混凝土的模板应拼缝严密，支撑牢固。

④防水混凝土拌和物在运输后出现离析，必须进行二次搅拌，当坍落度损失后不能满足施工要求时，可加入原水胶比的水泥浆或掺入同品种的减水剂进行搅拌，严禁直接加水。

⑤防水混凝土浇筑时宜少留施工缝，需留施工缝时，水平施工缝不得留在剪力最大处或底板与侧墙的交接处，宜留在高出底板表面不小于300mm的墙体上。

3）防水层

防水层选用1.5mm厚高密度聚乙烯(HDPE)自粘胶膜防水卷材，可采用"外防内贴"法铺设防水层，对于放坡施工段以及顶板部位，可根据现场实际情况采用"外防外贴"法铺设防水层。

防水卷材选用1.5mm厚高密度聚乙烯(HDPE)自粘胶膜防水卷材，预铺施工，其施工技术要求如下：

(1)基面处理要求

①明挖围护墙面层采用1:2.5水泥砂浆找平层进行找平处理，要求基面平整度满足$D/L \leqslant 1/20$(D为相邻两凸面间的最大深度，L为相邻两凸面间的最小距离)，找平层表面的凹凸不平应平缓过渡，不允许有直角凹凸部位。当基面条件较差时，可先铺设$400g/m^2$的土工布缓冲层进行保护。水泥砂浆找平层实测项目见表5.6-3。

水泥砂浆找平层实测项目 表5.6-3

项次	检查项目	规定值或允许偏差	检查方法和频率
1	表面平整度(mm)	5	用2m靠尺和楔形塞尺检查
2	高程(mm)	±8	用水准仪检查：每100m²抽查3处
3	坡度	满足设计要求	用坡度尺检查
4	厚度(mm)	满足设计要求	用钢尺检查：每100m²抽查1处，每处10m²，且不得少于3处
5	水泥砂浆强度(MPa)	满足设计要求	按JTG F80/1—2004附录F检查

②钢板桩段，先将基面清理干净，然后设置350号纸胎油毡隔离层，将防水层固定在隔离层表面，避免拔除型钢时破坏防水层。

③基面应坚固密实、洁净、平整、光滑，基层表面不得大于12mm的缺口或孔洞，不得有疏松、起砂、起皮现象；若有蜂窝、麻面、开裂、缺口时，应事先进行修补；垂直的基面应先设立面支撑，可采用厚度为19mm的胶合板或其他板条，胶合板安装时接缝应紧密，缝隙不得大于12mm。

④阴角部位均采用1:2.5水泥砂浆做成5cm×5cm的倒角。

主体结构采用外包防水卷材形式，防水卷材采用预铺HDPE胶膜复合防水卷材，顶、底板防水层上设细石混凝土保护层。

(2)施工工艺流程

①底平面施工。

清理基层→基面弹线→铺设预铺式反粘防水卷材→卷材搭接处理→节点施工→自检→验收→揭卷材的隔离膜→绑扎钢筋→浇筑底板混凝土。

②垂直面施工。

安装立面支撑→检查、清理立面基面→卷材定位弹线→铺设预铺式反粘防水卷材→做卷材机械固定→卷材搭接处理→节点施工→自检→验收→揭卷材隔离膜→绑扎钢筋→浇筑侧墙混凝土。

③顶板面施工。

隧道顶板→弹线→铺设预铺反粘卷材→防水卷材机械固定(焊接或吊捆)→搭接处理→节点处理→揭防水卷材隔离膜→保护层施工→回填黏土层。

防水卷材实测项目见表5.6-4。

卷材防水层实测项目 表5.6-4

项次	实测项目		规定值或允许偏差(mm)	检查方法和频率
1	搭接宽度		≥100	尺量:全部搭接均要检查,每个搭接检查3处
2	缝宽	焊接	两侧焊缝宽≥25	尺量:每个搭接检查5处
		粘接	粘缝宽≥50	
3	固定点间距		符合设计要求	尺量:检查总数的10%
4	接缝与施工缝错开距离		≥500	尺量:每个接缝检查5处

(3)施工要求

①卷材长边采用自粘边搭接,搭接宽度宜为70mm,短边可采用80mm宽的胶粘带搭接,卷材端部搭接区应相互错开。

②顶板、侧墙施工时,应采用防止卷材下滑的措施,在自粘边位置距离卷材边缘10~20mm内进行机械固定,顶板间距为400~600mm,侧墙里面为800~1000mm,应保证固定位置被卷材完全覆盖。

③采用外防内贴法铺设立面时,应先铺设转角,后铺大面。

5.6.6 衬砌表面防渗漏关键技术

衬砌表面防渗漏主要是裂缝,衬砌混凝土结构裂缝的宽度,迎水面不得大于0.2mm,背水面不得大于0.3mm,并不得出现贯通裂缝。

1)衬砌混凝土防裂缝措施

(1)大体积混凝土施工可埋设冷却水管,降低混凝土水化热,降低混凝土内外温差。

(2)可采取保温措施,降低内外温差。如表面覆盖棉被、土工布等。

(3)控制入模温度不高于30℃,可采用搅拌站混凝土冷却装置冷却混凝土。

(4)控制混凝土浇筑时间,宜在傍晚开始,不宜在早上浇筑,以免气温升到最高时加剧混凝土内部升温。

(5)优选混凝土配合比,精确控制下料,降低水灰比。

(6)控制混凝土现场坍落度。

2)裂缝的检测与评估

(1)尽早对出现的缺陷进行跟踪检查和记录。

(2)测量裂缝宽度时,应垂直跨越于裂缝两个边缘,测点连线垂直于裂缝走向,并以测量最大值作为该裂缝宽度值。

(3)修补前,应对混凝土结构裂缝的稳定性进行观测。

3)裂缝修补方案

按裂缝宽度及所处部位采用不同修补方法,具体见表5.6-5。

裂缝修补方案 表5.6-5

使用范围	修补方法	修补材料
Ⅰ类裂缝(裂缝宽度<0.05mm)	不修补	—
Ⅱ类裂缝(0.05≤裂缝宽度<0.2mm)	表面封闭	环氧密封胶
Ⅲ类裂缝(裂缝宽度>0.2mm)	化学灌浆	环氧灌缝胶

4)修补方法与施工工艺

(1)Ⅱ类裂缝修补

①Ⅱ类裂缝采用表面封闭方法修补。

②Ⅱ类裂缝修补采用环氧密封胶。环氧密封胶材料配合比为 A(环氧树脂):B(固化剂) = 2:1(体积比);A(环氧树脂):B(固化剂) = 13.5:4.9(质量比),现场施工配合比应按照理论配合比,通过试验确定。

③配制修补材料时严格执行配合比,且称量准确、拌和均匀,满足修补工作性后及时使用。

④收浆后注重保湿养护。

(2)Ⅲ类裂缝修补、环氧灌浆修补

①对宽度大于或等于0.2mm的裂缝,采用环氧灌浆对裂缝进行灌注,环氧灌缝胶 A(环氧树脂):B(固化剂) = 2:1(质量比)。

②环氧灌浆工艺采用空气泵法。施工机械选用800型高压灌注机。

③裂缝灌胶修补工艺流程:裂缝检查→裂缝清理→粘贴灌胶嘴→封闭裂缝→压气试验→灌浆→表面修饰。

④裂缝修补工艺如下:

a.清除混凝土裂缝两边4cm宽度内松散物及缝内异物。

b.配制封闭胶。

c.先在裂缝中心上打孔,将注浆嘴插入孔中,插入深度10~15cm,注浆嘴间距根据缝长和缝宽确定,宽缝宜稀,窄缝宜密,一般间距为5~15cm。旋紧注浆嘴,使注浆嘴后端橡胶膨胀达到固定和止浆的作用。每条裂缝上至少有1个进浆嘴和1个出浆嘴。

d.用封闭胶密封注浆嘴周围,并沿裂缝按5cm宽进行密封。

e.待封闭胶胶固化后,做气密性试验检查密封效果,从注浆嘴向裂缝通入气压为0.2MPa的压缩空气,若发现漏气部位,重新对漏气部位进行补封处理。

f.注胶时竖向、斜向裂缝自下而上逐一灌浆,水平裂缝自一端向另一端逐一灌浆。利用橡胶注入器自身内部压力将封闭胶注入裂缝,注浆时保持低压持续注入,如果橡胶注入器收缩较快,表明裂缝内空隙过大,对橡胶注入器补灌胶液,直到注入器达到膨胀状态且低压持续注入为止。注浆时,第二个注浆嘴流出封闭胶时,观察封闭胶状态,待封闭胶洁净、无气泡时封闭第二个注浆嘴,依次施作。待第四个注浆嘴流出洁净、无气泡的封闭胶时,封闭第一个注浆嘴,从第三个注浆嘴中注入封闭胶。按上述顺序依次注浆,直至结束。

g.注浆时缓慢提升注浆压力,防止骤然加压扩大裂缝。每条裂缝注浆完成时,关闭出浆嘴阀门并保持压力1~3min。

h.注胶结束后,胶液固化(8~12h)后,拧出注浆嘴,并对混凝土表面进行修正处理,使其表面平整、洁净、色泽接近。

5.6.7 结构接缝施工关键技术

1)施工缝

(1)施工缝的防水措施

①隧道明挖段迎水面结构施工缝采用宽度为35cm的钢边橡胶止水带进行防水处理,面层涂刷水泥基渗透结晶防水涂料($1.5kg/m^2$),迎水面增加一层防水加强层。

②明挖段与工作井相衔接部分的施工缝,隧道迎水面结构无法安装钢边橡胶止水带的施工缝,均采用双道遇水膨胀止水条与预埋注浆管的方法进行防水处理。

③主体结构中板、中隔墙等非迎水面施工缝均采用遇水膨胀止水条进行防水处理,止水条的断面尺寸为$10mm×20mm$,面层涂刷水泥基渗透结晶防水涂料($1.5kg/m^2$)。

明挖暗埋段施工缝(顶、中、底、侧墙)防水纵断面如图5.6-11所示。敞开段施工缝处防水构造图如图5.6-12所示。

(2)施工缝注意事项

①施工缝浇灌混凝土前,应将其表面浮浆和杂物清除,先铺净浆,再涂刷水泥基渗透结晶防水涂料,并及时浇筑混凝土。

②施工缝表面宜尽量预留凹槽,为下口宽20mm、上口宽30mm、深10mm的梯形凹槽,槽中心线位于衬砌厚度的一半位置。

③施工缝表面预留凹槽困难时,可将止水条直接固定在经过处理的施工缝表面,止水条一般采用专用胶粘剂粘贴在凹槽或施工缝表面。基面潮湿无法粘贴时,采用水泥钉固定在基面上,固定间距不得小于20cm。

(3)止水带安装注意事项

①钢边橡胶止水带采用铁丝固定在结构钢筋上,固定间距40cm,要求固定牢固可靠,避免浇筑和振捣混凝土时止水带倒伏影响止水效果。

②钢边橡胶止水带除对接外,其他部位均采用工厂接头,不得在现场进行接头处理,对接可采用冷接法,也可用现场热硫化法。

③结构厚度不大于50cm时,止水带设置在结构中线位置,结构两侧厚度差均不得大于5cm,钢边橡胶止水带的纵向中线与施工缝表面的距离差不得大于3cm,止水带与施工缝表面的夹角宜为75°~105°。结构厚度大于50cm时,止水带靠近施工人员一侧的混凝土厚度控制在25~30cm即可,便于后期对止水带的维修处理。

④水平设置的止水带在结构平面部位均采用盆式安装,盆式开孔向上,保证浇捣混凝土时混凝土内产生的气泡顺利排出。

⑤浇筑和振捣施工缝部位(尤其是侧墙水平施工缝)的混凝土时,应注意边浇筑和振捣边用手将止水带扶正,避免止水带出现过大的蛇行和倒伏。

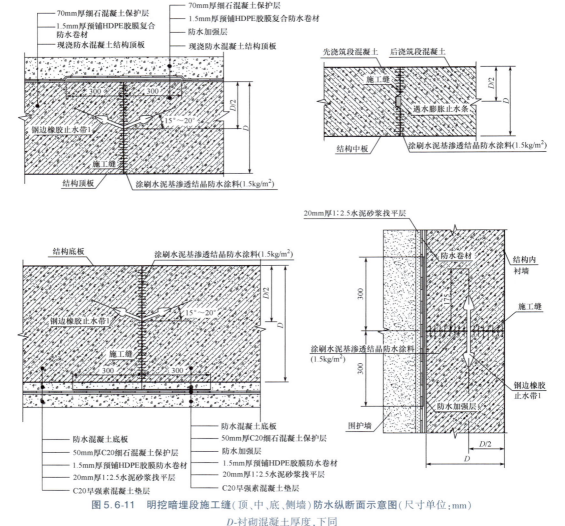

图5.6-11　明挖暗埋段施工缝(顶、中、底、侧墙)防水纵断面示意图(尺寸单位:mm)

D—衬砌混凝土厚度,下同

(4)止水条及注浆管安装注意事项

①遇水膨胀止水条应具有缓胀性能,7d的膨胀率不应大于最终膨胀率的60%,挤出后固化成型,成型后的宽度为15~20mm,高度为8~10mm,采用专用注胶器均匀挤出黏结在施工

缝表面,粘贴部位为结构中线两侧各10cm位置。

②粘贴止水条的施工缝表面需要先凿毛,将疏松、起皮、浮灰等凿除并清理干净,使施工缝表面坚实、基本平整、干燥、无污物。

③止水条粘贴完毕后,应尽量避免雨天和施工过程中遇水,否则提前膨胀后会导致嵌缝胶的止水能力下降。

④止水条部位的混凝土必须振捣充分,保证止水条与混凝土咬合密实,这是止水条发挥止水作用的关键。振捣时严禁振捣棒触及止水条。

⑤注浆管采用专用扣件固定在施工缝表面结构中线上,固定间距40~50cm,沿施工缝通长设置。注浆管采用搭接法进行连接,有效搭接长度不小于2cm。

⑥注浆管每隔4~5m间距引出一根注浆导管,利用注浆导管进行注浆,使浆液从注浆管孔隙内均匀渗出,填充两道嵌缝胶范围内的空隙,达到止水的目的。注浆导管的开孔部位应做好临时封堵,避免浇筑混凝土时杂物进入堵塞导管。

⑦注浆导管应在结构内的钢筋内穿行一段距离后再引出结构表面,引出位置应距施工缝不小于20cm。

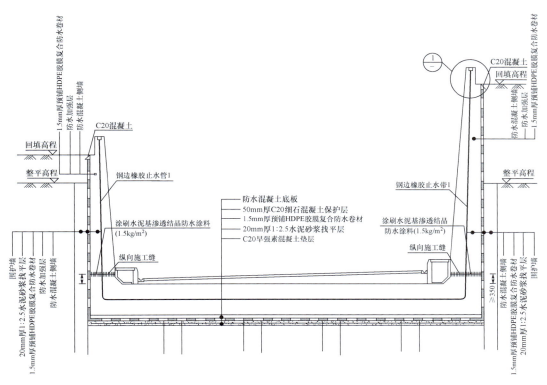

图5.6-12 敞开段施工缝处防水构造图(尺寸单位:mm)

2)变形缝

变形缝最大允许沉降值不大于30mm,变形缝宽为20mm,变形缝的防水做法如下:

(1)结构的变形缝均采用35cm宽中孔型中埋式钢边橡胶止水带进行防水处理,侧墙及底板表面均设置宽度不小于32cm的中孔型背贴式橡胶止水带。

(2)由于明挖段顶板无法设置背贴式止水带,采用结构外侧变形缝内嵌缝密封(聚硫双组分密封胶)的方法与侧墙背贴式止水带进行过渡连接形成封闭防水。

(3)外侧需铺设一层防水卷材加强层。

(4)底板和侧墙变形缝两侧的结构厚度不同时,无法设置背贴式止水带,此时需要对变形缝两侧的结构做等厚度处理,在距变形缝不小于30cm以外的部位再进行变断面处理,不但利于提高柔性防水层的铺设质量,而且可设置背贴式止水带,确保变形缝部位的防水效果。

明挖暗埋段变形缝处(顶、中、底、侧墙)防水纵断面图如图5.6-13所示,明挖暗埋段非接缝处防水纵断面图如图5.6-14所示,敞开段变形缝处防水构造图如图5.6-15所示。

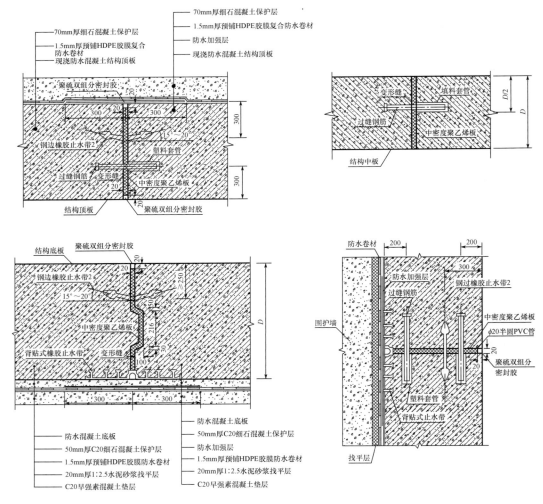

图5.6-13 明挖暗埋段变形缝(顶、中、底、侧墙)防水纵断面图(尺寸单位:mm)

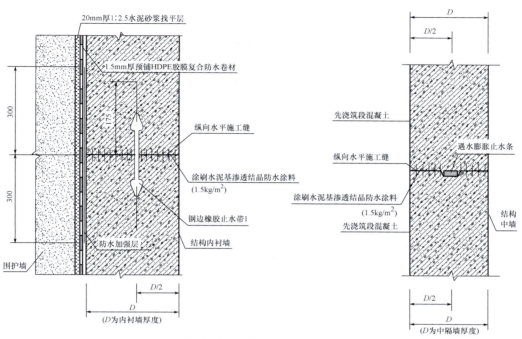

图 5.6-14　明挖暗埋段非接缝处防水纵断面图(尺寸单位:mm)

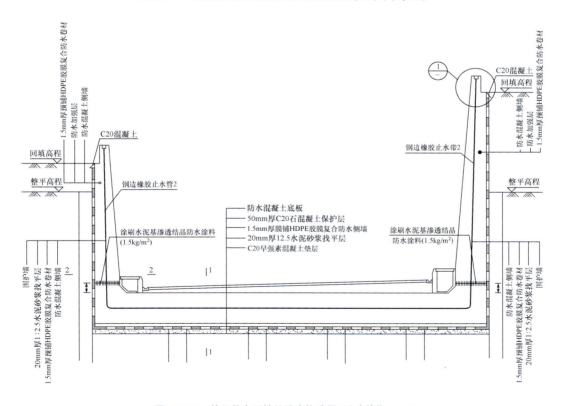

图 5.6-15　敞开段变形缝处防水构造图(尺寸单位:mm)

5.7 超深超大基坑施工监测技术

5.7.1 监测目的

拱北隧道处于浅海、滨海相冲积平原，隧道所穿越的土层为流～软塑的淤泥、淤泥质土、黏土、松散～稍密的细砂等，土层的力学性质较差。临近江河地下工程由于其地理位置以及地质条件的特殊性，极易发生涌水、流沙、坍塌等事故，具有很大的风险性。

为避免基坑工程施工对工程周边环境及基坑围护本身的危害，采用先进、可靠的仪器及有效的监测方法，对基坑围护体系和周围环境的变形情况进行监控，为工程动态化设计和信息化施工提供所需的数据，从而使工程处于受控状态，确保基坑及周边环境的安全。具体如下：

（1）促进拱北隧道基坑工程安全技术管理工作的系统化、规范化和信息化，最大限度地规避风险，避免人员伤亡和环境损害，降低工程经济和工期损失，为隧道建设提供安全保障服务。

（2）在施工过程中对周边环境、工程本体实施独立、公正的监测工作，基本掌握周边环境、围护结构体系的变形、应力应变动态，获取监测数据，为建设、监理、设计、施工单位提供参考依据。

（3）为工程建设风险管理提供支持，通过监测工作、安全巡视和监测管理服务工作，较全面地掌握各工点的施工安全控制程度，为风险管理提供基础数据，对施工过程实施全面监控和有效控制管理。

（4）作为独立的监测方，其监测数据和相关分析资料可成为处理风险事物和工程安全事故的重要参考依据。

（5）积累资料和经验，为今后的同类工程设计提供类比依据。

5.7.2 监测内容

考虑到工程的特点、规模和复杂性，监测项目布置的总体原则是以电子化人工监测为主，尽量做到一孔多用，减少施工干扰，降低测点保护压力。明挖基坑段的主要监测项目及相应的布设范围与原则见表5.7-1和图5.7-1。

明挖基坑监测项目布置一览表　　　　表5.7-1

编号	项目	布设范围与原则
1	墙顶水平和竖向位移	布置于基坑中部和阳角，且水平、竖直观测点统一，纵向间距取10～20m
2	围护结构裂缝	代表性裂缝，最少2个，裂缝最宽处与裂缝末端
3	围护水平位移（测斜）	埋入墙体时，深度不小于基坑深度，纵向间距取22m
4	围护结构侧向土压力	同一孔测点竖向间距2～3m，下部加密；纵向间距取30m
5	围护结构内力	竖向间距2～4m，布置在弯矩较大处，3点/处断面，纵向间距取22m
6	冠梁及围檩内力	布置在侧边支撑间距较大处，与竖向位置保持一致，每个测点传感器不少于2个，且在冠梁或腰梁上布置，纵向间距取22m
7	支撑轴力	布置于控制性杆件，每层支撑不少于3个点，钢支撑支撑端头或1/3处，钢筋混凝土支撑1/3处或者端头，钢筋混凝土支撑传感器不少于4个
8	立柱竖向位移	基坑中部，多根立柱交汇处，不少于立柱总数的5%，且不少于3根

续上表

编号	项目	布设范围与原则
9	立柱内力	坑底以上各层立柱的下部1/3处,不少于立柱总数的5%,且不少于3根
10	坑底回弹	测点布置于基坑中央级能反映变形特征的位置,监测段面纵向间距25m,每个段面不少于3个点
11	坑内外水位	坑内水位布置于基坑中央相邻降水井中间部位;纵向孔间距取25m
11	坑内外水位	坑外水位布置于基坑、保护对象周边;距离止水帷幕外侧约2m;纵向孔间距取25m
12	孔隙水压力	竖向2~4m,不宜少于3个;距离围护结构约2m,孔间距取30m
13	坑外土体深层侧向变形(测斜)	埋入土体时,深度不小于基坑深度的1.5倍,同一孔测点竖向间距0.5~1m,纵向间距22m
14	周围地表竖向位移	每侧2~3倍开挖深度范围,两侧测点间距由内向外先密后疏布置,且不宜少于5个,纵向测线间距取22m
15	坑外地表裂缝	代表性裂缝,最少2个,裂缝最宽处与裂缝末端

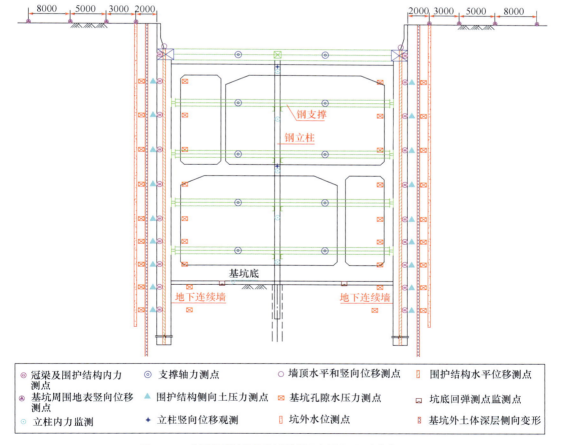

图5.7-1 典型的明挖基坑监测横断面布置图(尺寸单位:mm)

5.7.3 监测仪器

监测仪器汇总见表5.7-2。

监测仪器汇总　　　　　表5.7-2

项目	监测精度	监测仪器
墙顶水平和竖向位移	水平:1.0mm;竖向:0.5mm	经纬仪、水准仪
围护结构裂缝	宽度0.1mm,长度1mm	千分尺、游标卡尺
围护水平位移(测斜)	≤0.02/0.5mm	测斜管、测斜仪
围护结构侧向土压力	≤0.5/100(F·S)	土压力盒
围护结构内力	≤0.5/100(F·S)	钢筋应力计
冠梁及围檩内力	≤0.5/100(F·S)	钢筋应力计
支撑轴力	≤0.2/100(F·S)	轴力计或应变仪
立柱竖向位移	0.5mm	水准仪
立柱内力	≤0.5/100(F·S)	轴力计或应变仪
坑底回弹	1.0mm	水准仪
坑内外水位	5.0mm	水位管、水位计
孔隙水压力	≤0.5/100(F·S)	孔隙水压力计
坑外土体深层侧向变形(测斜)	≤0.25mm/0.5m	测斜管、测斜仪
周围地表竖向位移	一级0.15mm,其他0.5mm	水准仪
坑外地表裂缝	宽度0.1mm,长度1mm	千分尺、游标卡尺
邻近建筑物沉降	0.5mm	水准仪、经纬仪
邻近建筑物倾斜	±2″	经纬仪
邻近建筑物裂缝	宽度0.1mm,长度1mm	千分尺、游标卡尺
地下管线水平及竖向变形	0.5mm	水准仪、经纬仪

5.7.4 监测频率与报警值

1) 监测频率

监测频率要满足工程监测工作实际需要,根据不同等级而有所不同。当监测项目的累计变化值接近或超过报警值时,应加密监测;当出现工程事故或其他因素造成监测项目的变化速率加大,应按业主指示或进行连续监测,直至危险或隐患消除为止。当时态曲线趋于平衡时,及时进行回归分析,推算其终值不超过监测控制值,报请业主代表同意后方可停测。

明挖段基坑工程主体及周边建筑物监测频率根据基坑安全等级和施工阶段的不同,按表5.7-3对应选取。

明挖基坑及周边环境监测频率　　　　表 5.7-3

基坑类别	施工进程		基坑设计深度(m)			
			≤5	5~10	10~15	>15
一级	开挖深度(m)	≤5	1次/1d	1次/2d	1次/2d	1次/2d
		5~10	—	1次/1d	1次/1d	1次/1d
		>10	—	—	2次/1d	2次/1d
	底板浇筑后时间(d)	≤7	1次/1d	1次/1d	2次/1d	2次/1d
		7~14	1次/3d	1次/2d	1次/1d	1次/1d
		14~28	1次/5d	1次/3d	1次/2d	1次/2d
		>28	1次/7d	2次/5d	2次/3d	1次/3d
二级	开挖深度(m)	≤5	1次/2d	1次/2d	—	—
		5~10	—	1次/1d	—	—
	底板浇筑后时间(d)	≤7	1次/2d	1次/2d	—	—
		7~14	1次/3d	1次/3d	—	—
		14~28	1次/7d	1次/5d	—	—
		>28	1次/10d	1次/10d	—	—

当监测值接近警戒值时每天 1 次,当支撑轴力或围护结构水平变形超过警戒值时或出现险情时,应按每小时监测一次或根据现场情况定。当以上表中工况共同存在时,按监测频率较高的标准控制。

当出现下列情况之一时,将提高监测频率:
(1)监测数据达到报警值;
(2)监测数据变化较大或者速率加快;
(3)存在勘察未发现的不良地质;
(4)超深、超长开挖或未及时加撑等违反设计工况施工;
(5)基坑及周边大量积水、长时间连续降雨、管道出现渗漏;
(6)基坑附近地面荷载突然增大或超过设计限值;
(7)支护结构开裂;
(8)周边地面突发较大沉降或出现严重开裂;
(9)邻近建筑突发较大沉降、不均匀沉降或出现严重开裂;
(10)基坑底部、侧壁出现管涌、渗漏或流沙现象;
(11)基坑工程发生事故后重新组织施工;
(12)出现其他影响基坑及周边环境安全的异常情况;
(13)当出现危险事故征兆时,将实时跟踪监测。

2)监测报警值

监测警戒值应符合工程设计的限值、地下主体结构设计要求以及监测对象的控制要求,监测报警值应以监测项目的累计变化量和变化速率值两个值控制。

监测警戒值的确定应遵循以下原则:①满足设计计算的要求,不能大于设计值;②满足监测对象的安全要求,达到保护的目的;③对于相同条件的保护对象,应该结合周围环境的要求和具体的施工情况综合确定;④满足现行的有关规范、规程的要求;⑤满足各保护对象的主管部门提出的要求;⑥在保证安全的前提下,综合考虑工程质量和经济等因素,减少不必要的资金投入。

明挖基坑监测项目的预警值见表5.7-4。

明挖基坑监测预警值 表5.7-4

编号	项目	等级	里程	报警值
1	墙顶水平和竖向位移	一级	海域段(YK1+149~YK2+357) 陆域段(YK2+660~YK3+494)	水平:2~3mm/d 或累计值25mm 竖直:2~3mm/d 或累计值10mm
		二级	海域段(YK1+357~YK1+603) 陆域段(YK3+494~YK3+780)	水平:3~5mm/d 或累计值40mm 竖直:3~5mm/d 或累计值25mm
		三级	海域段(YK1+603~YK1+374) 陆域段(YK3+780~YK3+890)	水平:3~5mm/d 或累计值40mm 竖直:3~5mm/d 或累计值25mm
2	周围地表竖向位移	一级	海域段(YK1+149~YK2+357) 陆域段(YK2+660~YK3+494)	2~3mm/d 或累计值25mm
		二级	海域段(YK1+357~YK1+603) 陆域段(YK3+494~YK3+780)	4~6mm/d 或累计值50mm
		三级	海域段(YK1+603~YK1+374) 陆域段(YK3+780~YK3+890)	4~6mm/d 或累计值50mm
3	围护水平位移(测斜)	一级	海域段(YK1+149~YK2+357) 陆域段(YK2+660~YK3+494)	2~3mm/d 或累计值40mm
		二级	海域段(YK1+357~YK1+603) 陆域段(YK3+494~YK3+780)	3~5mm/d 或累计值65mm
		三级	海域段(YK1+603~YK1+374) 陆域段(YK3+780~YK3+890)	3~5mm/d 或累计值65mm
4	围护结构侧向土压力	一级	海域段(YK1+149~YK2+357) 陆域段(YK2+660~YK3+494)	70%设计控制值
		二级	海域段(YK1+357~YK1+603) 陆域段(YK3+494~YK3+780)	
		三级	海域段(YK1+603~YK1+374) 陆域段(YK3+780~YK3+890)	
5	围护结构内力	一级	海域段(YK1+149~YK2+357) 陆域段(YK2+660~YK3+494)	70%设计控制值
		二级	海域段(YK1+357~YK1+603) 陆域段(YK3+494~YK3+780)	
		三级	海域段(YK1+603~YK1+374) 陆域段(YK3+780~YK3+890)	

续上表

编号	项目	等级	里程	报警值
6	冠梁及围檩内力	一级	海域段（YK1+149～YK2+357） 陆域段（YK2+660～YK3+494）	70%设计控制值
		二级	海域段（YK1+357～YK1+603） 陆域段（YK3+494～YK3+780）	
		三级	海域段（YK1+603～YK1+374） 陆域段（YK3+780～YK3+890）	
7	支撑轴力	一级	海域段（YK1+149～YK2+357） 陆域段（YK2+660～YK3+494）	70%设计控制值
		二级	海域段（YK1+357～YK1+603） 陆域段（YK3+494～YK3+780）	
		三级	海域段（YK1+603～YK1+374） 陆域段（YK3+780～YK3+890）	
8	立柱竖向位移	一级	海域段（YK1+149～YK2+357） 陆域段（YK2+660～YK3+494）	累计值:30mm,位移速率:2mm/d
		二级	海域段（YK1+357～YK1+603） 陆域段（YK3+494～YK3+780）	
		三级	海域段（YK1+603～YK1+374） 陆域段（YK3+780～YK3+890）	
9	立柱内力	一级	海域段（YK1+149～YK2+357） 陆域段（YK2+660～YK3+494）	70%设计控制值
		二级	海域段（YK1+357～YK1+603） 陆域段（YK3+494～YK3+780）	
		三级	海域段（YK1+603～YK1+374） 陆域段（YK3+780～YK3+890）	
10	坑底回弹	一级	海域段（YK1+149～YK2+357） 陆域段（YK2+660～YK3+494）	累计值:30mm
		二级	海域段（YK1+357～YK1+603） 陆域段（YK3+494～YK3+780）	累计值:50mm
		三级	海域段（YK1+603～YK1+374） 陆域段（YK3+780～YK3+890）	累计值:50mm
11	坑内外水位	一级	海域段（YK1+149～YK2+357） 陆域段（YK2+660～YK3+494）	累计值:1000mm 位移速率:300mm/d
		二级	海域段（YK1+357～YK1+603） 陆域段（YK3+494～YK3+780）	
		三级	海域段（YK1+603～YK1+374） 陆域段（YK3+780～YK3+890）	

续上表

编号	项目	等级	里程	报警值
12	孔隙水压力	一级	海域段（YK1+149~YK2+357） 陆域段（YK2+660~YK3+494）	70%设计控制值
		二级	海域段（YK1+357~YK1+603） 陆域段（YK3+494~YK3+780）	
		三级	海域段（YK1+603~YK1+374） 陆域段（YK3+780~YK3+890）	
13	坑外土体深层侧向变形（测斜）	一级	海域段（YK1+149~YK2+357） 陆域段（YK2+660~YK3+494）	2~3mm/d 或累计值40mm
		二级	海域段（YK1+357~YK1+603） 陆域段（YK3+494~YK3+780）	4~5mm/d 或累计值70mm
		三级	海域段（YK1+603~YK1+374） 陆域段（YK3+780~YK3+890）	4~5mm/d 或累计值70mm
14	围护结构裂缝	一级	海域段（YK1+149~YK2+357） 陆域段（YK2+660~YK3+494）	累计值：1.5mm，持续发展
		二级	海域段（YK1+357~YK1+603） 陆域段（YK3+494~YK3+780）	
		三级	海域段（YK1+603~YK1+374） 陆域段（YK3+780~YK3+890）	
15	坑外地表裂缝	一级	海域段（YK1+149~YK2+357） 陆域段（YK2+660~YK3+494）	累计值：10mm，持续发展
		二级	海域段（YK1+357~YK1+603） 陆域段（YK3+494~YK3+780）	
		三级	海域段（YK1+603~YK1+374） 陆域段（YK3+780~YK3+890）	

5.7.5 监测点布设方法

1）测点布设原则

监测点的布设是监测工作的基础，明挖基坑监测点的布设应遵循以下原则：

（1）监测点应能反映监测对象的实际状态及其变化趋势，监测点应布置在内力及变形关键特征点上，并满足监控要求。

（2）监测点的布置应不妨碍监测对象的正常工作，并减少对施工作业的不利影响。

（3）监测标志应稳固、明显、结构合理，监测点的位置应避开障碍物，便于观测。

（4）在监测对象内力和变形变化大的代表性部位及周边重点监护部位，监测点应适当加密。

（5）监测点的埋设应便于保护，后期使用过程中不易被破坏，每个监测点均需要配套保护装置。

(6)监测点埋设完毕,应及时填写埋设记录及验收资料。

2)围护桩顶水平位移及沉降

围护桩顶部水平位移监测点的布设应符合下列要求:①测点应尽量布设在基坑圈梁、围护桩或地下连续墙的顶部等较为固定的地方,以设置方便,不易损坏,且能真实反映基坑围护结构桩(墙)顶部的侧向变形为原则;②沿围护墙的周边布置,围护墙周边中部、阳角处应布置监测点;③测点设置强制对中标志;④宜布置在围护桩深层水平位移监测点(测斜)处。桩顶位移监测点埋设示意图如图5.7-2所示。

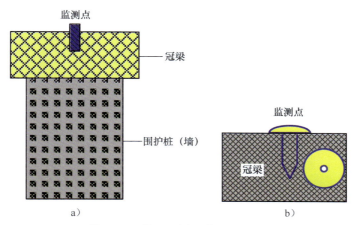

图5.7-2 桩顶位移监测点埋设示意图

3)围护桩深层水平位移

深层水平位移监测点的布设应符合下列要求:深层水平位移监测孔宜布置在基坑围护桩周边的中心处及代表性的部位,监测点布置间距宜为20~50m,中间部位宜布置监测点。

土体测斜管应在基坑开挖2周前埋设,桩墙内测斜应在成墙过程中埋设,埋设时应符合下列要求:①埋设前应检查测斜管质量,测斜管连接时应保证上、下管段的导槽相互对准且顺畅,接头处应密封处理,并注意保证管口的封盖。②测斜管长度应与围护墙深度一致或不小于所监测土层的深度;当以下部管端作为位移基准点时,应保证测斜管进入稳定土层2~3m。③埋设时测斜管应保持竖直无扭转,其中一组导槽方向应与所需测量的方向一致。安装埋设测斜管的桩分地下连续墙、SMW工法桩、钢板桩三种。测斜管绑扎埋设示意图和效果图分别如图5.7-3、图5.7-4所示。

4)围护桩内力

围护桩内力监测点的布设应符合下列要求:①监测点宜布置在弯矩较大、受力较复杂等围护桩体内;②监测点平面间距宜为20~50m,且每侧边监测点至少1个;③监测点竖向上宜布置在支撑点位置之间等弯矩较大处,垂直间距宜为4~6m。

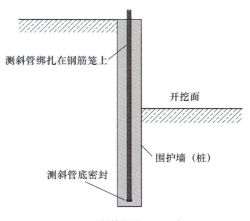

图5.7-3 测斜管绑扎埋设示意图

图 5.7-4　测斜管绑扎埋设效果图

(1) 地下连续墙桩内力监测点的安装

围护墙施工时,在钢筋笼制作的过程中,首先按照监测设计对钢筋应力计进行定位,然后将钢筋应力计焊接在钢筋笼主筋相应的位置,焊接要求为帮条焊双面焊,满焊,将导线沿主筋直至桩顶,套钢套管进行保护。地下连续墙内钢筋应力计埋设如图 5.7-5 所示。

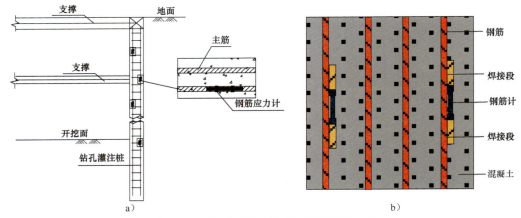

图 5.7-5　地下连续墙内钢筋应力计埋设示意图

(2) SMW 工法桩

SMW 工法桩插入型钢前,在型钢腹板上对内力监测点进行定位,然后将应变计焊接在工字钢腹板相应位置,沿腹板将导线引向桩顶位置,应变计及导线均需要保护罩进行保护。SMW 工法桩内应变计埋设如图 5.7-6 所示,安装如图 5.7-7 所示。

5) 钢支撑轴力

支撑轴力监测点的布设应符合下列要求:①监测点宜设置在支撑内力较大或在整个支撑系统中起控制作用的杆件上;②每层支撑的内力监测点不应少于 3 个,各层支撑的监测点位置宜在竖向保持一致;③钢支撑的监测截面宜选择在两支点间 1/3 部位或支撑的端头;④每个监测点截面内传感器的设置数量及布置应满足不同传感器测试要求。

监测点的安装技术要求如下:①安装前测量一下轴力计的初频,检查其是否与出厂时的初频相符合(≤±20Hz)。如果不符合,应重新标定或者另选用符合要求的轴力计。②安装过程中必须注意轴力计和钢支撑轴线在一条直线上,各接触面平整,确保钢支撑受力状态通过轴力计(反力计)正常传递到支护结构上。在钢支撑在吊装前,把轴力计的电缆妥善地绑在安装架的两翅膀内侧,防止在吊装过程中损伤电缆。

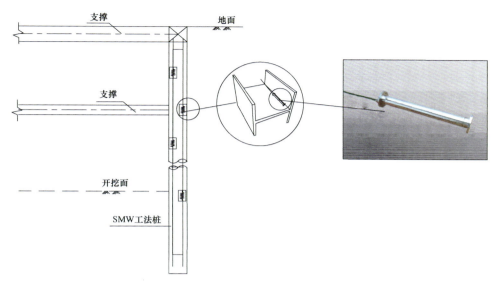

图 5.7-6 SMW 工法桩内应变计埋设示意图

图 5.7-7 SMW 工法桩内应变计安装

钢支撑轴力测点的安装（图 5.7-8、图 5.7-9）步骤如下：

①采用专用的轴力架安装架固定轴力计，安装架圆形钢筒上没有开槽的一端面与支撑的牛腿（活络头）上的钢板电焊焊接牢固，电焊时必须与钢支撑中心轴线与安装中心点对齐。

②待焊接冷却后，将轴力计推入安装架圆形钢筒内，并用螺丝（M10）把轴力计固定在安装架上。

③钢支撑吊装到位后，即安装架的另一端（空缺的那一端）与围护墙体上的钢板对上，中间加一块 250mm×250mm×25mm 的加强钢垫板，以扩大轴力计受力面积，防止轴力计受力后陷入钢板而影响测试结果。

④将读数电缆接到基坑顶上的观测站；电缆统一编号，用白色胶布绑在电缆线上做出标识，电缆每隔2m进行固定，外露部分做好保护措施。

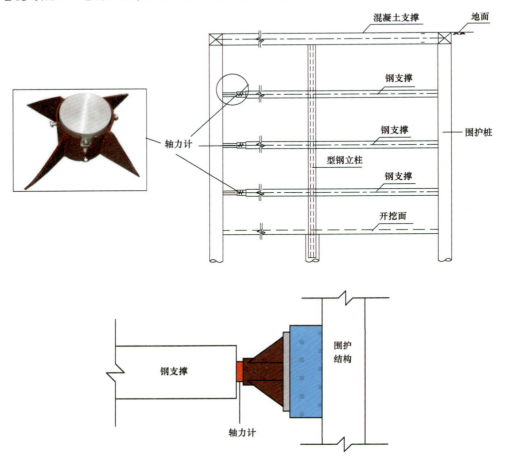

图 5.7-8　钢支撑轴力计安装示意图

图 5.7-9　钢支撑轴力计安装

6）混凝土支撑内力

在支撑钢筋绑扎的过程中，将设计位置处的支撑两侧中间位置处的主筋切断并将钢筋计焊接在切断部位，在浇筑支撑混凝土的同时将钢筋计上的导线引出，以便今后测试时使用。混凝土支撑内力计安装如图 5.7-10、图 5.7-11 所示。

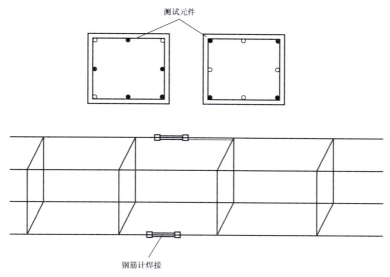

图 5.7-10　混凝土支撑上安装钢筋内力计示意图

图 5.7-11　混凝土支撑内力计安装

7）侧向土压力

围护桩侧向土压力监测点布设应符合下列要求：①监测点宜选择布置在弯矩较大、受力较复杂及有代表性的围护体侧；②监测点平面间距宜为 20～50m，且每侧边监测点至少 1 个；③监测点垂直间距宜为 2～4m，宜布置在土层中部，可预设在迎土面及迎坑面入土段的围护墙侧面。

土压力计的埋设可采用埋入式和边界式。埋设时应符合下列要求：①受力面应与观测压力方向垂直；②采用钻孔法埋设时，填充料回填应均匀密实，且性质宜与周围岩土体保持一致；③编写安装记录。土压力计安装如图 5.7-12 所示。

图 5.7-12 土压力计安装

具体埋设方法：先在预定位置钻孔，钻孔深度略大于最深的土压力盒埋设位置，孔径大于压力盒直径，将压力盒固定在定制的薄型槽钢或钢筋架上，一起放入钻孔，就位后回填细砂。根据薄型槽钢或钢筋架的沉放深度和压力盒的相对位置，可以确定出压力盒所处的底层高程，监测导线沿槽钢纵向间隙引至地面。由于钻孔回填砂石的固结需要一定的时间，因而传感器前期数据偏小。另外，考虑钻孔位置与桩墙之间不可能直接密贴，需要保持一段距离，因而测得的数据与桩墙作用荷载相比具有一定近似性。

8）孔隙水压力

孔隙水压力监测点宜布置在基坑受力、变形较大或有代表性的部位。监测点竖向布置宜在水压力变化影响深度范围内按土层分布情况布设，监测点竖向间距一般为 2~4m，且不宜少于 3 个。

监测孔隙水压力埋设采用钻孔埋设，在埋设地点采用钻机钻孔，达到要求的深度或高程后，先在孔底填入部分干净的砂，然后将孔隙水压力计放入，再在其周围填砂，最后采用膨胀性黏土或干燥黏土球将钻孔上部封好，使得孔隙水压力计测得的是该高程土层的孔隙水压力。其技术关键在于保证探头周围垫砂渗水流畅，其次是断绝钻孔上部水的向下渗漏。水土压力盒埋设如图 5.7-13 所示。

9）地下水位

基坑外地下水水位监测包括潜水水位监测和承压水水位监测，监测点布置应符合下列要求：①监测点宜布置在邻近围护桩施工搭接处、转角处、相邻建（构）筑物处、地下管线相对密集处等，并宜布置在止水帷幕外侧约 2m 处；②潜水水位监测点间距宜为 20~50m，水文地质条件复杂处应适当加密；③潜水水位观测管埋置深度宜为 6~8m；④对需要降低微承压水或承压水水位的基坑工程，监测点宜布置在相邻降压井近中间部位，间距宜为 30~60m，每侧边监测点至少 1 个。观测孔埋设深度应保证能反映承压水水位的变化，观测孔埋设深度应满足设计要求。

在垂直围护桩 2m 处，打孔下水位管。基坑（坑外）潜水水位观测孔应在基坑降水之前完成。其孔径不应小于 110mm，孔深应根据基坑开挖深度确定，一般在 5~8m，当挖深范围内若有渗透性较强的粉、砂性土层时，水位观测孔应进入该层一定深度。孔隙水压力计周围、水位管滤管段与孔壁间须灌砂,其余段应用有效的隔水材料封阻至孔口,水位管口应加盖,防止地表水及杂物进入;承压水位观测孔深进入承压含水层不宜小于2m,孔底应填砂,水位管直径可为50~70mm,滤管段不宜小于1m,其与孔壁间应灌砂,被测含水层与其他含水层间应采取有效措施隔水。地下水位监测点埋设如图5.7-14所示。

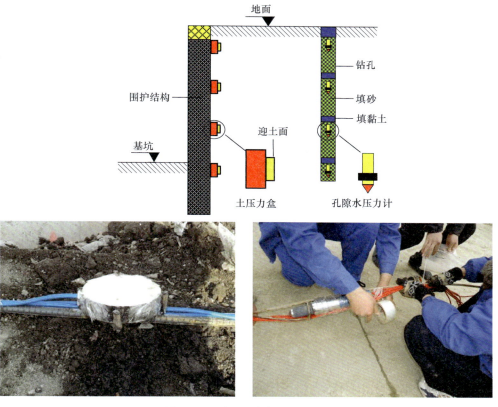

图5.7-13 水土压力盒埋设示意图

10)地表沉降

地表沉降监测点布置应符合下列要求:

(1)地表沉降监测点宜按剖面垂直于基坑边布置,剖面间距宜为20~50m,每侧边剖面线至少1条,并宜设置在每侧边中部。

(2)地表沉降监测剖面线延伸长度宜大于2~3倍基坑开挖深度。每条剖面线上的监测点宜由内向外先密后疏布置,且不宜少于5个。

(3)围堰沉降监测点宜沿围堰周边布设,测点间距严格按照设计方案。

地表沉降监测点埋设如图5.7-15所示。

11)坑底回弹

每个监测断面基坑回弹监测点布设3~4个,在每次开挖结束后调节保护管长度至开挖底面,并运用测杆下放至坑底沉降标处,运用水准观测方法测量测头高程,从而反算坑底沉降标高程变化。测量临时基点定期通过基准点进行修正。坑底回弹埋设方法如图5.7-16所示。

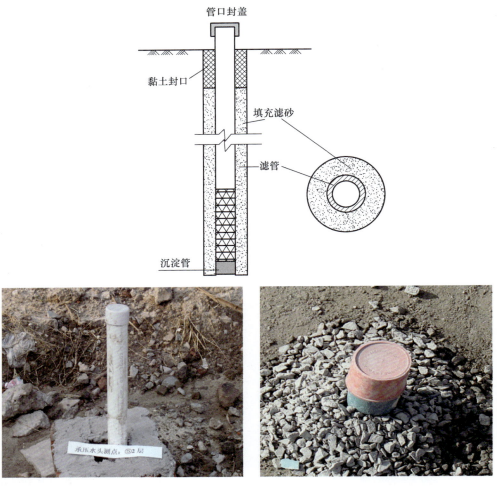

图 5.7-14　地下水位监测点埋设示意图

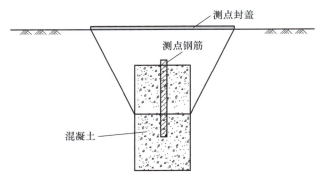

图 5.7-15　地表沉降监测点埋设示意图

12）立柱隆沉

在钢立柱上焊接钢筋，钢筋头高过冠梁 15cm 左右（便于测量），在焊接的钢筋上绑扎钢板尺，通过钢板尺的移动计算出立柱的隆起或沉降量，如图 5.7-17 所示。

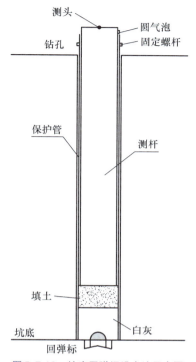

图 5.7-16 坑底回弹埋设方法示意图

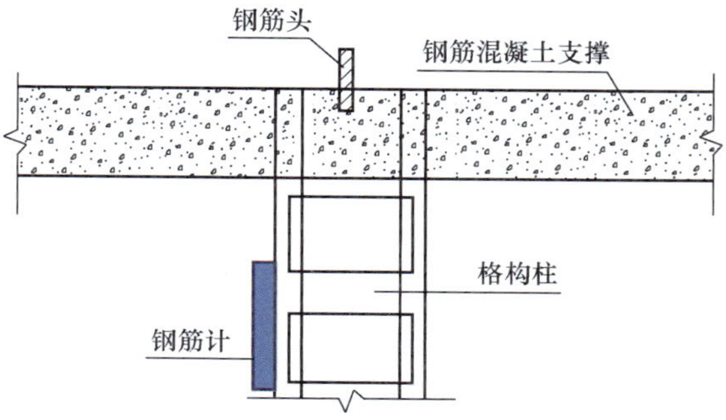

图 5.7-17 立柱隆沉及立柱内力监测点布设方法示意图

13）立柱内力

立柱内力测点布设方法与围护结构内力测点布设方法相同，将钢筋焊接在钢立柱格构结构受力较大处，如图 5.7-18 所示。

5.7.6 监测方法

1）墙顶水平位移

水平位移监测主要使用全站仪及配套棱镜组或者反光片进行观测。水平位移的观测方法很多，可以根据现场情况和工程要求灵活应用。

图 5.7-18 立柱内力监测点安装

根据工程的特点，水平位移监测采用极坐标法结合局部小角度法进行监测工作，分海域明挖段、口岸段及陆域明挖段进行独立观测，其中海域明挖段使用临时基准点。

极坐标法是最常用、最简单的监测方法，一般需要两个或两个以上的工作基点，其观测原理参见图 5.7-19。

$$\alpha_{AP} = \alpha_{AB} + \beta = \arctan\frac{y_B - y_A}{x_B - x_A} + \beta \quad (5.7\text{-}1)$$

$$x_p = x_A + s_{AP}\cos\alpha_{AP} \quad (5.7\text{-}2)$$

$$y_p = y_A + s_{AP}\sin\alpha_{AP} \quad (5.7\text{-}3)$$

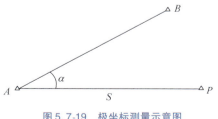

图 5.7-19 极坐标测量示意图

观测时在工作基点 A 架设全站仪、在后视点 B（工作基点）和监测点 P 架设棱镜，利用全站仪的测角功

能测定夹角 β，用全站仪的测边功能测定边长 S_{AP}。再按以上公式可计算出监测点 P 的坐标 $(x_P、y_P)$。

小角度法是针对规则矩形基坑常使用的位移测量方法。将工作基点 A 布置在基坑边线延长线上，测量时仪器架于 A 点，监测 P 架设棱镜，后视点 B 为控制点，AB 连线为零基准线，使用全站仪或经纬仪精确测出 BAP 前后两次测量的角度，从而得到两次的角度变化量，并按下式计算偏离值（图 5.7-20）：

$$L_P = \frac{\alpha_P}{\rho} \cdot S_P \tag{5.7-4}$$

式中：L_P——位移变化量（mm）；
α_P——角度变化量（″）；
S_P——测点距监测基点的距离（mm）；
ρ——角度常数，$\rho = 206265″$。

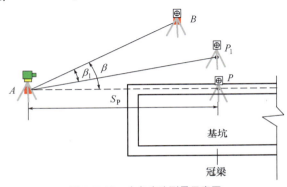

图 5.7-20　小角度法测量示意图

外业观测作业按观测技术要求进行。一般水平角观测 6~9 个测回，距离测量 4~6 个测回，外业作业的限差应符合观测技术设计要求的规定。

极坐标监测对一个区域的独立水平位移监测点，可分组进行，即一次在若干个监测点上架设棱镜同时进行水平角和边长观测。在监测点多于 2 个（即水平角观测方向多于 3 个时）水平角观测应按全圆测回法观测（即需要归零）。墙顶水平位移监测如图 5.7-21 所示。

图 5.7-21　墙顶水平位移监测

2）墙顶、地表沉降、立柱隆沉

沉降监测采用水准测量的方法，从水准基点或工作基点起测，将各个监测点贯穿于整个水准线路中，最后回到工作基点或水准基点，形成附合或闭合水准线路。外业成果合格后，再按水准线路平差方式，计算出各监测点的高程，再根据监测点的高程与初始高程、上次测量高程进行比较，求得各监测点的累计垂直位移变化量和期内变化量。

水准测量技术要求如下：①对使用的电子水准仪、条码水准尺应在项目开始前和结束后进行检验，项目进行中也应定期进行检验。当观测成果异常，经分析与仪器有关时，应及时对仪器进行检验与校正；②观测应做到三固定，即固定人员、固定仪器、固定测站；③观测前应正确设定记录文件的存储位置、方式，对电子水准仪的各项控制限差参数进行检查设定，确保附合观测要求；④应在标尺分划线成像稳定的条件下进行观测；⑤仪器温度与外界温度一致时才能开始观测；⑥数字水准仪应避免望远镜直对太阳，避免视线被遮挡，仪器应在生产厂家规定的范围内工作，振动源造成的振动消失后，才能启动测量键，当地面振动较大时，应随时增加重复测量次数；⑦每测段往测和返测的测站数均应为偶数，否则应加入标尺零点差改正；⑧由往测转向返测时，两标尺应互换位置，并应重新整置仪器；⑨完成闭合或附合路线时，应注意电子记录的闭合或附合差情况，确认合格后方可完成测量工作，否则应查找原因，直至返工重测合格。地表、墙顶、立柱沉降监测如图5.7-22~图5.7-24所示。

图5.7-22　地表沉降监测

图5.7-23　墙顶沉降监测

3）墙体深层水平位移

围护桩深层水平位移监测通过在围护桩内部预埋测斜管，通过测斜仪测量，可以量测围护桩体或坑外土体在不同深度处的水平位移变化（图5.7-25）。

技术要求如下：①测斜管埋设后应在基坑开挖前2d测定侧向变形初始值，取至少2次观测的平均值作为初始值；②测斜仪的精度应满足表5.7-2的要求；③深层侧向变形测试时，测斜仪探头应沿导槽缓缓沉至孔底，在恒温10~15min后，自下而上以0.5m或1m为间隔，逐段测出需量测方向上的位移；每测点均应进行正、反两次量测。

图 5.7-24　立柱隆沉监测

图 5.7-25　墙体深层水平位移

4）地下连续墙内力、混凝土支撑内力及立柱内力

采用钢筋混凝土材料制作的地下连续墙、混凝土支撑，其内力通常是通过测定构件受力钢筋的应力或混凝土的应变，然后根据钢筋与混凝土共同作用、变形协调条件反算得到。钢筋应力一般通过在受力钢筋中串联连接钢筋应力传感器（钢筋计）测定。目前工程中采用较多的有振弦式和电阻式两类应力传感器，监测采用振弦式传感器及型振弦式频率读数仪进行数据采集（图5.7-26）。

图 5.7-26　地下连续墙内力监测

技术要求如下：①应变计或应力计可采用电阻应变片、振弦式传感器，量程应大于预估值的1.2倍，分辨率不大于0.2%F·S，精度为±0.5%F·S。②围护桩内力在围护桩钢筋笼制作时，在主筋上对焊钢筋应力计来测定。③应变计或应力计导线应通过钢筋笼引至地面，每个导线应做好标记，导线端部应进行密封处理，并做好防护措施。④围护体系内力监测值应考虑温度变化的影响，对钢筋混凝土支撑尚应考虑混凝土收缩、徐变以及裂缝开展的影响。⑤内力传感器宜在基坑开挖前一周埋设，取开挖前连续2d测定稳定值作为初始值。

5）钢支撑轴力

钢支撑轴力监测采用FXR-1040各种规格的轴力计，采用XP05智能型振弦式频率读数仪进行读数，监测精度达到1.0%F·S，并记录温度（图5.7-27）。

图5.7-27 钢支撑轴力监测

监测观测方法及数据采集技术要求如下：①轴力计安装后，在施加钢支撑预应力前进行轴力计初始频率的测量，在施加钢支撑预应力时，应该测量其频率，计算出其受力，同时要根据千斤顶的读数对轴力计的结果进行校核，进一步修正计算公式。②基坑开挖前应测试2~3次稳定值，取平均值作为计算应力变化的初始值。③支撑轴力量测时，同一批支撑尽量在相同的时间或温度下量测，每次读数均应记录温度测量结果。

6）侧向土压力

土压力监测采用土压力计测量，用于量测基坑挡土结构内、外侧的有效应力（图5.7-28）。

图5.7-28 侧向土压力监测

技术要求如下：①土压力计应满足下列要求：a.量程应满足被测压力范围的要求，其上限可取最大设计压力的1.2倍；b.分辨率不大于0.2%F·S，精度为±0.5%F·S；c.具有足够强度、抗腐蚀性和耐久性，并具有抗震和抗冲击性能；d.应选择匹配误差较小的土压力计。②土压力计埋设前，应检查核对土压力计的出厂率定数据，整理压力-频率（或压力-电阻）曲线，并用回归方法计算各土压力计的标定系数。③土压力计埋设后应进行检验性测试（包括二次仪表），经一周时间观测，读数基本稳定后，取3次测定的稳定值作为压力计的初始读数。

7）孔隙水压力

水压力采用振弦式孔隙水压力计进行观测，其构造和工作原理与土压力仪相似，土体中的水压力传到薄板弹性元件上，弹性元件的变形引起钢弦张力的变化，从而根据钢弦频率的变化测得孔隙水压力值。其监测方法及注意事项与侧向土压力相同。

8）地下水位

地下水水位监测采用钻孔内设置水位管，通过水位计进行量测的方法（图5.7-29、图5.7-30）。

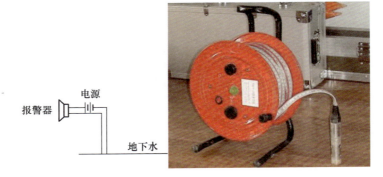

图5.7-29　电测水位仪工作原理图及实物图

图5.7-30　地下水位监测

技术要求如下：

（1）潜水水位管应在基坑降水之前设置，钻孔孔径不应小于110mm，水位管直径宜为50~70mm。水位管滤管段以上应用膨润土球封至孔口，水位管管口应加盖保护。

(2)承压水位管直径宜为50~70mm,滤管段长度应满足监测要求,与钻孔孔壁间应灌砂填实,被测含水层与其他含水层间应采取有效隔水措施,含水层以上部位应用膨润土球或注浆封孔,水位管管口应加盖保护。

(3)承压水位(水头)监测孔如埋设在基坑内部时,一定要有足够的安全措施,以避免在基坑开挖过程中承压水的突涌。

(4)基坑内的潜水水位观测孔在开挖过程中一般情况下难以保全,可采取利用坑内降水井停抽一段时间后来测读水位。

(5)水位观测孔的要求:①为基坑监测用的(坑外)潜水水位观测孔应在基坑降水之前完成。其孔径不应小于110mm,孔深应根据基坑开挖深度确定,一般在5~8m,当挖深范围内若有渗透性较强的粉、砂性土层时,水位观测孔应进入该层一定深度。孔隙水压力计周围、水位管滤管段与孔壁间须灌砂,其余段应用有效的隔水材料封阻至孔口,水位管口应加盖,防止地表水及杂物进入。②承压水位观测孔深进入承压含水层不宜小于2m,孔底应填砂,水位管直径可为50~70mm,滤管段不宜小于1m,其与孔壁间应灌砂,被测含水层与其他含水层间应采取有效措施隔水。

9)坑底回弹

在每次开挖结束后调节保护管长度至开挖底面,并运用测杆下放至坑底沉降标处,运用水准观测方法测量测头高程,从而反算坑底沉降标高程变化。测量临时基点定期通过基准点进行修正。计算原理和方法与沉降类监测项目类似。坑底回弹监测如图5.7-31所示。

图5.7-31 坑底回弹监测

5.7.7 数据处理

1)墙顶水平位移

由于明挖隧道段为长条形基坑,因此围护桩(墙、坡)顶水平位移采用分块独立监测,监测方法采用极坐标法结合视准线小角法,并按照《工程测量规范》(GB 50026—2007)二等变形监测精度要求进行观测。

基坑的监测基点使用极坐标法观测,使用全站仪进行观测。

观测注意事项如下:①对使用的全站仪、觇牌应在项目开始前和结束后进行检验,项目进行中也应定期进行检验,尤其是照准部水准管、对中器及电子气泡补偿的检验与校正;②观测应做到三固定,即固定人员、固定仪器、固定测站;③仪器、觇牌应安置稳固严格对中整平;④在目标成像清晰稳定的条件下进行观测;⑤仪器温度与外界温度一致时才能开始观测;⑥应尽量避免受外界干扰影响观测精度,严格按精度要求控制各项限差。

各监测点的监测,以工作基点为基准采用视准线小角法观测,使用全站仪精确测出基准线与置镜点到观测点视线之间的微小角度,从而得到前后两次的角度变化量。

围护墙(坡)顶水平位移监测点采用棱镜进行照准,如图5.7-32所示。

2)墙顶、地表沉降、立柱隆沉、坑底回弹

通过水准测量的外业作业,在满足观测技术要求的外业限差后,将外业成果作为计算依据,通过水准测量平差工作,可计算出每一个监测点的高程,再根据每个点的高程可以计算出每一个监测点的垂直位移期内变化量和累计变化量。可用以下公式进行计算:

$$\begin{cases} \Delta h_i = -(H_i - H_{i-1}) = H_{i-1} - H_i \\ \Delta H_i = -(H_i - H_0) = H_0 - H_i \end{cases} \quad (5.7\text{-}5)$$

式中:H_i——本次高程;

H_{i-1}——上次高程;

H_0——初始高程。

电子水准仪与精密铟瓦尺如图5.7-33所示。

图5.7-32 墙顶水平位移监测照准棱镜

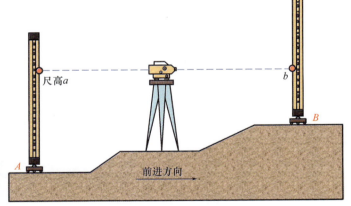

图5.7-33 电子水准仪与精密铟瓦尺

3)墙体深层水平位移

深层侧向变形计算时应确定固定起算点,起算点可设在测斜管的顶部或底部。当采用顶部作为起算点时,应采用光学仪器测定测斜孔口水平位移。如果测斜管底部进入较深的稳定土层内,则可以底部作为固定起算点,按下面公式计算各量测段水平位移值:

$$X_j = X_0 + \sum_{i=1}^{j} L\sin\alpha_{xi} = X_0 + L \cdot f \cdot \sum_{i=1}^{j} \Delta\varepsilon_{xi} \quad (5.7\text{-}6)$$

$$Y_j = Y_0 + \sum_{i=1}^{j} L\sin\alpha_{yi} = Y_0 + L \cdot f \cdot \sum_{i=1}^{j} \Delta\varepsilon_{yi} \tag{5.7-7}$$

式中：i——测点序号，$i = 1, 2, \cdots, j$；

　　　L——测斜仪标距或测点间距（m）；

　　　f——测斜仪率定常数；

　　$\Delta\varepsilon_{xi}$——x 方向第 i 段正、反测应变读数差之半；

　　$\Delta\varepsilon_{yi}$——y 方向第 i 段正、反测应变读数差之半。

为消除量测装置零漂移引起的误差，每一测段两个方向的倾角都应进行正、反两次量测，即：

$$\Delta\varepsilon_{xi} = \frac{(\varepsilon_x^+)_i - (\varepsilon_x^-)_i}{2} \tag{5.7-8}$$

$$\Delta\varepsilon_{yi} = \frac{(\varepsilon_y^+)_i - (\varepsilon_y^-)_i}{2} \tag{5.7-9}$$

当 $\Delta\varepsilon_{xi}$ 或 $\Delta\varepsilon_{yi} > 0$ 时，表示向 X 轴或 Y 轴正向倾斜，当 $\Delta\varepsilon_{xi}$ 或 $\Delta\varepsilon_{yi} < 0$ 时，表示向 X 轴或 Y 轴负向倾斜，由上式可计算出测斜管轴线各测点水平位置，比较不同测次各测点水平坐标，便可知道桩体的水平位移量。

测斜仪量测原理如图 5.7-34 所示。

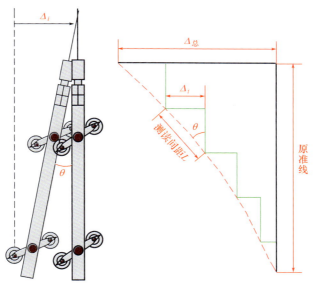

图 5.7-34　测斜仪量测原理图

4）地下连续墙内力、混凝土支撑内力、立柱内力

量测围护桩和混凝土支撑弯矩时，结构一侧受拉，一侧受压，相应的钢筋计一只受拉，另一只受压；测轴力时，两只钢筋计均轴向受拉或受压。由标定的钢筋应变值得出应力值，再核算成整个混凝土结构所受的弯矩或轴力。

弯矩：
$$M = \frac{E_c I_0}{d}(\varepsilon_1 - \varepsilon_2) \tag{5.7-10}$$

轴力：
$$N_c = \varepsilon_c(E_c A_c + E_s A_s) \tag{5.7-11}$$

式中：M——弯矩（kN·m）；
　　　N_c——轴力（kN）；
　　　ε_1、ε_2——待测应变计的应变值（kg/mm²）；
　　　I_0——结构断面惯性矩（mm⁴）；
　　　d——开挖面、背面钢筋计之间的中心距离（mm）；
　　　ε_c——应变计平均应变（kg/mm²）；
　　　E_c、E_s——混凝土和钢筋的弹性模量（kN/mm²）；
　　　A_c、A_s——混凝土截面积和钢筋总截面面积（mm²）。

5）钢支撑轴力

钢支撑轴力计的工作原理是：当轴力计受轴向力时，引起弹性钢弦的张力变化，改变了钢弦的振动频率，通过频率仪测得钢弦的频率变化，即可测出所受作用力的大小。一般计算公式如下：

$$N_c = K(f_i^2 - f_0^2) \tag{5.7-12}$$

式中：N_c——支撑轴力（kN）；
　　　K——钢弦式轴力计常数（kN/Hz²）；
　　　f_i——轴力计测量自振动频率（Hz）；
　　　f_0——轴力计测定初始自振频率（Hz）。

6）侧向土压力监测

对于振弦式土压力计，土压力值可按下式计算，监测值精度为±1kPa。

$$P = K(f_i^2 - f_0^2) \tag{5.7-13}$$

式中：P——土压力（kPa）；
　　　f_i——土压力计的本次读数（Hz）；
　　　f_0——土压力计的初始读数（Hz）；
　　　K——土压力传感器的标定系数（kPa/Hz²）。

7）地下水位

水位观测孔成孔后，即应采用水位计逐日连续观测水位变化，取稳定值作为基准值，施工监测时，应据工况需求的频次测读地下水位变化量，其测试精度为±1cm。观测时，应注意水位管阻塞或被测水位因与其他含水层连通致使观测值失真。

8）孔隙水压力

采用振弦式孔隙水压力仪监测水压力，水压力计算公式为：

$$P = K_i(f^2 - f_0^2) \tag{5.7-14}$$

式中：P——监测水压力(kN)；
　　　k_i——孔隙水压力仪标定常数(kN/Hz^2)；
　　　f——孔隙水压力仪监测自振频率(Hz)；
　　　f_0——孔隙水压力仪初始自振频率(Hz)。

5.7.8 监测信息反馈

1）监测结果提交

监测的最终结果是提供详细的数据用于指导施工，因此，我们将根据各监测项目等分类制订监测信息报表，按监测大纲统一的格式按时、如实地填报监测资料，做好信息反馈工作。

（1）每次监测资料以报表的形式提交。

（2）当监测值接近报警值时，及时向上级预警；当达到报警值时，及时报警，并提交有关系列资料及分析报告。

（3）在监测结束后，提交监测分析报告。

（4）向施工单位、驻地监理、驻地业主上报监测日报、巡查报告、周报及月报。

2）监控信息的内容

监控信息的内容主要包括：

（1）监测数据：主要包括监测数据分析说明、监测项目、测点布置图、监测成果表（包括阶段测值、累计测值、变形差值、变形速率、数据预警判断结论等）、监测时程变化曲线、断面图。

（2）现场察看信息：主要包括周边环境、本体的察看信息、作业面观察信息等。

（3）施工安全评估和预警建议信息。

（4）总结报告。

3）信息反馈质量保证措施

（1）监测信息报表每日由专人进行报送。

（2）监测负责人保证其余反馈渠道（如电话、电子邮件、传真等）的畅通。

（3）资料审核人负责检查报表内容是否齐全。

（4）通过监测系统反馈的信息应实行逐级审核制度。

5.7.9 监测报警及异常情况下的保障措施

1）监测项目变化速率超出控制标准

当发现基坑的周边环境和结构等监测对象的变化速率超过监测控制标准，根据工程情况，现场监测人员应采取如下应急措施：

（1）增加现场巡检的次数，密切关注危险位置地面或支护的变化。

（2）危险位置或关键部位加密测点。

（3）相应地增加量测项目，并加大监测频率。

（4）增加监测人员和仪器设备。

(5) 建立紧急状态下监测工作制度和信息传递机制。

(6) 紧急状态下监测工程师必须驻现场并监督管理监测工作。

2) 基坑汛期的应急指挥与控制

(1) 增加重点断面的测点数。

(2) 加大监控量测频率,并及时上报监测记录,现场值班干部实行24h值班制度,观测基坑情况。

5.7.10 监测分析

1) 围护结构深层水平位移

两个典型的围护结构深层水平位移监测累计变化曲线图如图5.7-35所示。自2015年9月3日开始开挖监测至2015年12月31日,历时约120d,随着隧道开挖深度和时间围护结构深层水平位移逐渐增加,CX64开挖至底部22m,围护结构深层水平位移最大为51.18mm,CX84开挖至底部18m,围护结构深层水平位移最大-51.43mm。最大围护结构深层水平位移基本相同,没有超出预警值,基坑开挖工序安全可控。

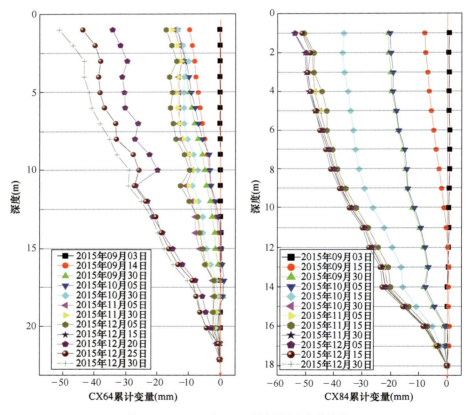

图5.7-35 CX64与CX84测点累计变化曲线图

2) 地下连续墙内力

如图5.7-36所示,自2015年5月1日开始开挖监测至2015年12月31日,历时约245d,

随着隧道开挖深度地下连续墙内力变化不大,证明地下墙刚度大,变形小、稳定,基坑开挖工序合理。

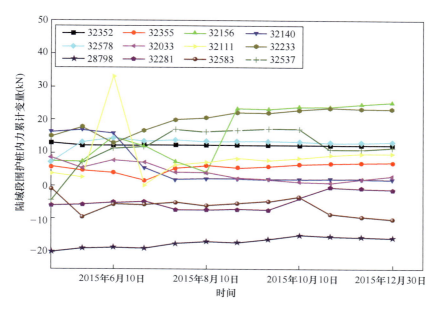

图 5.7-36　地下连续墙内力累计变化曲线图

3) 钢支撑轴力监测

如图 5.7-37 所示,自 2015 年 10 月 15 日开始安装钢支撑监测至 2015 年 12 月 31 日,历时约 78d,随着隧道开挖深度钢支撑轴力变化不大,证明基坑变形小、稳定,开挖工序安全可控。

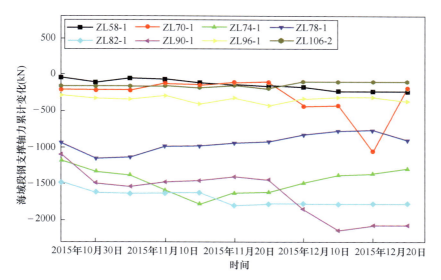

图 5.7-37　钢支撑轴力累计变化曲线图

4）桩顶水平位移监测

明挖段桩顶水平位移于2014年7月开始进入监测阶段，至2015年10月隧道主体施工完毕，在开挖期间监测结果，如表5.7-5所示，累计位移量最大值为-42.85mm(DW169)，在开挖期间监测结果显示部分测点累计变化量超出警戒值范围(>40mm)，如图5.7-38所示。

明挖段桩顶水平位移监测数据(单位：mm) 表5.7-5

时间	点号								
	DW139	DW143	DW147	DW148	DW165	DW166	DW169	DW173	DW175
2014年8月8日	2.80	2.80	0.00	0.65	—	—	—	—	—
2014年9月1日	0.50	-2.26	-0.44	-3.53	—	—	—	—	—
2014年10月1日	4.29	3.98	-0.67	-4.44	—	—	—	—	—
2014年11月1日	7.98	7.99	-1.15	-2.15	0.90	-1.10	0.00	0.00	-1.50
2014年12月1日	9.35	8.26	-0.72	-0.27	2.97	6.10	-2.66	0.58	3.13
2015年1月1日	4.89	-12.61	5.14	3.34	11.40	15.30	-15.58	-12.88	2.10
2015年2月1日	8.47	-29.51	12.45	8.05	20.24	17.14	-25.57	-27.29	-9.54
2015年3月1日	-24.34	-3.66	17.97	12.05	-15.29	-9.51	-42.85	19.57	-19.06
2015年4月1日	-7.06	10.41	-22.79	-17.26	-14.27	-5.42	-37.61	41.25	-9.30
2015年5月1日	19.84	19.02	-15.32	-5.32	12.65	7.70	-45.46	23.84	-14.11
2015年6月1日	16.63	17.94	-14.07	7.58	19.18	8.58	-6.89	11.79	19.13
2015年7月1日	15.36	15.79	-18.80	18.17	16.89	6.23	10.85	17.16	18.06
2015年8月1日	15.27	15.60	-11.31	18.44	16.32	12.00	14.74	18.01	15.96
2015年8月19日	19.29	23.81	-8.86	7.94	13.40	7.30	2.82	19.37	1.35

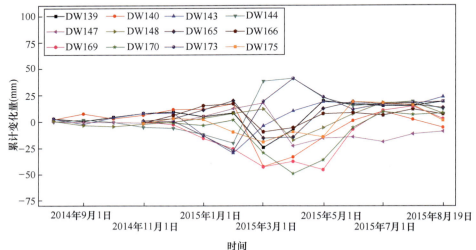

图5.7-38 海域明挖段桩顶水平位移累计值图

5）桩顶竖向位移监测

海域明挖段桩顶竖向位移于2014年7月开始进入监测阶段，至2015年10月隧道主体施工完毕，开挖期间监测结果如表5.7-6所示，累计位移量最大值为80.56mm(DW143)，在开挖期间监测结果显示部分测点累计变化量超出警戒值范围(>40mm),如图5.7-39所示。

明挖段桩顶竖向位移监测数据(单位:mm)　　　　　　表5.7-6

时间	点号								
	DW139	DW141	DW142	DW143	DW147	DW148	DW169	DW173	DW175
2014年7月23日	-7.72	1.00	1.80	-1.90	0.00	0.20	—	—	—
2014年8月1日	-7.27	3.10	7.20	-1.30	-0.40	0.20	0.20	-0.25	
2014年9月1日	-0.82	3.70	23.32	4.43	6.13	6.77	4.24	-0.09	
2014年10月1日	5.38	12.04	29.87	8.76	9.77	8.67	6.20	-6.85	
2014年11月1日	10.08	20.10	32.60	15.80	16.30	15.20	8.60	-6.85	2.03
2014年12月1日	21.98	31.90	42.90	25.70	27.20	27.50	23.40	-0.65	11.43
2015年1月1日	36.68	44.80	57.03	43.36	43.83	41.93	36.76	14.31	22.66
2015年2月1日	21.41	40.42	44.89	26.48	31.18	35.98	73.08	47.21	56.42
2015年3月1日	42.07	68.78	65.35	60.02	48.82	55.00	63.50	59.61	69.39
2015年4月1日	57.86	74.64	65.35	80.56	61.58	55.00	55.52	64.49	69.39
2015年5月1日	57.86	74.64	76.19	60.56	61.58	62.13	55.52	64.49	69.99
2015年6月1日	41.55	52.79	51.63	56.71	43.33	39.57	40.37	47.58	54.29
2015年7月1日	20.87	27.63	26.97	27.27	16.04	19.26	18.60	22.72	22.63
2015年8月1日	12.35	17.74	19.47	16.71	8.66	10.79	11.06	13.53	13.14
2015年8月15日	20.87	27.63	26.97	27.27	16.04	19.26	18.60	22.72	22.63

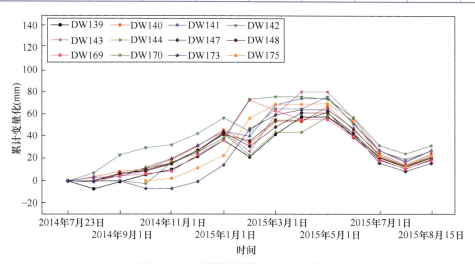

图5.7-39　明挖段桩顶竖向位移累计值图

6)立柱竖向位移监测

明挖段立柱沉降监测于2014年11月开始进入监测阶段,至2015年10月隧道主体施工完毕,开挖期间监测结果如表5.7-7所示,累计位移量最大值为57.67mm(LZ-24),在开挖期间监测结果显示部分测点累计变化量超出警戒值范围(>40mm),在持续监测中数据变化趋势较为稳定,未发生异常及突变现象。明挖段立柱沉降监测在后期的复合型监测中数据显示平稳,波动变化很小,监测数据较为稳定(图5.7-40)。

明挖段立柱监测数据(单位:mm)　　　　　表5.7-7

时间	点号								
	LZ-11	LZ-15	LZ-19	LZ-22	LZ-24	LZ-26	LZ-30	LZ-33	LZ-35
2014年7月22日	—	—	—	—	—	—	0.00	—	—
2014年7月23日	—	—	—	—	—	—	-0.40	—	—
2014年7月31日	—	—	—	0.00	0.00	0.21	—	—	—
2014年8月31日	—	—	—	2.48	6.55	7.80	0.00	0.00	
2014年9月30日	0.00	0.00	0.00	0.00	15.22	10.63	13.22	-2.63	-8.28
2014年10月31日	-2.95	19.45	17.45	4.60	41.95	30.65	16.10	8.90	8.80
2014年11月30日	-6.65	21.05	15.55	12.40	35.85	34.35	11.00	4.70	0.90
2014年12月31日	-2.85	22.75	5.85	13.90	45.00	22.90	9.65	0.70	-0.25
2015年1月31日	12.02	46.49	-13.62	47.60	33.65	22.63	18.94	8.88	20.09
2015年2月28日	24.73	49.56	-1.28	31.92	47.03	2.93	40.70	30.64	41.83
2015年3月31日	16.44	33.35	5.71	0.28	34.65	-10.55	31.04	42.48	43.99
2015年4月30日	13.30	28.07	6.08	3.82	57.67	24.94	32.71	39.67	29.41
2015年5月31日	10.61	12.74	11.71	12.76	26.85	11.72	14.98	14.84	19.64
2015年6月30日	16.14	3.90	8.28	6.43	16.90	7.80	4.06	17.44	15.84
2015年7月31日	12.27	9.12	12.02	8.46	3.31	2.99	15.29	6.81	5.08
2015年8月18日	15.60	11.73	-1.44	19.56	11.26	10.10	21.58	16.25	15.05

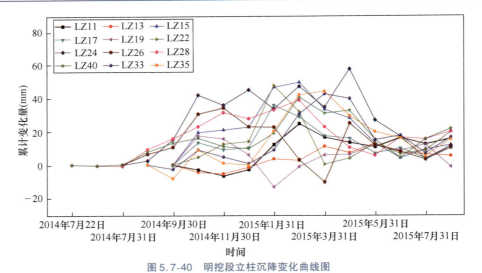

图5.7-40　明挖段立柱沉降变化曲线图

7)地表沉降监测

明挖段地表沉降监测于2014年11月开始进入监测阶段,至2015年10月隧道主体施工完毕,开挖期间监测结果如表5.7-8所示,累计位移量最大值为-98.18mm(CJ69-3),在开挖期间监测结果显示部分测点累计变化量超出警戒值范围(>40mm),在持续监测中数据变化趋势较为稳定,未发生异常及突变现象。海域明挖段地表沉降监测在后期的复合型监测中数据显示平稳,波动变化很小,监测数据较为稳定(图 5.7-41)。

明挖段地表沉降监测数据(单位:mm)　　　　表 5.7-8

时间	点号								
	CJ41-1	CJ41-3	CJ65-1	CJ65-3	CJ69-1	CJ69-2	CJ69-3	CJ79-1	CJ79-3
2014年8月6日	—	—	—	—	—	—	—	—	—
2014年8月31日	—	—	-3.55	-0.50	6.06	2.00	-11.10	—	—
2014年9月30日	0.00	0.00	-3.20	-3.30	32.70	-11.30	-10.80	0.00	0.00
2014年10月31日	-4.24	-2.77	3.83	-2.77	43.50	4.87	-33.10	-1.50	-1.10
2014年11月30日	2.50	-8.40	4.60	-13.70	45.80	8.10	-32.10	7.60	-1.80
2014年12月31日	-0.20	-9.00	4.70	-13.30	52.00	9.00	-31.90	19.90	4.80
2015年1月31日	-1.65	-10.06	13.24	-41.84	-6.66	-3.16	-87.60	19.90	4.80
2015年2月28日	-4.12	-10.08	16.06	-30.93	—	-1.99	-98.18	19.90	4.80
2015年3月31日	-7.91	-11.22	11.54	-15.53	—	2.88	-98.18	19.90	4.80
2015年4月30日	-10.20	-10.52	11.81	1.81	—	5.26	-98.18	19.90	4.80
2015年5月31日	4.17	4.14	13.46	14.64	—	18.61	-78.16	19.67	13.00
2015年6月30日	8.55	7.07	6.70	8.34	—	4.82	-38.59	8.22	6.60
2015年7月31日	8.32	9.02	10.03	4.25	—	14.93	-1.87	8.08	11.35
2015年8月15日	8.27	9.77	10.99	3.15	—	20.35	15.53	9.75	14.74

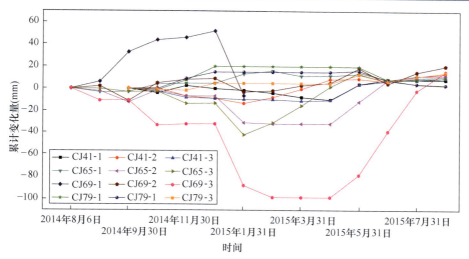

图 5.7-41　明挖段地表沉降累计变化量图

8)侧向土压力监测

侧向土压力监测于 2014 年 06 月 05 日开始监测,至 2015 年 10 月隧道主体施工完毕,在开挖期间监测结果,如表 5.7-9 所示,现场基坑开挖达到第四层支撑时数据达到最大峰值,其中最大轴力值为 -1.2680kN(6282)。开挖期间侧向土压力监测数据变化趋势较为稳定,未发生异常及突变现象,明挖段侧向土压力监测在后期的复合型监测中数据显示平稳,波动变化很小,监测数据较为稳定(图5.7-42)。

明挖段侧向土压力监测数据(单位:kN) 表5.7-9

点号	时间					
	2014年6月5日	2014年8月31日	2014年11月30日	2014年1月31日	2014年3月15日	2015年5月1日
04150	0.0115	−0.0022	−0.0148	0.0310	−0.0145	0.0340
04020	−0.0405	−0.0016	−0.0086	0.0119	−0.0088	0.0132
04007	0.0068	−0.0067	−0.0114	−0.0148	−0.0117	−0.0154
6282	−0.0493	−0.0873	−0.0747	0.0697	−0.1104	−1.2680
4565	−0.0610	−0.0840	−0.0718	−0.0035	−0.1453	−0.9769
4588	0.0477	0.0118	0.0029	0.2689	0.1924	−0.6472
4560	0.0977	0.0870	0.0774	0.2946	0.1852	−0.8680
6354	0.0239	0.0515	0.0336	−0.1119	−0.2260	−0.3799
6410	0.0882	0.1039	0.0830	0.3911	0.3339	−0.2669
6483	0.0516	0.0604	0.0475	0.4839	0.5546	−0.2253
4589	0.1350	0.1419	0.1324	0.1362	0.0070	−0.2368

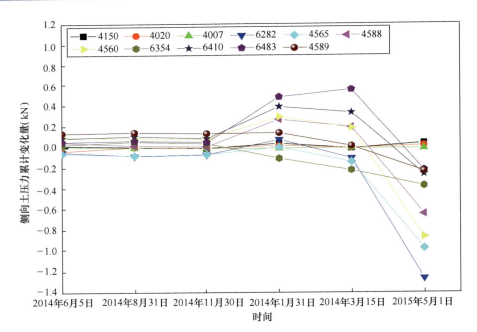

图5.7-42 侧向土压力累计变化曲线图

9)空隙水压力监测

孔隙水压力监测于2014年06月05日开始监测,至2015年10月隧道主体施工完毕,开挖期间监测结果如表5.7-10所示,现场基坑开挖达到第四层支撑时数据达到最大峰值,其中最大轴力值为2.3341kN(4102)。开挖期间孔隙水压力监测数据变化趋势较为稳定,未发生异常及突变现象(图5.7-43)。

孔隙水压力数据（单位：kN）　　　　表5.7-10

点号	时间					
	2014年6月5日	2014年8月31日	2014年11月30日	2014年1月31日	2014年3月15日	2015年5月1日
422	0.0410	0.0383	0.0372	0.1303	0.1055	0.0949
4104	0.0705	0.7871	0.7871	0.0110	0.1232	-0.0027
460	0.0349	0.0065	0.0084	0.0003	-0.0309	-0.0420
438	0.0136	0.0131	0.012	-0.0076	-0.0267	-0.0455
1538	0.0139	0.0102	0.0064	0.0619	0.0802	-0.0696
102132	0.2606	0.2303	0.2107	1.1544	-0.6472	-0.0888
1532	0.0415	0.0211	0.0211	0.0111	-0.0266	-0.1812
1527	0.1539	0.1579	0.1655	-0.1119	-0.2260	-0.3799
6512	0.0600	0.1700	0.3030	0.4030	0.0914	0.0700
4704	0.0420	0.0830	-0.0140	0.0350	-0.0201	-0.2802
4598	0.0820	0.2660	0.6160	0.7930	0.1319	0.1319
6487	0.0730	0.2350	0.4530	0.7780	0.1015	-0.5323
4116	0.0230	0.0410	0.1190	-0.1680	-0.2458	-0.1913
4102	0.0360	-0.002	0.1020	1.4270	1.9300	2.3341
4097	0.0130	0.0270	0.0830	0.4890	0.5933	0.6892

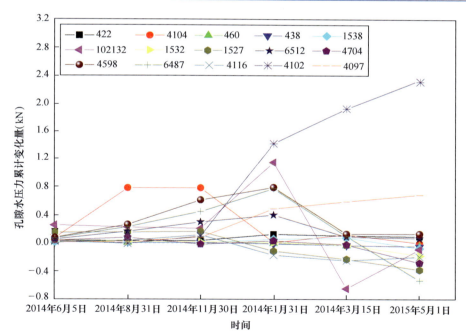

图 5.7-43　孔隙水压力累计变化曲线图

10）坑外水位监测

明挖段坑外水位监测于 2014 年 11 月开始进入监测阶段，至 2015 年 10 月隧道主体施工完毕,开挖期间监测结果如表5.7-11所示,累计位移量最大值为3187mm(SW53),在开挖期间监测结果显示部分测点累计变化量超出警戒值范围(>1000mm),如图5.7-44所示。

表5.7-11 明挖段坑外水位监测数据分析(单位:mm)

时间	SW42	SW51	SW53	SW55	SW58	SW60	SW64	SW66	SW70	SW74	SW77
2014年8月8日	—	—	—	—	—	—	—	—	—	—	—
2014年8月31日	92	48	22	128	69	92	—	—	33	87	—
2014年9月30日	33	43	31	34	11	49	—	—	154	205	-12
2014年10月31日	425	329	343	310	369	250	160	107	112	440	-185
2014年11月30日	237	109	96	104	-57	-1	36	99	79	1842	-248
2014年12月31日	295	1109	240	83	-249	-346	96	-94	-99	1873	-235
2015年1月31日	295	2185	3187	183	276	773	-97	-659	-319	1519	2174
2015年2月28日	—	1185	1187	83	1209	1244	1749	864	-85	2319	12
2015年3月31日	—	-71	-79	5	-361	-63	92	-51	-475	—	-424
2015年4月30日	—	—	-185	108	-179	-152	440	-127	-183	—	-365
2015年5月31日	—	—	-93	445	—	-125	349	-143	214	—	-402
2015年6月30日	—	—	607	585	—	235	442	207	18	—	-176
2015年7月31日	—	—	-792	1266	—	1577	623	1750	1570	—	496
2015年8月15日	—	—	-569	1289	—	1565	699	1617	977	—	537

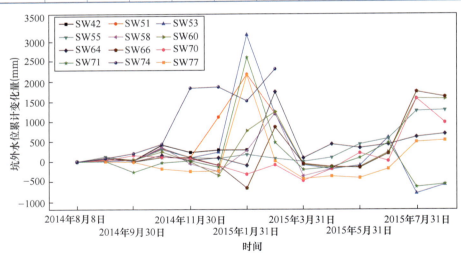

图5.7-44 明挖段坑外水位累计变化量图

11)粤海国际花园监测

陆域明挖段(西区)粤海国际花园沉降,周边建筑物沉降监测于2013年9月28日开始监测。开挖期间监测结果如表5.7-12所示,伴随LJD27-LJD29断面开挖深度增加,累计值也随之增大,断面开挖时该建筑物变化量达到最大,其地面多处出现裂缝,个别沉降点数值达到-56.73mm(WCI-12),其中多处位置达到报警值。开挖期间周边建筑物沉降监测数据变化趋势较为稳定，未发生异常及突变现象，陆域明挖段周边建筑物沉降监测在后期的复合型监测中数据显示平稳，波动变化很小，监测数据较为稳定（图5.7-45）。

粤海国际花园监测数据（单位：mm）　　　　表5.7-12

点号	时间					
	2013年9月28日	2014年1月31日	2014年5月31日	2014年9月30日	2015年3月31日	2015年7月31日
WC-I01	0.10	1.18	6.77	11.04	30.41	33.45
WC-I02	0.03	2.93	5.10	10.33	25.63	28.06
WC-I03	0.33	2.22	6.75	10.44	24.75	25.60
WC-I04	-0.12	2.30	1.74	2.34	11.56	16.05
WC-I05	0.03	2.65	5.28	12.48	25.37	29.80
WC-I06	-0.62	-1.27	-3.24	-4.31	-2.14	1.93
WC-I07	-0.24	1.66	3.04	7.06	18.71	17.05
WC-I08	-0.66	-0.99	-5.00	-21.62	-40.52	-32.20
WC-I09	-0.28	1.75	35.67	27.80	-5.51	0.59
WC-I10	-0.41	1.14	4.66	10.81	22.19	25.60
WC-I11	-0.45	-1.65	-7.29	-15.05	-36.57	-32.80
WC-I12	-0.59	-3.78	-8.52	-29.20	-56.72	-49.58
WC-I13	-0.94	-2.61	-5.34	-20.78	-38.52	-32.64
WC-I14	-0.46	0.04	-10.00	-23.42	-17.52	-12.18
WC-I15	0.02	0.13	-1.34	-3.31	-11.59	-5.06

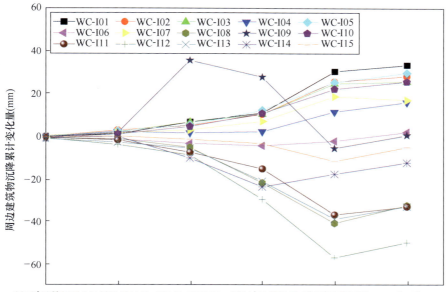

图5.7-45　粤海国际花园监测累计变化曲线图

12)珠海市城轨站监测

陆域明挖段珠海市城轨站沉降,2015年度监测历时总计12个月,如表5.7-13所示,最大累计变量为-16.97mm(WC-Q11),如图5.7-46所示。

珠海市城轨站沉降监测数据(单位:mm)　　　　　　表5.7-13

深度	时间								
	1月30日	3月30日	4月30日	5月30日	7月30日	8月30日	10月30日	11月30日	12月30日
WC-I01	1.18	4.23	4.70	6.77	12.55	12.96	26.93	24.07	23.49
WC-I02	2.93	5.18	2.86	5.10	10.85	12.77	20.51	19.85	19.50
WC-I03	2.22	4.17	1.91	6.75	9.05	9.41	14.15	17.71	18.70
WC-I04	2.30	2.41	1.43	4.78	7.12	8.42	9.19	9.19	9.19
WC-I05	2.65	4.34	2.51	5.28	8.21	5.21	14.09	17.85	19.38
WC-I06	—	—	—	—	—	—	—	—	—
WC-I07	1.66	2.70	-0.32	3.04	8.69	7.83	11.80	12.48	13.01
WC-I08	-0.99	-0.53	-2.99	-5.00	-12.42	-13.73	-25.18	-30.26	-32.61
WC-I09	1.75	3.23	2.08	1.30	-1.62	-6.41	-6.57	-6.57	-6.57
WC-I10	1.14	2.61	2.84	4.66	6.04	7.45	14.50	16.41	17.38
WC-I11	-1.65	-1.31	-2.50	-7.29	-11.17	-11.03	-20.56	-27.16	-30.90
WC-I12	-3.78	-4.83	-8.12	-8.52	-20.08	-15.80	-36.29	-43.63	-49.51
WC-I13	-2.61	-2.47	-8.53	-5.34	-8.86	-7.72	-21.96	-22.69	-22.36
WC-I14	0.04	-1.27	-4.92	-2.99	-12.47	-10.21	-16.41	-16.41	-16.41
WC-I15	0.13	-1.70	-0.67	-4.86	-10.22	-11.86	-11.34	-11.34	-11.34

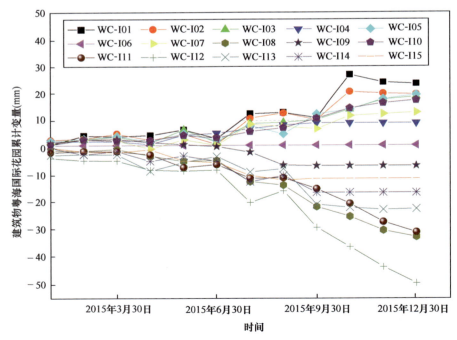

图5.7-46　珠海市城轨站沉降监测累计变化曲线图

第 6 章
人工筑岛施工关键技术

6.1 人工岛设计概况

6.1.1 人工岛结构设计

人工岛填海面积 9.27 万 m^2,护岸总长度 2684.19m,其中南护岸长 1276m,北护岸长 1408.19m,典型结构断面见图 6.1-1、图 6.1-2。

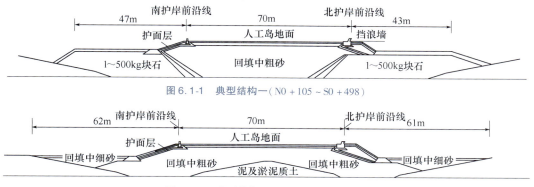

图 6.1-1 典型结构一（N0+105~S0+498）

图 6.1-2 典型结构二（S0+498~S1+276）

港珠澳大桥珠海连接线人工岛填海工程由人工岛护岸、陆域形成及地基处理等部分组成。形成后的陆域交工高程为 4.3~4.8m。人工岛护岸设计使用寿命按 100 年考虑,结构安全等级按一级设计。人工岛主要设计参数见表 6.1-1。

人工岛主要设计参数　　　　　　　　表 6.1-1

序号	项目	设计参数
1	基础	通过开挖基槽,清除表层淤泥,取黏土及砂砾层作为持力层。基槽分台阶从岸侧向海侧逐渐加深,底高程 -11.45~-5.7m
2	堤身	人工岛自西往东总体可分为两种典型断面结构,东侧 N0+105~S0+498 约 583m 为堤心两侧先填石后填砂,西侧 S0+498~S1+276 与岸连接 778m 为堤身全填砂后外侧采用块石护面的结构
3	挡浪墙	直立式,C40 混凝土,底宽 3.2m,高 2.9m,10m 一段,分缝宽 2cm

6.1.2 地质水文条件

1）地形

人工岛工程场地接珠海口岸,陆域高程 +3.60~+3.90m（1985 年国家高程,下同）,海域段底面比较平坦,由西向东倾斜,高程 +0.50~-1.85m。

2）地质条件

人工岛所在区域地层主要由第四系全新统海相覆盖层、第四系全新统海陆互相沉积层、第四系上更新统海陆互相沉积层、第四系上更新统冲洪积层以及第四系残积层组成。

覆盖层中的淤泥、淤泥质粉质黏土、淤泥质黏土层为海相沉积地层,遍布全探区,平均厚度7m左右,层中含大量腐殖物及有机质,含少量贝壳及砂,力学强度低,属高压缩性、高触变、高灵敏雅、高含水率、大孔隙比、低强度等软土特征,工程地质条件极差。

3)设计波浪

100年一遇高水位NE向100年一遇波要素见表6.1-2。

100年一遇高水位NE向100年一遇波要素　　　　　　　　　表6.1-2

$H_{1\%}$(m)	$H_{4\%}$(m)	$H_{5\%}$(m)	$H_{13\%}$(m)	T(s)	L(m)
2.9*	2.9	2.8	2.5	5.5	33

注:*表示破碎波高,下同。

设计高水位NE向100年一遇波要素见表6.1-3。

设计高水位NE向100年一遇波要素　　　　　　　　　表6.1-3

$H_{1\%}$(m)	$H_{4\%}$(m)	$H_{5\%}$(m)	$H_{13\%}$(m)	T(s)	L(m)
1.8*	1.8*	1.8*	1.6	4.7	22

6.2 人工筑岛施工组织方案

6.2.1 总体施工方案

人工岛工程整体划分为两个施工工期阶段,拱北隧道海域明挖前陆域形成至高程+2.5m(+3.5m),拱北隧道主体施工结束后岛内回填至高程+4.8m(+4.3m)及完成剩余工程。

第一工期阶段:首先进行临时航道开挖,后进行人工岛整个基槽区域的表面清淤,疏浚挖泥采用抓斗船和泥驳配合施工。清淤后自西向东分为三个施工段落,每个施工段按照不同的断面结构顺序施工,此三个施工段落作为三个陆域形成控制节点,整体施工采取自西向东"后退式"的推进方式,逐步从下而上平行流水作业的施工方法。

第二工期阶段:完成第一段隧道施工后,重新组织进场施工,岛内顶面砂为中细砂,采用吹砂船进行施工,完成岛内顶面砂体施工后再进行两侧护面及挡浪墙等剩余工程施工。

6.2.2 施工区段划分

根据工程的特点,分两个施区段段进行施工,具体划分见表6.2-1。

施工区段段划分　　　　　　　　　表6.2-1

区段名称	区间		长度(m)
一区段	自接岸处S1+276~S0+498断面	第一段:S1+276~S0+900	778
		第二段:S0+900~S0+498	
二区段	S0+498至堤头N0+105		603

6.2.3 筑岛施工工艺

筑岛施工流程见图6.2-1。

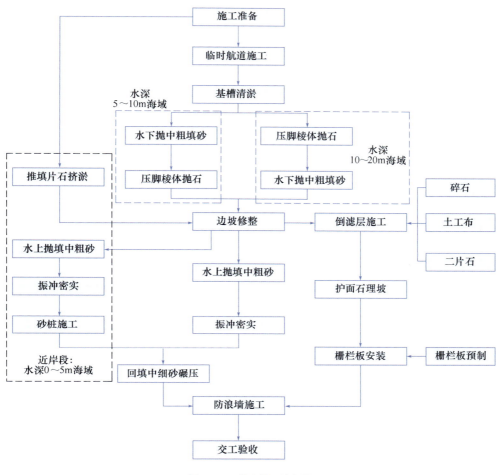

图 6.2-1 筑岛施工流程图

6.2.4 主要项目施工顺序

主要项目施工顺序详见表 6.2-2。

主要项目施工顺序　　　　　表 6.2-2

序号	项目	施工顺序
1	水下基槽及边坡开挖	一区段：外侧临时航道开挖→从 S0+498 开始向堤岸根部开挖主槽底宽范围 −4.2m 以上部分→从堤岸根部至 S0+498 里程方向逐段回退，按设计断面开挖
		二区段：外侧临时航道开挖→从 S0+498 至东端堤头方向开挖主槽 70m 底宽范围、−4.2m 以上部分土层→从东端堤头开始至 S0+498 方向按设计断面开挖基槽
2	回填砂	一区段：从堤岸侧开始向东端堤头方向分段回填；其中南北护岸基槽分离段，同断面先回填两侧主槽中粗砂，再回填中部中细砂
		二区段：从东端堤头向 S0+498 方向分段回填

续上表

序号	项目	施工顺序
3	棱体抛石、护面、护坦	一区段:从堤岸侧开始向 S0+498 方向分段回填
		二区段:从东端堤头开始向 S0+498 方向分段回填
4	砂的振冲密实	从堤岸侧开始向东端堤头逐段施工
5	南北护岸防浪墙、路缘石浇筑	从堤岸侧开始向东端堤头逐段施工

6.2.5 劳动力组织

现场主管一名,主管工程师一名,质检工程师一名,专业工程师和技术员六名,试验工程师两名,专职安全员两名,各班组设兼职安全员。施工队人员配备见表6.2-3。

施工人员及任务划分　　　　　　　　　表6.2-3

序号	工种	人数(人)	主要任务
1	船员	30	挖泥船、自航泥驳、皮带船、交通船、抛石船等船操作
2	钢筋工	12	钢筋绑扎
3	混凝土工	10	混凝土浇筑
4	模板工	15	模板安装、拆卸
5	焊工	5	构件焊接
6	电工	2	船、场区电力检修
7	厂场机械司机	16	挖掘机、吊车、装载机操作
8	司索工	2	吊装预制栅栏板作业
9	普工	25	无纺布敷设、其他
合计		117	—

6.2.6 施工机械设备

施工投入主要船机及机械设备配备见表6.2-4。

投入主要设备　　　　　　　　　表6.2-4

序号	设备名称	型号规格	单位	数量	备注
1	挖泥船	8m³	艘	2	配备重斗
2	挖泥船	4m³	艘	2	
3	自航泥驳	1000m³	艘	4	
4	自航泥驳	500m³	艘	4	
5	皮带船	1000m³	艘	4	
6	交通船	12座	艘	2	
7	500m³开底驳	500m³	艘	7	抛石4艘,吹填砂3艘
8	小型吹砂船	14寸	艘	5	吹填砂

续上表

序号	设备名称	型号规格	单位	数量	备注
9	抛石船	1000m³	艘	4	抛填护底块石及垫层石及定位
10	横鸡罩抛石船	1000m³	艘	2	抛填护底块石及垫层石及定位
11	挖掘机	PC400	台	2	护面石抛设、理坡
12	长臂挖掘机	PC820	台	5	理坡
13	定位船		艘	1	用于抛石定位
14	自航驳船	500t	艘	1	运输栅栏板
15	平板车	40t	台	2	运输栅栏板
16	履带式起重机	25t	台	1	安装栅栏板
17	ZCQ75 振冲器	机组	台	2	
18	200kW 发电机		台	1	
19	标贯桩机		台	1	
20	混凝土输送泵车	JPF-185B	台	2	挡浪墙施工
21	16t 汽车式起重机	QY16C	台	2	挡浪墙施工
22	装载机	PC50	台	2	挡浪墙施工
23	汽车式起重机	16t	台	2	安装挡浪墙模板
24	开体驳	10~50m³	艘	5	护面块石施工
25	自卸汽车	15t	台	5	

6.2.7 测量、监测设备

主要测量、监测设备见表 6.2-5。

主要测量、监测设备　　　　表 6.2-5

序号	仪器名称	单位	数量	备注
1	全站仪	套	1	
2	水准仪	套	1	
3	GPS(RTK)	套	1	
4	测深仪	套	1	
5	DGPS	套	4	挖泥船使用
6	验潮尺	把	2	

6.3 吹砂筑岛施工关键技术

6.3.1 临时航道

为了确保施工船舶的通航水深要求需施工临时航道。临时航道接通基槽处，临时航道底高程取-4.2m,底宽取30m,边坡1:5。开挖施工方法同水下基槽施工。临时航道施工见图6.3-1~图6.3-3。

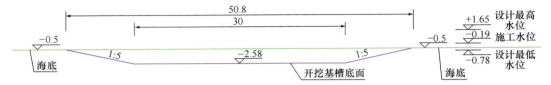

图6.3-1 连接外部水域临时航道断面图(尺寸单位:m;高程单位:m)

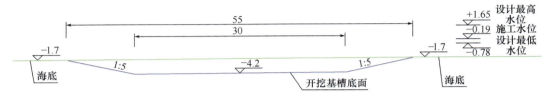

图6.3-2 施区段域内临时航道断面图(尺寸单位:m;高程单位:m)

图6.3-3 临时航道施工

6.3.2 水下基槽及边坡开挖

1)施工方法

水下基槽及边坡开挖采取分段分条分层开挖。8m³抓斗船主要开挖主槽、4m³抓斗船主要进行边坡开挖及主槽细部施工。按100m施工段划分为一个验收段,每个施工段按10m宽为一条,将每个施工段分为若干条进行施工。施工时,段与段间搭接施工长度为10m,条与条间搭接施工宽度为2m。

挖泥船开挖时,按每层2m进行开挖,开挖完第一施工段的1~3层后,开挖第二施工段的1~3层,然后开挖第三施工段的1~3层,接着开挖第四施工段的1~3层,再回头进行基地细部开挖,直至基槽淤泥及土层开挖完成。

挖泥时,遵循"先边坡后基槽"的原则,控制每边超宽≤2m,超深≤0.8m。

挖泥平面展布、边坡开挖及抓斗船清淤如图6.3-4~图6.3-6所示。

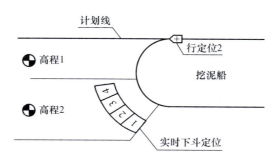

图 6.3-4　挖泥平面展布示意图

图 6.3-5　基槽边坡开挖示意图(尺寸单位:m;高程单位:m)

图 6.3-6　抓斗船清淤

2)施工关键技术

(1)定位测量

结合实际工程施工需要布设施工平面控制网、高程控制点,并设施工水尺和校核水尺、定期检测。

挖泥船进入施工区域后,放下抓斗,临时定住船位,然后根据水流、风向情况,依次抛锚展布。抛锚后,用GPS重新定位、校正船位,确认开挖起点位置。

(2)锚缆布设

挖泥船在船首布设两只外开锚,船尾抛两只,呈交叉八字状,如图 6.3-7 所示。泥驳停泊在挖泥船的一侧,用缆绳与挖泥船固定,一般情况下不抛锚。

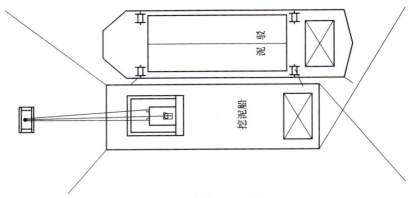

图 6.3-7　抛锚展布示意图

(3) 边坡控制

①纵横方向均设置标志(带夜间照明)并定期进行复测,使标志保持正确位置。

②按照先分层进行边坡和主槽开挖,后修整边坡,最后清底的顺序施工。

③挖泥时船要对标定位,技术人员随船跟班作业,对准标志平行移船,勤测水深,避免漏挖、超挖。

(4) 平面控制

①挖槽范围每边平均超宽不大于 2.0m,由船上配备 GPS 结合导标控制。

②在分段分条施工时,要注意条与条之间、段与段之间的衔接,后施工的地段适当与先施工的地区重叠一部分,避免遗留浅埂。

③条与条之间左右各搭接 2m,段与段之间上下各搭接 10m。

④曲线段开挖时,可将曲线近似按直线分段变线施工,段与段间搭接施工长度为 5m。

(5) 挖深控制

①采用实时动态 GPS 系统自动定位,控制挖泥厚度,特别是在边坡和基槽阶梯处加强测探,防止超挖和欠挖。分段开挖的基槽至少有 3m 的搭接长度,防止回淤。

②定期对施工用的水尺、挖深指示标尺和仪器进行校核,并根据挖深的变化进行修正。测深时对水尺进行同步观测,一般 10min 观测一次,读记至厘米。

③根据土质、泥层厚度、波浪和水流条件、泄漏和可能出现的回淤增加挖深。

④挖泥的分层上层宜厚,最下一层土开挖厚度宜薄,并适当放慢挖泥船横移速度。

⑤基槽开挖平均超深不大于 0.8m,勤测水深,加强挖深自检,发现质量问题应及时采取措施。

⑥抓斗船每前进一步(关)之前,施工员都应探测挖后水深,出现浅点应及时返工。施工员做好每日挖泥情况记录。挖泥船每前进 100m 检测一次。

(6) 其他注意事项

①水下基槽边坡开挖应符合设计要求。边坡开挖按照坡比以阶梯法开挖,由坡顶向坡脚进行开挖。开挖时,勤测水深,随时掌握边坡开挖情况,在发现塌坡较频繁时,应减少边坡的开挖层高,加大边坡开挖宽度。

②为避免回淤,完成一段验收一段,合格后转入下一工序施工。

③水下基槽及边坡开挖泥土运至业主指定区域抛卸。泥驳航行线路须得到海事海洋部门批准,施工过程中加强运泥管理,防止运输过程中的泥沙流失污染环境。水下基槽挖泥宜选在涨潮时开挖,减少泥土的扩散流失对周边水域环境的污染。

④在作业船便于观测及风浪影响较小的位置设置水尺。水尺刻度的标志要清楚,易于辨别。

6.3.3 水下抛填砂

1)施工方法

抛填砂包括中粗砂和中细砂,采用 500m³ 开底驳及 1000m³ 皮带船分层抛填和回填施工。水下按照 2m 一层进行抛填,从基槽中间往两边挤砂。通过施区段域内的临时航道,用皮带砂船乘潮水在基槽中间分堆抛砂,后用推土机向两侧整平。水下不足部分及水上部分采用吹砂船进行吹填。

皮带船抛填砂见图 6.3-8。

图 6.3-8 皮带船抛填砂

2)施工关键技术

(1)定位测量

抛填范围首先采用浮球进行定位,在抛砂时按照船体进行分区分条,然后利用抛砂船自身安装的 GPS 进行就位抛砂,水下测量采用 GPS-RTK 及测深仪对砂层厚度进行测量,水上部分吹填砂采用竹杆进行区域定位,同时利用 GPS-RTK 进行高程控制测量。

(2)抛填中粗(细)砂

①按照设计计算各段需要抛填中粗(细)砂的工程量,分配各种船舶在该段所抛船数和位置,制订平面分布图和工程量表格。采用开底驳、皮带船粗略分堆抛填,然后用推土机对砂堆进行推平至设计高程。

②水下抛填中粗(细)砂采用分层抛填,每层的厚度不大于 2.0m,防止抛填过程出现局部淤泥包出现,当淤泥包厚度大于 1.5m 时,须将其清除至原泥面。当抛填出水面之后,局部吹填堆高的高差不得大于 1.0m。

③对于出现局部区域缺砂的情况,如工程量较小,可用推土机或装载机从附近取砂进行补充;如工程量较大,采用 14 寸吹砂船进行补吹填至设计高程。

6.4 坡面防护施工技术

6.4.1 抛石挤淤

近岸段为保护原有护岸安全,人工岛两侧采用从岸边向海域推填片石挤淤。

海水落潮时按设计图要求测量放线,确定其抛石范围。抛填时,自中线向两侧展开,使淤泥向两边挤出,自卸车运输片石,装载机、挖掘机配合施工。片石抛出淤泥面80cm后,采用重型机械碾压紧密。

6.4.2 水下抛填棱体块石及护面石

1)施工方法

大棱体护脚石,水下粗抛全部采用500m³开底驳抛填,采用横鸡罩补抛,采用长臂挖掘机理坡;同时在棱体顶面备存上坡面护面块石,利用大型挖掘机进行转运及理坡,理坡结束后,用人工进行干砌石施工。为避免大棱体护脚石侵入隧道围护结构地下连续墙施工区域,内倒角采用先欠抛,再用挖掘机或横鸡罩补抛。

各种船舶抛填块石施工如图6.4-1~图6.4-4所示。

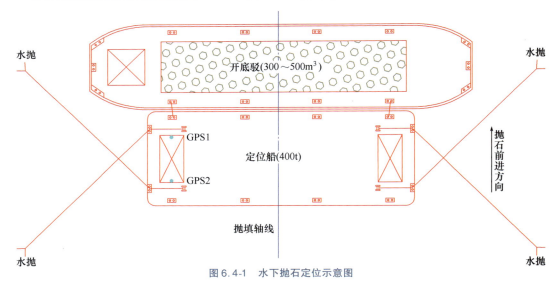

图6.4-1 水下抛石定位示意图

2)施工关键技术

(1)测量定位

抛填采用定位船进行定位。抛石水下测量采用GPS-RTK及测深仪进行测量。测量人员及时在抛填完毕后进行水深测量,测深工具采用GPS测深系统,每5m一个测量断面,每1~2m一个测深点。横鸡罩由拖轮拖带到抛石现场后,测量定位人员利用GPS定位系统根据抛石区域指挥定位船抛锚定位。在抛石过程中监测横鸡罩船位情况,并适时根据抛填网格指挥移船定位。

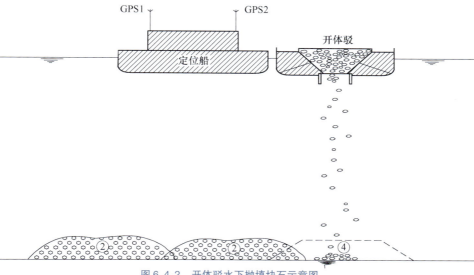

图 6.4-2　开体驳水下抛填块石示意图

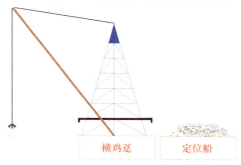

图 6.4-3　横鸡冕定位补抛示意图

图 6.4-4　水下抛填棱体块石

（2）补抛

补抛石采用网格法进行，网格为 2m×2m，每一网格的拟抛填量根据粗抛后测量的数据和图形进行计算。横鸡笼抓斗按船边指定标记找到目标区格，根据预控抛石量抛放，计量方法按斗容目测。补抛后，再次测量，直至达到设计断面要求。

（3）理坡施工

①采用抛放和长臂挖掘机理坡相结合的形式进行护面块石施工。用横鸡笼对缺料位置进行补填，然后用长臂挖掘机乘低潮整理水下的边坡，低潮位以上部分的边坡用普通挖掘机理坡。挖掘机理坡见图 6.4-5 和图 6.4-6。

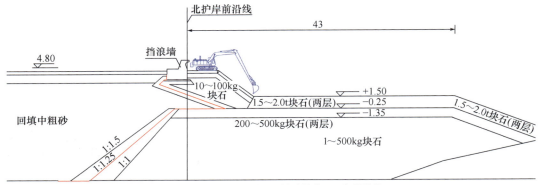

图 6.4-5 挖掘机理坡示意图（尺寸单位：m；高程单位：m）

图 6.4-6 理坡施工

②水下部分由长臂挖掘机理坡后，不足部分用挖掘机补填，确保边坡符合设计要求。垫层块石的厚度不小于设计厚度。

（4）注意事项

①严格按设计及规范要求选用石料抛填。

②抛石前应检查基槽尺寸，如有显著变动应进行相应处理。当基槽底回淤沉积物含水率小于 150%，厚度大于 300mm 时应清除。

③根据抛填或补抛的不同厚度，合理选用船只。

④定位船配置 GPS 定位系统，经常核对设定的参数。勤测水深，控制坡脚及边坡坡度，尽

量避免局部超高。

6.4.3 土工布铺设

1）施工方法

陆上铺设土工布：倒滤层施工完成后，沿纵向展开土工布，并隔2~3m用小砂袋压顶。

水下铺设土工布：在土工布底边每隔2m左右绑扎一个10kg左右的小砂袋，顶边线每隔10m左右绑一条纤维绳长绳，从200~300t的工作驳船上按预定的位置逐渐展开和沉放，岸上通过顶部纤维绳牵引土工布贴紧倒滤层面并固定，然后每隔5m左右沉放小砂包串压顶的方法进行铺设。土工布施工见图6.4-7和图6.4-8。

图6.4-7 陆上土工布施工

图6.4-8 水下土工布施工

2）施工关键技术

(1) 水下铺设

水中沉放时注意通过调整方驳前后锚行抛设位置定位，初处沉放位置应比水下位置稍往外1m左右。

沉放后，岸上工人应及时收紧纤维长绳并绑扎固定于木桩上，并及时抛掷小砂袋串，将土工布压贴于倒滤层面。

陆上坡面土工布边铺设，应边用小砂包压载。压载采用5~10kg的小砂包，间距为1~

2m，防止土工布被风掀起，同时使土工布紧贴倒滤层面。

预留搭接长度，不小于2m。

（2）陆上铺设

砂面理坡后，沿纵向展开土工布，并隔2～3m用小砂袋压顶。预留搭接长度，不小于2m。

（3）注意事项

①为保证铺设过程中提供基础保证，船体应具有一定的抗风浪能力，采用适当的绞锚机、发电设备和生活、安全设施。

②为适应地面的变化，防止撕裂，土工布铺设时要保持平顺，呈松弛状，不宜张紧，另外要留有一定的富余量以适应变形。

③土工布如出现破裂，应进行修补或更换。

④土工布铺设后应尽快完成垫层施工，减少阳光直接照射，防止老化。

⑤用高精度的GPS定位系统，通过岸上、船上的电脑控制系统，实时控制船体位置，可以加快施工速度，并且能够达到快速且全天候要求的定位水平。

⑥必须对每幅已铺设进行搭接宽度和平面位置的检测，可采用浮标法检测或潜水探摸。

6.4.4 栅栏板预制及安装

1）施工方法

栅栏板预制采用门式起重机辅助装拆模板、水平运输混凝土入模、吊离台座转移等工序。混凝土采用拌和站集中拌制，混凝土运输车运输到浇筑现场。门式起重机吊斗直接将混凝土分灰入膜。钢筋加工在钢筋加工棚进行。加工完毕后运至现场人工绑扎成形，下面采用混凝土垫块支垫，满足设计保护层要求。

由25t龙门式起重机装上40t平板拖车出运至预制场出运码头，再由码头的门式起重机装上1000t自航方驳运至人工岛上岸。再用汽车转运至安装位置，50t履带式起重机进行精确安装。

安装前，先对场地进行清理。工作面交付先后进行安装，一般情况下安装顺序由坡脚向坡顶安装。最下层栅栏板底脚高程 -0.8m 左右，应加强施工组织，尽量赶低潮安装，确保工程质量与施工安全。栅栏板安装见图6.4-9和图6.4-10。

图6.4-9 栅栏板安装

图6.4-10 栅栏板吊装

2）施工关键技术

①栅栏板为预制钢筋混凝土构件,块体的规格型号和质量应符合设计和《水运工程质量检验标准》(JTS 257—2008)中"混凝土预制构件和块体"的要求。

②构件安装应满足相关规范的要求,稳定、平顺,让四个支点同时受力,安装缝满足设计要求。

③预制栅栏板时,栅格节点处做成小八字角形状,可以有效降低裂缝出现的概率。

④堆场应平整、坚固且无明显的不均匀沉降。栅栏板堆高由地基承载力和垫层强度确定,不同垫层保持同一垂线,支点由预定的吊点决定。

⑤在栅栏板运输前,必须检验栅栏板的强度。只有栅栏板达到设计强度后,才能进行运输。运输时,栅栏板应采用适当的方法进行牢固的固定,避免运输过程中发生碰撞损伤。

⑥栅栏板起吊时,应确保吊点同步受力,并缓慢起吊,防止摆动或构件断裂损伤。

⑦安装块体时应考虑风浪及水流的影响,按照设计要求,合理分段施工,栅栏板的安放应由下而上安放,底部块体应与棱体块石紧密接触,排水口处异形栅栏板的安装应满足设计要求,安装缝之间用素混凝土填塞。

6.4.5　生态袋及绿化

人工岛南护岸总长度1276m,南护岸绿化采取铺装生态袋的方式,铺装总面积13838m²,典型断面形式见图6.4-11。

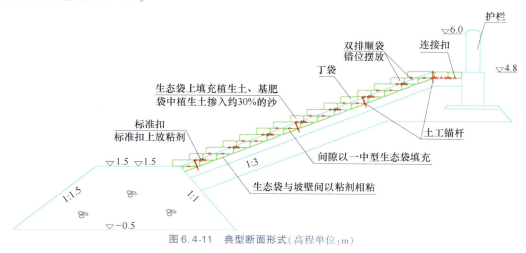

图6.4-11　典型断面形式(高程单位:m)

1）施工方法

南护岸生态袋护坡施工采用人工装袋、人工铺筑的方式。施工方向自南护岸接岸处往堤头方向。

施工工艺:施工准备→清理、平整边坡→袋子装土→拉线、垒砌袋子、填土夯实→清除坡面。

2）施工关键技术

(1)填充材料要求

①生态袋。为绿色,采用高分子聚合物的环保材料,以进口聚丙烯为主要原料。具有抗老

化、抗紫外线、无毒、不降解、抗酸碱盐侵蚀及微生物分解性能,检测其抗 UV 紫外线及力学参数应达到如下要求:使用灰标等级为 4~5 级的强光照射 500h 后,结果为生态袋在紫外线照射后拉力强度仍然在 95% 以上。

②物理性能。

单位面积质量:146.1g/m²;厚度:1.2mm;断裂强力(kN/m):纵向 13.27kN/m,横向 12.48kN/m;断裂伸长率:纵向 75%,横向 50.8%;梯形撕破强力:纵向 317N,横向 262N。接缝强度:纵向 10.30kN/m,横向 10.51kN/m;CBR 顶破强力:1811N;刺破强力:328N;握持强度:纵向 657N,横向 634N;握持延伸率:纵向 62.2%,横向 49.2%。

③水文性能:垂直渗透系数:1.41×10^{-1} cm/s;等效孔径:0.13mm。

④植生土:土料要基本适合植物生长,植生土粒径:大于 0.13mm,小于 0.25m,并加入保水剂、肥料、中砂等掺合料。植生土中保水剂 50g 左右及 13~20kg 的蘑菇或其他肥料,每立方米植生土中掺入约 30% 的中砂,中砂粒径大于 0.25mm,小于 0.5mm,以增强土体的透水性,防止土体板结影响植物生长。

⑤绿化草种。计划选用珠海当地海岛常见的、具有良好耐盐性的植物,如马鞍藤等。

(2)坡面的修整

坡面的树皮、树根、垃圾、杂物等清除干净,做到坡面整洁。坡面的松石、不稳定的土体要固定或清除;锐角物体要磨成钝角,以免划破生态袋表面。

(3)袋装

①采用植生土装料施工,装料由钩机配合人工进行。

②袋较长时,每装 1/3 时,要将袋内填料抖紧。填料一定要尽量装的满实,扎扣要牢固结实,并试拉感觉良好即可。

③特制生态大袋装土前尺寸:长 1140×宽 580mm;装土后夯平标准尺寸:长 970mm×宽 485mm×高 200mm。生态中袋装土前尺寸:长 810mm×宽 430mm;装土后的原始最大尺寸:长 690mm×宽 330mm×高 240mm,使用于大袋与斜坡之间的间隙。形状根据间隙进行调整。袋子采用缝线机进行封口。用磅秤称量并记录重量,作为其后装袋的样板。

④装好的袋尽量几天内施工完毕,切勿将装好的袋过长时间的暴露在户外或淋雨。

⑤袋装好后,要放置稳妥,搬运时,要离地搬运,不要在地面拖行或滚动搬运,放置时要轻放。

⑥对于装袋时上下变形大的,要及时调整匀称。

(4)垒砌

①坡底及坡顶上的生态袋丁-顺相间错缝摆放。斜坡上的生态袋全丁向及双排顺向摆放。双排顺向摆放时,要求错缝摆放。左右上下两袋子均用标准扣进行连接。

②标装扣正面为上、背面为下骑跨于两生态袋之间,标准扣上面均放适量粘剂进行黏结。标准扣子均压放于两生态袋之下,如图 6.4-12 所示。连接扣正面有三棘爪,背面无棘爪,适用于与坡顶及坡底的平铺的两生态袋间的连接。

③坡面与生态袋接触间放适量粘剂进行黏结,每处放 0.5kg。粘剂为 1:3~1:2 的水泥砂浆,然后掺入 107-108 胶,与水泥浆比例为 1:10。

④边坡顺坡向坡顶及坡底中部各1处锚杆,斜坡上下及中间3处锚杆。里程间距0.97m。锚杆直径25mm,长35cm,外有7排倒勾,端部使用小垫片,防止锚杆破坏生态袋,小垫片共4个棘爪,中间一大孔洞,左右6个孔洞。

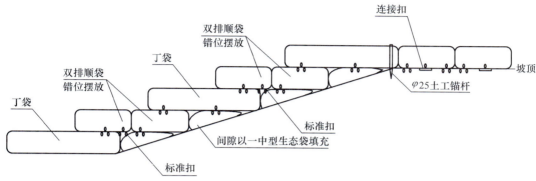

图6.4-12 生态袋堆砌示意图

护坡生态袋施工详见图6.4-13~图6.4-15。

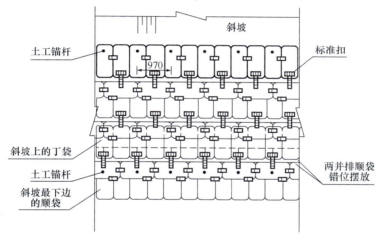

图6.4-13 斜坡生态袋平面布置图

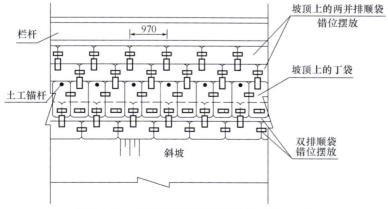

图6.4-14 坡顶生态袋平面布置图(尺寸单位:mm)

图 6.4-15　护坡生态袋

6.4.6　现浇混凝土挡浪墙

现浇挡浪墙混凝土结构应在抛石堤身和地基沉降基本完成后开展施工，施工操作要点同普通钢筋混凝土工程。人工岛挡浪墙见图 6.4-16。

图 6.4-16　人工岛挡浪墙

6.5　人工岛软基处理技术

6.5.1　振冲密实

1）施工方法

陆域形成后振冲砂处理软基，间距为 3m×3m，等边三角形布置。振冲设备选用 50t 履带式起重机作为起重设备，振冲器选用 ZCQ75。

施工前进行现场工艺性试验，确定振密的可能性、孔距、振密电流值、振冲水压力、留振时间、提升速度、振冲后砂层的物理力学指标。

振冲孔施工顺序宜沿直线逐点逐行进行。

成孔贯入时水压可用200～600kPa,水量可用200～400L/min。

为防止塌孔,振冲头下放速度宜快,可采用1～2m/min。达到设计高程后将射水量减至最小,留振至密实电流稳定值大于规定值后,以0.3～1m/min的速度提升振冲器(振冲功率小时取小值,振冲功率大时取大值)。如此交替上提、留振,直到孔顶。

在中、粗砂中施工时,如遇振冲器不能贯入,可增设辅助水管,加快下沉速率。

一般每米留振时间约1min。

留振密实稳定电流值:不小于90A。

根据典型施工试验确定的参数,严格控制密实电流、留振时间。

回填砂振冲施工示意见图6.5-1、图6.5-2。

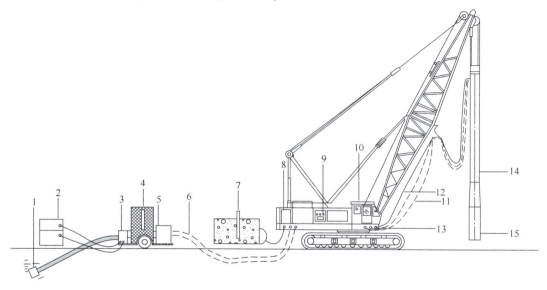

图6.5-1 回填砂振冲施工示意图

1-潜水泵;2-水泵发电机;3-电动机;4-蓄水箱;5-高压离心泵;6-输水管;7-空气压缩机;8-振冲器发电机;9-自动记录器;10-履带式起重机;11-供水管;12-供气管;13-电表及水气阀;14-导管;15-振动器

图6.5-2 回填砂振冲施工

2）施工关键技术

①施工准备工作,首先进行处理前标准贯入试验,现场达到三通一平后,测量放样。

②振冲施工顺序:先围堤外围再中心逐排振冲。

③施工机械就位,使振冲器对准孔位。振冲前吹填砂层应处于饱和状态,必要时可以进行灌水。

④启动水泵和振冲器,并使振冲器慢慢沉入砂层,并保持水压 0.2~0.4MPa,振冲器的下降速率控制在 1~2m/min。振冲时严格控制水压,水压过大时不利于振冲密实。

⑤振冲器达到深度后,将水压、水量降至孔口有一定的回水,但无大量细颗粒带出。

⑥上提振动器,上提速率控制在 0.5~1.0m/min,上提间距 50~100cm,留振时间 10s。严格控制留振时间与提升/下沉速率。

⑦桩位施工完成后,关闭振冲器和水泵,停机移位。由于表面土覆压力小,砂层上部密度难以保证,应辅以碾压处理。

⑧对已完成的区域进行标贯处理,满足设计 $N \geqslant 15$ 击后继续施工,否则重新进行振冲。

回填砂振冲施工现场照片见图 6.5-3。

6.5.2 砂桩施工

砂桩采用一次拔管的振动成桩方施工工艺。在振动拔管过程中,辅以桩管内冲水,保证砂的含水率,促使砂桩密实。砂桩施工现场照片见图 6.5-4。

图 6.5-3 回填砂振冲施工

图 6.5-4 砂桩施工

施工注意事项如下:

(1)桩机就位:确保桩机的平整度和桩管的垂直度,桩位偏差满足验标要求。

(2)打设套管:严格控制沉入深度,确保达到设计桩长。

(3)灌砂:按照设计砂量的 1.1~1.2 倍进行灌入,桩管保证排砂畅通。

(4)沉桩过程中的振动挤密:每次提升桩管 50cm,挤压时间以桩管难以下沉为宜。

6.5.3 中细砂回填碾压

岛内填砂覆盖范围不得小于设计要求范围,平均厚度不得小于设计厚度,并不得出现基层裸露。采用 14 寸的吹砂船进行吹填,后由机械整平碾压。中细砂回填碾压施工现场照片见图 6.5-5。

图 6.5-5 中细砂回填碾压施工

吹砂船布设于人工岛一侧,延伸管线至施工区段,吹砂外围采取条型砂袋进行两侧的防护,分段分层进行备砂上料,按照层厚要求进行砂体碾压,分层进行密实度检测。

KEY CONSTRUCTION TECHNOLOGY OF
GONGBEI TUNNEL
OF HONG KONG-ZHUHAI-MACAO BRIDGE

港 珠 澳 大 桥 拱 北 隧 道 施 工 关 键 技 术

第 7 章
总结与展望

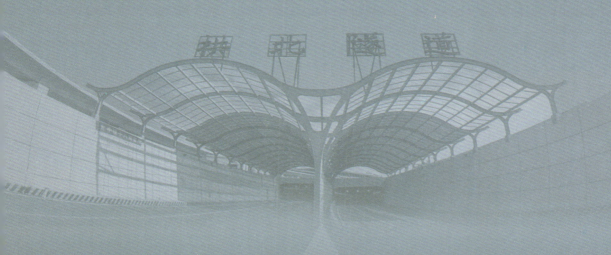

珠海连接线项目作为港珠澳大桥五大独立建设主体之一,是港珠澳大桥海中桥隧主体与国家高速公路网连接的"唯一通道"。拱北隧道作为项目关键控制性工程,在国际上首创"曲线管幕+水平控制冻结"组合工法,穿越国内第一大陆路口岸——拱北口岸,隧址区位于珠海与澳门分界处,属于海相、海陆交互相沉积地层,地质条件复杂多变,堪称"隧道施工技术博物馆"。

拱北隧道全长2741m,由海域明挖段、口岸暗挖段、陆域明挖段组成。其中口岸暗挖段全长255m,为避开区域内"星罗棋布"的管线和桩基(隧道外轮廓线距桩基最近处仅46cm),平面线形必须采用复合曲线方案,竖向采用上下叠层暗挖方案穿越24m宽的口岸狭长走廊带。隧道开挖扰动面积达413.2m^2,覆土厚度不足5m,覆跨比约1/4,属于浅埋超大断面隧道。区域地质条件极差,具有高压缩性、高触变、高灵敏度、低强度等软土特征,属典型临海软弱富水地层,坍塌和涌水风险极高。最终决定采用"曲线管幕+水平控制冻结"的组合工法,首先在隧道周围顶进施工36根直径为1.62m的曲线钢管幕作为超前支护,管间距约为35.7cm,顶进精度要求不超过5cm,然后采用冻结法对管幕间土体进行水平控制冻结止水,最后在管幕冻土复合帷幕支护体系下采用多层同步开挖方法和三维交叉成洞技术实施暗挖。

项目在充分调研的基础上,通过理论分析、数值分析、现场试验和技术开发等研究方法,解决了复合地层长距离组合曲线顶管施工及管幕形成精准控制、临海环境高水压下超长水平控制冻结止水和冻胀融沉控制、复杂环境下浅埋超大断面隧道暗挖施工变形控制、临海软土地层长大深基坑变形控制等技术难题,形成了包括创新理论、重大技术、新型装备和材料的"曲线管幕+水平控制冻结法的浅埋超大断面暗挖隧道成套建设技术"成果。

以上成果解决了拱北隧道建设难题,在长达5年的隧道施工中未影响拱北口岸的正常通关。技术成果填补了我国长距离空间曲线顶管管幕+水平冻结止水关键技术的空白,所形成的临海复合软土地层中曲线顶管管幕关键技术及由常规冻结管、异形冻结管和限位冻结管构成的"管幕冻结法"冻结体系,在港珠澳大桥珠海连接线拱北隧道工程属于首次应用,在此之前国内外尚无案例,大幅度提升了我国软弱富水地层浅埋超大断面隧道暗挖工法的科技含量和设计施工技术水平,同时为环境要求苛刻的地下空间开发利用提出新的思路和解决方案,完善了我国超大断面隧道建造技术体系,社会与经济效益显著。研究成果可广泛应用于穿越公路、铁路、江河、建筑物等地下工程,尤其适用于传统浅埋暗挖法和盾构法无法穿越的浅埋大跨地下工程,技术应用推广前景广阔。

KEY CONSTRUCTION TECHNOLOGY OF
GONGBEI TUNNEL
OF HONG KONG-ZHUHAI-MACAO BRIDGE

港 珠 澳 大 桥 拱 北 隧 道 施 工 关 键 技 术

附　　录

一、专利奖

专利奖汇总　　　　　　　　　　　　　　　　　　　附表1

序号	获奖情况	颁奖单位	获奖时间	名称	专利号
1	国家专利银奖	国家知识产权局	2018年12月	长距离曲线顶管及管幕施工工艺	ZL201310336338.X
2	中国铁建股份有限公司专利奖发明专利金奖	中国铁建股份有限公司	2018年12月	长距离曲线顶管及管幕施工工艺	ZL201310336338.X
3	工程建设行业高推广价值专利大赛一等奖	中国施工企业管理协会	2021年11月	长距离曲线顶管及管幕施工工艺	ZL201310336338.X
4	工程建设行业高推广价值专利大赛一等奖	中国施工企业管理协会	2022年7月	一种复合式的解冻方法	ZL201811129502.9

二、科技进步奖

科技进步奖汇总　　　　　　　　　　　　　　　　　附表2

序号	成果名称	颁奖单位	获奖情况	获奖时间
1	复杂条件下长距离大直径曲线管幕综合施工技术	中国铁道建筑总公司	特等奖	2017年
2	港珠澳大桥拱北隧道超大断面曲线管幕冻结法关键技术	天津市人民政府	一等奖	2019年
3	曲线管幕+水平控制冻结法的浅埋超大断面暗挖隧道成套建设技术	广东省人民政府	一等奖	2020年
4	港珠澳大桥拱北隧道曲线管幕冻结法关键技术	中国公路建设行业协会	特等奖	2019年
5	拱北隧道成套关键技术与应用创新研究	中国公路学会	一等奖	2018年
6	曲线管幕+水平控制冻结法的浅埋超大断面暗挖隧道成套建设技术	中国交通运输协会	一等奖	2019年
7	港珠澳大桥珠海连接线隧道工程建设关键技术研究	中国施工企业管理协会	一等奖	2019年

三、施工工法

施工工法汇总　　　　　　　　　　　　　　　　　　　　　　　　附表3

序号	成果名称	颁奖单位	获奖情况	获奖时间
1	复杂条件下长距离大直径曲线管幕施工工法	中国铁建股份有限公司	优秀工法一等奖	2015年
2	复杂条件下长距离大直径曲线管幕施工工法	中国公路建设行业协会	公路工程工法	2016年
3	大直径曲线管幕钢管节制作施工工法	天津市城乡建设委员会	优秀工法	2014年
4	大直径曲线管幕钢管节制作施工工法	中国铁建股份有限公司	优秀工法一等奖	2014年
5	复合地层长距离曲线泥水平衡顶管法施工工法	天津市城乡建设委员会	优秀工法	2016年
6	大管幕条件下临海浅埋超大断面隧道长距离水平控制冻结施工工法	中国铁建股份有限公司	优秀工法一等奖	2019年
7	大管幕条件下临海浅埋超大断面隧道长距离水平控制冻结施工工法	天津市城乡建设委员会	优秀工法	2019年
8	大管幕条件下临海浅埋超大断面隧道长距离水平控制冻结施工工法	中国公路建设行业协会	公路工程工法	2019年
9	浅埋超大断面暗挖隧道五台阶十四部施工工法	中国铁建股份有限公司	优秀工法一等奖	2019年
10	浅埋超大断面暗挖隧道五台阶十四部施工工法	中国公路建设行业协会	公路工程工法	2019年
11	海域先岛后隧人工岛施工工法	河北省住房和城乡建设厅	优秀工法	2014年
12	人工填筑砂(石)地层中地下连续墙成槽施工工法	中国铁建股份有限公司	优秀工法二等奖	2013年

四、标准

标准汇总　　　　　　　　　　　　　　　　　　　　　　　　附表4

名称	标准	编号	颁发单位	实施时间
顶管法管道穿越工程技术规程	湖北省地方标准	DB42/T 1343—2018	湖北省住房和城乡建设厅、湖北省质量技术监督局	2018年7月1日

五、专利

专利汇总 附表 5

序号	专利名称	类型	专利号	授权公告日
1	高水条件下泥水平衡顶管机接收装置及工艺	日本专利	特许第（6397940）号	2018年9月7日
2	长距离曲线顶管及管幕施工工艺	发明专利	ZL201310336338.X	2017年4月12日
3	高水压条件下顶管机始发洞口止水密封装置及方法	发明专利	ZL201410524503.9	2016年6月29日
4	高水压条件下顶管机接收装置及接收方法	发明专利	ZL201410520452.2	2016年7月6日
5	一种管间精准控制冻土帷幕的施工方法	发明专利	ZL201510740869.4	2016年10月10日
6	一种顶管施工中管节密封性测试试验方法	发明专利	ZL201510451823.0	2018年2月9日
7	高水条件下泥水平衡顶管机接收装置及工艺	发明专利	ZL201510752859.2	2017年5月17日
8	一种封闭环境下水平注浆施工方法	发明专利	ZL201810455981.7	2019年12月31日
9	一种利用原有临时支撑进行的中板施工方法	发明专利	ZL201811582394.0	2020年12月8日
10	一种顶管管幕端头封堵方法	发明专利	ZL201811294650.6	2020年4月14日
11	一种复合式的解冻方法	发明专利	ZL201811129502.9	2020年5月19日
12	一种海水环境中桥墩多重防腐施工方法	发明专利	ZL201811129553.1	2020年8月11日
13	一种隧道分区防水施工工艺	发明专利	ZL201811583881.9	2021年6月22日
14	一种基于超前支护的重型钢与管幕快速连接的方法	发明专利	ZL201811583916.9	2020年2月24日
15	一种多台阶多导洞施工组织方法	发明专利	ZL201811294378.1	2021年3月9日
16	一种隧道多重防水施工方法	发明专利	ZL201811582635.1	2021年12月17日
17	一种大直径钢管管幕承插式管间止水装置及其施工方法	发明专利	ZL201710819451.1	2023年5月2日
18	一种顶管管道快速封堵装置	实用新型	ZL201420470891.2	2015年2月18日
19	一种泥水平衡顶管机有压接收舱	实用新型	ZL201420470857.5	2015年2月11日
20	一种曲线管幕密封圈	实用新型	ZL201420861959.X	2015年9月23日
21	注浆管推进器	实用新型	ZL201320466691.5	2014年7月30日

续上表

序号	专利名称	类型	专利号	授权公告日
22	一种顶管施工中止后复顶施工装置	实用新型	ZL201420772036.7	2015年7月8日
23	一种用于管幕顶管施工的移动平台结构	实用新型	ZL201520261058.1	2015年8月26日
24	一种动态调整泥水平衡的泥浆循环装置	实用新型	ZL201520972298.2	2016年6月8日
25	一种地下连续墙快速封堵装置	实用新型	ZL201420759107.X	2015年7月8日
26	一种注浆管推进器	实用新型	ZL201520532960.2	2015年12月23日
27	一种管道轨迹定位测量装置	实用新型	ZL201520548992.1	2016年1月20日
28	一种监测土体分层沉降布置结构	实用新型	ZL201520553274.3	2015年12月2日
29	一种自动监测土体状态参数的远程控制系统	实用新型	ZL201520547055.4	2015年12月9日
30	一种止水橡胶板内翻的泥水平衡顶管机接收止水装置	实用新型	ZL201520553316.3	2016年1月20日
31	一种接收密封弹簧钢环式止水装置	实用新型	ZL201520548991.7	2015年12月9日
32	高水条件下泥水平衡顶管机接收装置	实用新型	ZL201520883897.7	2016年6月29日
33	高水条件下泥水平衡顶管水土压力监测仪器保护装置	实用新型	ZL201520547054.X	2015年12月2日
34	一种高水压条件下工作井内支撑结构	实用新型	ZL201520547132.6	2015年12月9日
35	一种小型掘进机始发及接收工作井围护止水结构	实用新型	ZL201520553319.7	2015年12月9日
36	一种顶管施工中管节密封性测试试验装置	实用新型	ZL201520548935.3	2015年12月2日
37	一种曲线顶管管节承插口连接形式	实用新型	ZL201520547131.1	2015年12月9日
38	一种管间精确控制冻土帷幕土体改良注浆布置结构	实用新型	ZL201520872526.9	2016年3月30日
39	一种盾尾止水装置	实用新型	ZL201621004836.X	2017年4月26日
40	一种管幕超前支护条件下管节水平位移的监测装置	实用新型	ZL201721165881.8	2018年4月10日
41	一种大直径钢管管幕承插式管间止水装置	实用新型	ZL201721166010.8	2018年4月10日
42	一种快速开挖冻土的施工装置	实用新型	ZL201920035034.2	2019年8月16日
43	一种应用于隧道施工的辅助平台装置	实用新型	ZL201822173244.6	2019年8月6日

六、论文

主要论文汇总　　　　　　　　　　　　　　　　附表6

序号	论文名称	发表情况	作者
1	Experimental and Analytical Study of Jacking Load during	ASCE Journal of Geotechnical and Geoenvironmental Engineering	史培新、刘维、潘建立等
2	拱北隧道大直径曲线管幕顶管顶力研究	《岩石力学与工程学报》2017年9月	史培新、俞蔡城、潘建立、刘维
3	顶管施工引起土体变形的计算方法及应用	《吉林大学学报》2016年第46卷第5期	潘建立
4	高水压条件下钢顶管管节密封性试验及数值模拟研究	《现代隧道技术》2015年52卷第2期	高海东、赵涛、马胜利等
5	拱北隧道暗挖段管幕组合方案优化研究	《现代隧道技术》2015年52卷第3期	潘建立、高海东、史培新
6	大直径曲线管幕顶进过程中地层变形控制及监测	《现代隧道技术》2017年第54卷第6期	刘应亮
7	Gongbei port tunnel excavation support design and construction	Proceedings of ITA WTC 2015 Congress and 41st General Assembly, May 22-28, Dubrovnik, Croatia, pp.	潘建立、史培新、高海东
8	Optimization of pipe roof design for Gongbei port tunnel excavation	Proceedings of the 49th US Rock Mechanics/Geomechanics Symposium, 28 June-1 July 2015, SF, CA, USA,	史培新、潘建立、高海东
9	Construction techniques of horizontal ground freezing preexcavation support of Gongbei port tunnel	2015 International Conference on Civil Engineering and RockEngineering（ICCERE 2015）	刘应亮、张洁、潘建立、高海东
10	Obstruction treatment and removal techniques of Gongbei port tunnel pipe roof installation	2015 International Conference on Civil Engineering and Rock Engineering（ICCERE 2015）	高海东、史培新、潘建立、刘应亮
11	拱北隧道超大管幕顶进横向地面沉降及管间作用分析	《隧道建设（中英文）》2018年第38卷第10期	刘杨;史培新;潘建立;俞蔡城
12	拱北隧道管幕冷冻施工中的冻胀控制技术研究	《隧道建设（中英文）》2018年第38卷第5期	张洁;史培新;潘建立
13	拱北隧道曲线顶管管幕施工关键技术	《隧道建设》2016年08期	张鹏、潘建立、刘应亮、马保松
14	港珠澳大桥珠海连接线拱北隧道长距离大直径曲线管幕顶管工艺试验研究	《铁道标准设计》2014年8月刊	高海东
15	港珠澳大桥珠海连接线拱北隧道复杂曲线管幕顶管施工轨迹控制技术	《铁道标准设计》2014年9月刊	高海东
16	港珠澳大桥拱北隧道曲线管幕管节现场制作技术	《铁道标准设计》2014年10月刊	刘应亮
17	泥水平衡顶管机在拱北隧道曲线管幕工程中的应用	《铁道标准设计》2015年4月刊	李刚

续上表

序号	论文名称	发表情况	作者
18	港珠澳大桥珠海连接线拱北隧道曲线管幕9号管脱困方案研究	《铁道标准设计》2015年2月刊	张斌梁、潘建立、高海东等
19	曲线顶管顶进管节应力特征试验研究	《铁道标准设计》2016年5月刊	张斌梁、王翔宇、高海东等
20	拱北隧道管幕工程障碍物处理技术研究	《施工技术》2016年15期	高海东
21	港珠澳大桥珠海连接线拱北隧道注浆综合施工技术	《施工技术》2018年第47卷第19期	孟妍
22	港珠澳大桥珠海连接线拱北隧道临时支撑拆除施工技术	《施工技术》2018年第47卷第19期	刘应亮
23	港珠澳大桥珠海连接线拱北隧道高水压条件曲线管幕顶管始发、接收技术	《施工技术》2016年第45卷第19期	范旭阳
24	港珠澳大桥珠海连接线人工岛施工综述	《施工技术》2014年43卷增刊	张坚
25	浅论拱北隧道暗挖段曲线管幕顶进沉降控制技术	《施工技术》2015年44卷增刊	马胜利
26	港珠澳大桥珠海连接线拱北隧道深基坑施工技术	《施工技术》2015年第44卷增刊	郭凤武
27	拱北隧道明挖基坑降水设计与施工	《施工技术》2015年第44卷增刊	穆军明
28	复杂地质超深地下连续墙防接头绕流措施研究	《施工技术》2014年S1期增刊	石继勇
29	港珠澳大桥珠海连接线拱北隧道明挖基坑监测及分析	《施工技术》2016年45卷增刊	刘晓慧
30	复杂地层中长距离曲线顶管及管幕施工设备选型研究	《施工技术》2015年第44卷增刊	高海东、史鹏飞、刘应亮等
31	港珠澳大桥珠海连接线海域段筑岛明挖施工技术研究	《施工技术》2016年45卷增刊	刘雁冰
32	超声波UDM100Q成槽检测在拱北隧道地下连续墙施工中的应用	《施工技术》2016年45卷增刊	郭彦兵
33	复杂环境条件下深基坑长隧道快速施工技术研究	《施工技术》2016年45卷增刊	郭彦兵
34	港珠澳大桥珠海连接线拱北隧道工作井施工技术研究	《施工技术》2016年45卷增刊	孟妍
35	港珠澳大桥珠海连接线拱北隧道管幕工作井端头综合处理技术	《施工技术》2016年45卷增刊	李凤雨
36	钢管-冻土复合结构受力特性有限元分析	《铁道建筑技术》2018年第4期	李兰勤
37	港珠澳大桥珠海连接线拱北隧道曲线管幕顶管测量和轨迹控制技术	《铁道建筑》2015年04期	罗兴虎

续上表

序号	论文名称	发表情况	作者
38	港珠澳大桥珠海连接线拱北隧道信息化监测分析	《铁道建筑》2015 年 05 期	罗兴虎
39	拱北隧道水平控制性冻结止水帷幕施工方案	《铁道建筑》2016 年 02 期	刘应亮
40	拱北隧道工作井超深地下连续墙特重型钢筋笼吊装施工技术	《铁道建筑》2016 年 4 期	马胜利
41	港珠澳大桥珠海连接线拱北隧道曲线钢管幕管节连接技术	《铁道建筑》2016 年 11 期	刘应亮
42	浅埋软弱围岩隧道变形特征与施工控制研究——以拱北隧道为例	《公路工程》2018 年第 43 卷第 2 期	李同安
43	港珠澳大桥拱北隧道管幕冻结法施工风险分析	《轨道建筑》2018 年第 6 卷第 3 期	惠武平
44	港珠澳大桥拱北隧道长距离大直径曲线管幕混凝土填充技术	《轨道建筑》2018 年第 6 卷第 3 期	赵涛
45	近海人工填筑砂石段地下连续墙成槽施工技术例析	《建筑》第 7 期	冀大禹
46	拱北隧道超大管幕工程顶管机选型与应用技术	《国防交通工程与技术》2015 年第 3 期	陈奇志
47	拱北隧道口岸暗挖段曲线管幕工程始发、接收端面综合处理技术	《国防交通工程与技术》2015 年总第 78 期	李优
48	港珠澳大桥岛、隧、桥跨海交通集群施工技术	《国防交通工程与技术》2015 年 01 期	宫大辉
49	拱北隧道曲线管幕工程关键施工技术分析	《路基工程》2015 年 06 期	李同安
50	港珠澳大桥珠海连接线拱北湾跨海大桥施工方法	《价值工程》2013 年 12 期	白杨
51	港珠澳大桥珠海连接线人工岛设计与施工技术研究	《中国水能及电气化》2017 年 6 月	刘雁冰
52	港珠澳大桥珠海连接线拱北湾大桥滨海复杂地层大直径超深桩基施工质量控制方案研究	《石家庄铁路职业技术学院学报》2016 年 01 期	丁晶

七、安全质量奖

安全质量奖汇总　　　　　　　　　　　　　　　　附表 7

序号	获奖情况	颁发单位	获奖时间
1	中国铁建杯优质工程奖	中国铁建股份有限公司	2020 年
2	平安工程	交通运输部应急管理部	2017 年

八、QC 成果

QC 成果汇总 附表 8

序号	QC 名称	获奖情况	获奖时间
1	提高拱北隧道曲线管幕管节加工的整体质量	全国工程 QC 成果二等奖	2014 年
2	提高负温条件下管幕与钢支撑焊接一次合格率	河北省工程建设优秀质量管理小组	2017 年

九、其他

其他成果汇总 附表 9

序号	获奖情况	颁发单位	获奖时间
1	广东省重大建设项目档案金册奖	广东省档案局	2019 年
2	入围国际隧道与地下空间协会第四届颁奖大会"年度杰出工程奖"	国际隧道与地下空间协会（ITA）	2018 年

参 考 文 献

[1] 钱七虎.迎接我国城市地下空间开发高潮[J].岩土工程学报,1998,20(01):112-113.
[2] 王梦恕.中国铁路、隧道与地下空间发展概况[J].隧道建设,2010,30(04):351-364.
[3] 潘建立.顶管施工引起土体变形的计算方法及应用[J].吉林大学学报(地球科学版),2016,46(05):1458-1465.
[4] 潘建立,高海东,史培新.拱北隧道暗挖段管幕组合方案优化研究[J].现代隧道技术,2015,52(03):55-62.
[5] SHI P X,LIU W,P J L,et al. Experimental and analytical study of jacking load during micro-tunneling Gongbei tunnel pipe roof[J]. Journal of Geotechnical and Geoenvironmental Engineering,2018, 144(01):05017006.
[6] 张斌梁,潘建立,高海东,等.长距离曲线顶管及管幕施工工艺:中国,ZL201310336338.X[P].2017-04-12.
[7] 陈湘生.冻结法几个关键问题及在地下空间近接工程中最新应用[J].隧道建设,2015,35(12):1243-1251.
[8] 沈桂平,曹文宏,杨俊龙,等.管幕法综述[J].岩土工程界,2006(02):27-29.
[9] 王雪,王成虎,马孝春,等.国内外顶管施工技术的对比分析[J].施工技术,2017,46(S2):1018-1023.
[10] 刘继国,程勇,郭小红,等.复杂条件下超浅埋双层叠合大断面隧道下穿敏感建筑设计[J].现代隧道技术,2014,51(05):174-179,185.
[11] 高海东,赵涛,马胜利,等.高水压条件下钢顶管管节密封性试验及数值模拟研究[J].现代隧道技术,2015,52(02):148-154.
[12] 李同安.浅埋软弱围岩隧道变形特征与施工控制研究——以拱北隧道为例[J].公路工程,2018,43(02):155-161.
[13] 史培新,俞蔡城,潘建立,等.拱北隧道大直径曲线管幕顶管顶力研究[J].岩石力学与工程学报,2017,36(09):2251-2259.
[14] 张斌梁,王翔宇,高海东,等.曲线顶管顶进管节应力特征试验研究[J].铁道标准设计,2016,60(05):95-98.
[15] 高海东,张鹏,马胜利,等.高水压条件下顶管机始发洞口止水密封装置及方法:中国,ZL201410524503.9[P].2016-06-29.
[16] 彭仕国,韩利民,潘建立,等.高水条件下泥水平衡顶管机接收装置及工艺:日本,特许第(6397940)号[P].2018-09-07.
[17] 潘建立,黄欣,宫大辉,等.一种顶管施工中管节密封性测试试验方法:中国,ZL201510451823.0[P].2018-02-09.
[18] 高海东.港珠澳大桥珠海连接线拱北隧道长距离大直径曲线管幕顶管工艺试验研究[J].铁道标准设计,2014,58(08):114-120.

[19] 刘应亮.大直径曲线管幕顶进过程中地层变形控制及监测[J].现代隧道技术,2017,54(06):210-216.

[20] 由广明,朱合华,刘学增,等.曲线顶管施工环境影响的三维有限元分析[J].地下空间与工程学报,2007(02):218-223.

[21] 高海东,史鹏飞,刘应亮,等.复杂地层中长距离曲线顶管及管幕施工设备选型研究[J].施工技术,2015,44(S2):408-411.

[22] 陈奇志.拱北隧道超大管幕工程顶管机选型与应用技术[J].国防交通工程与技术,2015,13(03):67-69+53.

[23] 刘应亮.港珠澳大桥拱北隧道曲线管幕管节现场制作技术[J].铁道标准设计,2014,58(10):102-104.

[24] 张鹏,潘建立,刘应亮,等.拱北隧道曲线顶管管幕施工关键技术[J].隧道建设,2016,36(08):968-975.

[25] 李耀良,张云海,李伟强.软土地区管幕法工艺研究与应用[J].地下空间与工程学报,2011,7(05):962-967.

[26] 袁金荣,陈鸿.利用小口径顶管机建造大断面地下空间的一种新手段——管幕工法[J].地下工程与隧道,2004(01):23-26,56-57.

[27] 李刚.泥水平衡顶管机在拱北隧道曲线管幕工程中的应用[J].铁道标准设计,2015,59(04):98-101.

[28] 刘应亮.港珠澳大桥珠海连接线拱北隧道曲线钢管幕管节连接技术[J].铁道建筑,2016(11):65-68.

[29] 孟妍.港珠澳大桥珠海连接线拱北隧道工作井施工技术研究[J].施工技术,2016,45(S1):391-395.

[30] 范旭阳.港珠澳大桥珠海连接线拱北隧道高水压条件曲线管幕顶管始发接收技术[J].施工技术,2016,45(19):82-85.

[31] 高海东.港珠澳大桥珠海连接线拱北隧道复杂曲线管幕顶管施工轨迹控制技术[J].铁道标准设计,2014,58(09):106-109.

[32] 高海东,刘应亮,马胜利,等.一种曲线顶管管节承插口连接形式:中国,ZL201520547131.1[P].2015-12-09.

[33] 罗兴虎.港珠澳大桥珠海连接线拱北隧道曲线管幕顶管测量和轨迹控制技术[J].铁道建筑,2015(04):55-58.

[34] 刘杨,史培新,潘建立,俞蔡城.拱北隧道超大管幕顶进横向地面沉降及管间作用分析[J].隧道建设(中英文),2018,38(10):1680-1687.

[35] 马胜利.浅论拱北隧道暗挖段曲线管幕顶进沉降控制技术[J].施工技术,2015,44(S1):181-184.

[36] 朱合华,闫治国,李向阳,等.饱和软土地层中管幕法隧道施工风险分析[J].岩石力学与工程学报,2005,24(S2):5549-5554.

[37] CELESTINO T B,GOMES R A M P,BORTOLUCCI A A. Errors in ground distortions due to

settlement trough adjustment[J]. Tunnelling and Underground Space Technology,2000,15(01):97-100.
[38] STAHELI K. Jacking force prediction:an interface friction approach based on pipe surface roughness[D]. Atlanta:Georgia Institute of Technology,2006.
[39] CHAPMAN D N,ICHIOKA Y. Prediction of jacking forces for microtunnelling operations[J]. Tunnelling and Underground Space Technology,1999,14(01):31-41.
[40] LEE K M,ROWE R K,LO K Y. Subsidence owing to tunnelling. I. estimating the gap parameter[J]. Canadian Geotechnical Journal,1992,29(06):929-940.
[41] 冼家驹,张建龙.管幕施工引起的地面变形计算方法综述[J].土工基础,2016,30(06):672-676.
[42] 张斌梁,潘建立,高海东,等.港珠澳大桥珠海连接线拱北隧道曲线管幕9号管脱困方案研究[J].铁道标准设计,2015,59(02):103-105.
[43] 赵涛.港珠澳大桥拱北隧道长距离大直径曲线管幕混凝土填充技术[J].轨道建筑,2018,6(3):112-117.
[44] 李凤雨.港珠澳大桥珠海连接线拱北隧道管幕工作井端头综合处理技术[J].施工技术,2016,45(S1):396-399.
[45] 高海东.拱北隧道管幕工程障碍物处理技术研究[J].施工技术,2016,45(15):119-121.
[46] 周晓敏,王梦恕.人工地层冻结技术在我国城市地下工程中的兴起[J].都市快轨交通,2004,(S1):77-80.
[47] 陈湘生.地层冻结法[M].北京:人民交通出版社,2013.
[48] 鲁先龙,陈湘生,陈曦.人工地层冻结法风险预控[J].岩土工程学报,2021,43(12):2308-2314.
[49] 王建平,刘伟民,王恒.我国人工地层冻结技术的现状与发展[J].建井技术,2019,40(04):1-4,25.
[50] 陈瑞杰,程国栋,李述训,等.人工地层冻结应用研究进展和展望[J].岩土工程学报,2000,(01):40-44.
[51] 程桦.城市地下工程人工地层冻结技术现状及展望[J].淮南工业学院学报,2000,(02):17-22,64.
[52] 姜波,胡向东,吴滔.人工地层冻结信息化施工工法简述[J].西部探矿工程,2005(S1):3-4.
[53] 程桦,臧华.人工地层水平冻结冻胀效应准耦合数值分析[J].岩土工程学报,2003(01):87-90.
[54] 耿萍,晏启祥,何川,等.隧道水平冻结施工过程的数值模拟[J].工程力学,2010,27(05):122-127.
[55] 陶德敬,王明年,刘大刚.冻结法隧道施工引起的地表移动及变形预测[J].现代隧道技术,2006(06):45-50.
[56] 张洁,史培新,潘建立.拱北隧道管幕冷冻施工中的冻胀控制技术研究[J].隧道建设(中

英文),2018,38(05):809-817.

[57] 高海东,李刚,刘应亮,等.一种管间精准控制冻土帷幕的施工方法:中国,ZL201510740869.4[P].2016-10-10.

[58] 潘建立,史鹏飞,金鑫,等,等.一种复合式的解冻方法:中国,ZL201811129502.9[P].2020-05-19.

[59] 盛平,于广云,王立波.人工地层水平冻结冻胀对邻桩的影响[J].地下空间与工程学报,2005,(03):482-484.

[60] 唐亮.水平人工冻结技术在富水浅埋暗挖隧道中的应用[J].公路交通技术,2013(01):111-115.

[61] 凌宇峰,王吉云.人工地层冻结技术在上海长江隧道工程的应用[J].地下空间与工程学报,2010,6(01):184-188.

[62] 刘波,陈玉超,李东阳,等.复杂地层差异温度人工冻结试验与数值分析[J].岩石力学与工程学报,2013,32(S2):3328-3336.

[63] 惠武平,港珠澳大桥拱北隧道管幕冻结法施工风险分析[J].轨道建筑,2018,6(3):65-69.

[64] 刘应亮.拱北隧道水平控制性冻结止水帷幕施工方案[J].铁道建筑,2016(02):56-58.

[65] MAIR R J,TAYLOR T N,BURLAND J B. Prediction of ground movements and assessment of the risk of building damage due to bored tunnelling [C] // Geotechnical Aspects of Underground Construction in Soft Ground. Rotterdam Balkema,1996:713-718.

[66] TAN W L,RANJITH P G. Numerical analysis of pipe roof reinforcement in soft ground tunneling [C] // The 16th International Conference on Engineering Mechanics. Seattle, USA: ASCE,2003.

[67] 鲁婵瑞,蔡海兵,洪荣宝.隧道冻结壁解冻温度场演化规律研究综述[J].低温建筑技术,2021,43(02):100-103,114.

[68] 肖朝昀,人工地层冻结冻土帷幕形成与解冻规律研究[D].上海:同济大学,2007.

[69] 肖朝昀,胡向东.人工地层冻结有限厚度冻土帷幕自然解冻规律[J].华侨大学学报(自然科学版),2010,31(06):674-679.

[70] 潘建立.海底隧道不良地质段围岩稳定性分析及其控制[D].北京:北京交通大学,2016.

[71] 孟妍.港珠澳大桥珠海连接线拱北隧道注浆综合施工技术[J].施工技术,2018,47(19):1-4.

[72] 刘应亮.港珠澳大桥珠海连接线拱北隧道临时支撑拆除施工技术[J].施工技术,2018,47(19):5-8.

[73] CALVELLO M,TAYLOR R N. Centrifuge modeling of a spile-reinforced tunnel heading[C] // Geotechnical Aspect of Underground Construction in Soft Ground. Balkema,2000:345-350.

[74] YOO C,YANG K H. Laboratory investigation of behavior of tunnel face reinforced with longitudinal pipes[C] // Progress in tunneling after 2000. Bologna,2001:757-764.

[75] 邹健,张忠苗.考虑压滤效应饱和黏土压密注浆球孔扩张理论[J].哈尔滨工业大学学

报,2011(12):119-123.
[76] 郭炎伟,贺少辉,管晓明,等.劈裂注浆复合土体平面等效弹性模型理论研究[J].岩土力学,2015,36(8):2193-2200.
[77] 孙锋,张顶立,陈铁林,等.土体劈裂注浆过程的细观模拟研究[J].岩土工程学报,2010,32(03):474-480.
[78] 张顶立,孙锋,李鹏飞.海底隧道复合注浆机制研究及工程应用[J].岩石力学与工程学报,2012,31(03):445-452.
[79] 罗兴虎.港珠澳大桥珠海连接线拱北隧道信息化监测分析[J].铁道建筑,2015(05):86-88.
[80] 殷金虎,贺子奇.地下工程注浆材料与注浆技术的研究应用现状[J].建材技术与应用,2007(09):13-15.
[81] 管学茂,刘松辉,张海波,等.深厚冲积层冻结法凿井高性能混凝土综述[J].煤炭工程,2017,49(01):27-30.
[82] 李传富.冻融条件下隧道工程防水注浆机理和施工技术的研究[D].北京:中国铁道科学研究院,2005.
[83] 吕勤,张顶立,黄俊.城市地铁暗挖施工地层变形机理及控制实践[J].中国安全科学学报,2003,13(07):29-34.
[84] 张顶立,王梦恕,高军,等.复杂围岩条件下大跨隧道修建技术研究[J].岩石力学与工程学报,2003,22(02):290-296.
[85] 潘建立,史鹏飞,刘应亮,等.一种封闭环境下水平注浆施工方法:中国,ZL201810455981.7[P].2019-12-31.
[86] 潘建立,刘应亮,王军,等.一种多台阶多导洞施工组织方法:中国,ZL201811294378.1[P].2021-03-09.
[87] 俞建霖,龚晓南.深基坑工程的空间性状分析[J].岩土工程学报.1999(01):21-25.
[88] 黄茂松,王卫东,郑刚.软土地下工程与深基坑研究进展[J].土木工程学报,2012,45(06):146-161.
[89] 姚志国,李丽诗.浅谈国内外深基坑支护技术的现状及进展[J].黑龙江科技信息,2011(10):251.
[90] 刘杰,姚海林,任建喜.地铁车站基坑围护结构变形监测与数值模拟[J].岩土力学,2010,31(S2):456-461.
[91] 陈昆,闫澍旺,孙立强,等.开挖卸荷状态下深基坑变形特性研究[J].岩土力学,2016,37(04):1075-1082.
[92] 郭彦兵.复杂环境条件下深基坑长隧道快速施工技术研究[J].施工技术,2016,45(S1):456-459.
[93] 郭凤武.港珠澳大桥珠海连接线拱北隧道深基坑施工技术[J].施工技术,2015,44(S2):427-429.
[94] 穆军明.拱北隧道明挖基坑降水设计与施工[J].施工技术,2015,44(S2):373-376.

[95] 刘晓慧.港珠澳大桥珠海连接线拱北隧道明挖段基坑监测及分析[J].施工技术,2016,45(S2):66-69.

[96] 孙凯,许振刚,刘庭金,等.深基坑的施工监测及其数值模拟分析[J].岩石力学与工程学报,2004(02):293-298.

[97] 黄宏伟,边亦海.深基坑工程施工中的风险管理[J].地下空间与工程学报,2005(04):611-614,645.

[98] 孙钧.港珠澳大桥岛隧工程深厚软基与大回淤条件下的工程处治研究[J].隧道建设,2014,34(09):807-814.

[99] 刘雁冰.港珠澳大桥珠海连接线拱北隧道海域段筑岛明挖施工技术研究[J].施工技术,2016,45(S1):400-402.

[100] 范鹏贤,王贾博,王德荣.人工填筑岛礁机场的中长期沉降问题[J].防护工程,2018,40(04):70-78.

2021 年全国一级造价工程师职业资格考试
交通运输工程(公路)专业考试类图书
资　讯

一、官方考试用书

序号	书名	书号	定价
1	交通运输工程技术与计量 公路篇(2021 年版)	17510	100.00
2	交通运输工程造价案例分析 公路篇(2021 年版)	17515	50.00

二、考试辅导用书

序号	书名	上市时间	估价
1	全国一级造价工程师职业资格考试应试指南交通运输工程技术与计量 公路篇（2021 年版）	2021 年 9 月上旬	65.00
2	全国一级造价工程师职业资格考试应试指南交通运输工程造价案例分析 公路篇（2021 年版）	2021 年 9 月上旬	65.00

三、相关参考用书

序号	书名	书号	定价
1	公路工程造价管理法规文件选编(2021 年版)	16936	180.00
2	公路工程建设项目概算预算编制办法及各省补充规定汇编(2020 年版)	16656	70.00
3	公路工程建设项目投资估算编制办法（JTG 3820—2018）	14362	60.00
4	公路工程建设项目概算预算编制办法（JTG 3830—2018）	14364	60.00
5	公路工程估算指标（JTG/T 3821—2018 ）	14363	120.00
6	公路工程概算定额（JTG/T 3831—2018）	14365	270.00
7	公路工程预算定额（JTG/T 3832—2018）	14366	300.00
8	公路工程机械台班费用定额（JTG/T 3833—2018）	14367	50.00

◆ 各位考生可通过当地交通书店购买，也可通过天猫**人民交通出版社旗舰店**网上购买。

◆ 购买咨询电话:(人民交通出版社发行部)010-59757973。

人民交通出版社旗舰店天猫二维码　　造价工程师考试交流 QQ 群 865849113